資治通鑑綱目

第二册

公元前一一零年至公元七五年

（宋）朱熹　赵师渊　编撰　　　李孝国　等　注解

中国书店

图书在版编目（CIP）数据

资治通鉴纲目 /（宋）朱熹，（宋）赵师渊编著. —
北京：中国书店，2021.3
ISBN 978-7-5149-2689-7

Ⅰ．①资… Ⅱ．①朱… ②赵… Ⅲ．①中国历史—古
代史—编年体 Ⅳ．① K204.3

中国版本图书馆 CIP 数据核字（2020）第 232986 号

责任编辑：辛　迪
策划编辑：董立平
封面设计：肖晋兴

资治通鉴纲目

〔宋〕朱熹　赵师渊 等 / 编撰　李孝国 等 / 注解

出　　版：中国书店
地　　址：北京市西城区琉璃厂东街 115 号
邮　　编：100050
发　　行：全国新华书店经销
印　　刷：运河（唐山）印务有限公司
开　　本：700 mm × 1000 mm　1/16
版　　次：2021 年 3 月第 1 版第 1 次印刷
印　　张：252.75
字　　数：3999 千字
书　　号：ISBN 978-7-5149-2689-7

定　　价：598.00 元（全十册）

第二册　目录

卷

五

起辛未汉武帝元封元年，尽己未[1]汉宣帝元康四年凡四十九年。

辛未**元封元年**（公元前 110 年）

冬，十月，帝出长城，登单于台[2]，勒兵而还上又以古者先振兵释旅[3]，然后封禅，诏曰："南越、东瓯，咸伏其辜[4]；西蛮、北夷，颇未辑睦[5]。朕将巡边垂，躬秉武节[6]，亲帅师焉。"乃行，自云阳历五原[7]，出长城，北登单于台，至朔方，临北河[8]，勒兵十八万骑，旌旗径[9]千余里，遣郭吉告单于曰："南越王头已悬于汉北阙。今单于能战，天子自将待边。不能，即南面而臣于汉。"单于怒，留吉。上乃还，祭黄帝冢而释兵[10]。

贬卜式为太子太傅，以倪宽为御史大夫上以式不习文章，故贬秩[11]，而以宽代之。

东越杀王余善以降，徙其民江、淮间汉兵入东越境，繇王居股杀余善，以其众降。上以闽地险阻，数反复，终为后世患，乃诏诸将悉徙其民于江、淮之间，遂虚其地。

春，正月，帝如缑氏，祭中岳[12]，遂东巡海上，求神仙。夏，四月，封泰山，禅肃然[13]。复东北至碣石而还。五月，至甘泉正月，上幸缑氏，礼祭中岳，从官在山下闻若有言"万岁"者三。上遂东巡海上，祠八神[14]，益发船

1　己未：即公元前 62 年。
2　单于台：古台名，位于今内蒙古自治区呼和浩特市西。
3　振兵释旅：收缴兵器，解散军队。
4　咸伏其辜：都已经服法。伏辜，承担罪责而死。
5　辑睦：和睦。
6　秉武节：秉，拿着，握着。武节，古代将帅凭以专制军事的符节。
7　五原：古县名，治所位于今内蒙古自治区包头市西北。
8　北河：黄河自今内蒙古磴口县以下分为南北二支，北支相当于今天的乌加河，时为黄河正流，对南支而言称北河。
9　径：通"竟"。
10　释兵：放下武器，解除军事行动。
11　贬秩：贬职，削减俸禄。
12　中岳：即今河南省嵩山。
13　肃然：古山名，位于今山东省莱芜市西北，泰山东麓。
14　八神：八方之神。

求蓬莱[1]。乃与方士传车[2]及间使求神仙，皆以千数。四月，还，至奉高[3]，封泰山下东方，如郊祠泰一之礼。封下有玉牒书[4]，书秘。礼毕，天子独上泰山，亦有封。明日，下阴道。禅泰山下址东北肃然山，如祭后土礼。江、淮间茅三脊[5]为神籍[6]，祠夜若有光，昼有白云出封中。天子还，坐明堂，群臣上寿。下诏改元。天子既已封泰山，无风雨，而方士更言蓬莱诸神若将可得，于是上欣然庶几[7]遇之，复东至海上，欲自浮海求蓬莱。群臣谏，莫能止。东方朔曰："夫仙者，得之自然，不必躁求[8]。若其有道，不忧不得。若其无道，虽至蓬莱见仙人，亦无益也。臣愿陛下第还宫静处以须之，仙人将自至。"上乃还。是行，凡周行[9]万八千里云。

　　赐桑弘羊爵左庶长先是，桑弘羊为治粟都尉，领大农[10]，尽管天下盐铁。乃置大农部丞[11]数十人，分主郡国，令远方各以其物，如异时[12]商贾所转贩[13]者为赋而相灌输[14]。置平准[15]于京师，都[16]受天下委输[17]。贵即卖之，贱则买之，欲使富商大贾无所牟大利，而万物不得腾踊。至是，巡狩所过，赏赐用帛百余万匹，钱、金以钜万计，皆取足[18]大农。弘羊又请令吏得入粟补官及罪人赎罪，民不益赋，而天下用饶。于是赐弘羊爵左庶长。是时小旱，上令官求雨。卜式言曰：

1　蓬莱：神话传说中的山名。
2　传车：古代驿站的专用车辆。
3　奉高：古县名，治所位于今山东省泰安市东。
4　玉牒书：古代帝王封禅、郊祀的玉简文书。
5　茅三脊：有三条脊骨的茅草，即菁茅，又名灵茅。
6　神籍：供神祭品的衬垫。
7　庶几：或许，也许。
8　躁求：急于求得。
9　周行：巡行。
10　大农：古官名，即大农令，公元前104年后改为大司农。
11　部丞：古代中央各部的辅佐之官。
12　异时：从前，往时。
13　转贩：辗转贩卖。
14　灌输：流通。
15　平准：即平准令丞，古官名，大司农的属官，负责掌管平抑物价。
16　都：聚集。
17　委输：转运，转运的物资。
18　取足：充分取得。

"县官当食租衣税而已，今弘羊令吏坐市列肆[1]，贩物求利，烹弘羊，天乃雨。"

秋，有星孛于东井[2]，又孛于三台[3]望气王朔言："候[4]独见填星[5]出如瓜，食顷，复入。"有司皆曰："陛下建汉家封禅，天其报德星[6]云。"

壬申二年（公元前 109 年）

冬，十月，帝祠五畤，还祠泰一，以拜德星。

春，如东莱公孙卿言："见神人东莱山，若云欲见天子。"于是幸东莱，宿留数日，无所见。复遣方士求神怪，采芝药[7]，以千数。时岁旱，天子既出无名，乃祷万里沙[8]。还，过祠泰山。

夏，还，临塞决河，筑宣防宫初，河决瓠子，二十余岁不塞，梁、楚尤被其害。是岁，发卒数万人塞之。自泰山还，自临决河，沉白马、玉璧，令群臣负薪[9]，卒填决河，筑宫其上，名曰宣防。导河北行[10]二渠，复禹旧迹。

至长安，立越祠越人勇之言："越俗，祠皆见鬼有效，东瓯王敬鬼得寿。"乃令立越祠，亦祠天神、上帝、百鬼，而用鸡卜[11]。

作蜚廉、桂观、通天茎台公孙卿言仙人好楼居，于是上令长安、甘泉作诸台观，使卿持节设具而候神人。益广诸宫室。

1　坐市列肆：坐在市场中开设商铺。
2　东井：古星宿名，即井宿，二十八宿之一，因在玉井之东，故称。
3　三台：古星官名，亦称三能，共六颗星，属太微垣，分上台、中台、下台。
4　候：守望，侦察。
5　填星：即土星。古人认为土星每二十八年运行一周天，好像每年坐镇二十八星宿中的一宿，故名。
6　德星：古以景星、岁星等为德星，认为国有道、有福或有贤人出现，则德星现。
7　芝药：仙草灵药。
8　万里沙：古地名，位于今山东省烟台市辖莱州市东北。
9　负薪：背负柴草。
10　行：连续贯穿。
11　鸡卜：古越人的占卜法，以鸡骨或鸡卵占吉凶祸福。

朝鲜袭杀辽东都尉初，全燕之世[1]，尝略属[2]真番[3]、朝鲜，为置吏，筑障塞[4]。秦灭燕，属辽东外徼[5]。汉兴，为其远难守，复修辽东故塞，至浿水[6]为界。燕人卫满亡命聚党，椎髻[7]夷服，东走出塞，渡浿水，居秦故空地，役属真番、朝鲜蛮夷及燕亡命者，王之，都王险[8]。孝惠、高后时，辽东太守约满为外臣，保塞外蛮夷，无使盗边。欲入见者，勿得禁止。以故满得侵降[9]其旁小邑，方数千里。传子，至孙右渠，所诱汉亡人滋多，未尝入见。辰国[10]欲上书见天子，又雍阏[11]不通。是岁，汉使涉何诱谕[12]，右渠终不肯奉诏。何去，至浿水，刺杀送者，归报，拜辽东东部都尉。朝鲜袭杀之。

甘泉房中产芝九茎[13]。赦。

旱上以旱为忧，公孙卿曰：“黄帝时，封则天旱，干封[14]三年。”上乃下诏曰：“天旱，意干封乎？”

秋，作明堂于汶上[15]上欲作明堂，未晓其制度。济南公玉带上明堂图，有殿无壁，茅盖[16]，通水，上有楼。乃令作明堂奉高、汶上，如其图。

遣将军杨仆、荀彘将兵伐朝鲜。

1　全燕之世：燕国全盛时期。
2　略属：占领为属地。
3　真番：原为东夷小国，汉武帝灭卫氏朝鲜之后设郡，辖今朝鲜黄海北道大部、黄海南道及京畿道北部。
4　障塞：边塞险要处防御用的城堡。
5　徼：边界。
6　浿水：一作浿江，又名王城江，即今朝鲜大同江。
7　椎髻：将头发结成椎形的髻，我国古老的发式之一。
8　王险：古地名，位于今朝鲜平壤境内。
9　侵降：侵入而使降服。
10　辰国：公元前4世纪到公元前2世纪存在于朝鲜半岛中南部的部落联盟，被学者认为是三韩的前身。
11　雍阏：阻塞。
12　诱谕：诱导教喻。
13　产芝九茎：降生九茎仙草。此至为难得，传说帝王敬老尊贤，不忘故旧，上天才会降生九茎仙草。
14　干封：晒干新筑的祭坛。封，封禅时所建的祭坛。
15　汶上：汶水边。
16　茅盖：用茅草遮盖。

遣将军郭昌发兵击滇[1]。滇王降，置益州郡[2]遣将军郭昌发巴、蜀兵击灭劳深、靡莫[3]，以兵临滇。滇王降，以其地为益州郡，赐滇王玉印，复长[4]其民。是时，汉灭两越，平西南夷，置初郡十七，且以其故俗治，毋赋税。南阳、汉中[5]以往郡，各以地比[6]给[7]初郡。而初郡时时小反，杀吏，发卒诛之，岁万余人。大农以均输调盐铁助赋，故能赡之。然所过赍给[8]毋乏而已，不敢言擅赋法[9]矣。

以杜周为廷尉周外宽，内深次骨[10]，其治大仿张汤。时诏狱益多，一岁至千余章，逮至六七万人，吏所增加，十万余人。

癸酉三年（公元前 108 年）

冬，十二月，雷，雨雹雹大如马头。

遣将军赵破奴击楼兰，虏其王姑师。遂击车师，破之楼兰王姑师攻劫汉使，为匈奴耳目，上遣赵破奴击之。破奴以七百骑虏楼兰王。遂破车师，因举兵威以困乌孙、大宛之属。封破奴浞野侯。于是酒泉列亭障[11]至玉门矣。

初作角抵戏[12]、鱼龙曼延[13]之属。

1　滇：古代西南少数民族部落，疆域主要位于今以滇池为中心的云南中部及东部地区。
2　益州郡：古郡名，辖今云南怒江以东，洱海以西及姚安、元谋、东川以南，曲靖、宜良、华宁、蒙以西，哀牢山以北地。
3　劳深、靡莫：西南夷二小国名，与滇王同姓。
4　长：做长官，为首领。
5　汉中：古郡名，因在汉水中游得名，辖今陕西省秦岭以南，留坝县、勉县以东，乾祐河流域以西和湖北省郧县、保康县以西，米仓山、大巴山以北地。
6　地比：居住地区由近及远的次第。
7　给：供给。
8　赍给：资助供给。赍，通"赍"。
9　擅赋法：满足经常的赋税要求。擅，《＜史记＞集解》徐广曰："擅，一作'经'。经，常也。惟取用足耳，不暇顾经常法则也。"
10　次骨：入骨，形容程度极深。
11　亭障：古代边塞要地设置的堡垒。
12　角抵戏：汉代对各种体育活动和乐舞杂技的总称，包括角力、扛鼎等杂技，幻术和装扮人物、动物的乐舞表演等。
13　鱼龙曼延：古代百戏杂耍名，由艺人执持制作的珍异动物模型表演，有幻化的情节。鱼龙即所谓猞猁之兽，曼延亦兽名。

荀彘执[1]杨仆，并其军。朝鲜人杀王右渠以降，置乐浪、临屯、玄菟[2]、真番郡。彘以罪征[3]，弃市汉兵入朝鲜境，朝鲜王右渠发兵距险[4]。杨仆将齐兵先至，战败遁走，收散卒复聚。荀彘破其浿水上军，乃前至城下，围其西北。杨仆亦往会，居城南，数月未下。彘所将燕、代卒，多劲悍[5]力战。仆尝败亡，卒皆恐。将心惭，常持和节[6]。朝鲜大臣乃阴使人约降于仆，往来未决。彘使人降之，不从。又数与仆期战[7]，仆欲就其约，不会。彘意仆前失军，今与朝鲜私善，疑有反计，未敢发。上以两将乖异，兵久不决，使济南太守公孙遂往正之，有便宜得以从事。遂至，彘具以素所意[8]告之，遂亦以为然，乃共执仆而并其军。遂还报，上诛遂。彘击朝鲜益急，朝鲜相、尼溪参[9]等使人杀王右渠以降，以其地为四郡。彘征，弃市，仆赎为庶人。

班固曰：玄菟、乐浪，本箕子所封。箕子教其民以礼义，田蚕[10]织作，为民设禁八条。相杀，以当时偿杀；相伤，以谷偿；相盗者，没入为其家奴婢。欲自赎者人五十万，虽免为民，俗犹羞之，嫁娶无所售[11]。是以其民终不相盗，无门户之闭，妇人贞信不淫辟[12]。其田野饮食以笾豆[13]，都邑颇放效[14]吏，以杯器食。吏及贾人往者，见民无闭藏[15]，往往为盗，俗稍益薄。今于犯禁浸多，至

1　执：拘捕，捉拿。
2　乐浪、临屯、玄菟：均为古郡名。乐浪，辖今朝鲜平安南道，黄海南、北道、江原道和咸镜南道地。临屯，辖今朝鲜咸镜南道大部分、韩国江原道北部。玄菟，辖今辽宁省东部以东至朝鲜咸镜道一带。
3　征：征召。
4　距险：据守险要之地。
5　劲悍：强悍有力。
6　和节：议和的符节。
7　期战：约战。
8　意：猜测。
9　朝鲜相、尼溪参：《通鉴》作"朝鲜相路人、相韩阴、尼溪相参"，疑《纲目》脱漏。"尼溪"当为朝鲜部落名。相，当时汉人对朝鲜官员的通称。
10　田蚕：植桑养蚕等事务。
11　售：女子得嫁。
12　淫辟：放荡淫乱。
13　笾豆：笾和豆，古代祭祀及宴会时常用的两种礼器，竹制为笾，木制为豆。
14　放效：模仿，效法。
15　闭藏：收藏，保管。

六十余条。可贵哉，仁贤[1]之化也！然东夷天性柔顺，异于三方。孔子欲居九夷[2]，有以[3]也夫。

甲戌**四年**（公元前107年）

冬，十月，帝祠五畤，遂出萧关。春，三月，还祠后土。

夏，大旱。

匈奴寇边。遣郭昌将兵屯朔方匈奴自卫、霍度幕以来，希复为寇，远徙北方，休养士马[4]，习射猎，数使使请和亲。汉使王乌窥之，单于伴许，遣太子入汉为质。又曰："吾欲入汉见天子面，相约为兄弟。"王乌归报，汉为单于筑邸[5]长安。会匈奴使至汉，病死，汉使路充国送其丧。单于以为汉杀吾使者，乃留充国，而数使部兵[6]侵犯汉边。乃遣昌等屯朔方以备之。

乙亥**五年**（公元前106年）

冬，帝南巡江、汉，望祀虞舜于九疑[7]。射蛟，获之。春，三月，至泰山增封，祀上帝于明堂，配以高祖，因朝受计[8]。

夏，四月，赦。

还，郊泰畤。

大司马、大将军、长平侯卫青卒青凡七出击匈奴，再益封[9]，并三子，凡二万二百户。后尚长公主。苏健尝责青以招选贤者。青曰："招贤绌不肖，

1　仁贤：仁人与贤人。
2　九夷：古代称东方的九种民族，亦指其所居之地。
3　有以：有某种条件、原因等。
4　士马：兵马，引申指军队。
5　筑邸：建造府邸。
6　部兵：部下士兵。
7　九疑：亦作"九嶷"，古山名，位于今湖南省永州市宁远县南。
8　受计：汉代皇帝接受郡国所上的计簿。计簿，古代计吏登记户口、赋税、人事的簿籍。
9　再益封：再三增加封邑。

人主之柄也。人臣奉法[1]，何与招士？"霍去病亦仿此意。

初置刺史冀、幽、并、兖、徐、青、扬、荆、豫、益、凉州及朔方、交趾[2]凡十三部。

诏举茂材异等[3]、可为将相、使绝国[4]者上以名臣文武欲尽，乃下诏曰："盖有非常之功，必待非常之人。故马或奔踶[5]而致千里，士或有负俗之累[6]而立功名。夫泛驾之马[7]，跅弛[8]之士，亦在御之而已。其令州郡察吏民有茂材异等、可为将相及使绝国者。"

丙子六年（公元前105年）

春，作首山宫[9]。

遣郭昌将兵击昆明汉欲通大夏，遣使，皆闭昆明，为所杀，夺币物[10]。于是赦京师亡命，遣郭昌将以击之。后复遣使，竟不得通。

秋，大旱，蝗。

以宗室女为公主，嫁乌孙乌孙使者见汉广大，归报其国，其国乃益重

1　奉法：奉行或遵守法令。
2　冀、幽、并、兖、徐、青、扬、荆、豫、益、凉州及朔方、交趾："冀"以下至"凉州"均为州名。冀州，辖今河北中、南部，山东西端及河南北端。幽，幽州，辖今北京市、河北北部、辽宁大部，天津市海河以北及朝鲜大同江流域。并，并州，辖今山西大部及内蒙古、河北的一部。兖，兖州，辖今山东西南部及河南东部地区。徐，徐州，辖今山东东南部和江苏长江以北地区。青，青州，辖今山东德州市、齐河县以东，马颊河以南，济南、临朐、安丘、高密、莱阳、栖霞、乳山等市县以北、以东和河北吴桥县地。扬，扬州，辖今安徽淮水和江苏长江以南及江西、浙江、福建三省，湖北英山、黄梅、广济，河南固始、商城等县市地。荆，荆州，辖今湖北、湖南二省及河南、贵州、广西、广东等省区部分地。豫，豫州，辖今淮河以北伏牛山以东豫东、皖北地。益，益州，辖今四川折多山、云南怒山、哀牢山以东，甘肃武都、两当，陕西秦岭以南，湖北郧县、保康西北，贵州除东边以外地区。凉州，辖今甘肃、宁夏，青海湟水流域，陕西定边、吴旗、凤县、略阳和内蒙古额济纳旗一带。交趾，古郡名，辖今越南北部地区。
3　茂材异等：茂材，才德优异之士。异等，德才特出的人。
4　绝国：极其辽远之邦国。
5　奔踶：谓马乘时即奔跑，立时则踢人。
6　负俗之累：因不谐于流俗而受到的讥议。
7　泛驾之马：不服从驾驭的马。泛驾，不服从驾驭。泛，通"覆"。
8　跅弛：不受拘束，放荡。
9　首山宫：汉离宫名，又称万岁宫，位于今山西省运城市万荣县境内。
10　币物：财币货物。

汉。匈奴怒，欲击之。乌孙恐，使使愿得尚汉公主，为昆弟。天子许之。以江都王建女细君为公主，往妻乌孙，昆莫以为右夫人。匈奴亦遣女妻之，以为左夫人。公主自治宫室居，岁时一再[1]与昆莫会。昆莫年老，言语不通，公主悲愁思归，作《黄鹄之歌》。天子闻而怜之，间岁[2]使人问遗。昆莫欲使其孙岑娶尚公主，公主不听，上书言状。天子方欲与乌孙共灭胡，诏报[3]从其国俗。岑娶遂妻公主。昆莫死，代立为昆弥[4]。是时，汉使西逾葱岭，诸小国皆随汉使献见[5]。每巡狩海上，悉从外国客，大都多人，则大角抵[6]，聚观者。散财帛赏赐，以示富厚。令遍观各仓库府藏之积，以倾骇[7]之。然西域以近匈奴，常畏匈奴使，待之过于汉使焉。

匈奴乌维单于死，子儿单于乌师庐立乌师庐年少，号儿单于。自此之后，单于益西北徙，左方兵直云中，右方直酒泉、敦煌郡。

丁丑**太初元年**（公元前 104 年）

冬，十月，帝如泰山。十一月，甲子朔旦[8]，冬至，祀明堂。益遣方士入海上自泰山东至海上，考[9]入海及方士求神者莫验，然益遣，冀遇之。

柏梁台灾。

十二月，禅蒿里[10]，望祀蓬莱。

春，还，作建章宫[11]以柏梁灾故，越人勇之曰："越俗，有火灾复起屋，

1　一再：一次以后再加一次。
2　间岁：隔一年。
3　诏报：下诏回复。
4　昆弥：汉时乌孙王的名号，相当于匈奴之单于。
5　献见：进贡晋见。
6　大角抵：古代两人相抵较量气力的一种运动，类似现代摔跤的一种技艺表演。
7　倾骇：惊骇。
8　朔旦：旧历每月初一。
9　考：审察，察考。
10　蒿里：古山名，又名高里山、英雄山，位于今山东省泰安市西南。
11　建章宫：古宫名，位于今陕西省西安市西北，汉长安故城西。

必以大，用胜服之。"于是作建章宫，度¹为千门万户。东凤阙，西虎圈，北太液池，中有渐台、蓬莱、方丈、瀛州、壶梁，南玉堂、璧门，立神明台、井干楼，辇道相属²。

夏，五月，造《太初历》，以正月为岁首太中大夫公孙卿、壶遂，太史令³司马迁等言："历纪⁴坏废，宜改正朔。"倪宽议以为宜用夏正⁵。乃诏卿等造汉《太初历》，以正月为岁首，色尚⁶黄，数用五，定官名，协音律，定宗庙、百官之仪，以为典常⁷，垂之后世。光禄勋、大鸿胪、大司农、执金吾、京兆尹、左冯翊、右扶风，皆是岁所改也。

筑受降城⁸匈奴儿单于好杀伐，国人不安。左大都尉告汉曰："我欲杀单于降汉，汉远，即兵来迎我，我即发。"上乃遣公孙敖筑塞外受降城以应之。

秋，遣将军李广利将兵伐宛汉使入西域者言："宛有善马⁹，在贰师城¹⁰，匿，不肯与汉使。"上使壮士持千金及金马以请之。宛王不肯。汉使怒，椎金马而去。宛贵人令其东边郁成王遮杀¹¹之。于是上大怒，诸尝使者言："宛兵弱，诚以汉兵不过三千人，可尽虏矣。"上以为然。而欲侯¹²宠姬李氏，乃拜其兄广利为贰师将军，发属国骑及郡国恶少年数万人，以往伐宛。期至贰师城取善马，故以为号。

司马公曰：武帝欲侯宠姬，而使广利将，意以为非有功不侯，不欲负高帝之约也。然军旅大事，国之安危、民之死生系焉。苟为不择贤愚而授之，欲徼幸咫尺之功，藉以为名而私其所爱，盖有见于封国，无见于置将，谓之能守先

1　度：标准。
2　辇道相属：辇道，可乘辇往来的宫中道路。相属，相连接。
3　太史令：古官名，也称太史，掌天文、历法、撰史等。
4　历纪：历数纲纪。
5　夏正："夏历正月"的简称，也代指夏历。
6　尚：崇尚。
7　典常：常道，常法。
8　受降城：古地名，位于今内蒙古巴彦淖尔市乌拉特中旗东阴山北。
9　善马：良马。
10　贰师城：古地名，位于今吉尔吉斯坦共和国的奥什（或译作奥希）。
11　遮杀：堵截杀害。遮，拦阻，拦住。
12　侯：封侯。

帝之约，过矣。

关东蝗起，飞至敦煌。

中尉王温舒有罪，自杀，夷三族温舒少文[1]，居廷惝惝[2]不辨，为中尉则心开[3]。素习关中俗，豪恶吏皆为用。然为人诌，势家有奸如山，弗犯[4]；无势，虽贵戚必侵辱[5]。舞文巧请，行论无出者[6]。至是，坐为奸利，当族，自杀。时两弟及婚家[7]亦坐他罪族。光禄勋[8]徐自为曰："古有三族，而温舒罪至五族乎？"

戊寅二年（公元前 103 年）

春，正月，丞相庆卒。以公孙贺为丞相时朝廷多事，督责大臣，丞相比[9]坐事死。贺引拜[10]，不受印绶，顿首涕泣。上起去，贺不得已，拜，出曰："我从是殆[11]矣！"

夏，籍[12]吏民马补车骑。

秋，蝗。

李广利攻郁成[13]，不克，还屯敦煌贰师过盐水[14]，当道小国各城守，不给食。比至郁成，士不过数千，皆饥罢[15]。攻郁成，郁成大破之。贰师引兵还，至

1　少文：缺少文才。
2　惝惝：神志不清。
3　心开：心灵开悟。
4　势家有奸如山，弗犯：有权势的人家，即使奸邪之事堆积如山，他也不去冒犯。
5　侵辱：凌辱。
6　舞文巧请，行论无出者：他玩弄法令条文巧言诋毁，定罪的，没有一个人能走出狱中。行论，定罪。
7　婚家：亲家。
8　光禄勋：古官名，九卿之一，职掌宫殿门户宿卫，兼侍从皇帝左右，宫中宿卫、侍从、传达诸官如大夫、郎官、谒者等皆属之。
9　比：连续，频频。
10　引拜：被举荐担任丞相。
11　殆：危险。
12　籍：征收。
13　郁成：古西域国名，位于今吉尔吉斯斯坦奥什东北。
14　盐水：古地名，位于今新疆维吾尔自治区吐鲁番市鄯善县境内。
15　饥罢：饥饿疲惫。罢，通"疲"。

敦煌，士不过什一二。上书乞罢兵，上怒，使使遮¹玉门曰："军有敢入者，辄斩之！"贰师恐，因留敦煌。

遣赵破奴击匈奴，败没²上犹以受降城去匈奴远，遣浚稽将军赵破奴将二万骑，期至浚稽山³。既至，左大都尉欲发而觉，单于诛之。发兵八万骑围破奴，获之。因急击其军，军吏畏亡将而诛，遂没于匈奴。

己卯三**年**（公元前 102 年）

春，帝东巡海上。

匈奴儿单于死，季父呴犁湖单于立。

筑塞外城障⁴。秋，匈奴大入，尽破坏之上遣光禄勋徐自为出五原塞⁵，筑城障列亭⁶，西北至庐朐⁷。秋，匈奴大入定襄、云中，尽破坏之。

睢阳侯张昌有罪，国除初，高祖封功臣为列侯百四十有三人。时兵革⁸之余，民人散亡，大侯不过万家，小者五六百户。其封爵之誓曰："使黄河如带，泰山若砺，国以永存，爰及苗裔⁹。"申以丹书¹⁰之信，重以白马之盟。及高后时，差第¹¹位次，藏诸宗庙，副¹²在有司。逮文、景间，流民既归，户口亦息，列侯大者至三四万户，小国自倍，富厚如之。子孙骄逸，多抵法禁，陨身

1　遮：使不通过，使中途停止。
2　败没：同"败殁"，覆灭，军队被敌方歼灭。
3　浚稽山：古山名，即今蒙古国巴彦洪戈尔省推河、塔楚河之南的古尔班博克多山，在杭爱山之南。
4　城障：秦、汉两代边塞上作防御用的城堡。
5　五原塞：五原郡边塞的统称，即今内蒙古大青山西端、乌拉山南麓及阴山南坡的秦汉长城障塞。
6　列亭：古时排列在边境上侦察敌情的瞭望所。
7　庐朐：古水名，即今克鲁伦河，发源于蒙古国肯特山东麓。
8　兵革：兵器和甲胄，借指战争。
9　使黄河如带，泰山若砺，国以永存，爰及苗裔：即使到了黄河变成像衣带一样的小河，泰山变成只有磨刀石那么大小，所封的国土永远存在，一直传给你们的子孙后代。
10　丹书：古代帝王赐给功臣世袭的享有免罪等特权的诏书。
11　差第：区分等级。
12　副：书籍、文献的副本。

失国。至是，昌坐为太常乏祠[1]，国除。见侯才四人，网亦少密焉[2]。

大发兵，从李广利围宛。宛杀其王母寡以降，得善马数十匹汉既亡泒野之兵[3]，公卿议者皆愿罢宛军。上以为宛小国，而不能下，则大夏之属渐轻汉，而宛善马绝不来，乃按言伐宛尤不便者。赦囚徒，发恶少年及边骑[4]出敦煌者六万人，负私从者不与[5]，牛十万，马三万匹，驴、橐驼[6]以万数赍粮。发天下吏有罪者、亡命者及赘婿、贾人、故有市籍[7]、父母大父母[8]有市籍者凡七科，适为兵。及载糒[9]给贰师[10]。拜习马者二人为执、驱马校尉。于是贰师行，所至迎给[11]，不下者攻屠之。至宛城，兵到者三万，围其城，攻之四十余日。宛贵人共杀王，持头使贰师曰："无攻我，我尽出善马恣[12]所取，而给军食。即不听我，我尽杀善马，康居之救又且至。"贰师许之。宛乃出其马，令汉自择之，而多出食食汉军。汉取其善马数十匹，中马三千余匹，立宛贵人昧蔡为宛王，与盟而罢兵。令搜粟都尉[13]上官桀攻破郁成。郁成王走，追斩之。

庚辰**四年**（公元前 101 年）

春，封李广利为海西侯贰师所过小国，闻宛破，皆使其子弟从入贡献，因为质焉。军还，入马千余匹。后行[14]，军非乏食，战死不甚多，而将吏贪，不

1　昌坐为太常乏祠：张昌被指控身为太常官，掌管祭祀事务有不当之处。
2　见侯才四人，网亦少密焉：现存的功臣侯只剩下四家，而法网也稍微严密了。
3　泒野之兵：泒野侯赵破奴的部队。
4　边骑：守卫边疆的骑兵。
5　负私从者不与：背负私人装备而跟从的人未计算在内。
6　橐驼：骆驼。
7　市籍：商贾的户籍。秦汉时采用重农抑商的政策，凡在籍的商贾及其子孙，与罪吏、亡命等同样看待，都要服役。汉时又规定凡有市籍的商贾不得坐车和穿丝绸衣服，其子孙不得做官。
8　大父母：祖父母。
9　载糒：运送粮草。糒，干粮。
10　贰师：即贰师将军李广利率领的军队。
11　迎给：迎接并提供粮食供给。
12　恣：听凭，任凭。
13　搜粟都尉：古官名，又名治粟都尉，属大司农，掌征收军粮、在军屯中推行代田法，不常置。
14　后行：再次出征。

爱士卒，侵牟[1]之，以此物故者众。上以为万里而伐，不录其过，乃封广利等侯者二人，为九卿者三人，二千石百余人，奋行者官过其望，以谪过行，皆黜其劳[2]，士卒赐直四万钱。匈奴因楼兰侯[3]汉使后过者，欲绝勿通。军正[4]任文捕得生口[5]，知状以闻[6]。上诏文引兵捕楼兰王，将诣阙簿责[7]。王对曰："小国在大国间，不两属无以自安，愿徙国入居汉地。"上直其言[8]，遣归国，亦因使候伺[9]匈奴，匈奴自是不甚亲信楼兰。于是自敦煌西至盐泽往往起亭[10]，而轮台、渠犁[11]皆有田卒[12]数百人，置使者、校尉领护[13]，以给使外国者。

秋，起明光宫[14]。

冬，匈奴呴犁湖单于死，弟且鞮侯单于立，使使来献上欲因伐宛之威遂困匈奴，下诏曰："高皇帝遗朕平城之忧，高后时，单于书绝悖逆。昔齐襄公复九世之仇，《春秋》大之。"且鞮侯初立，恐汉袭之，乃曰："我儿子，安敢望汉天子？汉天子，我丈人行[15]也。"因尽归汉使之不降者路充国等，使使来献。

辛巳天汉元年（公元前100年）

春，三月，遣中郎将苏武使匈奴上嘉单于之义，遣苏武送匈奴使留在

1　侵牟：侵害掠夺。
2　奋行者官过其望，以谪过行，皆黜其劳：自愿随军出征的人，所授官职都超出了他们的期望，凡因罪过而惩罚出征的人，一律免其罪而不记功劳。奋行，自告奋勇前往。
3　候：侦察，守望。
4　军正：古官名，军中执法官，掌军事刑法。
5　生口：俘虏。
6　知状以闻：得知这一消息后报告给朝廷。
7　簿责：依据文书所列罪状逐一责问。
8　直其言：认为他的话有道理。
9　候伺：窥探，侦察。
10　起亭：修建瞭望所。
11　轮台、渠犁：轮台，古西域国名，位于今新疆维吾尔自治区巴音郭楞蒙古自治州轮台县境内。渠犁，古西域国名，位于今新疆维吾尔自治区巴音郭楞蒙古自治州库尔勒市境内。
12　田卒：屯田戍边的士兵。
13　领护：管理保卫。
14　明光宫：古宫名，在汉长安城内，位于今陕西省西安市西北。
15　丈人行：丈人，古时对老人的尊称。行，辈。

汉者，因厚赂单于，答其善意。既至，置币[1]单于。单于益骄，非汉所望也。
会长水[2]虞常等谋杀汉降人卫律，而劫单于母阏氏归汉。人告单于。时律为丁
灵王，贵宠用事。单于使律治之，常引武副[3]张胜知其谋。单于怒，欲杀汉使
者。左伊秩訾[4]曰："即谋单于，何以复加？宜皆降之。"召武受辞[5]。武谓假吏[6]
常惠等曰："屈节辱命，虽生，何面目以归汉？"引佩刀自刺。卫律惊，自抱
持之。武气绝，半日复息。单于壮其节，朝夕遣人候问[7]武，而收系[8]胜。武益
愈，会论[9]虞常。剑斩常已，律曰："汉使张胜谋杀单于近臣，当死，降者赦
罪。"举剑欲击之，胜请降。律谓武曰："副有罪，当相坐[10]。"武曰："本无谋，
又非亲属，何谓相坐？"复举剑拟[11]之，武不动。律曰："苏君，律前负汉归
匈奴，幸蒙大恩，赐号称王，拥众数万，马畜弥山[12]，富贵如此。苏君今日降，
明日复然。空以身膏草野[13]，谁复知之？"武不应。律曰："君因我降，与君为
兄弟。今不听吾计，后虽欲复见我，尚可得乎？"武骂律曰："汝为人臣子，
不顾恩义，畔主背亲，为降虏[14]于蛮夷，何以汝为见？且单于信汝，使决人死
生，不平心持正，反欲斗两主，观祸败。南越杀汉使者，屠为九郡；宛王杀汉
使者，头悬北阙；朝鲜杀汉使者，实时[15]诛灭。若知我不降明[16]，欲令两国相攻，
匈奴之祸从我始矣。"律白单于，愈欲降之。乃幽[17]武置大窖中，绝，不饮食。

---

1 置币：置办礼物。
2 长水：古水名，位于今陕西省西安市蓝田县西北。
3 武副：苏武的副使。
4 左伊秩訾：匈奴的王号，有左、右之分。
5 受辞：听取供词。
6 假吏：临时代理职务的官吏。
7 候问：问候。
8 收系：拘禁。
9 会论：会同判决罪犯死刑。
10 相坐：一人犯法，株连他人同时治罪。
11 拟：靠近。
12 马畜弥山：马匹牲畜满山。
13 空以身膏草野：白白地用身体给草地做了肥料。意指弃尸荒野。
14 降虏：俘虏。
15 实时：立即。
16 若知我不降明：你明知我不会投降。若，你。
17 幽：把人关起来，不让跟外人接触。

天雨雪，武啮¹雪与旃²毛并咽之，数日不死。匈奴以为神，乃徙武北海³上无人处，使牧羝⁴，曰："羝乳⁵乃得归。"别其官属，各置他所。

雨白氂⁶。

夏，大旱。

赦。

发谪戍⁷屯五原。

壬午二年（公元前 99 年）

夏，遣李广利将兵击匈奴。别将李陵战败，降虏⁸贰师出酒泉击匈奴，斩万余级。师还，匈奴大围之，汉军乏食数日，死伤者多。假司马⁹赵充国与壮士百余人溃围陷阵¹⁰，贰师引兵随之，遂得解。汉兵物故什六七，充国身被二十余创。诏征诣行在所，帝亲视其创，嗟叹之，拜为中郎。初，李广有孙陵，善骑射，爱人下士。帝以为有广之风，拜骑都尉¹¹，使将丹阳、楚人五千人，教射酒泉、张掖以备胡。至是，上欲使为贰师将辎重。陵曰："臣所将皆荆楚勇士，奇材剑客，力扼虎，射命中，愿得自当一队，分单于兵，毋令专向贰师军。"上曰："将恶相属邪¹²？吾发军多，无骑予女¹³。"陵对："无所事骑，臣愿以步兵五千人涉¹⁴单于庭。"上壮而许之，因诏路博德将兵半道迎陵军。博德亦

1　啮：咬。
2　旃：通"毡"，一种毛织品。
3　北海：即今俄罗斯境内贝加尔湖。
4　羝：公羊。
5　乳：生产，生子。
6　氂：硬而弯曲的毛。
7　谪戍：因罪而被遣送至边远地方担任守卫。谪，贬谪。戍，防卫。
8　降虏：投降敌人。
9　假司马：古官名，又称军假司马，为司马之副，在正式任命为司马前代理试用期间也称假司马。
10　溃围陷阵：冲破匈奴的包围，攻陷他们的阵地。
11　骑都尉：古官名，统领骑兵的武职，不统兵时为侍卫武官。
12　将恶相属邪：将军难道以做别人部下为耻吗？
13　女：通"汝"，你。
14　涉：至，到。

羞为陵后距[1]，奏言："方秋，匈奴马肥，未可与战，愿留陵至春，俱出。"上疑陵悔而教博德上书，乃诏博德击匈奴于西河。诏陵以九月发。陵于是出居延，至浚稽山，与单于相值[2]，骑可三万。虏见汉军少，直前就营[3]。陵搏战，追击，杀数千人。单于大惊，召左、右地兵八万余骑攻陵。陵且战且引南行，数日斩首三千余级。单于曰："此汉精兵，击之不能下，日夜引吾南近塞，得无有伏兵乎？"欲去。会军候[4]管敢亡降匈奴，具言陵军无救，矢且尽。单于大喜，遮道[5]急攻。陵军南行，未至鞮汗山[6]，一日五十万矢俱尽。陵太息，曰："兵败，死矣！"令军士各散，期至遮虏障[7]相待。虏骑数千追之，陵曰："无面目报陛下！"遂降。军得脱至塞者四百余人。上闻陵降，怒甚。群臣皆罪陵，惟太史令司马迁盛言[8]："陵事亲孝，与士信，常奋不顾身以徇国家之急，其素所畜积[9]也，有国士之风。今举事一不幸，全躯保妻子之臣随而媒糵[10]其短，诚可痛也。且陵提步卒不满五千，深蹂[11]戎马之地，抑数万之师，虏救死扶伤不暇，悉举引弓之民共攻围之，转斗[12]千里，矢尽道穷，士张空弮[13]，冒白刃，北首[14]争死敌，得人之死力，虽古名将不过也。身虽陷败，然其所摧败亦足暴于天下。彼之不死，宜欲得当以报汉也。"上以迁为诬罔，欲沮贰师，为陵游说，下迁腐刑[15]。

---

1 后距：原指雄鸡、雉等的足后突出如趾的部分，此借指居后以抗击敌人的部队。
2 相值：相遇。
3 直前就营：直逼营前阵地。
4 军候：古军官名，掌侦察敌情或维持军纪。
5 遮道：拦路。
6 鞮汗山：古山名，阿尔泰山脉的一支，位于今蒙古国西南南戈壁省境。
7 遮虏障：将军路博德修建于居延城附近的军事城堡，位于今内蒙古自治区阿拉善盟额济纳旗东南。
8 盛言：极力申说。
9 畜积：蕴结，蕴蓄。
10 媒糵：原指酒母，比喻借端诬罔构陷，酿成其罪。
11 蹂：踩，践踏。
12 转斗：转战。
13 空弮：无箭的弓。
14 北首：头朝北。古礼，人死入葬，尸体头朝北，故北首为死人之象。
15 腐刑：宫刑。

久之，上悔曰："陵当发出塞，乃诏强弩迎军，坐预诏之，得令老将生奸计[1]。"乃遣使劳赐[2]陵余军得脱者。

遣绣衣直指[3]使者，发兵击东方盗贼上以法制御下，好尊用酷吏[4]，吏民益轻犯法。东方盗贼滋起，攻城邑，取库兵[5]，释死罪，杀二千石，掠卤[6]乡里，道路不通。上始使御史中丞、丞相长史督之，弗能禁。乃使光禄大夫范昆等衣绣衣，持节、虎符，发兵以兴击[7]。所至得擅斩二千石以下，诛杀甚众，一郡多至万余人。数岁，乃颇得其渠率[8]，散卒失亡，复聚党阻山川者往往[9]而群居，无可奈何。于是作沈命法[10]，曰："盗起，不发觉[11]，发觉而捕弗满品[12]者，二千石以下至小吏，主者皆死。"其后小吏畏诛，虽有盗不敢发，府亦使其不言。故盗贼浸多，上下相为匿，以文辞避法焉。时暴胜之为直指使者，衣绣杖斧，所诛杀二千石以下尤多，威振州郡。至渤海[13]，闻郡人隽不疑贤，请与相见。不疑容貌尊严，衣冠甚伟，胜之躧履[14]起迎。登堂坐定，不疑据地[15]，曰："窃伏海濒[16]，闻暴公子旧矣，今乃承颜接辞[17]。凡为吏，太刚则折，太柔则废。威行，施之以

1　陵当发出塞，乃诏强弩迎军，坐预诏之，得令老将生奸计：在李陵率军出塞时，我就让强弩将军路博德前去接应，而我预先就颁下诏书，使老将路博德生出奸诈之心，不肯接应李陵。
2　劳赐：慰劳赏赐。
3　绣衣直指：古官名，汉武帝时，民间起事者众，地方官员督捕不力，因派直指使者衣绣衣，持斧仗节，兴兵镇压，刺史、郡守以下督捕不力者亦皆伏诛。绣衣，表示地位尊贵。直指，谓处事无私。
4　尊用酷吏：尊用，重用。酷吏，滥施刑罚、残害人民的官吏。
5　库兵：库藏的兵器。
6　掠卤：掳掠，抢劫。
7　兴击：出击，围剿。
8　渠率：即渠帅，魁首。
9　往往：处处。
10　沈命法：为及时镇压叛乱而颁布的法令，主要内容是要求郡守以下各级地方官不得隐匿盗贼，并且要及时发觉，捕捉归案，如未发觉或未全部捕获，有关郡守以下官吏皆处死刑。
11　发觉：告发，揭发。
12　满品：满额，满数。
13　渤海：古郡名，辖今河北省沧州市东部、天津市东南部、山东省德州市东北部、山东省滨州市北部。
14　躧履：趿拉着鞋。
15　据地：席地而坐。
16　海濒：海滨。
17　承颜接辞：承颜，顺承尊长的颜色，谓侍奉尊长。接辞，对话。

恩，然后树功扬名，永终天禄[1]。"胜之深纳其戒。及还，表荐[2]，召拜青州刺史。王贺亦为绣衣御史[3]，逐捕[4]群盗，多所纵舍[5]，以奉使不称免，叹曰："吾闻活千人，子孙有封。吾所活者万余人，后世其兴乎？"

癸未三年（公元前98年）

春，二月，初榷酒酤[6]。

三月，帝东巡，还祠常山上行幸泰山，修封禅，祀明堂，因受计，还，祠常山，瘗[7]玄玉。时方士之候神人、求蓬莱者终无验，天子益怠厌[8]矣。然犹羁縻[9]不绝，冀遇其真。

夏，大旱，赦。

甲申四年（公元前97年）

春，正月，遣李广利等击匈奴，不利，族诛李陵家发天下七科谪[10]，遣李广利等四将军出塞。匈奴闻之，悉远其累重[11]于余吾水[12]北，而单于以兵十万待水南。汉军战不利，引归。时上遣公孙敖深入匈奴迎李陵，敖还，因曰："捕得生口，言李陵教单于为兵以备汉军，故臣无所得。"上于是族陵家。既而闻之乃李绪，非陵也。单于以女妻陵，立为右校王，与卫律皆贵，用事。

1　天禄：天赐的福禄。
2　表荐：上表推荐。
3　绣衣御史：即绣衣直指。
4　逐捕：追捕。
5　纵舍：释放，宽放。
6　榷酒酤：酒类专卖制度，亦称榷酤、酒榷，官府控制酒的生产和流通，独占酒利，不许私人自由酿酤。这与当时对外用兵，需广开财源有关。酒酤，酒的买卖。
7　瘗：埋藏，埋葬。
8　怠厌：厌倦。
9　羁縻：笼络，怀柔。
10　七科谪：征发到边疆服兵役的七种人，分别是犯了罪的官吏、杀人犯、入赘的女婿、在籍商人、曾做过商人的人、父母做过商人的人、祖父母做过商人的人。
11　累重：家眷资产。
12　余吾水：古水名，即今蒙古人民共和国的土拉河。

夏，四月，立子髆为昌邑王。

令死罪人赎钱五十万，减死一等。

乙酉**太始元年**（公元前96年）

春，正月，徙豪杰于茂陵。

夏，赦。

匈奴且鞮侯单于死，子狐鹿姑单于立且鞮单于有二子，长为左贤王，次为左大将。单于死，左贤王未至，贵人[1]立左大将。左贤王不敢进，左大将使人召而让位焉。左贤王辞以病，左大将曰："即不幸死，传之于我。"左贤王遂立为狐鹿姑单于，以左大将为左贤王。

丙戌**二年**（公元前95年）

秋，旱。

穿白渠赵中大夫白公奏穿渠引泾水，首起谷口[2]，尾入栎阳，注渭[3]中，袤[4]二百里，溉田四千五百余顷，因名曰白渠，民得其饶[5]。

丁亥**三年**（公元前94年）

春，正月，帝东巡琅邪，浮海而还。

皇子弗陵生弗陵母曰河间赵婕仔[6]，居钩弋宫，任身[7]十四月而生。上曰："闻昔尧十四月而生。"乃命门曰尧母门。

司马公曰：为人君者，动静举措不可不慎，发于中必形于外，天下无不知

1　贵人：公卿大夫、达官显贵的泛称。
2　谷口：古地名，位于今陕西省咸阳市礼泉县东北。
3　渭：渭水。
4　袤：长度，特指南北距离的长度。
5　饶：富裕，丰足。
6　婕仔：妃嫔的称号。据《汉书·外戚传》颜师古注："婕，言接幸于上也。仔，美称也。"
7　任身：怀孕。

之。当是时也，皇后、太子皆无恙，而命钩弋之门曰"尧母"，非名也。是以奸臣逆探上意，知其奇爱[1]少子，欲以为嗣，遂有危皇后、太子之心，卒成巫蛊[2]之祸，悲夫！

　　以江充为水衡都尉[3]初，充为赵王客，得罪亡，诣阙告赵太子阴事[4]，太子坐废。充容貌魁岸[5]，被服轻靡[6]，上召与语，大悦之，拜为直指绣衣使者，使督察贵戚、近臣逾侈[7]者。充举劾[8]无所避，令身待北军击匈奴。贵戚子弟叩头求哀[9]于上，愿入钱赎罪，凡数千万。上以充为忠直。尝从上甘泉，逢太子家使乘车马行驰道中，充以属吏[10]。太子使人谢充曰："非爱车马，诚不欲令上闻之，以教敕亡素者[11]。唯江君宽之。"充不听，遂白奏[12]。上曰："人臣当如是矣。"大见信用，威震京师。

戊子**四年**（公元前93年）

　　春，三月，帝东巡，祀明堂，修封禅。夏，五月，还宫，赦。

　　冬，十月晦，日食。

己丑**征和元年**（公元前92年）

　　春，三月，赵王彭祖卒彭祖所幸淖姬生男，号淖子。时淖姬兄为汉宦者，上召问："淖子何如？"对曰："为人多欲。"上曰："多欲不宜君国子民。"

1　奇爱：特别喜爱。
2　巫蛊：用以加害仇敌的巫术，包括诅咒、射偶人和毒蛊等。蛊，传说把许多毒虫放在器皿里使互相吞食，最后剩下不死的毒虫叫蛊，用来放在食物里害人。
3　水衡都尉：古官名，掌上林苑及铸钱等事，兼保管皇室财物，铸钱、造船、治水等。
4　阴事：秘密的事。
5　魁岸：魁梧高大。
6　被服轻靡：被服，穿着。轻靡，轻柔细软。
7　逾侈：过度奢华。
8　举劾：列举罪行、过失加以弹劾。
9　求哀：乞怜。
10　属吏：交给执法官吏处理。
11　以教敕亡素者：认为我平时没有管教左右。教敕，教诫，教训。
12　白奏：启奏，上奏章弹劾。

问武始侯昌，曰："无咎无誉。"上曰："如是可矣。"遣使者立昌为赵王。

夏，大旱。

冬，十一月，大搜长安十日上居建章宫，见一男子带剑入中龙华门，命收之，弗获。上怒，斩门候[1]，发三辅[2]骑士搜上林，索长安中，十一日乃解。巫蛊始起。

庚寅二年（公元前 91 年）

春，正月，丞相贺有罪，下狱死，夷其族贺子敬声为太仆，骄奢不奉法，擅用北军钱，发觉下狱。时诏捕阳陵大侠朱安世甚急。贺自请逐捕安世，以赎敬声罪。果得安世。安世笑曰："丞相祸及宗矣。"遂从狱中上书告敬声与阳石公主私通，祝诅[3]上，有恶言。遂下贺狱，父子死狱中，家族。

以刘屈氂为左丞相。

夏，四月，大风发屋[4]折木。

诸邑、阳石公主及长平侯卫伉皆坐[5]巫蛊死。

帝如甘泉。秋，七月，皇太子据杀使者江充，白皇后发兵反。诏丞相屈氂讨之，据败走湖[6]，皇后卫氏及据皆自杀初，上年二十九乃生戾太子[7]，甚爱之。及长，仁恕温谨[8]，上嫌其材能[9]少，不类己。皇后、太子常不自安，上觉之，谓大将军青曰："汉家庶事[10]草创，加四夷侵陵中国，朕不变更制度，后世无法；不出师征伐，天下不安。为此者不得不劳民。若后世又如朕所

1　门候：古官名，属城门校尉，掌开闭城门，查问出入人等。
2　三辅：治理长安京畿地区的三位官员分别称京兆尹、左冯翊、右扶风，这三位官员管辖的地区京兆、左冯翊、右扶风合称三辅。
3　祝诅：祝告鬼神，使加祸于人。
4　发屋：掀起房屋。
5　坐：定罪，因某事获罪。
6　湖：古县名，位于今河南省三门峡市辖灵宝市西北。
7　戾太子：即皇太子刘据，后追谥为"戾"，称戾太子。因母姓为卫，亦称卫太子。
8　仁恕温谨：仁恕，仁爱宽容。温谨，温和恭谨。
9　材能：才智和能力。
10　庶事：诸事，各种政事。

为，是袭亡秦之迹也。太子敦重[1]好静，必能安天下，不使朕忧。欲求守文[2]之主，安有贤于太子者乎？闻皇后与太子有不安之意，岂有之邪？可以意晓之。"太子每谏征伐四夷，上笑曰："吾当其劳，以逸遗汝，不亦可乎？"上每行幸，常以后事[3]付太子，宫内付皇后。有所平决[4]，还，白其最[5]，上亦无异，有时不省也。上用法严，太子宽厚，多所平反，虽得百姓心，而用法[6]大臣皆不悦。皇后恐久获罪，每戒太子，宜留取上意，不应擅有所纵舍。上闻之，是太子而非皇后。群臣宽厚长者皆附太子，而深酷用法者皆毁之。邪臣多党与，故太子誉少而毁多。卫青薨后，臣下无复外家[7]为据，竟欲构[8]太子。上与诸子疏，皇后希得见。太子尝谒皇后，移日乃出。黄门[9]苏文告上曰："太子与宫人戏。"上益太子宫人。太子知之，衔文。文与小黄门常融等常微伺[10]太子过，辄增加白之。皇后切齿，使太子白诛文等。太子曰："第勿为过，何畏文等？上聪明，不信邪佞[11]，不足忧也。"上尝小不平[12]，使融召太子，融言："太子有喜色。"上嘿然。及太子至，上察其貌，有涕泣处，而佯语笑，上知其情，乃诛融。皇后亦善自防闲，避嫌疑，虽久无宠，尚被礼遇。是时，方士及诸神巫多聚京师，惑众变幻，无所不为。女巫往来宫中，教美人度厄[13]，埋木人祭祀之。更相告讦，以为祝诅。上心既疑，尝昼寝，梦木人数千持杖欲击上，上为惊寤[14]，因是体不平。江充见上年老，恐晏驾后为太子所诛，因言上疾祟[15]在巫蛊。于是上

---

1 敦重：敦厚庄重。
2 守文：本谓遵循文王法度，后泛指遵循先王法度。
3 后事：后方事宜。
4 平决：判断处理。
5 最：凡要，即簿书的纲要、总目。
6 用法：依法断罪。
7 外家：外戚。
8 构：诬陷，陷害。
9 黄门：宦者，太监。
10 微伺：暗中伺察。
11 邪佞：奸邪小人。
12 小不平：身体稍有不适。
13 度厄：旧时认为人有灾难，可以禳除逃过，谓之度厄。
14 惊寤：受惊动而醒来。
15 祟：鬼神制造的灾祸。

以充为使者，治巫蛊狱。充将胡巫[1]掘地视鬼，染污[2]令有处，辄收捕验治，烧铁钳灼[3]，强服之。民转相诬以巫蛊，坐而死者前后数万人。充因言："宫中有蛊气[4]。"上乃使充入宫，至省中[5]，坏御座，掘地求蛊。又使苏文等助充。充先治后宫希幸夫人，以次及皇后、太子宫，掘地纵横，无复施床处。云："于太子宫得木人尤多，又有帛书[6]，所言不道[7]，当奏闻。"太子惧，问少傅石德。德惧并诛，因曰："前丞相父子、两公主及卫氏皆坐此，今无以自明，可矫以节收捕充等，系狱，穷治其奸诈。且上疾在甘泉，皇后及家吏[8]请问[9]皆不报，存亡未可知，而奸臣如此，太子不念秦扶苏事耶？"太子曰："吾人子，安得擅诛？不如归谢，幸得无罪。"将往甘泉，而充持[10]之急。太子不知所出，遂从德计。七月，使客诈为使者，收捕充等，自临斩之，骂曰："赵虏，前乱乃[11]国王父子不足邪，乃复乱吾父子也？"使舍人持节夜入宫白皇后，发中厩[12]车载射士[13]，出武库兵，发长乐宫卫卒。苏文亡归甘泉，言状，上曰："太子必惧，又忿充等，故有此变。"乃使使召太子。使者不敢进，归报云："太子反已成，欲斩臣，臣逃归。"上大怒。赐丞相玺书[14]曰："捕斩反者，自有赏罚。坚闭城门，毋令反者得出！"太子宣言："帝病困，疑有变。"上于是从甘泉来，幸城西建章宫，诏发三辅近县兵，丞相将之。太子亦矫制赦长安中都官[15]囚徒，

1　胡巫：出身北方少数民族的巫者。
2　染污：弄脏，污染。
3　烧铁钳灼：用烧红铁钳灼伤。
4　蛊气：施行诅咒术的邪气。
5　省中：宫禁之中。
6　帛书：写在丝织品上的文字。
7　不道：无道，大逆不道。
8　家吏：皇后或太子的官属。
9　请问：请安问候。
10　持：对抗。
11　乃：你，你的。
12　中厩：宫中的车马房。
13　射士：弓箭手。
14　玺书：以泥封加印的文书。古代长途递送的文书易于破损，所以书于竹简木牍，两片合一，缚以绳，在绳结上用泥封固，钤以玺，故称玺书。秦以后专指皇帝的诏书。
15　中都官：京师诸官府。

命石德及宾客张光等分将，召护北军使者任安，与节，令发兵。安拜受节，入，闭门不出。太子引兵，驱四市人数万，至长乐西阙下，逢丞相军，合战五日，死者数万人。民间皆云"太子反"，以故众不附。太子兵败，南奔覆盎[1]城门。司直[2]田仁部闭城门，以为太子父子之亲，不欲急之。太子得出亡。丞相欲斩仁，御史大夫暴胜之曰："司直，吏二千石，当先请，奈何擅斩之？"丞相释仁。上闻大怒，下吏责问，胜之皇恐，自杀。诏收皇后玺绶，后自杀。上以为任安老吏，欲坐观成败，有两心，与田仁皆要斩。诸太子宾客尝出入宫门，皆坐诛。其随太子发兵，以反法族。上怒甚，群下忧惧，不知所出。壶关三老茂[3]上书曰："臣闻父者犹天，母者犹地，子犹万物也。故天平，地安，物乃茂成[4]。父慈，母爱，子乃孝顺。今皇太子为汉嫡嗣，承万世之业，体祖宗之重，亲则皇帝之宗子[5]也。江充，布衣之人，闾阎之隶臣[6]耳。陛下显而用之，御至尊之命以迫蹙[7]皇太子，造饰[8]奸诈，群邪错缪[9]。太子进则不得见上，退则困于乱臣，独冤结[10]而无告，不忍忿忿之心，起而杀充，恐惧逋逃[11]，子盗父兵，以救难自免耳。臣窃以为无邪心。往者，江充谮杀赵太子，天下莫不闻。陛下不察，深过太子，发盛怒，举大兵而求之，三公自将。智者不敢言，辨士不敢说，臣窃痛之。唯陛下宽心慰意，亟罢甲兵，毋令太子久亡。臣不胜惓惓[12]，出一旦之命[13]，待罪建章宫下。"书奏，天子感悟，然尚未显言[14]赦之也。太子亡，

1　覆盎：城门名，位于长安城东南方。
2　司直：古官名，丞相属官，负责协助丞相检举不法。
3　壶关三老茂：山西壶关掌管教化的三老令狐茂。三老，古代掌教化的乡官。
4　茂成：茂盛。
5　宗子：大宗的嫡长子。
6　隶臣：贱臣，低贱的人。
7　迫蹙：逼迫。
8　造饰：伪造掩饰。
9　错缪：交错纠缠。缪，通"纠"。
10　冤结：冤气郁结。
11　逋逃：逃亡，逃窜。
12　惓惓：忠心耿耿貌。
13　一旦之命：短暂的生命。
14　显言：明确说。

东至湖，匿泉鸠里[1]。主人家贫，常卖屦[2]以给太子。发觉。八月，吏围捕太子。太子入室距户[3]自经，皇孙二人皆并遇害。初，上为太子立博望苑，使通宾客，从其所好，故宾客多以异端[4]进。

司马公曰：古之明王教养太子，为之择方正敦良[5]之士，以为保、傅、师、友，朝夕与之游处，左右前后无非正人，出入起居无非正道，然犹有淫于邪僻[6]而陷于祸败者焉。今乃使太子自通宾客，从其所好。夫正直难亲，谄谀易合，此固中人[7]之常情，宜太子之不终也。

胡氏曰：武帝为人君父，而致太子反，有十失焉。与诸子疏，而后希得见，一也。宠姬生子，而后及太子爱弛，二也。嫌太子宽厚，邪臣[8]毁之而不能察，三也。悦江充之材，而忘其败赵之事，四也。不为置贤师傅，而令太子自通宾客，五也。受苏文之谮，而不为核实，六也。纵方士、女巫出入宫掖[9]，七也。又使江充治巫蛊狱，八也。疑左右尽为蛊，九也。信使者妄言，而遽发兵捕斩太子，十也。若太子之罪，特在于不亟诣上自归[10]，而从石德之计耳。然既斩充而亟走甘泉，犹可幸于见察。乃白后发兵，与丞相战，是真反矣，尚何言哉？武帝意广欲多，穷兵黩武[11]，大兴土木，巡游不休，民力既殚[12]，盗贼蜂起，而后大祸及其子孙，其亦宜矣。向使遵文、景恭俭之规，明《春秋》首恶之义[13]，自家刑国[14]，措世安宁，则岂有是哉？

---

1 泉鸠里：古地名，又名全鸠里、全节，位于今河南省三门峡市辖灵宝市西北鸠水西。
2 屦：古代一种用麻、葛等制成的鞋。
3 距户：撑拄门户。
4 异端：不符合正统思想的主张或教义。
5 敦良：敦厚善良。
6 淫于邪僻：淫，放纵。邪僻，乖谬不正。
7 中人：普通人。
8 邪臣：奸诈的官吏。
9 宫掖：皇宫。掖，掖庭，宫中的旁舍，嫔妃居住的地方。
10 自归：自行投案。
11 穷兵黩武：用尽全部兵力，任意发动战争。形容十分好战。
12 殚：竭尽。
13 《春秋》首恶之义：语出司马迁《太史公自序》："为人君父而不通于《春秋》之义者，必蒙首恶之名。"首恶，罪魁祸首。
14 自家刑国：从管理自己的家庭开始，从而成为一国的典范。刑，通"型"，榜样，法式。

地震。

辛卯三年（公元前90年）

春，正月，匈奴寇五原、酒泉。三月，遣李广利等将兵击之。

夏，赦。

发西域兵击车师，尽得其王、民众而还。

六月，丞相屈氂弃市。李广利妻子下吏，广利降匈奴，诏族其家初，贰师之出也，丞相刘屈氂为祖道[1]，送至渭桥。广利曰："愿君侯早请昌邑王为太子。如立为帝，君侯长何忧乎？"屈氂许诺。昌邑王者，贰师女弟李夫人子也。贰师女为屈氂子妻，故共欲立焉。贰师出塞，破匈奴兵于夫羊句山[2]，乘胜追北[3]至范夫人城[4]。会有告"丞相夫人祝诅上及与贰师共祷祠，欲令昌邑王为帝"，按验，罪至大逆不道。六月，屈氂腰斩东市，贰师妻子亦收。贰师闻之，忧惧，遂深入要功[5]，北至郅居水[6]上。逢左贤王、左大将，合战一日，杀左大将，虏死、伤甚众。还至燕然山[7]，单于自将五万骑遮击贰师。夜，堑[8]汉军前，深数尺，从后急击之。军大乱，败，贰师遂降，单于以女妻之，宗族遂灭。

秋，蝗。

以田千秋为大鸿胪[9]，族灭[10]江充家吏民以巫蛊相告言[11]者，按验多不实。上颇知太子惶恐，无他意，会高寝郎[12]田千秋上急变，讼太子冤，曰："子弄父

---

1 祖道：古代为出行者祭祀路神和设宴送行的礼仪。
2 夫羊句山：古山名，位于今蒙古达兰札达加德城西。
3 追北：追击败兵。
4 范夫人城：古地名，位于今蒙古达兰札达加德城东北。
5 要功：求取功名，邀功。
6 郅居水：色楞格河古名，发源于蒙古国境内库苏古尔湖以南，注入贝加尔湖。
7 燕然山：古山名，即今蒙古境内杭爱山。
8 堑：挖掘壕沟。
9 大鸿胪：古官名，秦及汉初本名典客，九卿之一，掌管诸侯及少数民族事务。
10 族灭：整个家族被诛灭。
11 告言：揭露，告发。
12 高寝郎：护卫汉高祖陵寝的郎官。

兵，罪当笞。天子之子过误杀人，当何罪哉？臣尝梦见一白头翁教臣言。"上乃大感悟，召见千秋，谓曰："父子之间，人所难言也，公独明其不然。此高庙神灵使公教我，公当遂为吾辅佐。"立拜千秋为大鸿胪，而族灭江充家，焚苏文于横桥[1]上。上怜太子无辜，乃作思子宫，为归来望思之台于湖，天下闻而悲之。

壬辰**四年**（公元前 89 年）

春，正月，帝如东莱上欲浮海求神仙，群臣谏，弗听。会大风，晦冥[2]，海水沸涌[3]，留十余日乃还。

雍县无云，如雷者三，陨石二，黑如黳[4]。

三月，帝耕于钜定[5]。还，至泰山，罢方士候神人者上耕于钜定。还，幸泰山，修封禅，祀明堂，见群臣，乃言曰："朕即位以来，所为狂悖[6]，使天下愁苦，不可追悔。自今事有伤害百姓，靡费[7]天下者，悉罢之。"田千秋曰："方士言神仙者甚众，而无显功[8]，请皆罢斥[9]，遣之。"上曰："大鸿胪言是也。"于是悉罢诸方士候神人者。是后上每对群臣自叹："向时愚惑[10]，为方士所欺。天下岂有仙人？尽妖妄[11]耳。节食服药，差可少病而已。"

胡氏曰：人莫难于知过，莫难于悔过，莫甚难于改过，迷而不知者皆是也。若汉武帝行年六十有八，然后知往日之非而悉改之，虽云不敏，然其去不

1　横桥：古桥名，位于今陕西省西安市西北，跨渭水上，又称横门桥、石柱桥，武帝后称中渭桥。
2　晦冥：昏暗，阴沉。
3　沸涌：水翻腾貌。
4　黳：黑痣。
5　钜定：古县名，治所位于今山东省东营市广饶县东北。
6　狂悖：狂妄悖逆。
7　靡费：浪费，耗费过多。
8　显功：显著的功勋。
9　罢斥：罢免斥退。
10　愚惑：愚昧而迷乱。
11　妖妄：怪异荒诞之说。

知过而遂非者远矣。呜呼，此真可为帝王处仁迁义[1]之法也哉！

夏，六月，还宫。

以田千秋为丞相，封富民侯，以赵过为搜粟都尉千秋无他材能术学[2]，又无伐阅[3]功劳，特以一言寤意[4]，数月取宰相，封侯，世未尝有也。然为人敦厚有智，居位自称，逾于前后数公。先是，桑弘羊言："轮台东有溉田[5]五千顷以上，可遣屯田卒，置校尉，募民壮健敢徙者诣田所，垦田筑亭，以威西国。"上乃下诏，深陈既往之悔，曰："前有司奏欲益民赋三十助边用，是重困老弱孤独也。今又请遣卒田[6]轮台。轮台西于车师千余里。前击车师，虽降其王，以辽远[7]乏食，道死者尚数千人，况益西乎？匈奴常言：'汉极大，然不耐饥渴，失一狼，走千羊。'乃者贰师败，军士死，略离散，悲痛常在朕心。今又请远田轮台，欲起亭隧[8]，是劳扰[9]天下，非所以优[10]民也，朕不忍闻。大鸿胪等又议欲募囚徒送匈奴使者，明封侯之赏以报忿[11]，此五伯所弗为也。当今务在禁苛暴，止擅赋，力本农，修马复令，以补缺，毋乏武备而已[12]。郡国二千石各上进畜马方略补边状，与计对[13]。"自是不复出军，而封田千秋为富民侯，以明休息，思富养民也。又以赵过为搜粟都尉。过教民为代田，一亩三圳，岁代处[14]，

1　处仁迁义：以仁居心，以义为标准改变行为方式。
2　术学：道术学识。
3　伐阅：功绩和资历。
4　以一言寤意：凭一句话使武帝醒悟到太子死得冤枉。
5　溉田：有水可以灌溉的田地。
6　田：耕作，开垦。
7　辽远：遥远。
8　亭隧：古代筑在边境上的烽火亭，用作侦伺和举火报警。
9　劳扰：劳苦烦扰。
10　优：优待。
11　明封侯之赏以报忿：明确以封侯作为奖赏，让他们刺杀匈奴单于，以发泄我们的怨恨。
12　当今务在禁苛暴，止擅赋，力本农，修马复令，以补缺，毋乏武备而已：当今最重要的任务，在于严禁各级官吏对百姓苛刻暴虐，废止擅自增加赋税的法令，鼓励百姓致力于农业生产，恢复为国家养马者免其徭役赋税的法令，用来补充战马损失的缺额，不使国家军备削弱而已。
13　郡国二千石各上进畜马方略补边状，与计对：各郡国俸禄二千石以上的官员都要制定本地繁育马匹和补充边境物资的计划，在年终呈送全年公务报告时一并报送朝廷。
14　一亩三圳，岁代处：将一亩地分为三份，每年轮流耕种，以保养地力，获得较高的收成。

故曰代田。每耨辄附根，根深能风旱[1]。其耕耘田器皆有便巧[2]，用力少而得谷多，民皆便之。

　　司马公曰：天下信未尝无士也。武帝好四夷之功[3]，而勇锐轻死之士充满朝廷，辟土广地，无不如意。及后息民重农，而赵过之俦[4]教民耕耘，民亦被其利。此一君之身趣好[5]殊别，而下辄应之。诚使武帝兼三王之量以兴商、周之治，其无三代之臣乎？

　　秋，八月晦，日食。

癸巳**后元元年**（公元前88年）

　　春，祠泰畤。

　　赦。

　　夏，六月，侍中、仆射马何罗反，伏诛初，马何罗与江充相善。及卫太子[6]起兵，何罗弟通以力战封侯。后上夷灭[7]充宗族、党与，何罗兄弟惧及，遂谋为逆。侍中金日磾视其志意[8]有非常，心疑之，阴独察其动静，与俱上下，以故久不得发。上幸林光宫，旦未起[9]，何罗袖白刃从东厢上，见日磾，色变，走趋卧内，触宝瑟[10]，僵[11]。日磾得抱何罗投殿下，擒缚[12]之，穷治，皆伏辜[13]。

　　秋，七月，地震。

1　每耨辄附根，根深能风旱：每次除草的时候都要培土壅苗根，根埋得深，就能抵抗大风和干旱。
2　便巧：简便灵巧之处。
3　四夷之功：征讨四方蛮夷之地的事业。
4　之俦：之类，之流。
5　趣好：兴趣喜好。
6　卫太子：汉武帝刘彻嫡长子刘据。因母为姓卫，为卫皇后，故其称卫太子。
7　夷灭：诛杀，消灭。
8　志意：思想，精神。
9　旦未起：白天还没起床的时候。
10　宝瑟：瑟的美称。
11　僵：仰面向后倒下。
12　擒缚：捉拿捆绑。
13　穷治，皆伏辜：彻底查办，均承担罪责而死。伏辜，服罪，承担罪责而死。

杀钩弋夫人赵氏燕王旦自以次第当为太子，上书求入宿卫。上怒，曰："生子当置齐、鲁礼义之乡，乃置之燕，果有争心。"乃斩其使。又坐匿亡命，削三县。旦辩慧[1]博学，其弟广陵王胥有勇力，而皆动作[2]无法度，后多过失。是岁，钩弋夫人之子弗陵，年七岁，形体壮大，多知，上奇爱之，心欲立焉。以其年稚母少，犹与[3]久之。欲以大臣辅之，察群臣，唯奉车都尉[4]、光禄大夫霍光忠厚，可任大事。上乃使黄门画《周公负成王朝诸侯》以赐光。光，去病之弟也。后数日，帝谴责钩弋夫人，夫人脱簪珥[5]叩头。帝曰："引持[6]去，送掖庭狱[7]。"夫人还顾，帝曰："趣行[8]，汝不得活！"卒赐死。顷之，帝闲居，问左右曰："外人言云何？"左右对曰："人言且立其子，何去其母乎？"帝曰："然，是非儿曹[9]愚人之所知也。往古国家所以乱，由主少母壮也。女主独居骄蹇，淫乱自恣，莫能禁也。汝不闻吕后邪？故不得不先去之也。"

胡氏曰：汉武此举，断则有矣，未尽善也。诚能据《春秋》大义，妾母不得称后，母后不得与政，播告[10]之修，著为汉法，藏之宗庙，责在大臣，钩弋虽欲窃位骄恣，乌乎[11]敢？若夫吕后之事，则亦高帝有以启之耳。

甲午二年（公元前 87 年）

春，二月，帝如五柞宫[12]，立弗陵为皇太子，以霍光为大司马、大将

1　辩慧：聪明而富于辩才。
2　动作：行为举动。
3　犹与：犹豫。
4　奉车都尉：古官名，职掌皇帝车舆，入侍左右，多由皇帝亲信充任。
5　簪珥：发簪和耳饰，古代多为高贵妇女的首饰。
6　引持：挟持，拉下。
7　掖庭狱：汉代宫中的秘狱。
8　趣行：赶紧走。
9　儿曹：儿辈，孩子们。
10　播告：布告，遍告。
11　乌乎：怎样，怎么。
12　五柞宫：汉离宫名，故址位于今陕西省西安市周至县东南。

军，金日磾为车骑将军¹，上官桀为左将军，受遗诏辅少主。帝崩二月，上幸五柞宫，病笃。霍光涕泣问曰："如有不讳²，谁当嗣者？"上曰："君未谕前画意邪？立少子，君行周公之事。"光顿首让曰："臣不如金日磾。"日磾亦曰："臣外国人，不如光。且使匈奴轻汉。"乃立弗陵为皇太子。明日，命光、日磾及上官桀受遗诏辅少主，与御史大夫桑弘羊皆拜卧内床下。光出入禁闼二十余年，出则奉车，入侍左右，小心谨慎，未尝有过。为人沉静详审³，每出入，下殿门，止进有常处，郎、仆射窃识视之，不失尺寸。日磾在上左右，目不忤视⁴者数十年，赐出宫女，不敢近。上欲纳其女后宫，不肯。其笃慎⁵如此，上尤奇异之。日磾长子为帝弄儿⁶，其后壮大，自殿下与宫人戏。日磾适见，遂杀之。上怒，日磾具言所以⁷，上为之泣，而心敬日磾。桀始以材力得幸，为未央厩令。上尝体不安，及愈，见马，马多瘦，上大怒曰："令以我不复见马邪？"欲下吏。桀顿首曰："臣闻圣体不安，日夜忧惧，意诚不在马。"言未卒，泣数行下。上以为爱己，由是亲近。又明日，帝崩，入殡⁸未央前殿。帝聪明能断，善用人，行法无所假贷⁹。隆虑公主子昭平君尚帝女夷安公主。隆虑主病困¹⁰，以金千斤、钱千万为昭平君豫赎死罪，上许之。主卒，昭平君日骄，醉杀主傅¹¹，系狱。廷尉以公主子上请¹²。上为之垂涕叹息，久之，曰："法令者，先帝所造也。用弟故而诬先帝之法，吾何面目入高庙乎？又下负万民。"乃可其

1　车骑将军：古官名，战车部队的统帅，地位仅次于大将军、骠骑将军，在卫将军上，常　　典京城、皇宫禁卫军队，出征时常总领诸将军。
2　不讳：死亡的婉辞。
3　详审：周详审慎。
4　忤视：正面看，面对面看。
5　笃慎：厚重谨慎。
6　弄儿：供人狎弄的童子。
7　所以：原因，情由。
8　入殡：死者入棺后停枢待葬。
9　假贷：宽宥。
10　病困：为疾病所困扰，病重。
11　主傅：教导公主的女官。
12　上请：向上级请求或请示。

奏。哀不能自止，左右尽悲。待诏[1]东方朔前上寿[2]曰："臣闻圣王为政，赏不避仇雠，诛不择骨肉，此五帝所重，三王所难也。陛下行之，天下幸甚。臣朔奉觞[3]昧死再拜，上万岁寿。"上初怒朔，既而善之。

班固曰：汉承百王之弊，高祖拨乱反正，文、景务在养民，至于稽古礼文之事，犹多缺焉。孝武初立，卓然罢黜百家[4]，表章[5]六经，遂畴咨[6]海内，举其俊茂[7]，与之立功。兴太学，修郊祀，改正朔，定历数[8]，协音律，绍周后[9]，号令文章，焕焉可述[10]。如武帝之雄材大略，不改文、景之恭俭以济斯民，虽《诗》《书》所称，何有加焉？

司马公曰：孝武穷奢极欲，繁刑重敛，内侈宫室，外事四夷，信惑神怪，巡游无度，使百姓疲敝[11]，起为盗贼，其所以异于秦始皇者无几矣。然秦以之亡，汉以之兴者，孝武能遵先王之道，知所统守[12]，受忠直之言，恶人欺蔽[13]，好贤不倦，诛、赏严明，晚而改过，顾托[14]得人，此其所以有亡秦之失而免亡秦之祸乎！

太子弗陵即位。姊鄂邑长公主共养省中，光、日䃅、桀共领尚书事光辅幼主，政自己出，天下想闻[15]其风采。殿中尝有怪，一夜，群臣相惊。光召尚符玺郎[16]，欲收取玺。郎不肯授，光欲夺之。郎按剑曰："臣头可得，玺不

1　待诏：古官名，具一技之长，应皇帝征召随时待命，以备咨询顾问。
2　上寿：向人敬酒，祝颂长寿。
3　奉觞：举杯敬酒。
4　罢黜百家：排除诸子杂说，专门推行儒家学说。罢黜，废弃不用。
5　表章：表彰。
6　畴咨：访问，访求。
7　俊茂：才智杰出的人。
8　历数：历法，观测天象以推算年时节候的方法。
9　周后：周王。古亦称帝王为后。
10　焕焉可述：焕发光彩，值得称道。
11　疲敝：困苦穷乏。
12　统守：治理国家，守住先人基业。
13　欺蔽：欺骗蒙蔽。
14　顾托：嘱托。
15　想闻：仰慕。
16　尚符玺郎：古官名，掌皇帝符玺。以郎官而掌符玺，故名。

可得也！"光甚义之。明日，诏增此郎秩[1]二等。众庶莫不多光。

三月，葬茂陵。

夏，赦。

秋，七月，有星孛于东方。

追尊钩弋夫人为皇太后，起云陵[2]。

冬，匈奴入朔方。遣左将军桀行北边。

乙未孝昭皇帝始元元年（公元前 86 年）

夏，益州夷反。募吏民，发奔命[3]击破之。

秋，七月，赦。

大雨，至于十月。

燕王旦谋反，赦，弗治。党与皆伏诛初，武帝崩，赐诸侯王玺书。燕王旦得书不肯哭，曰："玺书封[4]小，京师疑有变。"遣幸臣之长安问礼仪，阴刺候[5]朝廷事。及诏赐钱益封，旦怒曰："我当为帝，何赐也？"遂与齐孝王孙泽等结谋，诈言以武帝时受诏，得职吏事[6]，修武备，备非常。为奸书，言："少帝非武帝子，天下宜共伐之。"使人传行[7]郡国，以摇动百姓。泽谋归，发兵临菑，旦招来郡国奸人，赋敛[8]铜铁作甲兵，数阅[9]其车骑、材官、卒，发民大猎以讲士马[10]，须期日，杀谏者韩义等凡十五人。八月，青州刺史隽不疑收捕泽等以闻。遣大鸿胪丞治，连引燕王。诏以燕王至亲，勿治，而泽等皆伏诛。

1　秩：官吏的俸禄。
2　云陵：汉昭帝刘弗陵生母钩弋夫人墓，位于今陕西省咸阳市淳化县北。
3　奔命：应急出战的部队。
4　封：加盖印章在口上，以防开启。
5　刺候：刺探侦察。
6　得职吏事：允许他掌握其封国内各级官吏的任免权。
7　传行：颁行。
8　赋敛：征收赋税。
9　阅：检阅。
10　发民大猎以讲士马：征调百姓进行大规模打猎活动，以训练将士、马匹的作战能力。

以隽不疑为京兆尹[1] 不疑为京兆尹，吏民敬其威信。每行县，录囚徒还，其母辄问不疑："有所平反，活几何人？"即多所平反，母喜笑异他时。或无所出，母怒，为不食。故不疑为吏，严而不残。

九月，车骑将军、秺侯金日䃅卒 初，武帝以日䃅捕反者马何罗功，遗诏封为秺侯。日䃅以帝少，不受封。及病困，光白，封之，卧受印绶。一日，薨，谥曰敬。日䃅两子赏、建俱侍中，与上卧起[2]。赏奉车、建驸马都尉。及赏嗣侯[3]，佩两绶，上谓光曰："金氏兄弟两人，不可使俱两绶耶？"对曰："赏自嗣父为侯耳。"上笑曰："侯不在我与将军乎？"对曰："先帝之约，有功乃得封侯。"乃止。

闰月，遣使行郡国，举贤良，问民疾苦。

冬，无冰。

丙申二年（公元前85年）

春，正月，封大将军光为博陆侯。

以刘辟强、刘长乐为光禄大夫 或说霍光曰："将军不见诸吕之事乎？摄政擅权而背宗室，不与共职[4]，是以天下不信，卒至于灭亡。今将军当盛位，帝春秋富，宜纳宗室，又多与大臣共事，则可以免患。"光然之，乃择宗室可用者，拜二人光禄大夫，辟强守[5]长乐卫尉[6]。

三月，遣使振贷贫民种食[7]。

秋，诏所贷勿收责[8]，除今年田租。

1　京兆尹：古官名，西汉京畿地方行政长官之一，职掌如郡太守。
2　卧起：寝卧和起身，多指日常生活诸事。
3　嗣侯：继承侯爵。
4　共职：供奉，贡献。共，通"供"。
5　守：兼任。
6　长乐卫尉：古官名，太后属官，掌长乐宫卫士守卫宫门和宫中巡逻。
7　种食：谷种和粮食。
8　收责：讨回欠债。

匈奴狐鹿姑单于死，子壶衍鞮单于立初，武帝征伐匈奴，深入穷追二十余年，匈奴马畜孕重堕殰[1]，罢极，苦之，常有欲和亲意，未能得。是岁，单于病且死，谓诸贵人："我子少，不能治国，立弟右谷蠡王。"及单于死，卫律等与颛渠阏氏[2]谋矫单于令，更立其子为壶衍鞮单于。左贤王、右谷蠡王怨望，不复肯会龙城，匈奴始衰。

丁酉三年（公元前 84 年）

春，二月，有星孛于西北。

秋，募民徙云陵。

冬，十月，遣使祠凤皇[3]于东海。

十一月朔，日食。

戊戌四年（公元前 83 年）

春，三月，立倢伃上官氏为皇后。赦初，霍光与上官桀相亲善。每休沐[4]出，桀常代入决事。光女为桀子安妻，生女，年甫[5]五岁。安欲因光内之宫中，光以为尚幼，不听。盖长公主私近子客丁外人[6]，安说外人曰："安子容貌端正，诚因长主[7]时得入为后，以臣父子在朝而有椒房[8]之重，汉家故事，常以列侯尚主[9]，足下何忧不封侯乎？"外人言于长主，以为然，召安女入为倢伃，遂立为后。

1　孕重堕殰：孕重，怀孕。堕殰，胎死腹中。
2　颛渠阏氏：匈奴单于正妃的封号，等同于中原皇帝的皇后。
3　凤皇：即百鸟之王凤凰。
4　休沐：休假。
5　甫：方才，刚刚。
6　长公主私近子客丁外人：长公主私下亲近儿子的宾客丁外人。子客，儿子的宾客。
7　长主：长公主。
8　椒房：西汉未央宫皇后所居殿名，亦称椒室，后亦用为后妃的代称。
9　尚主：男子与公主结婚。

秋，令民勿出马诏曰："比岁不登，流庸[1]未还，往时令民出马，其止勿出。诸给中都官者，减之。"

西南夷复反，遣兵击之。

以上官安为车骑将军。

己亥**五年**（公元前 82 年）

春，正月，男子成方遂诣阙，诈称卫太子，伏诛有男子乘黄犊车[2]诣北阙，自谓卫太子，公车[3]以闻。诏公卿、将军、中二千石杂识视[4]。至者并莫敢发言，吏民聚观者数万人。右将军勒兵阙下，以备非常。京兆尹不疑后到，叱从吏[5]收缚[6]。或曰："是非未可知，且安之。"不疑曰："诸君何患于卫太子？昔蒯聩违命出奔，辄拒而不纳，《春秋》是之。卫太子得罪先帝，亡不即死，今来自诣，此罪人也。"遂送诏狱。上与大将军光闻而嘉之曰："公卿大臣当用有经术[7]、明于大义者。"由是不疑名重朝廷，在位者皆自以为不及也。廷尉验治[8]何人，竟得奸诈，本夏阳[9]人，姓成，名方遂，居湖。有故太子舍人[10]谓曰："子状貌甚似卫太子。"方遂利其言，冀以得富贵。坐诬罔、不道，腰斩。

程子曰：隽不疑说《春秋》非是，然其处事应机[11]，则不异于古人矣。

胡氏曰：蒯聩，卫灵公之世子也，出奔于宋。灵公未尝有命废之，而更立他子也。灵公卒，蒯聩之子辄遂自立以拒蒯聩，亦未尝有灵公之命也。蒯聩叛

1　流庸：流亡在外受人雇佣的人。
2　犊车：牛车，初为汉诸侯贫者乘之，后转为贵者乘用。
3　公车：即公车令，古官名，掌公车司马门，受天下奏章，主宫中巡逻。
4　诏公卿、将军、中二千石杂识视：皇上下诏让公卿、将军、俸禄达到中二千石的官员一起去辨认。汉官秩以万石为最高，中二千石次之，真二千石再次，后一级就是两千石，其下有比二千石。
5　从吏：属吏。
6　收缚：拘禁。
7　经术：经学。
8　验治：查验处治。
9　夏阳：古县名，位于今陕西省渭南市辖韩城市南，秦以前称少梁。
10　太子舍人：古官名，执掌东宫宿卫，后来也兼管秘书、侍从之职。
11　应机：随机应变。

父杀母，当黜¹何疑？然辄拒之，则失人子之道矣。故《春秋》于赵鞅纳蒯聩
书曰"世子"，明其位之未绝也。于石曼姑围戚，书齐国夏为首，恶其党辄也。
然则谓《春秋》是²辄者，非经旨³矣。彼据也称兵⁴阙下，与父兵战，正使⁵不
死，而父宥之，其位亦不得有矣。果来自诣，但当以此下令叱吏收缚，亦足以
成狱⁶而议刑矣，不必引《春秋》也。霍光不学，故不能辨。然其谓公卿当用
有经术、明大义者，则格言⁷也。

　　罢儋耳⁸、真番郡。

庚子六年（公元前 81 年）

　　春，诏问贤良文学⁹民间疾苦谏议大夫¹⁰杜延年言："年岁比不登¹¹，流民
未尽还，宜修孝文时政，示以俭约、宽和¹²，顺天心，悦民意，年岁宜应。"光
纳其言。诏有司问郡国所举贤良文学，民间疾苦、教化之要，皆对："愿罢盐
铁、酒榷¹³、均输官，毋与天下争利，示以俭节¹⁴，然后教化可兴。"桑弘羊难，以
为此国家大业，所以制四夷、安边足用之本，不可废也。于是盐铁之议起焉。

　　苏武还自匈奴，以为典属国¹⁵初，苏武既徙北海上，廪食¹⁶不至，掘野

1　黜：罢免，废除。
2　是：赞同。
3　经旨：经书的要旨。
4　称兵：采取军事行动。
5　正使：即使，纵使。
6　成狱：刑事案件的定案。
7　格言：含有教育意义可为准则的话。
8　儋耳：古郡名，辖今海南岛西部地区。
9　贤良文学：汉代选拔官吏的科目之一。始于武帝时，简称贤良或文学。
10　谏议大夫：古官名，郎中令的属官，掌论议。
11　岁比不登：农业连年歉收。比，屡屡，频频。
12　宽和：宽厚温和。
13　酒榷：古代政府所行的酒类专卖制度。
14　俭节：节约，节省。
15　典属国：古官名，掌管属国以及与少数民族交往的事务。典，主持，主管。
16　廪食：公家供给的粮食。

鼠，去草实[1]而食之。杖[2]汉节牧羊，卧起操持[3]，节旄[4]尽落。初，武与李陵俱为侍中。及陵降，单于使至海上，为武置酒设乐，谓曰："单于闻陵与子卿素厚，故使来说足下，虚心欲相待。终不得归汉，空自苦，亡人之地，信义[5]安所见乎？足下兄弟皆坐事自杀，太夫人已不幸，妇亦更嫁矣，独有女弟男女，存亡不可知。人生如朝露，何自苦如此？且陛下春秋高，法令无常，大臣无罪夷灭者数十家。安危不可知，子卿尚复谁为乎？"武曰："武父子无功德，皆为陛下所成就，位列将，爵通侯，常愿肝脑涂地。今得杀身自效[6]，诚甘乐[7]之。臣事君，犹子事父也。子为父死，无所恨。愿勿复言。"陵与武饮数日，复曰："子卿一听陵言！"武曰："自分[8]已死久矣，王必欲降武，请毕今日之欢，效死[9]于前！"陵见其至诚，喟然叹曰："嗟乎，义士！陵与卫律之罪上通于天！"因泣下沾衿[10]，与武决去。后陵复至北海上，语武以武帝崩。武南向号哭欧血，旦夕临[11]数月。及是，匈奴国内乖离[12]，常恐汉兵袭之，于是与汉和亲，乃归武及马宏等。宏，前使西国[13]，为匈奴所遮，亦不肯降。故匈奴归此二人，欲以通善意。于是陵置酒贺武曰："足下扬名匈奴，功显汉室，虽古竹帛所载，丹青所画，何以过子卿？陵虽驽怯[14]，令汉贳[15]陵罪，全其老母，使得奋大辱之

1　草实：植物的果实。
2　杖：执，持。
3　操持：握持，掌握。
4　节旄：符节上装饰的牦牛尾。
5　信义：信用和道义。
6　自效：愿为别人或集团贡献自己的力量或生命。
7　甘乐：甘心乐意。
8　自分：自料，自以为。
9　效死：舍命报效。
10　沾衿：沾襟。
11　旦夕临：一早一晚都大哭一次。
12　乖离：抵触，背离。
13　西国：西域。
14　驽怯：资质驽钝，胆小害怕。
15　贳：赦免，宽纵。

积志[1]，庶几乎曹柯之盟[2]，此陵宿昔[3]之所不忘也。收族[4]陵家，为世大戮，陵尚复何顾乎？已矣，令子卿知吾心耳！"陵泣下数行，因与武决。官属随武还者九人。既至京师，诏武奉一太牢谒武帝园庙[5]，拜为典属国，秩中二千石，赐钱三百万，公田[6]二顷，宅一区。武留匈奴凡十九岁，始以强壮出，及还，须发尽白。

夏，旱。

秋，七月，罢榷酤官[7]罢榷酤，从贤良文学之议也。武帝之末，海内虚耗，户口减半。霍光知时务之要，轻徭薄赋，与民休息。至是匈奴和亲，百姓充实，稍复文、景之业焉。

辛丑**元凤元年**（公元前 80 年）

春，三月，征有行义[8]者韩福等至长安，赐帛遣归赐郡国所选有行义者韩福等五人帛，各五十匹，遣归。诏曰："朕闵劳[9]以官职之事，其务修孝弟[10]以教乡里。令郡县以正月赐羊酒[11]。有不幸者赐衣被一袭，祠以中牢[12]。"

武都氐人反，遣兵击之。

夏，赦。

秋，七月晦，日食，既。

1　积志：夙愿。
2　曹柯之盟：齐桓公五年，伐鲁。鲁国打了败仗，请求割让土地并缔结合约，齐桓公答应了，定在齐国境内柯地受降。就在准备签约的时候，曹沫拔出匕首，将齐桓公劫持，要求齐国退出以前侵占的鲁国国土。齐桓公受制于人，只能答应，于是曹沫释放了齐桓公。此时，齐桓公想反悔，管仲则认为国君的信用是最重要的，因此劝服齐桓公遵守诺言。
3　宿昔：经久，经常。
4　收族：收捕罪犯的家族。
5　园庙：帝王墓地所建的宗庙。
6　公田：公家之田，官府控制的土地，亦称官田。
7　榷酤官：负责酿酒专卖事宜的官员。榷酤，汉以后历代政府所实行的酒专卖制度。
8　行义：品行道义。
9　闵劳：怜惜下属，不忍心劳役之。
10　孝弟：孝顺父母，敬爱兄长。
11　羊酒：羊和酒，亦泛指赏赐或馈赠的物品。
12　中牢：猪、羊二牲。

八月，鄂邑长公主、燕王旦、上官桀、安等谋反，皆伏诛上官桀父子为丁外人求封侯，霍光不许。又欲令得召见，又不许。长主以是大怨光，而桀、安亦惭。自先帝时，桀位在光右。及是，皇后亲安女，光乃其外祖，而顾[1]专制朝事，由是与光争权。燕王旦自以帝兄不得立，常怀怨望。桑弘羊欲为子弟得官，亦怨恨光。于是盖主[2]、桀、安、弘羊皆与旦通谋。诈令人为燕王上书，言："光出都肄郎、羽林，道上称跸[3]。擅调益[4]莫府校尉，专权自恣，疑有非常。"候伺光出沐日[5]奏之。桀欲从中下其事[6]，弘羊当与诸大臣共执退[7]光。书奏，帝不肯下。明旦[8]，光闻之，止画室[9]中不入。上问："大将军安在？"桀对曰："以燕王告其罪，故不敢入。"有诏："召大将军。"光入，免冠，顿首，谢。上曰："将军冠！朕知是书诈也，将军无罪。"光曰："陛下何以知之？"上曰："将军之广明都郎属耳[10]。调校尉以来，未能十日，燕王何以得知之？且将军为非，不须校尉。"是时帝年十四，尚书[11]、左右皆惊。而上书者果亡，捕之甚急。桀等惧，白上："小事不足遂[12]。"上不听。后桀党与有谮光者，上辄怒曰："大将军忠臣，先帝所属以辅朕身，敢有毁者坐之！"自是桀等不敢复言。

李德裕[13]曰：人君之德，莫大于至明。明以照奸，则百邪不能蔽矣，汉昭

1　顾：反而。
2　盖主：即鄂邑长公主，因嫁盖侯为妻，又称盖主或鄂盖主。
3　光出都肄郎、羽林，道上称跸：霍光外出聚集郎官和羽林骑练兵，在路上称是为皇上出行清道。都肄，检阅操练士卒。
4　调益：增调。
5　出沐日：官员休假的日子。
6　下其事：交给有关官员去查办。
7　执退：逮捕并撤销官职。
8　明旦：第二天早上。
9　画室：汉代殿前西阁之室，因雕画尧、舜、禹、汤、桀、纣等古帝王像，故称。
10　将军之广明都郎属耳：将军到广明亭去，召集郎官部属罢了。都，召集。
11　尚书：古官名，职掌收发文书，传达记录诏命章奏，隶少府。
12　遂：追究。
13　李德裕：唐朝名相。

帝是也。使得伊、吕[1]之佐，则成、康[2]不足侔矣。

　　桀等谋令长公主置酒请光，伏兵格杀之，因废帝而立燕王。驿书[3]往来，外连郡国豪杰以千数。旦以语相平[4]，平曰："左将军素轻易[5]，车骑少而骄，臣恐其不能成，又恐既成，反大王也。"旦不听。安果谋诱燕王至而诛之，因废帝而立桀。会盖主舍人父燕仓知其谋，以告大司农杨敞。敞素谨，畏事，乃移病卧，以告杜延年，延年以闻。九月，诏捕桀、安、弘羊、外人等，并宗族悉诛之。盖主、燕王皆自杀。

　　冬，以韩延寿为谏大夫[6]文学魏相对策[7]，以为："日者[8]燕王为无道，韩义出身强谏[9]，为王所杀。义无比干[10]之亲而蹈比干之节，宜显赏[11]其子以示天下，明为人臣之义。"乃擢义子延寿为谏大夫。

　　以张安世为右将军，杜延年为太仆大将军光以朝无旧臣，安世自先帝时为尚书令[12]，志行纯笃[13]，乃白用安世为右将军兼光禄勋，以自副[14]焉。又以延年有忠节[15]，擢为太仆、右曹[16]、给事中。光持刑罚严，延年常辅之以宽。吏民上书

1　伊、吕：伊尹、吕尚，为商、周时名臣。
2　成、康：周成王、周康王，周朝中兴天子，共同开创了成康之治。
3　驿书：经驿站递送的文书。
4　相平：燕国丞相平。
5　轻易：轻佻浮躁。
6　谏大夫：古官名，掌谏争、顾问应对，议论朝政。
7　对策：古代被召见或应考的人对于皇帝所问有关治国策略的回答。
8　日者：往日，从前。
9　出身强谏：出身，为官。强谏，极力净谏。
10　比干：古代名臣，商纣王的叔父，因为进谏而被纣王剖心。
11　显赏：厚赏。
12　尚书令：古官名，尚书署长官，掌传达、记录诏命章奏，并有权审阅、宣读、裁决章奏。
13　志行纯笃：志行，志向和操行。纯笃，纯朴笃实。
14　自副：辅助自己。
15　忠节：忠贞的节操。
16　右曹：西汉加官名号，与左曹合称诸曹，加此者每日朝谒，在殿中收受平省尚书奏事，亲近皇帝，典掌枢机。

言便宜[1]，辄下延年平处[2]复奏。言可官试者[3]，至为县令，或丞相、御史除用[4]，满岁，以状闻，或抵其罪法[5]。安世，汤之子；延年，周之子也。

匈奴入寇，边兵追击之，获瓯脱王自是匈奴恐汉以瓯脱王为道[6]击之，即西北远去，不敢南逐水草。遣骑屯受降城以备汉，北桥余吾水，令可渡，以备奔走。欲求和亲，而恐汉不听，故不肯先言，常使左右风[7]汉使者。然其侵盗益稀，遇汉使愈厚，欲以渐致和亲。汉亦羁縻之。

壬寅二年（公元前 79 年）

夏，赦。

癸卯三年（公元前 78 年）

春，正月，泰山石立，上林僵柳[8]复起生[9]泰山有大石自起立[10]，上林有僵柳自起生，有虫食柳叶，曰："公孙病已立。"符节令[11]眭弘上书，言："大石自立，僵柳复起，当有匹庶[12]为天子。当求贤人禅帝位，以顺天命。"坐设妖言惑众，伏诛。

少府徐仁自杀，腰斩廷尉王平燕、盖之乱，桑弘羊子迁亡，过父故吏侯史吴。后迁捕得，伏法。会赦，吴自出系狱。廷尉王平与少府徐仁杂治[13]，皆

1　便宜：有利国家、合乎时宜之事。
2　平处：评判裁决。
3　言可官试者：所奏可行，可以由官府试用的。
4　除用：任用。
5　抵其罪法：有罪者依法惩治其罪。
6　为道：担任向导。
7　风：委婉劝告。
8　僵柳：枯死的柳树。
9　起生：死而复生。
10　起立：竖立。
11　符节令：古官名，少府属官，掌管皇帝玺印，兼保管铜虎符、竹使符，遣使掌授节，职任颇重。
12　匹庶：平民。
13　杂治：会审。

以为吴非匿反者，乃匿为随者[1]。即以赦令除吴罪。后侍御史[2]治实[3]，以桑迁通经术，知父谋反而不谏争，与反者身无异。吴，故三百石吏，首匿[4]迁，不与庶人匿随从者等，吴不得赦。奏请复治，劾廷尉、少府纵反者。仁，丞相千秋女婿也。千秋召中二千石、博士会公车门，议问吴法。光于是以千秋擅召中二千石以下，外内异言，遂下平、仁狱。朝廷皆恐丞相坐之。杜延年奏记[5]光曰："吏纵罪人，有常法。今更诋吴为不道，恐于法深[6]。丞相久故及先帝用事[7]，非有大故，不可弃也。间者民颇言狱深，吏为峻诋[8]。今丞相所议，又狱事也。如是以及丞相，恐不合众心，群下欢哗，庶人私议，流言四布。延年窃重将军失此名于天下也。"光以平、仁弄法，卒下之狱。仁自杀，平腰斩，而不以及丞相，终与相竟[9]。延年论议持平[10]，合和[11]朝廷，皆此类也。

冬，辽东乌桓[12]反。遣将军范明友将兵击之初，冒顿破东胡，东胡余众散保乌桓及鲜卑山[13]为二族，世役属匈奴。武帝击破匈奴左地[14]，因徙乌桓于上谷、渔阳、右北平、辽东塞外，侦察匈奴动静。置护乌桓校尉监领[15]之，使不得与匈奴交通。至是，部众渐强，遂反。汉得匈奴降者，言匈奴方发二万骑击乌桓。霍光欲邀击之，以问护军都尉赵充国。充国以为乌桓间[16]数犯塞[17]，今

1　为随者：连坐的人。
2　侍御史：古官名，受命御史中丞，掌受公卿奏事，举劾按章，监察文武官员。
3　治实：核实。
4　首匿：主谋藏匿罪犯。
5　奏记：书面向公府等长官陈述意见。
6　深：苛刻。
7　丞相久故及先帝用事：丞相在位已久，又是先帝任用的人。
8　峻诋：刻毒诬陷。
9　终与相竟：《册府元龟》："谓终丞相之身无贬黜也。"
10　持平：公正，公平。
11　合和：和谐，和睦。
12　乌桓：古族名，东胡族的一支，居今辽河上游、大兴安岭南部的乌桓山，以游牧狩猎为主。
13　鲜卑山：古山名，即今兴安岭山脉北部，位于今内蒙古呼伦贝尔市东，鲜卑部族发源地。
14　左地：汉代匈奴左贤王辖下的上谷以东地区。
15　监领：监督掌管。
16　间：断断续续。
17　塞：边塞，边境。

匈奴击之，于汉便。又匈奴稀寇盗，北边幸无事，蛮夷自相攻击而发兵要[1]之，招寇生事，非计也。光更问中郎将范明友，明友言可击。于是拜明友为度辽将军，将二万骑出辽东。匈奴引去。初，光诫明友兵不空出。即后匈奴[2]，遂击乌桓。明友乘乌桓敝，击之，斩获甚众。匈奴由是恐，不敢复出兵。

甲辰**四年**（公元前77年）

春，正月，帝冠。

丞相千秋卒时政事一决大将军光，千秋居丞相位，谨厚自守[3]而已。

二月，以王䜣为丞相。

夏，五月，孝文庙正殿火。帝素服，**遣使作治**[4]上及群臣皆素服，发中二千石将五校[5]作治，六日成。

赦。

遣使诱楼兰王安归，杀之初，楼兰王死，匈奴先闻之，遣其质子[6]安归归，得立为王。汉诏令入朝，王辞，不至。复为匈奴反间[7]，数遮杀汉使。骏马监[8]傅介子使大宛，诏因令责楼兰王。王谢，服。介子还，谓大将军光曰："楼兰数反复而不诛，无所惩艾[9]。愿往刺之，以威示诸国。"大将军白，遣之。介子赍金币，扬言以赐外国为名，至楼兰。王贪汉物，来见。介子与坐饮，醉，谓曰："天子使我私报[10]王。"王起，随介子入帐中，壮士二人从后刺之，遂斩其首，驰传诣阙，悬北阙下。立其弟在汉者尉屠耆为王，更名其国为鄯善，为

1　要：中途拦截。
2　后匈奴：没追上匈奴。
3　谨厚自守：谨厚，谨慎笃厚。自守，自保。
4　作治：制作。
5　五校：汉时对步兵、屯骑、长水、越骑、射声五校尉的合称。
6　质子：古时派往别国做人质的人，多为王子或诸侯之子。
7　反间：利用敌方间谍给敌人提供假情报，使敌人中计。
8　骏马监：古官名，掌养骏马。
9　惩艾：惩戒，惩治。
10　报：传递信息。

刻印章。赐以官女为夫人，备车骑、辎重。丞相率百官送至横门¹外，祖²而遣之。王自请曰："国中有伊循城³，其地肥美，愿汉遣一将屯田积谷，令臣得依其威重。"于是汉遣吏士⁴田伊循以镇抚之。封介子为义阳侯。

司马公曰：王者之于戎狄，叛则讨之，服则舍⁵之。今楼兰王既服其罪，又从而诛之，后有叛者，不可得而怀矣。必以为有罪，则宜陈师鞠旅⁶，明致其罚。今乃以大汉之强而为盗贼之谋于蛮夷，不亦可羞哉？论者或美介子以为奇功，过矣。

乙巳**五年**（公元前76年）

　　夏，大旱。

　　发恶少年、吏亡者屯辽东。

　　冬，大雷。

　　丞相䜣卒。

丙午**六年**（公元前75年）

　　春，正月，筑辽东、玄菟⁷城。

　　夏，赦。

　　乌桓复犯塞，遣范明友将兵击之。

　　冬，十一月，以杨敞为丞相。

1　横门：汉代长安城北西头的第一门，是通向西域的大道。
2　祖：出行时祭路神，引申为送行。
3　伊循城：古地名，位于今新疆巴音郭楞蒙古自治州若羌县东北米兰镇。
4　吏士：官兵。
5　舍：安置。
6　陈师鞠旅：出征之前，集合军队发布动员令。陈，陈列。鞠，告。
7　辽东、玄菟：辽东，即今辽宁省辽阳市老城。玄菟，位于今辽宁省沈阳市东陵对河上柏官屯。

丁未**元平元年**（公元前 74 年）

春，二月，减口赋钱什三[1]。

有流星大如月，众星皆随西行。

夏，四月，帝崩。大将军光承皇后诏，迎昌邑王贺诣长安。六月，入即位，尊皇后曰皇太后帝崩，无嗣。时武帝子独有广陵王胥，群臣欲立之。胥本以行失道[2]，先帝所不用。大将军光不自安。郎有上书言："周太王废太伯立王季，文王舍伯邑考立武王，唯在所宜，虽废长立少，可也。广陵王不可以承宗庙。"光即日承皇后诏，迎昌邑王贺诣长安邸。贺，昌邑哀王髆之子，素狂纵[3]，动作无节[4]。武帝之丧，游猎不止。中尉王吉谏曰："大王不好书术[5]而乐逸游[6]，数以奭脆[7]之玉体[8]犯勤劳之烦毒[9]，非所以全寿命之宗也，又非所以进仁义之隆也。夫广厦之下，细旃[10]之上，明师居前，劝诵在后，上论唐、虞之际，下及殷、周之盛，考仁圣[11]之风，习治国之道，诉诉焉[12]发愤忘食，日新厥德[13]。休则俯仰屈伸以利形，专意积精[14]以适神。大王诚留意于此，则心有尧、舜之志，体有乔松之寿[15]，福禄臻[16]而社稷安矣。皇帝仁圣，至今思慕[17]未息，于宫、馆、囿、池、弋猎之乐未有所幸，大王宜夙夜[18]念此，以承圣意。诸侯

1　减口赋钱什三：将口赋减少十分之三。口赋，汉代七岁至十四岁，每人每年出二十钱以供天子，为口赋。武帝时增至二十三钱，以补车骑马匹之费。
2　失道：违背道义，无道。
3　狂纵：狂放不羁，放肆无忌。
4　无节：不加节制。
5　书术：诗书术数。
6　逸游：放纵游乐。
7　奭脆：脆弱。
8　玉体：尊贵的身体。
9　烦毒：烦扰。
10　细旃：细织的毛毡。
11　仁圣：仁德圣明。
12　诉诉焉：谨慎恭敬的样子。
13　日新厥德：每天提高自己的品德。
14　专意积精：专意，专心。积精，蓄积精气。
15　乔松之寿：仙人那样的长寿。乔松，古代传说中的仙人王乔和赤松子。
16　臻：来到。
17　思慕：仰慕。
18　夙夜：朝夕，日夜。

骨肉，莫亲大王。于属则子，于位则臣，一身而二任之，责加焉。恩爱行义[1]，纤介[2]有不具者，于以上闻[3]，非飨国[4]之福也。"王乃下令曰："中尉甚忠，数辅[5]吾过。"使赐牛肉酒脯[6]，而放纵自若。郎中令龚遂，忠厚刚毅，有大节，内谏争王，外责傅、相，引经义，陈祸福，至于涕泣，謇謇亡已[7]。王尝与驺奴、宰人[8]游戏无度，遂入见王，涕泣膝行[9]，曰："大王知胶西王所以亡乎？"王曰："不知也。"曰："臣闻胶西王有谀臣[10]侯得，王所为拟于桀、纣，而得以为尧、舜。王悦其谀，常与寝处，唯得所言，以至于是。今大王亲近群小，渐渍[11]邪恶，存亡之机，不可不慎。臣请选郎通经、有行义者与王起居，坐则诵《诗》《书》，立则习礼容[12]，宜有益。"王许之。遂乃选郎中十人侍王。数日，皆逐去。王尝见大白犬，颈以下似人，冠方山冠[13]，以问遂。遂曰："此天戒，言在侧者尽冠狗[14]也。去之则存，不去则亡矣。"又见大熊，左右莫见，以问遂。遂曰："山野之兽来入宫室，宫室将空，危亡象也。"王仰天叹曰："不祥何为数来？"遂叩头曰："臣不敢隐忠[15]，数言危亡之戒，大王不悦。夫国之存亡，岂在臣言哉？愿王内自揆度[16]。大王诵《诗》三百五篇，人事浃[17]，王道备。王之所行，中[18]《诗》一篇何等也？大王位为诸侯王，行污于庶人，以存难，以亡易，宜深

1　行义：品行，道德。
2　纤介：细微。
3　于以上闻：被天子知道。
4　飨国：享国。飨，通"享"。
5　辅：弥补。
6　脯：干肉。
7　謇謇亡已：謇謇，忠直貌。謇，通"謇"。亡已，无已，没完没了。
8　驺奴、宰人：驺奴，驾驭车马的奴仆。宰人，掌管膳食之官。
9　膝行：跪着向前行走，以表示尊敬或畏服。
10　谀臣：谄谀之臣。
11　渍：沾染。
12　礼容：礼制仪容。
13　方山冠：古代服饰之一，祭祀时帝王侍从官吏和乐师等所戴的礼帽。
14　冠狗：戴帽的狗，比喻不知礼义的人。
15　隐忠：隐瞒自己的忠心。
16　揆度：估量，揣测。
17　浃：融洽。
18　中：合于，适于。

察之。"王终不改。及征书[1]至，夜漏未尽一刻[2]，以火发书[3]。日中发，晡时[4]至定陶，行百三十五里，从者马死相望。王吉奏书戒王曰："臣闻高宗谅暗[5]，三年不言。今大王以丧征，宜日夜哭泣、悲哀而已，慎毋有所发！大将军仁、爱、勇、智、忠、信之德，天下莫不闻。愿大王事之、敬之，政事一听之，大王垂拱南面而已。"王到霸上，大鸿胪郊迎，驺奉乘舆车[6]。王使遂参乘。至广明、东都门，遂曰："礼，奔丧望见国都哭。此长安东郭门也。"王曰："我嗌痛[7]，不能哭。"至城门，遂复言。王曰："城门与郭门等耳。"且至未央宫东阙[8]，遂曰："昌邑帐[9]在是，大王宜下车，向阙西面伏哭，尽哀止。"王曰："诺。"到，哭如仪。六月，受玺绶，袭尊号。

葬平陵[10]。

昌邑王有罪，大将军光率群臣奏太后废之昌邑王淫戏[11]无度，昌邑官属皆征至长安，超擢[12]拜官。龚遂谏请逐之，不听。太仆丞张敞亦上书曰："天子以盛年初即位，天下莫不拭目倾耳，观化听风[13]。国辅[14]大臣未褒[15]，而昌邑小辈先迁，此过之大者也。"又不听。大将军光忧懑[16]，以问故吏[17]大司农田延年。延

1　征书：征召的文书。
2　夜漏未尽一刻：还有一刻钟天亮的时候。夜漏，夜间的计时器，夜漏终了即平旦，天亮的时候。未尽一刻，差一刻钟终了。
3　以火发书：在火烛下打开诏书。
4　晡时：十二时辰之一，相当于申时，下午三点至五点。
5　谅暗：本指居丧时所住的房子，也借指居丧。
6　驺奉乘舆车：主管车马的驺官奉上天子乘坐的车子。
7　嗌痛：咽喉痛。
8　东阙：宫殿东门前的望楼。
9　昌邑帐：昌邑国吊丧的帐幕。
10　平陵：汉昭帝刘弗陵的陵墓，位于今陕西省咸阳市东北。
11　淫戏：恣意嬉乐，淫乐嬉戏。
12　超擢：超超一级或更多等级晋升。
13　观化听风：希望看到良好的政治教化。
14　国辅：辅国。
15　褒：嘉奖，表扬。
16　忧懑：愁闷。
17　故吏：原来的属吏。

年曰:"将军为国柱石[1],审此人不可,何不建白[2]太后,更选贤而立之?"光曰:"今欲如是,于古尝有此不?"延年曰:"伊尹相殷,废太甲以安宗庙,后世称其忠。将军若能行此,亦汉之伊尹也。"光乃引延年给事中,阴与张安世图计[3]。王出游,光禄大夫夏侯胜当乘舆前谏曰:"天久阴而不雨,臣下有谋上者。陛下出,欲何之?"王怒,缚胜属吏。光让安世,以为泄语。安世实不言。乃召问胜,胜对言:"在《鸿范传》。"光、安世大惊,以此益重经术士。既定议,召丞相、御史、将军、列侯、中二千石、大夫、博士会议未央宫。光曰:"昌邑王行昏乱,恐危社稷,如何?"群臣皆惊鄂失色,莫敢发言。延年离席按剑曰:"先帝属将军以幼孤,寄将军以天下,以将军忠贤,能安刘氏也。今群下鼎沸[4],社稷将倾。且汉之传谥常为'孝'者,以长有天下,令宗庙血食也。如汉家绝祀,将军虽死,何面目见先帝于地下乎?今日之议,不得旋踵[5],群臣后应者,臣请剑斩之。"光谢曰:"九卿责光是也。"于是议者皆叩头曰:"唯大将军令。"光即与群臣俱见,白太后。太后乃幸未央承明殿,诏诸禁门[6]毋内昌邑群臣。安世将羽林骑收缚二百余人,皆送廷尉诏狱。光敕左右:"谨宿卫[7]!卒有物故自裁,令我负天下,有杀主名。"太后盛服坐武帐中,侍御[8]数百人皆持兵,期门[9]武士陛戟[10]陈列殿下,群臣以次上殿,召昌邑王伏前听诏。尚书令读奏曰:"丞相臣敞等昧死言:孝昭皇帝早弃天下,遣使征昌邑王典丧[11],服斩

1　柱石:柱子和柱子下面的基石,比喻起支撑作用的力量和担负重任的人。
2　建白:对国事有所建议及陈述。
3　图计:谋划,措置。
4　鼎沸:鼎里的水沸腾起来,形容人声喧嚣嘈杂。
5　旋踵:转身,指畏避退缩。
6　禁门:宫门。
7　宿卫:保卫,守护。
8　侍御:侍奉君王的人。
9　期门:武帝时选拔陇西、天水等六郡良家子组成的护卫队,武帝微行时执兵器护卫,"期诸殿门",故称期门,有时也要出征或出使,其地位与郎相似,汉平帝时改称虎贲郎。
10　陛戟:执戟侍卫于殿阶两侧。
11　典丧:主持丧礼。典,主持,主管。

衰[1]，无悲哀之心，废礼义，居道上不素食，使从官略[2]女子载衣车，内所居传舍[3]。受玺大行[4]前。就次，发玺不封[5]。从官更持节引内昌邑驺、宰、官奴，与居禁闼内敖戏[6]，发乐府乐器，击鼓歌吹，作俳倡[7]。召内泰一、宗庙乐人，悉奏众乐。与孝昭皇帝宫人蒙等淫乱。"太后曰："止！为人臣子，当悖乱如是耶？"王离席伏。尚书令复读曰："祖宗庙祠[8]未举，为玺书，使使者持节以三太牢祠昌邑哀王园庙，称'嗣子皇帝'。受玺以来二十七日，使者旁午[9]，持节诏诸官署征发凡一千一百二十七事。荒淫迷惑，失帝王礼义，乱汉制度。臣敞等数进谏，不变更，日以益甚。恐危社稷，天下不安。臣敞等谨与博士议，皆曰：'五辟之属，莫大不孝[10]。宗庙重于君，王不可以承天序[11]、奉祖宗庙、子万姓，当废。'臣请有司以一太牢具告、祠高庙。"皇太后诏曰："可。"光令王起拜受诏，脱其玺组[12]，奉上太后。扶王下殿，出金马门，就乘舆副车，光送至邸，谢曰："王行自绝于天，臣宁负王，不敢负社稷。愿王自爱。"涕泣而去。群臣奏请徙王贺房陵[13]。诏归贺昌邑，赐汤沐邑二千户。国除，为山阳郡[14]。昌邑群臣坐在国时不举奏王罪过，令汉朝不闻知，又不能辅导，陷王大恶，皆下狱，诛杀二百余人。唯中尉吉、郎中令遂得减死，髡为城旦。师王式系狱当死，使者责曰："师何以无谏书？"式对曰："臣以《诗》三百五篇朝夕授王，至于忠臣、孝子之篇，未尝不为王反复诵之也。至于危亡失道之君，未尝不流涕为

1　斩衰：旧时五种丧服中最重的一种，用粗麻布制成，左右和下边不缝，服制三年。
2　略：抢，掠夺。
3　传舍：古时供行人休息住宿的处所。
4　大行：古代称刚死而尚未定谥号的皇帝、皇后。
5　就次，发玺不封：回到住处，打开玺印不再封上。
6　敖戏：嬉戏。
7　俳倡：杂戏乐舞。
8　庙祠：祭于宗庙。
9　旁午：交错，纷繁。
10　五辟之属，莫大不孝：五刑之罪当中，不孝之罪最大。五辟，五刑。
11　天序：帝王的世系。
12　玺组：玺印绶带。
13　房陵：古县名，治今湖北省十堰市房县。
14　山阳郡：古郡名，辖今山东省巨野以南，成武、曹县以东，单县以北，鱼台以西及邹城、兖州等市地。

王深陈之也。臣以三百五篇谏，是以无谏书。"亦得减死论。光以太后省政[1]，宜知经术，白令夏侯胜用《尚书》授太后，迁胜长信少府[2]。

秋，七月，迎武帝曾孙病已入即位，尊皇太后曰太皇太后初，卫太子纳史良娣，生子进，号史皇孙。皇孙纳王夫人，生子病已，号皇曾孙。生数月，遭巫蛊事，太子男女、妻妾皆遇害，独皇曾孙在，亦坐收系郡邸狱[3]。故廷尉监[4]丙吉受诏治狱，心知太子无事实，重哀皇曾孙无辜，择谨厚女徒[5]胡组、郭征卿，令乳养，日再省视。望气者言长安狱中有天子气。武帝遣使者分条[6]中都官，诏狱系者无轻重，一切皆杀之。夜到郡邸狱，吉闭门不纳，曰："他人无辜死者犹不可，况亲曾孙乎？"使者不得入。还，以闻，武帝亦寤，曰："天使之也。"因赦天下。吉闻史良娣有母贞君及兄恭，乃载皇曾孙付之。后有诏掖庭养视，上属籍宗正[7]。时掖庭令张贺尝事卫太子，思顾旧恩，哀曾孙，奉养甚谨，欲以女孙[8]妻之。贺弟安世为右将军，辅政，怒曰："曾孙乃卫太子后也，勿复言予女事。"时暴室啬夫[9]许广汉有女，贺以家财聘之。曾孙因依倚[10]广汉兄弟及史氏，受《诗》于东海澓中翁，高材好学，然亦喜游侠，斗鸡走马，上下诸陵，周遍三辅，以是具知闾里奸邪，吏治得失。及是，吉奏记光曰："今社稷、宗庙、群生之命，在将军之一举。窃伏听于众庶，其所言诸侯宗室在列位者，未有所闻也。而武帝曾孙名病已在掖庭外家者，今十八九矣，

1　省政：检查政事。
2　长信少府：古官名，原称长信詹事，为长信宫帝母、帝祖母的属官，掌皇太后宫中事务。
3　郡邸狱：汉王侯、郡守府邸中所设的监狱，它与廷尉狱、县狱等常设监狱不一样，是临时设置的监狱，因设于各郡国在京之邸，故名郡邸狱。
4　廷尉监：古官名，执行具体逮捕任务，亦参议案例、律条、审理疑狱，与廷尉正、廷尉平通署公牍，互相监督。
5　女徒：古代服劳役的女犯，也称复作徒。
6　条：通知。
7　属籍宗正：命宗正官为其登记皇族属籍。
8　女孙：孙女。
9　暴室啬夫：暴室，汉官署名，属掖庭令，主织作染练。啬夫，汉时小吏的一种。
10　依倚：倚靠，依傍。

通经术，有美材[1]，行安而节和[2]。顾将军详[3]大义，参以蓍龟[4]，先使入侍，今天下昭然知之，然后决定大策，天下幸甚。"七月，光会丞相以下议定所立，遂上奏曰："孝武皇帝曾孙病已，年十八，师授《诗》《论语》《孝经》，躬行节俭，慈仁爱人，可以嗣孝昭皇帝后，承祖宗，子万姓。"皇太后诏曰："可。"光遣宗正德迎曾孙，就斋[5]宗正府。明日，入未央宫见太后，封为阳武侯。群臣奏上玺绶，即皇帝位，谒高庙。侍御史严延年劾奏："大将军光擅废立主，无人臣礼，不道。"奏虽寝[6]，然朝廷肃然敬惮之。

赦。

丞相敞卒。以蔡义为丞相义以明经[7]给事[8]大将军幕府。昭帝召见说《诗》，擢光禄大夫。数岁为丞相，年八十余，貌似老妪[9]。议者谓光置宰相，用[10]可专制者。光曰："以为人主师，当为宰相，何谓云云？"

冬，十一月，立皇后许氏公卿议立皇后，皆心拟[11]霍将军女，亦未有言。上乃诏求微时故剑[12]。大臣知指，白立许婕伃为皇后。霍光以后父广汉刑人[13]，不宜君国[14]。岁余，乃封为昌成君。

胡氏曰：宣帝侧微[15]已娶许氏，既登大宝，则天下母也。公卿乃舍之而心属光女，不逆理乎？光虽未言，而意欲其然也。以其不封许广汉，则知其愠[16]

1　美材：不凡的资质。
2　行安而节和：行动安详，符合礼节。
3　详：清楚地知道。
4　蓍龟：古人以蓍草与龟甲占卜凶吉，因以指占卜。
5　就斋：进行斋戒。
6　寝：搁置。
7　明经：通晓经术。
8　给事：供职。
9　老妪：年老的妇女。
10　用：因而。
11　拟：猜测，揣度。
12　故剑：元配之妻。
13　刑人：受刑之人。古代多以刑人充服劳役的奴隶。
14　君国：居君位而御其国。
15　侧微：卑贱。
16　愠：含怒，生气。

许后之立矣。妻显邪谋，盖肇[1]于此，此霍氏之所以覆宗[2]也欤。

太皇太后归长乐宫。初置屯卫[3]。

戊申中宗孝宣皇帝本始元年（公元前 73 年）

春，大将军光请归政[4]，不受诏有司论定策[5]、安宗庙功，大将军光等皆益封。光稽首归政，上谦让不受，诸事皆先关白[6]光，然后奏御[7]。自昭帝时，光子禹及兄孙云皆为中郎将，山奉车都尉、侍中，领胡、越兵，两女婿为东、西宫卫尉，昆弟、诸婿、外孙皆奉朝请[8]，为诸曹[9]大夫、骑都尉、给事中，党亲连体[10]，根据[11]于朝廷。及昌邑王废，光之权益重。每朝见，上虚己敛容[12]，礼下之已甚。

夏，四月，地震。

凤皇集胶东。赦，勿收田租赋。

追谥戾太子、戾夫人悼考、悼后，置园邑[13]诏曰："故皇太子在湖，未有号、谥，岁时祠。其议谥，置园邑。"有司奏："礼，为人后者，为之子也。故降其父母，不得祭，尊祖之义也。陛下为孝昭皇帝后，承祖宗之祀，亲谥宜曰悼，母曰悼后。故皇太子谥曰戾，史良娣曰戾夫人。"皆改葬焉。

---

1 肇：发生，引起。
2 覆宗：毁败宗族，灭族。
3 屯卫：驻兵守卫，兵卫之所。
4 归政：交还政权。
5 定策：古时尊立天子，书其事于简策，以告宗庙，因称大臣等谋立天子为定策，亦作"定册"。
6 关白：报告。
7 奏御：上奏帝王。
8 奉朝请：给予闲散大官的优惠待遇，奉朝请者，即有参加朝会的资格，使得岁时朝见，以示优待。古称春季的朝见为朝，秋季的朝见为请。
9 诸曹：各部。
10 党亲连体：党亲，亲属。连体，形容关系极其密切。
11 根据：盘踞。
12 虚己敛容：虚己，虚心。敛容，显出端庄的脸色。
13 园邑：汉代为守护陵园所置的县邑。

召黄霸为廷尉正[1]霍光既诛上官桀，遂以刑罚痛绳[2]群下，由是俗吏[3]皆尚严酷，而河南丞[4]黄霸独用宽和为名。上在民间时，知百姓苦吏急也，闻霸持法平，乃召以为廷尉正。数决疑狱，庭中称平。

己酉二年（公元前72年）

春，大司农田延年有罪自杀昭帝之丧，大司农僦[5]民车，延年诈增僦直[6]，盗取钱三千万，为怨家所告。御史大夫田广明谓杜延年曰："《春秋》之义，以功覆过[7]。当废昌邑王时，非田子宾[8]之言，大事不成。今县官出三千万自乞之[9]，何哉？愿以愚言白大将军。"延年言之，光曰："诚然，实勇士也。当发大义时，震动朝廷。"因自抚心曰："使我至今病悸[10]。谢田大夫晓大司农，通往就狱，得公议之[11]。"广明使人语延年。延年曰："幸宽我耳，何面目入牢狱？"遂自刭死。

夏，尊孝武皇帝庙为世宗，所幸郡国皆立庙诏曰："孝武皇帝躬仁义，厉威武，功德茂盛[12]，而庙乐[13]未称，朕甚悼焉。其与列侯、二千石、博士议。"于是群臣皆曰："宜如诏书。"夏侯胜独曰："武帝虽有攘四夷、广土境之功，

1　廷尉正：古官名，廷尉副贰，可代表廷尉参加诏狱会审，或独立决断疑狱、平反冤案，参议案例律条。
2　痛绳：严厉地制裁。
3　俗吏：才智凡庸的官吏。
4　河南丞：即河南郡丞，河南郡守之副，佐郡守主郡务、典兵禁，行县劝农桑、审囚徒，振救困乏等。
5　僦：租赁。
6　诈增僦直：谎称雇车费用增加。
7　以功覆过：用功劳来抵偿过错。
8　田子宾：即田延年，字子宾。
9　今县官出三千万自乞之：如今就当作是他自己向朝廷乞求赐给他三千钱。县官，朝廷，官府。
10　病悸：惊悸，惊心。悸，因害怕而自觉心跳。
11　通往就狱，得公议之：到监狱去，他会得到公正的裁决。
12　茂盛：卓著。
13　庙乐：宗庙音乐，多用于祭祀或颂德。

然多杀士众[1]，竭民财力，奢泰[2]无度，天下虚耗，至今未复。无德泽于民，不宜为立庙乐。"公卿共难胜曰："此诏书也。"胜曰："诏书不可用也。人臣之义，宜直言正论，非苟阿意顺指[3]。议已出口，虽死不悔！"于是丞相、御史劾奏胜非议[4]诏书，毁先帝，不道。及丞相长史[5]黄霸阿纵[6]胜，不举劾，俱下狱。有司遂请尊武帝庙为世宗庙，奏《盛德》《文始五行之舞》，巡狩所幸郡国皆立庙。胜、霸既久系[7]，霸欲从胜受《尚书》，胜辞以罪死。霸曰："朝闻道，夕死可矣[8]。"胜贤其言，遂授之。系再更冬[9]，讲论不息。

　　秋，遣将军田广明等将兵，及校尉常惠护[10]乌孙兵击匈奴初，乌孙公主[11]死，汉复以楚王戊之孙解忧为公主，妻岑娶。岑娶胡妇子泥靡尚小，岑娶且死，以国与季父大禄子翁归靡，曰："泥靡大，以国归之。"翁归靡立，号肥王，复尚楚主[12]，生元贵靡。公主及昆弥皆上书，言："匈奴复连发大兵，侵击乌孙，欲隔绝汉。昆弥愿发兵五万，尽力击匈奴。唯天子出兵救之。"先是，匈奴数侵汉边，汉亦欲讨之。秋，大发兵，遣广明等五将军，十六万骑，分道并出，以常惠为校尉，持节护乌孙兵共击匈奴。

庚戌三年（公元前71年）

　　春，正月，大将军光妻显弑皇后许氏时霍光夫人显欲贵其小女成君，

1　士众：众士兵。
2　奢泰：奢侈。
3　阿意顺指：逢迎谄媚，顺从别人意旨。
4　非议：责备。
5　丞相长史：古官名，丞相府幕僚之长，协助丞相署理相府诸曹，监领府事，并可出席朝议，参与重大案件的会审，奉诏干预地方事务等。
6　阿纵：庇护纵容。
7　久系：长期羁押在狱。系，拘囚，关进牢狱。
8　朝闻道，夕死可矣：早晨能够得知真理，即使当晚死去，也没有遗憾。形容对真理追求得迫切。
9　更冬：又过了一个冬天。
10　护：监视，监督。
11　乌孙公主：嫁到乌孙的汉朝公主。
12　楚主：即楚王戊之孙解忧。

道无从[1]。会许后当娠，病，女医淳于衍者，霍氏所爱，尝入宫侍疾。显谓衍曰："将军素爱成君，欲奇贵之。今皇后当免身[2]，若投毒药去之，成君即为皇后矣。如蒙力，事成，富贵共之。"衍即捣附子[3]，赍[4]入长定宫。皇后免身后，衍取附子并合太医大丸以饮皇后，有顷[5]，曰："我头岑岑[6]也，药中得无有毒？"对曰："无有。"遂加烦懑[7]，崩。后有人上书告诸医侍疾无状者，皆收系诏狱。显恐急，即具语光曰："既失计为之，无令吏急衍。"光大惊，欲自发举[8]，不忍。奏上，光署[9]"衍勿论"。显因劝光内其女入宫。

胡氏曰：显弑天下之母，而光不发觉，则是与闻[10]乎弑矣，欲免于祸，得乎哉？史称沉静详审，乃至于此。富贵生不仁，可不戒哉？

葬恭哀皇后[11]于杜陵[12]南园。

夏，五月，田广明有罪下吏，自杀。封常惠为长罗侯匈奴闻汉兵大出，奔，远遁。五月，军罢。田顺不至期，诈增卤获[13]，广明知虏在前，逗遛[14]不进，皆下吏，自杀。乌孙昆弥自将五万骑与常惠从西方入，获名王[15]、骑将以下四万级，马、牛、羊、驴七十余万头。封惠为长罗侯。于是匈奴遂衰耗[16]。单于自将数万骑击乌孙，会天大雨雪，一日深丈余，人畜冻死，还者不能什一。

1　道无从：没有什么途径。
2　免身：分娩，生育。
3　附子：中药名，味辛、甘，性大热，可回阳救逆，补火助阳，散寒止痛，孕妇慎用。
4　赍：带着。
5　有顷：一会儿，片刻。
6　岑岑：胀痛貌。
7　烦懑：中医谓内热郁结之症。
8　发举：揭发，检举。
9　署：签署，签名。
10　与闻：参与其事并且得知内情。
11　恭哀皇后：即汉宣帝皇后许氏。
12　杜陵：汉宣帝刘病已（刘询）陵寝，位于今陕西省西安市东南。
13　田顺不至期，诈增卤获：虎牙将军田顺未到预定目标就退兵，还虚报战果。卤获，掳掠。卤，通"虏"。
14　逗遛：停留，暂时不继续前进。
15　名王：古代少数民族声名显赫的王。
16　衰耗：衰落减损。

于是丁令[1]乘弱攻其北，乌桓入其东，乌孙击其西，所杀数万级，重以饿死人民什三，畜产[2]什五。诸国羁属[3]者皆瓦解，攻盗[4]不能理。滋[5]欲向和亲，而边境少事矣。

大旱。

六月，丞相义卒。以韦贤为丞相，魏相为御史大夫。

以赵广汉为京兆尹初，广汉为颍川太守。颍川俗，豪杰相朋党[6]。广汉为缿筒[7]，受吏民投书，使相告讦。于是更相怨咎[8]，奸党散落，盗贼不得发。由是入为京兆尹。广汉遇吏殷勤甚备，事推功善[9]，归之于下。咸愿为用，僵仆[10]无所避。广汉皆知其能之所宜，尽力与否。其或负[11]者，辄收捕之，无所逃。按之，罪立具，尤善为钩距[12]以得事情[13]，闾里铢两之奸[14]皆知之，其发奸擿伏[15]如神。京兆政清，长老[16]传以为自汉兴，治京兆者莫能及。

辛亥**四年**（公元前70年）

春，三月，立大将军光女为皇后。敕初，许后起微贱，登至尊日浅，从官、车服甚节俭。及霍后立，舆驾[17]、侍从益盛，赏赐官属以千万计，与许后

1　丁令：古族名，又称丁零、高车、铁勒，游牧于贝加尔湖以南的广大地区。
2　畜产：饲养的禽畜。
3　羁属：羁縻从属。
4　攻盗：攻击抢夺。
5　滋：更加。
6　豪杰相朋党：地方豪杰之人拉帮结派。
7　缿筒：亦称"缿筒"，汉代人民到官府举报、告状时用到的器具，状如瓶，长颈、小孔，可入而不可出，人们将记载着别人罪行的书简投入其中。
8　怨咎：埋怨，责备。
9　事推功善：有功劳或奖赏之事就推辞。
10　僵仆：死亡。
11　负：辜负，对不起人。
12　钩距：辗转推问，究得情实。
13　事情：事物的真相，实情。
14　铢两之奸：极其轻微的邪恶罪行。铢两，极轻微。奸，邪恶。
15　发奸擿伏：揭发隐秘的坏人坏事。发、擿，揭发。奸，奸臣，坏人。伏，隐瞒坏事。
16　长老：对年老者的敬称。
17　舆驾：帝、后乘坐的车驾。

时大悬绝矣。

夏，四月，地震，山崩，二郡坏祖宗庙。帝素服避殿，诏问经学及举贤良方正之士。

胡氏曰：地者，妻道也，臣道也，宜静而动，阴盛而反常也。然不能终动与天同也，不过为妻道不得，而臣道不宁之象耳。是时郡国四十九，同日地震、山崩，二郡坏祖宗庙，盖霍氏专权，又弑许后而立其女，以至咎征[1]著见如此，而不知戒。宣帝诏问经学，举贤良，亦无敢端言[2]其所以然者，使宣帝恐惧祗戒[3]，以象类[4]推求，而有以善处之，则霍氏异日之祸，亦无由而成矣。

以夏侯胜为谏大夫，黄霸为扬州刺史上以地震释胜、霸而用之。胜为人质朴守正，简易[5]无威仪，或时谓上为君，误相字于前[6]，上亦以是亲信之。尝见，出道上语[7]，上闻而让胜，胜曰："陛下所言善，臣故扬之。尧言布于天下，至今见诵。臣以为可传，故传耳。"朝廷每有大议，上谓曰："先生建正言，无慭[8]前事。"复为长信少府，迁太子太傅。年九十卒，太后素服五日，以报师傅之恩。

五月，凤皇集北海。

壬子地节元年（公元前 69 年）

春，有星孛于西方。

冬，十二月晦，日食。

以于定国为廷尉定国为廷尉，乃迎师学《春秋》，备弟子礼。为人谦恭，

1　咎征：过失的报应，灾祸应验。
2　端言：正言，直言。
3　祗戒：敬慎。
4　象类：相象，比拟。
5　简易：疏略平易。
6　时谓上为君，误相字于前：有时竟称皇帝为"君"，或在皇帝面前直呼别人的表字。
7　出道上语：出宫后将汉宣帝讲的话说给别人听。
8　慭：引为教训，使人警惕。

虽卑贱，皆与钧礼[1]。其决狱平法[2]，务在哀鳏寡，罪疑从轻，加审慎之心。朝廷称之曰："张释之为廷尉，天下无冤民。于定国为廷尉，民自以不冤。"

癸丑二年（公元前68年）

春，三月，以霍禹为右将军。大司马、大将军、博陆侯霍光卒大将军光病，车驾自临问[3]，为之涕泣。光上书谢恩，愿分国邑封兄孙山为列侯。即日拜光子禹为右将军。光薨，谥曰宣成，赐葬具如乘舆制度，置园邑三百家，长丞奉守，复其后世，畴其爵邑，世世无有所与[4]。

胡氏曰：惟名与器，不可以假人。人臣而用天子之礼，是宣帝过赐，而霍氏受之，非也。卒生禹、云、山等僭乱[5]之心，宣帝亦有以启之欤！

夏，四月，以张安世为大司马、车骑将军，领尚书事魏相上封事[6]，曰："圣王褒有德以怀万方[7]，显有功以劝百寮[8]，是以朝廷尊荣。今新失大将军，宜显明功臣，以镇藩国，毋空大位，以塞争权。车骑将军安世忠信谨厚，国家重臣也，宜尊其位。"上亦欲用之。安世深辞[9]不能得，乃拜大司马、车骑将军，领尚书事。

凤皇集鲁。

大赦。

以霍山为奉车都尉，领尚书事[10]，御史大夫魏相给事中上思报大将军

---

1 钧礼：待以平等之礼。
2 平法：持法，执法。
3 临问：地位高的人亲临慰问或征询意见。
4 长丞奉守，复其后世，畴其爵邑，世世无有所与：设置长、丞等职位负责守墓和祭祀事务，还下诏免除霍光后代子孙的赋税、徭役，让他们继承霍光的封爵、食邑，世世代代永远不变。
5 僭乱：犯上作乱。
6 封事：密封的奏章。古时臣下上书奏事，防有泄漏，用皂囊封缄，故称。
7 万方：万邦，各方诸侯。此处引申指全国各地。
8 百寮：百僚，百官。
9 深辞：执意辞谢。
10 领尚书事：指大臣兼管尚书之意。汉代称兼管他官而不兼其职者为领。

德，乃封光兄孙山为乐平侯，使以奉车都尉领尚书事。魏相因许广汉奏封事，言："《春秋》讥世卿[1]，恶宋三世为大夫及鲁季孙之专权，皆危乱国家。自后元[2]以来，禄去王室，政由冢宰[3]。今光死，子复为右将军，兄子秉枢机[4]，昆弟、诸婿据权势，在兵官[5]。夫人显及诸女皆通籍[6]长信宫，或夜诏门[7]出入，骄奢放纵，恐浸不制，宜有以损夺其权，破散[8]阴谋，以固万世之基，全功臣之世。"又故事[9]，诸上书者皆为二封，署其一曰"副"，领尚书者先发[10]副封，所言不善，屏去不奏。相复因许伯[11]白，去副封以防壅蔽[12]。帝善之，诏相给事中，皆从其议。帝兴于闾阎，知民事之艰难。霍光既薨，始亲政事，厉精为治[13]，五日一听事[14]。自丞相以下各奉职奏事，敷奏[15]其言，考试功能[16]。侍中、尚书功劳当迁及有异善[17]，厚加赏赐，至于子孙，终不改易。枢机周密，品式[18]备具，上下相安，莫有苟且之意。及拜刺史、守、相，辄亲见问，观其所由，退而考察所行，以质[19]其言，有名实不相应，必知其所以然。常称曰："庶民[20]所以安其田里而亡叹息愁恨之心者，政平讼理也。与我共此者，其惟良二千石乎？"以为

1　世卿：世代承袭为卿大夫。
2　后元：汉武帝刘彻最后一个年号，存续时间为公元前 88 至前 87 年。
3　冢宰：古官名，为六卿之首，亦称太宰，掌率百官佐天子治国，即后代的宰相。
4　秉枢机：秉，掌握。枢机，中央政权的机要部门或职位。
5　兵官：军官。
6　通籍：记名于门籍，可以进出宫门。
7　诏门：叫开宫门。
8　破散：消除。
9　故事：旧事，先例。
10　发：打开。
11　许伯：即许广汉，汉宣帝刘询的岳父。
12　壅蔽：隔绝蒙蔽。
13　厉精为治：振奋精神，治理好国家。
14　听事：听政。
15　敷奏：陈奏，向君上报告。
16　考试功能：将他们陈述的意见分别下达有关部门试行，考察、检验其功效。功能，功效，效能。
17　异善：特别的善行。
18　品式：标准，法式。
19　质：评断。
20　庶民：百姓。

太守吏民之本，数变易则下不安。民知其将久，不可欺罔[1]，乃服从其教化。故二千石有治理效，辄以玺书勉励，增秩、赐金，或爵至关内侯。公卿缺，则选诸所表[2]，以次用之。是故汉世良吏，于是为盛，称中兴焉。

匈奴壶衍鞮单于死，弟虚闾权渠单于立时汉以匈奴不能为寇，罢塞外诸城以休百姓。单于喜，谋欲和亲。

甲寅三年（公元前 67 年）

春，三月，赐胶东相王成爵关内侯诏曰："胶东相王成，劳来[3]不怠，流民自占[4]八万余口，治有异等之效[5]。其赐成爵关内侯，秩中二千石。"后诏问郡国上计[6]长史、守、丞以政令得失，或对言[7]，前胶东相成伪自增加[8]，以蒙显赏[9]。是后俗吏多为虚名云。

夏，四月，立子奭为皇太子霍显闻立太子，怒，不食，曰："此乃民间时子，安得立？即后有子，反为王邪？"复教后毒太子。数召赐食，保阿[10]辄先尝之，后挟毒不得行。

五月，丞相贤致仕贤以老病乞骸骨，赐黄金、安车、驷马，罢，就第[11]。丞相致仕自贤始。

六月，以魏相为丞相，丙吉为御史大夫。

以疏广为太子太傅，兄子受为少傅太子外祖父、平恩侯许伯以为太子

1　欺罔：欺骗蒙蔽。罔，蒙蔽。
2　表：启奏。
3　劳来：慰问、劝勉前来的人。
4　自占：自来归附。
5　治有异等之效：治理成效卓著，高人一等。
6　上计：地方官于年终将境内户口、赋税、盗贼等项编造计簿，遣吏逐级上报，奏呈朝廷，借资考绩。
7　对言：对天子说。
8　增加：夸大。
9　显赏：厚赏。
10　保阿：古代抚养教育贵族子女的妇女。
11　就第：免职回家。

少，白使其弟中郎将舜监护[1]太子家。上以问广，广对曰："太子国储副君，师友必于天下英俊，不宜独亲外家。且太子官属已备，复使舜护太子家，示陋，非所以广太子德于天下也。"上善其言，以语魏相。相免冠谢曰："此非臣等所能及。"广由是见器重。

大雨雹。以萧望之为谒者京师大雨雹，大行丞[2]萧望之上疏言："陛下思政求贤，尧、舜之用心也。然而善祥[3]未臻，阴阳不和，是大臣任政[4]，一姓专权之所致也。附枝大者贼[5]本心，私家盛者公室危。惟陛下躬万机[6]，选同姓，举贤材，以为腹心[7]，与参政谋，明陈其职，以考功能，则庶事理矣。"上素闻望之名，拜为谒者。时上博延[8]贤俊，民多上书言便宜，辄下望之问状[9]。高者请丞相、御史，次者中二千石试事，满岁以状闻[10]。下者报闻[11]，罢。所白处奏皆可[12]。

秋，九月，地震。诏求直言。省京师屯兵，罢郡国宫馆[13]，假贷贫民诏曰："乃者地震，朕甚惧焉。有能箴[14]朕过失，以匡不逮，毋讳有司[15]！朕既不德，不能附远[16]，是以边境屯戍[17]未息。今复饬兵重屯[18]，久劳百姓，非所以绥[19]

1　监护：监督，监领。
2　大行丞：古官名，大鸿胪属官，大行令的佐官，助令掌诸郎斋戒祭祀、举行典礼时赞唱引导等。
3　善祥：吉祥，吉兆。
4　任政：执政。
5　贼：伤害。
6　万机：当政者处理的各种重要事务。
7　腹心：比喻极亲近的人，心腹。
8　博延：广为延揽。
9　问状：查明案件的情状。
10　高者请丞相、御史，次者中二千石试事，满岁以状闻：才能高的，请丞相、御史试用，稍次的交给中二千石官员试用，满一年后，将试用情况奏闻朝廷。
11　报闻：天子批答臣下奏章时，书一"闻"字，谓之报闻，谓所奏之事已知。
12　所白处奏皆可：提出的处理意见，都正合汉宣帝的心意，所以一律批准。
13　宫馆：离宫别馆，供皇帝游息的地方。
14　箴：劝告，劝诫。
15　毋讳有司：对有关部门的错误也不必回避。
16　附远：使远方的人前来归附。
17　屯戍：军队驻守边境。
18　饬兵重屯：调兵增加边塞驻防力量。
19　绥：安抚，使平定。

天下也。其罢车骑、右将军屯兵。池籞未御幸者[1]，假与贫民。郡国宫馆勿复修治。流民还归者，假公田，贷种食，且勿算事[2]。"

以张安世为卫将军，诸军皆属。以霍禹为大司马，罢其屯兵霍氏骄侈纵横。太夫人显僭拟淫放[3]。帝自在民间，闻知霍氏尊盛日久，内不能善[4]。既亲政，魏相给事中，数燕见言事。平恩侯与侍中金安上等径出入省中。吏民奏封事，不关[5]尚书，群臣进见独往来[6]，于是霍氏甚恶之。上颇闻霍氏毒杀许后而未察，乃徙光女婿未央卫尉范明友、中郎将羽林监[7]任胜、长乐卫尉邓广汉为他官。更以张安世为卫将军，两宫卫尉、城门、北军兵属焉。以霍禹为大司马，冠小冠[8]，亡印绶[9]。罢其屯兵、官属，特使禹官名与光俱大司马者[10]。诸领胡越骑、羽林及两宫卫将、屯兵，悉易以所亲信许、史子弟代之。

冬，十二月，置廷尉平[11]初，孝武之世，征发烦数[12]，百姓贫耗[13]，穷民犯法，奸轨[14]不胜。于是使张汤、赵禹之属，条定[15]法令，作见知故纵、监临部主之法，缓深、故之罪，急纵、出之诛[16]。其后奸猾巧法，转相比况[17]，禁罔[18]浸密，

1　池籞未御幸者：未使用过的皇家园林。池籞，帝王的园林。
2　算事：丁赋及徭役。
3　僭拟淫放：僭拟，越分妄比，在下者自比于尊者。淫放，纵欲放荡。
4　尊盛日久，内不能善：长期地位尊贵，不能自我约束。
5　关：经由。
6　群臣进见独往来：群臣可以单独晋见天子。
7　羽林监：古官名，分左、右，掌宿卫送从。
8　冠小冠：按礼制，大司马应戴大官帽，汉宣帝却不让霍禹戴大官帽，而只能戴小官帽。
9　亡印绶：不颁给印信、绶带。
10　特使禹官名与光俱大司马者：只使霍禹的官名和霍光一样为大司马。
11　廷尉平：亦作"廷平""廷尉评"，古官名，廷尉属官，负责具体案件的审理，位次于廷尉正、监。
12　烦数：频繁。
13　贫耗：贫穷虚空。
14　奸轨：违法作乱的事情。
15　条定：分别制定。
16　作见知故纵、监临部主之法，缓深、故之罪，急纵、出之诛：定出有关"明知有人犯法而不举报"和"长官有罪，其僚属连坐"等惩罚条例，对犯有给人定罪过严或者栽赃陷害的官吏，往往从宽处理，而对那些纵容、宽释犯人的官吏则加重惩处。
17　奸猾巧法，转相比况：奸猾的官吏玩弄法律，互相引用、比照苛刻的判例。比况，与类似事例比照。
18　禁罔：张布如网的禁令法律。

律令烦苛，文书盈于几阁[1]，典者[2]不能遍睹。是以郡国承用[3]者，或罪同而论异，奸吏因缘为市[4]，所欲活则傅生议，所欲陷则予死比，议者咸冤伤之[5]。上在间阎，知其若此。会廷尉史[6]路温舒上书曰："臣闻秦有十失，其一尚存，治狱之吏是也。夫狱者，天下之大命也，死者不可复生，绝者不可复属。《书》曰：'与其杀不辜，宁失不经[7]。'今治狱吏则不然，上下相驱，以刻为明，深者获公名，平者多后患[8]。故治狱之吏皆欲人死，非憎人也，自安之道在人之死。是以人血流离，刑徒比肩[9]，大辟之计，岁以万数[10]。此仁圣之所伤也，太平之未洽，凡以此也。夫人情安则乐生，痛则思死，捶楚[11]之下，何求而不得？故囚人不胜痛，则饰辞以示之；吏治者利其然，则指导以明之；上奏畏却，则锻炼而周内之[12]。盖奏当[13]之成，虽皋陶听之，犹以为死有余辜。何则？成练者众，文致之罪明也[14]。故俗语曰："画地为狱，议不入；刻木为吏，期不对[15]。"此皆疾[16]吏之酷，悲痛之辞也。唯陛下省法制，宽刑罚，则太平之风可兴于世。"上善

1　几阁：橱架。
2　典者：主管官员。
3　承用：因袭，沿用。
4　因缘为市：借机进行交易，索取贿赂。市，交易，买卖。
5　所欲活则傅生议，所欲陷则予死比，议者咸冤伤之：想使罪犯活命，就附会能让他活命的法令；想致其于死地，就引用使其非死不可的条文，人们议论法律，都认为冤屈太多而感到悲伤。
6　廷尉史：古官名，廷尉属官，掌助廷尉平审理朝廷直属监狱的罪犯。
7　不经：不合常法。
8　上下相驱，以刻为明，深者获公名，平者多后患：他们上下相争，都以苛刻为贤明，判刑严厉的，获得公正的美誉，而执法平和的人却有很多后患。
9　人血流离，刑徒比肩：死人的鲜血在街市上流淌，受刑的囚犯一个挨着一个。
10　大辟之计，岁以万数：处以死刑的人，每年数以万计。大辟，古代五刑之一，死刑。
11　捶楚：杖击，鞭打，古代刑罚名。
12　囚人不胜痛，则饰辞以示之；吏治者利其然，则指导以明之；上奏畏却，则锻炼而周内之：囚犯无法忍受痛苦时，审案官就修饰词语进行暗示；审案官为使囚犯的供词对自己有利，就告诉他应如何招供；为了怕向朝廷奏报时遭到批驳，就想方设法使定案的理由完备周密。周内，弥补漏洞，使之周密。
13　奏当：审案完毕向皇帝奏闻判罪意见。当，判罪。
14　成练者众，文致之罪明也：罗织罪名被定罪的人很多，舞文弄法、捏造罪行的行为公开进行。成练，罗织成罪。文致，舞文弄法，致人于罪。
15　画地为狱，议不入；刻木为吏，期不对：在地上画一个圆圈作为监狱，也不能进去；将木头人做成审讯官，也不要去面对。
16　疾：憎恨。

其言。诏以廷史[1]任轻禄薄，置廷尉平，秩六百石，员四人。每季秋后请谳[2]时，上常幸宣室，斋居[3]而决事，狱刑号为平[4]矣。涿郡[5]太守郑昌上疏言："明主躬垂明听，虽不置廷平[6]，狱将自正。若开后嗣[7]，不若删定律令。律令一定，愚民知所忌，奸吏无所弄矣。今不正其本，而置廷平以理其末，政衰听怠，则廷平将召权[8]而为乱首矣。"

侍郎郑吉击车师，破之，因田[9]其地车师王与匈奴结婚，教匈奴遮汉道。侍郎郑吉将免刑罪人田渠犁，发诸国兵与所将田士[10]，合万余人，共击车师，破之。车师王请降。吉等归渠犁，车师王奔乌孙。匈奴更以王昆弟兜莫为王，收其余民东徙。而吉使吏卒往田车师地以实之。

乙卯**四年**（公元前66年）

春，二月，**赐外祖母号为博平君**上初即位，数遣使求外家[11]。至是得王媪[12]及其男无故、武，赏赐巨万，皆封列侯。

诏有大父母、父母丧者勿繇[13]诏曰："百姓遭凶而繇，使不得葬，伤孝子之心。自今勿繇，使得送终，尽其子道。"

夏，五月，**山阳、济阴**[14]**雨雹杀人**雹大如鸡子，深二尺五寸。

诏："自今子匿父母、妻匿夫、孙匿大父母，皆勿治。"诏曰："父

1　廷史：廷尉史的简称。
2　请谳：古代下级官吏遇到疑难案件不能决断，请求上级机关审核定案。
3　斋居：斋戒别居。
4　号为平：号称公平。
5　涿郡：古郡名，辖今北京市房山区以南，河北省易县、清苑以东，安平、河间以北，霸州、任丘以西地区。
6　廷平：廷尉平的简称。
7　开后嗣：为后世确立规范。
8　召权：揽权。
9　田：古通"佃"，耕作。
10　田士：屯田种地的士卒。
11　外家：指外祖父、外祖母家。
12　王媪：汉宣帝刘询的外祖母。
13　繇：通"徭"，服劳役。
14　济阴：古郡名，辖今山东省菏泽市附近，南至定陶县，北至濮阳地区。

子、夫妇，天性也。虽有患祸[1]，犹蒙死[2]而存之，诚爱结于心，岂能违之？自今子匿父母、妻匿夫、孙匿大父母，皆勿坐。"

秋，七月，霍氏谋反，伏诛，夷其族。皇后霍氏废霍显及禹、山、云自见日侵削，数相对啼泣自怨。山曰："今丞相用事，县官[3]信之，尽变易大将军时法令，发扬[4]大将军过失。又，诸儒生多竆人子[5]，远客饥寒[6]，喜妄说狂言，不避忌讳，大将军常仇之。今陛下好与儒生语，人人自书对事[7]，多言我家者。又闻民间欢言'霍氏毒杀许后'，宁有是邪？"显恐急[8]，即具以实告。禹、山、云惊曰："县官斥逐诸婿，用[9]是故也。此大事，诛罚不小，奈何？"于是始有邪谋矣。云舅李竟坐与诸侯王交通，辞语及霍氏，有诏："云、山不宜宿卫，免就第。"山阳太守张敞上封事曰："臣闻季友有功于鲁，赵衰有功于晋，田完有功于齐，皆畴其庸[10]，延及子孙。终后[11]田氏篡齐，赵氏分晋，季氏专鲁。故仲尼作《春秋》，迹盛衰，讥世卿最甚。乃者大将军决大计，安宗庙，海内之命断于掌握。方其盛时，感动天地，侵迫[12]阴阳。朝臣宜有明言曰：'辅臣专政，贵戚太盛，君臣之分不明，请罢霍氏三侯就第。'明诏以恩不听，群臣以义固争而后许之，天下必以陛下为不忘功德而朝臣为知礼，霍氏世世无所患苦[13]。今朝廷不闻直声[14]，而令明诏自亲其文，非策之得者也[15]。今两侯已出，人情

1　患祸：祸患。
2　蒙死：冒死。
3　县官：朝廷。西汉时常用以称政府或皇帝。
4　发扬：揭发，揭露。
5　竆人子：穷人家的子弟。
6　远客饥寒：远道而来客居京城，衣食不保。
7　对事：奏事。
8　恐急：惊慌。
9　用：因为。
10　畴其庸：酬报他的功劳。畴，通"酬"。庸，功劳。
11　终后：但是后来。
12　侵迫：侵犯逼迫。
13　患苦：憎恨，厌恶。
14　直声：正直之言。
15　令明诏自亲其文，非策之得者也：使陛下亲自起草英明的诏令，这不是好策略。

不相远¹，以臣心度之，大司马及其枝属必有畏惧之心。夫近臣²自危，非完计³也。臣敞愿于广朝白发其端，直守远郡，其路无由⁴。唯陛下省察。"上甚善其计，然不召也。禹、山等谋令太后为博平君置酒，召丞相、平恩侯以下，使范明友、邓广汉承太后制引斩之，因废天子而立禹。事觉。七月，云、山、明友自杀，禹腰斩，显及诸女昆弟皆弃市。与霍氏相连坐、诛灭者数十家。皇后霍氏废，处昭台官。封告⁵者皆为列侯。初，霍氏奢侈，茂陵⁶徐生曰："霍氏必亡。夫奢则不逊，不逊必侮上，侮上者，逆道⁷也。霍氏秉权日久，天下害之，而又行以逆道，不亡何待？"乃上疏言："霍氏泰盛⁸，陛下即爱厚之，宜以时抑制，无使至亡。"书三上，辄报闻。至是人为徐生上书曰："臣闻客有过主人者，见其灶直突⁹，傍有积薪¹⁰，客谓主人：'更为曲突，远徙其薪，不者，且有火患。'主人不应。俄而¹¹失火，邻里共救之，幸而得息。于是杀牛置酒，谢其邻人，灼烂¹²者在于上行¹³，余各以功次坐，而不录言曲突者。人谓主人曰：'向使听客之言，不费牛酒，终无火患。今论功而请宾，曲突徙薪无恩泽，焦头烂额为上客邪？'主人乃寤而请之。今茂陵徐福，数上书言霍氏且有变，宜防绝¹⁴之。向使福说得行，则国无裂土出爵之费，臣无逆乱诛灭之败。往事既已，而福独不蒙其功，唯陛下察之。"上乃赐福帛十匹，以为郎。帝初立，谒

1　相远：相异，差距大。
2　近臣：君主所亲近的臣子。
3　完计：周全的计谋。
4　臣敞愿于广朝白发其端，直守远郡，其路无由：臣张敞愿在朝中公开提出我的意见作为开端，只是身在遥远的山阳郡，无法实现。
5　封告：秘密告发。
6　茂陵：古县名，治今陕西省咸阳市辖兴平市东北。
7　逆道：叛逆的行为。
8　泰盛：权势太大。泰，通"太"。
9　直突：烟囱直，不拐弯。突，烟囱。
10　积薪：积聚的木柴。
11　俄而：不久，短暂的时间。
12　灼烂：烧灼至于糜烂。
13　上行：尊位。
14　防绝：防止杜绝。

见太庙[1]，大将军光骖乘，上严惮[2]之，若有芒刺在背[3]。后张安世代光骖乘，上从容肆体[4]，甚安近[5]焉。故俗传霍氏之祸萌于骖乘。后十二岁，霍后复徙云林馆[6]，乃自杀。

班固曰：霍光受襁褓[7]之托，拥昭，立宣，虽周公、阿衡[8]何以加此？然不学亡术，暗于大理[9]，阴[10]妻邪谋，立女为后，湛溺盈溢[11]之欲，以增颠覆之祸，死才三年，宗族诛夷，哀哉！

司马公曰：霍光久专大柄，不知避去，多置亲党，充塞朝廷，使人主蓄愤于上，吏民积怨于下，切齿侧目，待时而发，其得免于身，幸矣，况子孙以骄侈趣[12]之哉？虽然，向使孝宣专以禄、秩、赏赐富其子孙，使之食大县，奉朝请，亦足以报盛德矣。乃复任之以政，授之以兵，及加裁夺[13]，遂生邪谋，岂徒霍氏之自祸哉？亦孝宣酝酿以成之也。夫以显、禹、云、山之罪，虽应夷灭，而光之忠勋[14]不可不祀[15]，遂使家无噍类[16]，孝宣亦少恩哉！

九月，诏减天下盐贾[17]。令郡国岁上系囚掠笞瘐死者，以课殿最[18]。

1　太庙：帝王的祖庙。
2　严惮：畏惧，害怕。
3　芒刺在背：像细刺扎在背上一样。形容内心惶恐，坐立不安。芒刺，细刺。
4　肆体：舒展身体。
5　安近：安适和亲密。
6　云林馆：西汉时皇家园林，位于渭水南岸，中有昆明池，原为水军操演战船之所，后改为苑囿。
7　襁褓：原指包裹婴儿的被子和带子，借指婴幼儿。
8　阿衡：古官名，掌辅佐国君，也代指曾任此职的商朝名臣伊尹。
9　不学亡术，暗于大理：不学无术，不明大道。
10　阴：隐藏。
11　湛溺盈溢：湛溺，沉溺，沉迷。盈溢，放纵，无所顾忌。
12　趣：加速，趋向。
13　裁夺：斟酌决定其取舍可否。
14　忠勋：尽忠的勋绩。亦指尽忠而有勋绩的人。
15　不祀：无人奉祀，比喻亡国或绝后。
16　噍类：能吃东西的动物，也特指活着的人。
17　盐贾：盐价。
18　岁上系囚掠笞瘐死者，以课殿最：每年将本地因受刑或病饿而死的囚犯呈报朝廷，从而考核政绩，排出高低。殿最，古代考核政绩或军功，下等称为"殿"，上等称为"最"。

以朱邑为大司农 邑少为桐乡[1]啬夫，廉平不苛，以爱利[2]为行，未尝笞辱人，存问孤老，吏民爱敬之。迁北海[3]太守，以治行[4]第一入为大司农。敦厚笃于故旧，公正不可交以私，身为列卿[5]，居处俭节，禄赐以共族党[6]，家无余财。及卒，天子下诏称扬，赐其子金百斤以奉祀[7]。

以龚遂为水衡都尉 先是，渤海岁饥，盗贼并起。上选能治者，丞相、御史举龚遂，拜渤海太守。召见，问何以治盗贼，对曰："海濒遐远[8]，不沾圣化，其民困于饥寒而吏不恤，故使陛下赤子盗弄[9]陛下之兵于潢池[10]中耳。今欲使臣胜之邪，将安之也？"上曰："选用贤良，固欲安之也。"遂曰："臣闻治乱民犹治乱绳，不可急也，唯缓之，然后可治。臣愿丞相、御史且无拘臣以文法，得一切便宜从事。"上许焉，加赐黄金赠遣。乘传至渤海界，郡发兵以迎。遂皆遣还，移书敕属县：'罢逐捕吏，诸持田器者，皆为良民，吏毋得问，持兵者乃为贼。'遂单车至府。盗贼闻遂教令，即时解散，弃其兵弩而持钩、锄，于是悉平，民安土乐业。遂乃开仓廪假贫民，选用良吏尉安[11]牧养[12]焉。齐俗奢侈，好末技[13]，不田作[14]。遂躬率以俭约，劝民务农桑，各以口率[15]种树畜养。民有带持刀剑者，使卖剑买牛，卖刀买犊，曰："何为带牛佩犊？"劳来循行[16]，郡中皆有畜积，狱讼止息。至是，入为水衡都尉。

1　桐乡：古地名，位于今安徽省安庆市辖桐城市北。
2　爱利：爱护、加惠于他人。
3　北海：古郡名，辖今山东省潍坊、安丘、昌乐、寿光、昌邑等市县。
4　治行：为政的成绩。
5　列卿：九卿。
6　禄赐以共族党：俸禄和赏赐都和同族乡党共享。
7　奉祀：供奉祭祀。
8　遐远：遥远，辽远。
9　盗弄：盗用。
10　潢池：池塘。
11　尉安：安抚。
12　牧养：治理，统治。
13　末技：微不足道的小技艺。
14　田作：耕作。
15　口率：按人口比例。
16　循行：到各地巡视。

丙辰**元康元年**（公元前 65 年）

春，正月，初作杜陵。

三月，赦以凤皇集、甘露降也。

夏，五月，追尊悼考为皇考，立寝庙[1] 有司复言悼园宜称尊号曰皇考，于是立庙。

范镇[2] 曰：宣帝于昭帝为孙，则称其父为皇考，可也。然议者终不以为是者，以其以小宗[3] 而合大宗之统也。

程子曰：为人后者，谓其所后者为父母，而谓其所生者为伯叔父母，此天地之大义，生人之大伦，不可得而变易者也。然所生之义，至尊至大，虽当专意于正统，岂得尽绝于私恩？是以先王制礼，既明大义，降其服以正统绪[4]，然不以正统之亲疏，而皆为齐衰[5]，不杖期[6] 以别之，则所以明其至重，而与诸伯叔父不同也。宣帝称其所生为皇考，乱伦失礼，固已甚矣。而后之议礼者，又不能推所生之至恩以明尊崇之正礼，乃欲奉以高官大国，但如期亲尊属[7] 故事，则亦非至当之论也。要当揆量[8] 事体，别立殊称[9]，若曰皇伯叔父、某国大王，而使其子孙袭爵奉祀，则于大统无嫌贰[10] 之失，而在所生亦极尊崇之道矣。然礼谓为人后者为其父母云者，犹以父母称之，何也？曰：既为人后，则所生之父母者，今为伯叔父母矣。然直曰伯叔父母，则无以别于诸伯叔父母，而见其为所生之父母，故其立文[11] 不得不尔。非谓既为人后，而犹得以父母名其所生之

1　寝庙：古代宗庙的正殿称庙，后殿称寝，合称寝庙。
2　范镇：字景仁，北宋史学家，曾参与修编《新唐书》。
3　小宗：天子之王位由嫡长子世袭，称大宗，余子对天子为小宗。
4　统绪：皇室世系。
5　齐衰：丧服五服之一，服用粗麻布制成，以其缉边缝齐，故称齐衰，服期三个月到三年不等。
6　不杖期：旧时一种服丧礼制。杖是居丧时拿的棒，期是一年之丧。期服、用杖的称"杖期"，不用杖的则称"不杖期"。
7　期亲尊属：期亲，应服齐衰、期年之服的亲戚。尊属，辈分高的亲属。
8　揆量：审度。
9　殊称：特别的称谓。
10　嫌贰：猜疑，猜忌。
11　立文：设立文辞。

父母也。

杀京兆尹赵广汉赵广汉好用世吏[1]子孙新进[2]年少者，专厉[3]强壮蜂气[4]，见事风生[5]，无所回避，率多果敢之计，莫为持难[6]。以私怨论杀[7]男子荣畜，人上书言之，事下丞相、御史按验。广汉疑丞相夫人杀侍婢，欲以胁丞相，乃将吏卒入丞相府，召其夫人跪庭下受辞[8]，收奴婢十余人去。丞相上书自陈。事下廷尉治，不如广汉言。上恶之，下广汉廷尉。吏民守阙[9]号泣者数万人，竟坐要斩。广汉廉明[10]，威制豪强，小民得职[11]，百姓追思歌之。

贬少府宋畸为泗水[12]太保畸议：“凤皇下彭城，未至京师，不足美。”故贬。

以萧望之为平原太守，复征入守[13]少府上选博士、谏官通政事者补郡国守相，以谏大夫萧望之为平原太守。望之上疏曰：“陛下哀愍[14]百姓，出谏官以补郡吏。然朝无诤臣[15]则不知过，所谓忧其末而忘其本者也。”上乃征望之入守少府。

以尹翁归为右扶风[16]翁归为人，公廉[17]明察。为东海太守，过辞廷尉于定国。定国欲托邑子[18]与翁归，语终日不敢见，曰：“此贤将，汝不任事也，又不

1 世吏：世代为吏之人。
2 新进：初入仕途、新得科第或新被任用。
3 厉：激励，磨砺。
4 蜂气：锋锐之气，亦谓富有锐气。
5 风生：雷厉风行。
6 持难：犹豫为难。
7 论杀：判处死刑。
8 受辞：听取供词。
9 守阙：守候于宫门。
10 廉明：清廉明察。
11 得职：得所。
12 泗水：西汉诸侯国名，辖今江苏省泗阳县、淮安市及宿迁市东南部地区。
13 守：掌管。
14 哀愍：怜惜，同情。
15 诤臣：谏诤之臣。
16 右扶风：古官名，同时也是政区名。汉时将京兆、左冯翊、右扶风称三辅，即把京师附近地区归京兆尹、左冯翊、右扶风三个地方官分别管理。
17 公廉：公正清廉。
18 邑子：同邑的人，同乡。

可干以私。"郡中吏民贤不肖及奸邪罪名尽知之。县各有记籍[1]，自听其政。有急名[2]则少缓之。吏民小解，辄披籍[3]。取人必于秋冬课吏大会中。及出行县[4]，不以无事时。其有所取也，以一警百，吏民皆服，改行自新。以治郡高第[5]入为扶风。选用廉平以为右职[6]，接待以礼，好恶同之。其负[7]翁归，罚亦必行。缓于小弱，急于豪强。课常为三辅最。其在公卿间，清絜[8]自守，语不及私，然温良谦退[9]，不以行能[10]骄人，故尤得名誉。

莎车叛。卫候[11]冯奉世矫发诸国兵击破之。以奉世为光禄大夫上令群臣举可使西域者，前将军韩增举冯奉世以卫候，使持节送诸国客至伊循城。会故莎车王弟呼屠征与旁国共杀其王万年及汉使者自立，扬言："北道诸国已属匈奴。"于是攻劫[12]南道，歃盟[13]畔汉，从鄯善以西皆绝，不通。奉世计，以为不亟击之，则莎车日强，其势难制，必危西域。遂以节谕告[14]诸国，发其兵，进击莎车，攻拔其城。莎车王自杀，传首长安，更立他昆弟子为王。诸国悉平，奉世以闻。帝召见韩增曰："贺将军所举得其人。"议封奉世。丞相、将军皆以为可，独萧望之以为："奉世奉使有旨，而擅矫制发兵，虽有功效[15]，不可以为后法。即封奉世，开后奉使者利要功万里之外，为国家生事于夷狄，渐不可长。"乃以为光禄大夫。

1　记籍：古代计吏登记户口、赋税、人事的簿籍。
2　有急名：处理事情有急躁严苛的名声。
3　吏民小解，辄披籍：如属下官吏办事稍有懈怠，他则亲自查阅有关记载督促。
4　行县：巡行所主之县。
5　高第：经过考核，成绩优秀，名列前茅。
6　右职：重要的职位。
7　负：辜负，背弃。
8　清絜：清正廉洁。
9　谦退：谦让。
10　行能：品行与才能。
11　卫候：古官名，属卫尉，为诸屯军官，领兵屯守。
12　攻劫：攻击掠夺。
13　歃盟：歃血为盟。歃，饮血。
14　谕告：晓谕告诫。
15　功效：功劳，成绩。

丁巳二年（公元前 64 年）

春，正月，赦。

二月，立倢伃王氏为皇后上欲立皇后，惩艾[1]霍氏欲害皇太子，乃选后宫无子而谨慎者。立长陵[2]王倢伃为皇后，令母养[3]太子。

夏，五月，诏二千石察其官属治狱不平者，郡国被疾疫[4]者，毋出今年租诏曰："狱者，万民之命。能使生者不怨，死者不恨，则可谓文吏[5]矣。今则不然。用法或持巧心，析律贰端[6]，深浅不平，增辞饰非，以成其罪。奏不如实，上亡由知。二千石各察官属，勿用此人。吏或擅兴徭役，饰厨传[7]，称过使客[8]，越职逾法以取名誉，譬犹践薄冰以待白日，岂不殆哉[9]！天下颇被疾疫之灾，其令被灾甚者，毋出今年租赋。"

帝更名询诏曰："闻古天子之名，难知而易讳[10]也，其更讳询。"

匈奴扰车师田者。诏郑吉还屯渠犁匈奴大臣皆以为车师地肥美，使汉得之，多田积谷，必害人国，不可不争。数遣兵击车师田者。郑吉将渠犁田卒救之，为匈奴所围。吉上言："愿益田卒。"上与赵充国等议，欲因匈奴衰弱，击其右地，使不敢复扰西域。魏相谏曰："臣闻救乱诛暴，谓之义兵，兵义者王；敌加于己，不得已而起者，谓之应兵，兵应者胜；争恨小故[11]，不忍愤怒者，谓之忿兵，兵忿者败；利人土地、货宝者，谓之贪兵，兵贪者破；恃国家之大，矜[12]民人之众，欲见威[13]于敌者，谓之骄兵，兵骄者灭。此五者，非但人

1　惩艾：吸取过去教训，以前失为戒。
2　长陵：古县名，治所位于今陕西省咸阳市东北。
3　母养：抚育教养。
4　被疾疫：有疾病瘟疫流行。疾疫，瘟疫。
5　文吏：称职的官吏。
6　析律贰端：曲解法律条文，妄生不实线索，以加重人罪。
7　厨传：古代供应过客食宿、车马的处所。
8　称过使客：使过往使者和官员称心如意。
9　譬犹践薄冰以待白日，岂不殆哉：就如同踩在薄冰上等待太阳出来，岂不是很危险吗。
10　难知而易讳：很难理解，容易避讳。
11　小故：小过失。
12　矜：自恃，自夸。
13　见威：显示自己的威力。

事，乃天道也。间者，匈奴尝有善意，所得汉民，辄奉归之，未有犯于边境。虽争屯田车师，不足致意中[1]。今闻诸将军欲兴兵入其地，臣愚，不知此兵何名者也？今边郡困乏，难以动兵。'军旅之后，必有凶年。'言民以其愁苦之气伤阴阳之和也。出兵虽胜，犹有后忧。今守相多不实选[2]，风俗尤薄，水旱不时。按今年计，子弟杀父兄、妻杀夫者凡二百二十二人，臣愚以为此非小变也。今左右不忧此，乃欲报纤介之忿于远夷[3]，殆孔子所谓'吾恐季孙之忧不在颛臾，而在萧墙之内[4]也'。"上乃遣常惠将骑往车师，迎郑吉吏士还渠犁，遂以车师故地与匈奴。相好观汉故事，数条汉兴以来国家便宜行事及贾谊、晁错、董仲舒等所言，奏请施行之。敕掾史[5]按事[6]郡国，及休告[7]还府，辄白四方异闻。或有逆贼、灾变，郡不上，相辄奏言之。与丙吉同心辅政。

以萧望之为左冯翊[8]帝以萧望之经明[9]持重，论议有余，材任宰相，欲详试其政事，复以为左冯翊。望之从少府出为左迁[10]，即移病[11]。上使侍中谕意曰："所用皆更治民以考功[12]。君前为平原太守日浅，故复试之于三辅，非有所间也[13]。"望之即起视事。

戊午三年（公元前63年）

春，三月，封故昌邑王贺为海昏侯上心忌故昌邑王贺，赐山阳太守张

1　不足致意中：不足以放在心上。意中，心里。
2　实选：根据德行才学选拔。
3　远夷：远方的少数民族。
4　萧墙之内：借指内部。萧墙，古代宫室内作为屏障的矮墙。萧，通"肃"。
5　掾史：古官名，掾与史的合称。汉代在三公府和将军府，掌管一曹事务的长官称掾，有时也称掾史，其副称属；郡县衙署分曹办事，曹有掾与史，掾为长，而史次之。
6　按事：巡视。
7　休告：官吏呈请休假，休假。
8　左冯翊：古官名兼行政区名，汉代三辅之一。
9　经明：即明经，通晓经学要旨。
10　左迁：贬官。汉代贵右贱左，故将贬官称为左迁。
11　移病：官员上书称病，多为居官求退的婉辞。
12　所用皆更治民以考功：这样做都是为了考察你治理百姓的能力。
13　非有所间也：并非听到什么不利于你的议论。

敞玺书，令谨备盗贼，毋下所赐书[1]。敞于是条奏[2]贺居处、衣服、言语、跪起，清狂不惠[3]，以著其废亡之效。上乃知贺不足忌，封为海昏侯。

封丙吉等为列侯，故人阿保[4]赐物有差丙吉为人深厚，不伐善[5]。自曾孙遭遇[6]，绝口不道前恩。会掖庭宫婢自陈尝有阿保之功，辞引使者丙吉知状[7]。上亲见问，然后知吉有旧恩而终不言，大贤之。初，张贺尝为弟安世称皇曾孙之材美及征怪[8]，安世辄绝止，以为少主在上，不宜称述[9]曾孙。及帝即位，而贺已死，上谓安世曰："掖庭令平生[10]称我，将军止之，是也。"诏曰："朕微眇[11]时，丙吉、史曾、许舜皆有旧恩，张贺辅导朕躬，修文学经术，恩惠卓异，厥功茂焉[12]。《诗》不云乎：'无德不报。'封贺子彭祖及吉、曾、舜皆为列侯。"故人下至郡邸狱复作[13]尝有阿保之功者，皆受官禄、田宅、财物，各以恩深浅报之。吉临当封，疾病。上忧其不起。夏侯胜曰："有阴德者必飨其乐。今吉未获报，非死疾也。"果愈。张安世自以父子封侯，在位太盛，乃辞禄。安世谨慎周密，每定大政，已决，辄移病出。闻有诏令，乃惊，使吏之丞相府问焉。自朝廷大臣，莫知其与议也。尝有所荐，其人来谢，安世大恨，以为："举贤达能[14]，岂有私谢邪？"绝，弗复为通。有郎功高不调[15]，自言。安世曰："君之功高，明主所知，人臣执事，何短长而自言乎？"绝，不许。已而郎果迁。

夏，六月，立子钦为淮阳王。

1　毋下所赐书：不得将所赐诏书公布出去。
2　条奏：逐条上奏。
3　清狂不惠：清狂，不狂似狂者。不惠，不仁德，无德行。
4　阿保：古代教育抚养贵族子女的妇女。
5　为人深厚，不伐善：为人宽厚，对自己的善行不炫耀。深厚，宽厚，厚道。
6　遭遇：际遇，指升大位。
7　知状：了解情况。
8　征怪：怪异的征兆。
9　称述：称扬述说。
10　平生：平素，往常。
11　微眇：卑下，低贱。
12　恩惠卓异，厥功茂焉：恩惠非比寻常，功劳很大。
13　复作：秦、汉时强制罪犯劳役的一种刑罚。
14　达能：推荐有才能的人。
15　不调：未得升迁。

疏广、疏受请老[1]，赐金遣归皇太子年十二，通《论语》《孝经》。太傅疏广谓少傅受曰：“吾闻：‘知足不辱，知止不殆[2]。’今宦[3]成名立，如此不去，惧有后悔。”即日俱移病，上疏乞骸骨。上皆许之，加赐黄金二十斤，皇太子赠以五十斤。公卿故人设祖道供张[4]东都门外，送者车数百辆。道路观者皆曰：“贤哉二大夫！”或叹息，为之下泣。广、受归乡里，日令其家卖金共具[5]，请族人、故旧、宾客与相娱乐。或劝以为子孙立产业者，广曰：“吾岂老悖[6]不念子孙哉？顾自有旧田庐，令子孙勤力其中，足以供衣食，与凡人齐。今复增益之以为赢余，但教子孙怠堕[7]耳。贤而多财，则损其志；愚而多财，则益其过。且夫富者，众之怨也。吾既无以教化子孙，不欲益其过而生怨。又，此金者，圣主所以惠养[8]老臣也，故乐与乡党宗族共飨其赐，以尽吾余日，不亦可乎？”于是族人悦服。

胡氏曰：以宦成名立为荣，而求免于危辱[9]，此非君子之高致[10]，而疏广甘以自居，何也？曰：此广所以加人数等，而古今未之知也。太子年既十二，其资质志趣[11]，已可概见[12]。观其亲政之时，年二十七，而犹不省[13]召致[14]廷尉为下狱，以至再屈师傅于牢狱而卒杀之，则其愦愦有素[15]。疏、广睸[16]之，已熟知其不可

1　请老：官吏请求退休养老。
2　知足不辱，知止不殆：知道满足的人不会受辱，知道适可而止的人不会遇到危险。
3　宦：做官。
4　祖道供张：设置帷帐、酒筵，举行正式、隆重的送行仪式。供张，陈设供宴会用的帷帐、饮食等物。
5　共具：摆设酒食用具。
6　老悖：年老昏乱，不通事理。
7　怠堕：懒惰。
8　惠养：加恩抚养。
9　危辱：危险与屈辱。
10　高致：崇高的人品或情趣。
11　志趣：志向和意趣。
12　概见：窥见其概貌。
13　不省：不明白，不领会。
14　召致：使之来，唤来。
15　愦愦有素：愦愦，昏庸，糊涂。有素，由来已久。
16　睸：窥视，偷看。

扶持而教诏[1]也审矣，是以决意去之。观其语曰："不去，惧有后悔。"则其微意可见矣。《易》曰："君子见几而作。"疏广有焉。

以颖川太守黄霸守京兆尹。寻罢归故官黄霸为颖川太守，使邮亭[2]、乡官皆畜鸡豚[3]，以赡鳏寡贫穷者。为条教[4]，行之民间，劝以为善防奸，及务耕桑、节用、殖财、种树、畜养。初若烦碎，然精力能推行之。吏民见者，语次寻绎[5]，问他阴伏[6]以相参考，聪明识事，吏民不敢有所欺，奸人去入他郡，盗贼日少。霸力行教化而后诛罚，务在成就、全安长吏[7]，曰："数易长吏，送故迎新之费，及奸吏因缘[8]，绝簿书，盗财物，公私费耗甚多，皆当出于民。所易新吏又未必贤，或不如其故，徒相益为乱。凡治道[9]，去其泰甚[10]者耳。"霸以外宽内明得吏民心，户口岁增，治为天下第一，征守京兆尹。寻坐法贬秩。诏复归颖川为太守，以八百石居官。

己未四年（公元前62年）

春，正月，诏年八十以上，非诬告、杀伤人，勿坐。

右扶风尹翁归卒翁归卒，家无余财。诏曰："翁归廉平向正，治民异等[11]。其赐翁归子黄金百斤，以奉祭祀。"

求高祖功臣子孙失侯者，赐金，复其家凡百三十六人。

大司马、卫将军、富平侯张安世卒谥曰敬。

以韦玄成为河南太守初，扶阳节侯韦贤薨，长子弘有罪系狱，家人矫贤

1　教诏：教诲，教训。
2　邮亭：驿馆，递送文书者投止之处。
3　鸡豚：鸡和猪，古时农家所养禽畜。
4　条教：法规，教令。
5　语次寻绎：交谈之间反复推求。语次，交谈之间。寻绎，反复探索，推求。
6　阴伏：隐秘不为人知的坏事。
7　全安长吏：全安，保全而使之平安。长吏，州县长官的辅佐。
8　因缘：罗织罪名，加以构陷。
9　治道：治理国家的方针、政策等。
10　泰甚：太甚，过甚。
11　异等：超出一般，特等。

令，以次子玄成为后。玄成深知其非贤雅意[1]，即佯狂不应召。大鸿胪奏状，章下丞相、御史按验。玄成友人侍郎章亦上疏言："圣主贵以礼让为国，宜优养[2]玄成，勿枉其志，使得自安衡门[3]之下。"而丞相、御史遂以玄成实不病，劾奏之。有诏勿劾，引拜。玄成不得已，受爵。帝高其节，以为河南太守。

遣光禄大夫义渠安国行[4]边兵 初，武帝开河西四郡，隔绝羌与匈奴相通之路，斥逐诸羌，不使居湟中[5]。及帝即位，义渠安国使行诸羌。先零豪[6]言："愿时渡湟水北，逐民所不田处畜牧。"安国以闻。后将军赵充国劾安国奉使不敬。是后羌人旁缘[7]前言，抵冒[8]渡湟水，郡县不能禁。既而先零与诸羌解仇交质[9]，上以问充国，对曰："羌人所以易制者，以其部自有豪，数相攻击，势不一也。往西羌反时，亦先解仇合约[10]。然羌势不能独造[11]。比[12]闻匈奴数诱羌人，欲与之共击张掖、酒泉地，疑其遣使至羌中与相结，羌乃解仇作约。到秋马肥，变必起矣。宜遣使者行边兵，豫为备敕[13]，视诸羌毋令解仇，以发觉其谋。"于是两府复白遣安国。

1　雅意：素来的意愿，本意。
2　优养：厚待，优待。
3　衡门：横木为门，借指简陋的屋舍。
4　行：巡行视察。
5　湟中：古地区名，指今青海省湟水两岸地区，水土肥美，汉代为羌、汉、月氏、胡等各族杂居之地。湟水，水名，黄河上游支流，位于今青海省东部。
6　先零豪：先零部落的首领。先零，古代羌人部落之一，居于今甘肃、青海的湟水流域。
7　旁缘：倚仗，凭借。
8　抵冒：触犯，抵御。
9　解仇交质：解仇，消除怨仇。交质，互相派人为质，作为守信的保证。
10　合约：订立同盟。
11　独造：单独谋划。
12　比：近来。
13　备敕：备好皇帝的诏令。敕令，皇帝的诏令。

卷

六

　　起庚申汉宣帝神爵元年，尽庚子[1]汉成帝阳朔四年**凡四十一年**。

庚申**神爵元年**（公元前 61 年）

　　春，正月，帝如甘泉，郊泰畤。三月，如河东，祠后土。遣谏大夫王褒求金马碧鸡之神上颇修武帝故事，谨斋祀[2]之礼，以方士言增置神祠[3]。闻益州有金马碧鸡之神，遣褒持节求之。初，上闻褒有俊才[4]，召见，使为《圣主得贤臣颂》。其辞曰："夫贤者，国家之器用[5]也。所任贤，则趋舍[6]省而功施普；器用利，则用力少而就效众[7]。故工人之用钝器也，劳筋苦骨，终日矻矻[8]。及至巧冶铸干将[9]，使离娄督绳，公输削墨[10]，虽崇台五层、延袤百丈而不溷[11]者，工用相得[12]也。庸人之御驽马，亦伤吻、敝策[13]而不进。及王良执靶，韩哀附舆，周流八极，万里一息[14]，人马相得也。服絺绤之凉者，不苦盛暑之郁燠；袭貂狐之燠者，不忧至寒之凄怆[15]。何则？有其具者易其备。贤人君子，亦圣王所以易海内也。故君人者，勤于求贤而逸于得人[16]。人臣亦然。昔贤者之未遭遇也，图

1　庚子：即公元前 21 年。
2　斋祀：斋戒祭祀。
3　神祠：祭神的祠堂。
4　俊才：卓越的才能。
5　器用：器皿用具，也比喻人才。
6　趋舍：举止，行动。
7　就效众：取得的效果多。
8　矻矻：辛勤劳作的样子。
9　巧冶铸干将：能工巧匠铸造出干将这样的名剑。
10　离娄督绳，公输削墨：派以眼神好著称的离娄负责测量，木工的祖师鲁班负责砍削木材。
11　崇台五层、延袤百丈而不溷：建起五层高、绵延百丈的高台，也不会混乱。延袤，绵亘，绵延伸展。
12　工用相得：工作和用人匹配得当。
13　伤吻、敝策：勒破马嘴、抽坏马鞭。
14　王良执靶，韩哀附舆，周流八极，万里一息：由精于骑术的王良骑乘名种良驹，由善于改进车辆的韩哀侯驾驶速度极快的宝马拉着马车周游天下，即使是万里之遥，也不过喘口气的工夫就能到达。
15　服絺绤之凉者，不苦盛暑之郁燠；袭貂狐之燠者，不忧至寒之凄怆：身穿凉爽麻布衣的人，不会担心盛夏的暑热；身穿温暖柔软的貂、狐皮衣的人，不担忧严冬的寒冷。
16　勤于求贤而逸于得人：只有不辞辛苦地访求贤才，才能享受所得贤才给他带来的安逸。

事揆策[1]，则君不用其谋；陈见悃诚[2]，则上不然其信[3]。进仕不得施效，斥逐又非其愆[4]。及其遇明君也，运筹合上意，谏诤即见听，进退得关[5]其忠，任职得行其术。故世必有圣知[6]之君，而后有贤明之臣。故虎啸而风烈，龙兴而致云，蟋蟀竢秋唫，蜉蝣出以阴[7]。明明在朝，穆穆布列[8]，聚精会神，相得益彰。故圣主必待贤臣而弘功业，俊士亦俟明主以显其德。上下俱欲，欢然交欣[9]，千载一合，论说无疑。翼乎如鸿毛遇顺风，沛乎如巨鱼纵大壑，化溢四表，横被无穷[10]。休征[11]自至，寿考[12]无疆，何必偃仰屈伸若彭祖，呴嘘呼吸如侨松，眇然绝俗离世哉[13]？"上颇好神仙，故褒对及之。后京兆尹张敞亦劝上斥远方士，游心帝王之术。由是悉罢尚方待诏[14]。

　　谏大夫王吉谢病归上颇修饰宫室车服，外戚许、史、王氏贵宠。谏大夫王吉上疏曰："陛下惟思世务[15]，将兴太平，诏书每下，民欣然若更生。臣伏思之，可谓至恩，未可谓本务[16]也。欲治之主不世出[17]，公卿幸得遭遇其时，言听谏从，然未有建万世之长策，举明主于三代之隆也。其务在于期会、簿书、断

1　图事揆策：图事，图谋事情。揆策，出谋画策。
2　陈见悃诚：陈见，陈述表达。悃诚，诚恳之心。
3　然其信：相信他的真心诚意。
4　进仕不得施效，斥逐又非其愆：做官不能施展他的能力，遭斥逐也并非有什么过失。愆，罪过，过失。
5　关：通"贯"，贯通，贯穿。
6　圣知：聪明睿智，无所不通。
7　蟋蟀竢秋唫，蜉蝣出以阴：蟋蟀到秋天才鸣叫，蜉蝣在阴湿之处才会出现。蜉蝣，虫名，幼虫生活在水中，成虫褐绿色，有四翅，生存期极短。
8　明明在朝，穆穆布列：君王明察于上，人臣恭谨于下。
9　欢然交欣：互相都很开心快乐。
10　化溢四表，横被无穷：圣贤的教化必将传播四方，永无穷尽。四表，四方。横被，广泛覆盖，遍及。
11　休征：吉祥的征兆。
12　寿考：年高，长寿。
13　何必偃仰屈伸若彭祖，呴嘘呼吸如侨松，眇然绝俗离世哉：何必像彭祖那样俯仰屈伸，像王侨、赤松子那样呼吸吐纳，去寻觅与世隔绝的仙境呢。偃仰，俯仰。呴嘘，道家的吐纳之术。
14　尚方待诏：古代医官名，系指宫中协助调理或待命调理皇帝及皇室其他成员医药的人。
15　世务：谋身治世之事。
16　本务：根本事务。
17　世出：应时出现。

狱、听讼而已，此非太平之基也。臣闻宣德流化[1]，必自近始。朝廷不备，难以言治；左右不正，难以化远。民者，弱而不可胜，愚而不可欺也。圣主独行于深宫，得则天下称诵之，失则天下咸言之。故宜谨选左右，审择[2]所使。左右所以正身，所使所以宣德，此其本也。安上治民，莫善于礼。故王者未制礼之时，引先王礼宜于今者而用之。愿陛下述旧礼，明王制，驱一世之民跻[3]之仁寿[4]之域，则俗何以不若成、康，寿何以不若高宗[5]？窃见世俗聘妻送女无节，贫人不及，故不举子[6]。又汉家列侯尚公主，诸侯则国人承翁主，使男事女，夫屈于妇，逆阴阳之位，故多女乱。古者衣服车马，贵贱有章[7]。今上下僭差[8]，人人自制，是以贪财诛利[9]，不畏死亡。舜、汤不用三公、九卿之世[10]而举皋陶、伊尹，今使俗吏得任子弟，率多骄骜[11]，不通古今，无益于民。宜明选[12]求贤，除任子之令[13]。外家及故人，可厚以财，不宜居位。去角抵，减乐府，省尚方[14]，明示天下以俭。古者工不造雕琢[15]，商不通侈靡，非工、商独贤，政教使之然也。"上以其言为迂阔[16]。吉遂谢病归。

先零羌杨玉叛。夏，四月，遣后将军赵充国将兵击之义渠安国至羌中，召先零诸豪尤桀黠[17]者斩之，纵兵击斩千余级。于是羌侯杨玉等怨怒背畔，

1　宣德流化：宣德，宣扬圣德。流化，流布教化。
2　审择：审察选择。
3　跻：升，登。
4　仁寿：有仁德而长寿。
5　高宗：指殷高宗武丁。
6　举子：生育子女。
7　有章：有法度。
8　僭差：僭越失度。
9　诛利：追求利益。
10　世：后代。
11　骄骜：桀骜不驯。
12　明选：严明地选任官吏。
13　任子之令：汉代制定的子弟因父兄的庇佑保任为郎的法令。
14　尚方：古代制造帝王所用器物的官署。
15　雕琢：制造精细之物。
16　迂阔：不切合实际。
17　桀黠：凶悍而狡猾。

攻城邑，杀长吏。安国失亡车重[1]、兵器甚众，引还以闻。赵充国年七十余，上
老之，使丙吉问谁可将者。对曰："无逾于老臣者矣。"上问度当用几人，充
国曰："百闻不如一见。兵难遥度[2]，臣愿驰至金城，图上方略[3]。羌戎[4]小夷，逆
天背畔，灭亡不久，愿陛下以属老臣，勿以为忧。"上笑曰："诺。"大发兵，
遣充国将之，以击西羌。

六月，有星孛于东方。

秋，七月，充国引兵击叛羌，叛羌多降。诏复遣将军辛武贤等将兵
击之。寻诏罢兵，留充国屯田湟中六月，赵充国至金城，须兵满万骑，欲
渡河，恐为虏所遮，夜遣三校衔枚先渡，营陈毕，乃尽渡。虏数百骑来，出入
军旁。充国曰："吾士马倦，不可驰逐[5]，而此皆骁骑[6]，又恐其为诱兵也。击虏
以殄灭[7]为期，小利不足贪！"令军勿击。遣骑候四望狭[8]中，无虏，乃引兵进。
召诸校谓曰："吾知羌虏不能为兵矣！使虏发数千人守杜[9]四望狭中，兵岂得入
哉？"充国常以远斥候[10]为务，行必为战备，止必坚营壁[11]，尤能持重，爱士卒，
先计而后战。西至部都尉[12]府，日飨军士，士皆欲为用。虏数挑战，充国坚守。
初，罕、开豪[13]靡当儿使弟雕库来告都尉曰："先零欲反。"后数日果反。都尉
即留雕库为质。充国以为无罪，遣归告种豪[14]："大兵诛有罪者，明白自别，毋

---

1 车重：辎重车。
2 遥度：在远处规划或推测。
3 图上方略：画出地图，制定方略，再上奏陛下。
4 羌戎：泛指古代西北部的少数民族。
5 驰逐：奔驰追赶。
6 骁骑：勇猛的骑兵。
7 殄灭：消灭，灭绝。
8 四望狭：古山名，位于今青海省海东市乐都区西。
9 守杜：把守，堵住。
10 远斥候：向远处派出侦察兵。斥候，侦察，候望。
11 营壁：营垒。
12 部都尉：古官名，秦汉时驻边郡的军事长官之一，佐太守分部主武事，兼主屯田之事。
13 罕、开豪：罕、开，均为羌族的一支。豪，统帅，首领。
14 种豪：种族中的豪强。

取并灭。能相捕斩[1]，除罪，赐钱有差。"充国欲以威信招降罕、开及劫略[2]者，解散虏谋，徼其疲剧乃击之[3]。时内郡兵屯边者合六万人矣。酒泉太守辛武贤奏言："以七月上旬赍三十日粮，分兵出击罕、开，夺其畜产，虏其妻子。冬复击之，虏必震坏。"天子下其书，充国以为："一马自负三十日食，为米二斛四斗，麦八斛，又有衣装兵器，难以追逐。虏必商[4]军进退，稍引去，逐水草，入山林。随而深入，虏即据前险，守后厄，以绝粮道，必有伤危之忧，非至计[5]也。先零首为畔逆，他种劫略，故臣愚策，欲捐罕、开暗昧[6]之过，先行先零之诛，以震动之，宜悔过反善。因赦其罪，选择良吏知其俗者，拊循和辑[7]。此全师、保胜、安边之策。"天子下其书，议者咸以为："先零兵盛而负罕、开之助，不先破罕、开，则先零未可图也。"上乃拜许延寿强弩将军，武贤破羌将军，嘉纳其策。以书敕让[8]充国曰："今转输并起，百姓烦扰，将军不早共水草之利，争其畜食，至冬，虏臧匿山中，依险阻，将军士寒，手足皲瘃[9]，宁有利哉？今诏武贤等以七月击罕羌，将军其引兵并进。"充国上书曰："陛下前幸赐书，欲不诛罕，以解其谋，臣故遣开豪雕库宣天子至德，罕、开之属皆闻知明诏。今先零为寇，罕羌未有犯，乃释有罪，诛无辜，起一难，就两害，诚非陛下本计也。臣闻兵法：'攻不足者守有余。'又曰：'善战者致人，不致于人[10]。'今罕羌欲为寇，宜饬兵马，练战士，以须其至。以逸击劳，取胜之道也。今恐二郡兵少，不足以守，而发之行攻，释致虏之术，而从为虏所致之道[11]，臣

---

1 相捕斩：互相追捕斩杀。
2 劫略：以威力胁迫。
3 解散虏谋，徼其疲剧乃击之：瓦解羌人联合叛汉的计划，等到他们疲惫不堪时再发动攻击。
4 商：计算，估量。
5 至计：最好的计策。
6 暗昧：愚昧，昏庸。
7 拊循和辑：拊循，安抚，安慰。和辑，和睦相处。
8 敕让：下诏责备。
9 皲瘃：手足受冻坏裂，生冻疮。
10 善战者致人，不致于人：擅长作战的人调动别人，不被别人调动。致人，调动别人。
11 发之行攻，释致虏之术，而从为虏所致之道：出兵进攻，放弃调动敌人的战术，而被敌人所调动。

愚以为不便。先零欲畔，故与罕、开解仇，常欲先赴罕、开之急，以坚其约。
今虏马肥食足，击之恐不能伤，适使先零得施德于罕羌，坚其约，合其党，迫
胁[1]诸小种[2]。虏兵浸多，诛之用力数倍。臣恐国家忧虑，由十年数，不二三岁
而已。先诛先零，则罕、开之属，不烦兵而服。不服，涉[3]正月击之，得计之
理，又其时也。以今进兵，诚不见其利！"七月，玺书报，从充国计。充国乃
引兵至先零在所。虏久屯聚，懈弛[4]，望见大军，弃车重，欲渡湟水。道厄狭[5]，
充国徐行驱之。或曰："逐利行速。"充国曰："此穷寇，不可迫也。缓之则走
不顾[6]，急之则还致死[7]。"虏溺死者数百，降、斩五百余人，虏马、牛、羊十万
余头，车四千余辆。兵至罕地，令军毋燔聚落[8]及刍牧[9]田中。罕羌闻之，喜曰：
"汉果不击我矣！"豪靡忘使人来言："愿得还复故地。"充国以闻，未报[10]。靡
忘来自归，充国赐饮食，遣还，谕种人[11]。护军以下皆争之曰："此反虏[12]，不可
擅遣。"充国曰："诸君但欲便文自营[13]，非为公家忠计也。"语未卒，玺书报，
以赎论[14]。后罕竟不烦兵[15]而下。上诏武贤等以十二月与充国合，击先零。时羌
降者万余人矣，充国度其必坏，欲罢骑兵，屯田以待其敝[16]。作奏[17]未上，会得
进兵玺书，其子卬使客谏曰："诚令兵出，破军杀将，以倾国家，将军守之可
也。即利与病，又何足争？一旦不合上意，遣绣衣来责将军，将军之身不能

1　迫胁：胁迫。
2　小种：部族分支之弱小者。
3　涉：至，到。
4　懈弛：松散懈怠。
5　厄狭：狭窄。
6　不顾：不回头看。
7　致死：拼命。
8　聚落：村落，人们聚居的地方。
9　刍牧：割草放牧。
10　报：答复。
11　种人：部落族人。
12　反虏：反叛者。
13　便文自营：完全依照法律条文而不加更动，为自己打算。自营，为自己打算。
14　以赎论：以将功赎罪论处。
15　烦兵：用兵。
16　敝：衰败。
17　作奏：写奏折。

自保，何国家之安？”充国叹曰：“是何言之不忠也？本用吾言，羌虏得至是邪？往者举可先行羌者，吾举辛武贤。丞相、御史复白遣义渠安国，竟沮败[1]羌。金城、湟中谷斛八钱，吾谓耿中丞：‘籴[2]三百万斛谷，羌人不敢动矣。’耿中丞请籴百万斛，乃得四十万斛耳。义渠再使，且费其半。失此二策，羌人致敢为逆。失之毫厘，差以千里，是既然[3]矣。今兵久不决，四夷卒有动摇，相因而起[4]，虽有知者，不能善其后，羌独足忧邪？吾固以死守之。明主，可为忠言。”遂上屯田奏，曰：“臣所将吏士、马、牛食所用粮谷、茭稿[5]，调度甚广。难久不解，徭役不息，恐生他变，为明主忧，诚非素定庙胜之册[6]。且羌易以计破，难用兵碎也。故臣愚，心以为击之不便。计度[7]临羌[8]东至浩亹[9]，羌虏故田及公田，民所未垦，可二千顷以上，其间邮亭多坏败者。臣前部士[10]入山，伐林木在水次[11]。臣愿罢骑兵，留步兵分屯要害处，冰解漕下[12]，缮乡亭[13]，浚[14]沟渠，治湟狭[15]以西道桥[16]，令可至鲜水[17]左右。田事[18]出，赋[19]人二十亩。至四月草生，发郡骑及属国胡骑各千，就草为田者游兵[20]，以充入金城郡，益积畜[21]，省大

1　沮败：败坏，挫败。
2　籴：买进粮食。
3　既然：已经如此。
4　相因而起：借机相继起兵造反。
5　茭稿：茭，喂牲畜的干草。稿，禾类植物的茎秆。
6　素定庙胜之册：素定，预先确定。庙胜之册，朝廷制定的克敌制胜的谋略。庙，指朝廷。册，策。
7　计度：估计，料想。
8　临羌：古县名，治所位于今青海省西宁市湟中县北。
9　浩亹：古县名，治所位于今甘肃省兰州市永登县西南。
10　部士：安排士卒。
11　水次：水边。
12　冰解漕下：河水解冻，漕运顺流而下。
13　乡亭：乡中公舍。汉制，百户为一里，十里一亭，十亭一乡，每亭设公舍一间，供行人止息。
14　浚：疏通。
15　湟狭：古地名，位于今青海省西宁市东。
16　道桥：道路与桥梁。
17　鲜水：即今青海省东部的青海湖。
18　田事：农事。
19　赋：给予。
20　就草为田者游兵：到草地为屯田者充当警卫。
21　积畜：积聚，贮存。

费。今大司农所转谷至者，足支万人一岁食，谨上田处¹及器用簿。"上报曰：
"即如将军之计，虏当何时伏诛？兵当何时得决？孰计²其便，复奏！"充国上
状³曰："臣闻帝王之兵，以全取胜⁴，是以贵谋而贱战。'百战而百胜，非兵之
善者。故先为不可胜，以待敌之可胜。'蛮夷习俗虽殊于礼义之国，然其欲避
害就利，爱亲戚，畏死亡，一也。今虏亡其美地荐草⁵，愁于寄托⁶，远遁，骨肉
心离，人有畔志。而明主班师⁷罢兵，万人留田，顺天时，因地利，以待可胜
之虏，虽未即伏辜，兵决可期月⁸而望。羌虏瓦解，前后降者万七百余人，及
受言去者凡七十辈，此坐支解羌虏之具也。臣谨条⁹不出兵留田便宜十二事：
步兵九校¹⁰、吏士万人留屯，以为武备，因田致谷，威德并行，一也。又因排
折¹¹羌虏，令不得归肥饶之地，贫破¹²其众，以成羌虏相畔之渐，二也。居民得
并田作，不失农业，三也。军马一月之食，度支田士一岁，罢骑兵以省大费，
四也。至春，省甲士卒，循河湟漕谷¹³至临羌，以示羌虏，扬威武，传世折冲¹⁴
之具，五也。以闲暇时，下先所伐材，缮治邮亭，充入金城，六也。兵出，乘
危徼幸；不出，令反畔之虏窜于风寒之地，离¹⁵霜露、疾疫、瘃堕¹⁶之患，坐得
必胜之道，七也。亡经阻¹⁷、远追、死伤之害，八也。内不损威武之重，外不令
虏得乘间之势，九也。又亡惊动河南罕、开，使生他变之忧，十也。治湟狭

1　田处：计划屯田的区域。
2　孰计：周密考虑。
3　上状：上报情况。
4　以全取胜：以不受什么损失就能取得胜利为上。
5　荐草：茂盛的牧草。
6　寄托：托付。
7　班师：原指调回出征的军队，后也指出征的军队胜利归来。
8　期月：一整年。
9　条：逐条列举。
10　校：古代军营的建制单位。
11　排折：挫折，抗击。
12　贫破：使贫穷破败。
13　河湟漕谷：河湟，黄河与湟水的并称，亦指河、湟两水之间的地区。漕谷，漕运谷物。
14　折冲：使敌方的战车折返，克敌制胜。
15　离：古通"罹"，遭受。
16　瘃堕：冻疮。
17　经阻：遭遇险阻。

中道桥，令可至鲜水，以制西域，伸威千里，从枕席上过师[1]，十一也。大费既省，繇役豫息[2]，以戒不虞[3]，十二也。留屯田得十二便，出兵失十二利。唯明诏采择[4]。"上复赐报，曰："兵决可期月而望者，谓今冬邪，谓何时也？将军独不计虏闻兵颇[5]罢，且丁壮相聚，攻扰田者，杀略人民，将何以止之？将军孰计复奏！"充国奏曰："臣闻兵以计为本，故多算胜少算。先零羌精兵，今余不过七八千人，失地，远客，分散，饥冻，畔还[6]者不绝。臣愚以为虏破坏[7]可日月冀，远在来春，故曰兵决可期月而望。窃见北边自敦煌至辽东万一千五百余里，乘塞[8]列地[9]有吏卒数千人，虏数以大众攻之而不能害。今骑兵虽罢，虏见屯田之士精兵万人，从今尽三月，虏马羸瘦[10]，必不敢捐其妻子于他种中，远涉河山而来为寇。亦不敢将其累重，还归故地。是臣之愚计所以度虏且必瓦解其处，不战而自破之策也。至于虏小寇盗，时杀人民，其原未可卒[11]禁。臣闻战不必胜，不苟接刃[12]；攻不必取，不苟劳众。诚令兵出，虽不能灭先零，但能令虏绝不为小寇，则出兵可也。即今同是[13]，而释[14]坐胜之道，从乘危[15]之势，往终不见利，空内自罢敝，贬重[16]而自损，非所以示蛮夷也。又大兵一出，还[17]不可复留，湟中亦未可空，如是，徭役复更发也。臣愚以为不便。臣窃自惟念[18]，

1　从枕席上过师：军队从桥上渡河，如在枕席上通过那样安稳而容易。
2　豫息：预先止息。
3　不虞：出乎意料的事。
4　采择：选用。
5　颇：略微，稍稍。
6　畔还：叛逃回家。
7　破坏：摧毁，毁坏。
8　乘塞：守卫边疆要塞。
9　列地：分封的土地。
10　羸瘦：瘦弱。
11　卒：尽。
12　不苟接刃：不轻易与敌人交手。苟，随便，轻率。接刃，兵刃相接触，交战。
13　即今同是：如果今天同样不能禁绝。
14　释：放弃。
15　乘危：登上或踏上危险之地，冒险。
16　贬重：贬损国家威严。
17　还：返回时。
18　惟念：考虑。

奉诏出塞，引军远击，穷天子之精兵，散车甲于山野，虽亡尺寸之功，偷得避嫌之便，而亡后咎余责[1]，此人臣不忠之利，非明主社稷之福也。"充国奏每上，辄下公卿议。臣初是充国计者什三，中什五，最后什八。有诏诘前言不便者，皆顿首服。魏相曰："臣愚，不习兵事利害，后将军数画军策，其言常是，臣任其计可必用[2]也。"上于是报充国，嘉纳之。亦以武贤、延寿数言当击，于是两从其计，诏两将军与中郎将卬出击。降、斩各数千人，而充国所降复得五千余人。诏罢兵，独充国留屯田。

康熙御批：赵充国所上诸书，洞晰机宜，矢竭忠悃[3]，不恤利害[4]，卒致万全，古大臣之悉心谋国，罕有出其右者。不只以将略胜人。

以张敞为京兆尹初，敞为山阳太守，时胶东盗贼起，敞自请治之。拜胶东相。明设购赏[5]，传相斩捕[6]，国中遂平。王太后数出游猎，敞谏曰："礼，君母出门则乘辎軿[7]，下堂则从傅母[8]。今以田猎纵欲为名，于以上闻，亦未宜也。"太后乃不复出。京兆[9]自赵广汉诛后，更黄霸等数人，不称职。长安多盗，上以问敞，敞以为可禁。乃以为京兆尹。敞求得偷盗首长[10]数人，召见责问，令致诸偷以自赎[11]。一日得数百人，穷治行法[12]，由是市无偷盗。敞赏罚分明，而时时越法[13]，有所纵舍。本治《春秋》，以经术自辅，不醇用[14]诛罚，以此能自全。朝廷有大议，引古今，处便宜，公卿皆服。会西羌兵起，敞以羌虏虽破，民无

1　后咎余责：过后能不负责任，不受指责。
2　臣任其计可必用：我担保他的计划一定行得通。
3　矢竭忠悃：立誓竭尽忠诚。矢，誓。忠悃，忠诚。
4　不恤利害：不顾及自身的利益和损害。
5　购赏：悬赏。
6　传相斩捕：盗贼互相捕杀，以免除自己的罪责。
7　辎軿：辎车和軿车的并称，后泛指有屏蔽的车子。
8　傅母：古时负责辅导、保育贵族子女的老年妇人。
9　京兆：京师所在地区。
10　首长：头领。
11　自赎：自己弥补自己的罪过。
12　穷治行法：穷治，彻底查办。行法，依法行事。
13　越法：违反法律，越出法律范围。
14　醇用：纯粹用。醇，纯粹，纯正。

余积[1]，请令有罪者入谷边郡赎罪。萧望之等议以为："民函[2]阴阳之气，有仁义、欲利[3]之心，在教化之所助。尧不能去民欲利之心，而能令其不胜好义[4]也。桀不能去民好义之心，而能令其不胜好利也。尧、桀之分，在于义、利而已，导民不可不慎也。今令民以粟赎罪，是贫富异刑，而法不一也。贫人父兄囚执[5]，为弟子者，将不顾死亡以赴[6]财利以求救之。一人得生，十人以丧，政教一倾，恐不可复。古者藏于民，不足则取，有余则与。今有边役[7]，民失作业[8]，虽户赋口敛[9]以赡[10]其困乏，百姓莫以为非。故《金布令甲》曰：'边郡数被兵，离饥寒，夭绝[11]天年，父子相失，令天下共给其费。'固为军旅卒暴[12]之事也。天汉[13]四年，尝使死罪入钱减罪一等，豪强请夺，至为盗贼，吏不能禁。故曰不便。"时亦以转输略足相给[14]，遂不施敝议。

辛酉二年（公元前 60 年）

春，二月，凤皇、甘露降集[15]京师，赦。

夏，五月，赵充国振旅[16]而还。秋，羌斩杨玉以降。置金城属国以处之赵充国奏言："羌本可五万人，除斩、降、溺、饥死，定计遗脱[17]不过

---

1 余积：多余积蓄。
2 函：容纳。
3 欲利：欲念与私利。
4 不胜好义：不胜，非常，十分。好义，看重道义。
5 囚执：囚禁。
6 赴：奔向，投身。
7 边役：边境战事。
8 作业：所从事的工作。
9 户赋口敛：按户和人口征收的赋税。
10 赡：供给。
11 夭绝：夭折，绝灭。
12 卒暴：急促，紧迫。
13 天汉：汉武帝刘彻的年号，存续时间为公元前 100 至前 97 年。
14 相给：相供给。
15 降集：降落而聚集。
16 振旅：整队班师。
17 遗脱：逃脱。

四千人。羌靡忘等自诡[1]必得，请罢屯兵！"奏可。充国振旅而还。所善浩星赐迎，说曰："众人皆以破羌、强弩[2]出击，虏以破坏。然有识者以为虏势穷困，兵虽不出，必自服矣。将军即见，宜归功于二将军，如此，计未失也。"充国曰："吾年老矣，爵位已极，岂嫌伐[3]一时事以欺明主哉？兵势，国之大事，当为后法。老臣不以余命一为陛下明言兵之利害，卒死，谁当复言之者？"卒以其意对。上然其计，罢遣辛武贤归酒泉，充国复为后将军。秋，羌若零等共斩杨玉首，率四千余人降。初置金城属国以处降羌。

秋，九月，司隶校尉[4]盖宽饶自刭北阙下初，宽饶为卫司马[5]。故事，卫司马见卫尉拜谒，常为卫官繇使市买[6]。宽饶按旧令，揖官属，不受私使[7]。躬行士卒庐舍，视其起居饮食，病者抚循问临，甚有恩。及岁代[8]，数千人请复留一年，以报宽饶厚德。上嘉之，擢司隶校尉。宽饶刚直公清[9]，刺举无所避[10]。然深刻好刺讥，数犯上意[11]。时方用刑法，任中书官[12]，宽饶奏封事曰："方今圣道[13]浸微，儒术不行，以刑余[14]为周、召，以法律为《诗》《书》。"又引《易传》言："五帝官天下，三王家天下。家以传子孙，官以传圣贤。"书奏，上以为宽饶

1　自诡：责成自己。
2　破羌、强弩：即破羌将军辛武贤、强弩将军许延寿。
3　嫌伐：避忌自夸。
4　司隶校尉：古官名，掌察举京师及京师近郡犯法者，并领京师所在之州。
5　卫司马：古官名，西汉开始设立的军队官职，即屯卫司马，属卫尉。
6　卫司马见卫尉拜谒，常为卫官繇使市买：卫司马在官衙里见到卫尉要行拜谒礼，常常替卫官出去买东西。繇使，役使。
7　揖官属，不受私使：对担任巡视警卫工作的官员拱手行礼，但不接受私事的派遣。
8　岁代：每年更替一次。
9　公清：清廉无私。
10　刺举无所避：检举揭发不法行为不回避权贵。
11　然深刻好刺讥，数犯上意：但是为人严峻苛刻，喜欢讥讽别人，多次冒犯皇上的旨意。深刻，严峻苛刻。刺讥，讥讽。
12　时方用刑法，任中书官：此时汉宣帝正依赖刑法治国，信任由宦官担任的中书官。
13　圣道：圣人之道，也特指孔子之道。
14　刑余：宦官。

怨谤[1]，下其书。执金吾[2]议，以为："宽饶旨意[3]欲求禅[4]，大逆不道。"谏大夫郑昌上书讼宽饶曰："臣闻山有猛兽，藜藿为之不采[5]；国有忠臣，奸邪为之不起。宽饶居不求安，食不求饱，进有忧国之心，退有死节之义，上无许史之属[6]，下无金张之托，直道而行[7]，多仇少与。上书陈事，有司劾以大辟。臣幸得从大夫之后[8]，官以谏为名，不敢不言！"上竟下宽饶吏。宽饶引佩刀自刭北阙下，众庶莫不怜之。

匈奴虚闾权渠单于死，握衍朐鞮单于立，日逐王[9]先贤掸来降。以郑吉为西域都护匈奴虚闾权渠单于始立，黜颛渠阏氏。阏氏即与右贤王屠耆堂私通。单于死，阏氏立右贤王为握衍朐鞮单于。虚闾权渠子稽侯狦既不得立，亡归妻父乌禅幕。日逐王先贤掸素与握衍朐鞮有隙，即率其众降汉。使人至渠犁，与郑吉相闻[10]。吉发诸国五万人迎之，将诣京师。吉威震西域，遂并护[11]车师以西北道，故号都护。都护之置，自吉始。自是中西域[12]而立莫府，治乌垒城[13]，去阳关二千七百余里，督察乌孙、康居等三十六国动静，有变以闻，汉之号令班[14]西域矣。

乌孙昆弥翁归靡死，狂王泥靡立初，翁归靡愿以汉外孙元贵靡为嗣，

1 怨谤：怨恨非议。
2 执金吾：古官名，本名中尉，率禁兵保卫京城和宫城，其所属兵卒也称为北军。
3 旨意：意图。
4 求禅：企图要求天子将皇位禅让给他。
5 藜藿为之不采：意指山上有猛兽，人们不敢去采野菜。藜藿，灰菜、豆叶之类的野菜。
6 许史之属：汉宣帝时外戚许伯和史高的并称，后借指权门贵戚。下文"金张之托"，金张即为金日磾、张安世，当时的高官重臣。
7 直道而行：比喻办事公正。
8 从大夫之后：犹言我过去曾经当过大夫。典出《论语·宪问第十四》："孔子曰：'以吾从大夫之后，不敢不告也。'"。
9 日逐王：匈奴贵族封号，分左、右。位次于左右贤王、左右谷蠡王，与左右温禺鞮王及左右渐将王，号为"六角"。
10 相闻：互通信息，互相通报。
11 护：总领。
12 中西域：在西域中部。
13 乌垒城：古地名，位于今新疆巴音郭楞蒙古自治州轮台县东北。
14 班：颁布。

复尚主。诏下其议。萧望之以为："乌孙绝域[1]，变故难保，不可许。"天子重绝
故业[2]，许之。使常惠送公主。未出塞，翁归靡死，其兄子泥靡自立。惠上书：
"愿留少主敦煌。自至乌孙责让立元贵靡，还迎之。"事下公卿。望之复以为：
"乌孙持两端[3]，无坚约[4]。今少主以元贵靡不立而还，信[5]无负于夷狄。少主不止，
繇役将兴。"天子从之。

壬戌三年（公元前 59 年）

　　春，三月，丞相、高平侯魏相卒谥曰宪。

　　夏，四月，以丙吉为丞相吉上[6]宽大，好礼让，掾吏[7]有罪，辄与长休
告[8]。务掩过扬善，终无所按，曰："以公府[9]而有按吏[10]之名，吾窃陋焉。"彼人[11]
因以为故事。尝出逢群斗，死伤不问。逢牛喘，使问逐牛行几里矣。或讥吉
失问[12]，吉曰："民斗，京兆所当禁，宰相不亲小事，非所当问也。方春未可热，
恐牛近行用暑故喘，此时气失节[13]。三公调阴阳，职当忧。"时人以为知大体。

　　秋，七月，以萧望之为御史大夫。

　　八月，益小吏俸诏曰："吏不廉平，则治道衰。今小吏皆勤事而俸禄薄，
欲无侵渔[14]百姓，难矣。其益吏百石以下俸十五。"

　　以韩延寿为左冯翊始，延寿为颍川太守。承赵广汉之后，俗多怨仇。延

1　绝域：极其遥远的地方。
2　重绝故业：断绝了与匈奴固有的友好关系。
3　持两端：犹豫不决，或怀有二心。
4　坚约：坚定的信约。
5　信：确实。
6　上：通"尚"，崇尚。
7　掾吏：分曹治事的属吏，官府里的办事员。
8　长休告：官吏长期休假，常用为停职或辞职的婉辞。
9　公府：三公之府。
10　按吏：惩办下属官吏。
11　彼人：那人。
12　失问：问得不恰当。
13　方春未可热，恐牛近行用暑故喘，此时气失节：正当春天还不应当很热，害怕牛行走不
　　远却因暑热而喘息，这意味着气候不合节令。
14　侵渔：侵夺他人的财物。渔，捕鱼，此处引申为得到财物。

寿教以礼让，召故老[1]，与议定嫁娶、丧祭仪品[2]，略依古礼，不得过法。百姓遵用其教。卖偶车马、下里伪物[3]者，弃之市道[4]。黄霸代之，因其迹[5]而大治。延寿所至必聘其贤士，以礼待，用广谋议，纳谏争，表孝弟有行，修治学官[6]。春、秋乡射[7]，陈钟鼓、管弦，盛[8]升降、揖让。及都试[9]讲武，设斧钺、旌旗，习射、御之事。治城郭，收赋租，先明布告其日，以期会[10]为大事。吏民敬畏，趋向之。又置正、五长[11]，相率以孝弟，不得舍[12]奸人。间里阡陌有非常，吏辄闻知，奸人莫敢入界。其始若烦，后吏无追捕之苦，民无棰楚[13]之忧，皆便安[14]之。接待下吏[15]，恩施甚厚而约誓[16]明。或欺负[17]之者，延寿痛自刻责[18]。吏闻者自伤悔[19]，或自刺死。为东郡太守三岁，令行禁止，断狱大减，由是入为冯翊。行县至高陵[20]，民有昆弟讼田[21]。延寿大伤之，曰："幸得备位[22]，为郡表率。不能宣明[23]教化，至令民有骨肉争讼，使贤长吏、啬夫、三老、孝弟[24]受其耻，咎在冯翊，当先退。"是日，移病，入卧传舍，闭阁思过。一县莫知所为，令、丞以

1　故老：年老而且见识多的人。
2　仪品：礼制。
3　偶车马、下里伪物：纸车纸马以及其他陪葬用的各种假器物。
4　市道：市中的道路。
5　因其迹：继续沿用他的做法。
6　学官：学校。
7　乡射：古代射箭饮酒的礼仪。
8　盛：隆重。
9　都试：即大试，汉代各郡中每年举行一次的军事演习。
10　期会：在规定的期限内实施政令。
11　正、五长：正，里正，以里中能治事者为之。古以五家为邻，五邻为里。五长，一伍之长。古代户籍以五户为伍，一人为伍长。
12　舍：提供住宿。
13　棰楚：鞭、杖之类的刑具，亦以称鞭杖之刑。
14　便安：便利安稳。
15　下吏：低级官吏，属吏。
16　约誓：以誓言相约信。
17　欺负：欺诈违背。
18　刻责：严加责备，严格要求。
19　伤悔：深悔。
20　高陵：古地名，位于今陕西省西安市高陵区西南。
21　讼田：为争田地而诉讼。
22　备位：居官的自谦之词，谓愧居其位，不过聊以充数。
23　宣明：宣扬，显扬。
24　孝弟：汉代乡官名。

下亦皆自系[1]待罪。于是讼者宗族传相[2]责让，此两昆弟深自悔，自髡，肉袒谢，愿以田相移，终死不敢争。郡中翕然[3]，传相敕厉[4]，恩信[5]周遍二十四县，莫复以辞讼[6]自言者。推其至诚，吏民不忍欺绐[7]。

癸亥**四年**（公元前58年）

春，二月，赦亦以凤皇、甘露降集京师也。

夏，四月，赐颍川太守黄霸爵关内侯霸在郡八年，政事愈治。是时凤皇、神爵[8]数集郡国，颍川尤多。于是赐爵关内侯，黄金百斤，秩中二千石。而颍川孝弟有行义民、三老、力田[9]皆以差赐爵及帛。后数月，征霸为太子太傅。

冬，十月，凤皇集杜陵。

河南太守严延年弃市延年阴鸷酷烈[10]。冬月，传属县囚会论[11]府上，流血数里，河南号曰"屠伯"。延年素轻黄霸，见其以凤皇被褒赏，心内不服。郡界有蝗，府丞义出行蝗[12]，延年曰："此蝗岂凤皇食耶？"义恐见中伤，乃上书言延年罪，因自杀以明不欺。事下按验，得其怨望、诽谤数事，坐不道，弃市。初，延年母从东海来，适见报囚[13]，大惊，便止都亭[14]，不肯入府。因数责[15]延年：

1　自系：自请囚禁，拘禁自己。
2　传相：互相。
3　翕然：言论、行为一致，一致称颂。
4　敕厉：告诫勉励。
5　恩信：恩德信义。
6　辞讼：诉讼，打官司。
7　欺绐：欺骗。
8　神爵：即神雀，瑞鸟。
9　力田：汉代乡官名。
10　阴鸷酷烈：阴鸷，狠毒，阴险。酷烈，残暴。
11　会论：会同判决罪犯死刑。
12　出行蝗：出外巡视蝗灾。
13　报囚：判决囚犯。
14　都亭：都邑中的传舍。秦法，十里一亭，郡县治所则置都亭。
15　数责：斥责，责备。

"幸得备[1]郡守，专治千里，不闻仁爱教化，有以全安愚民，顾乘刑罚[2]，多刑杀人，欲以立威，岂为民父母意哉？天道神明，人不可独杀[3]。我不意[4]当老见壮子被刑戮也。行矣，去汝东归，扫除墓地耳。"遂去，归后岁余，果败。

甲子五凤元年（公元前 57 年）

秋，匈奴乱，五单于争立匈奴握衍朐鞮单于暴虐，好杀伐，国中不附。乌禅幕及左地贵人共立稽侯狦为呼韩邪单于，发兵西击握衍朐鞮。握衍朐鞮败走，自杀。其民众尽降呼韩邪。握衍朐鞮弟右贤王立日逐王薄胥堂为屠耆单于，发兵袭呼韩邪，呼韩邪败走。于是呼揭王自立为呼揭单于，右奥鞬王自立为车犁单于，乌藉都尉亦自立为乌藉单于，凡五单于。屠耆击车犁、乌藉，皆败走之。乌藉、呼揭皆去单于号，共并力尊辅车犁。屠耆西击车犁，又败走之。汉议者多曰："匈奴为害日久，可因其坏乱[5]，举兵灭之。"萧望之曰："《春秋》，晋士匄率师侵齐，闻齐侯卒，引师而还，君子大其不伐丧[6]，以为恩足以服孝子，义足以动诸侯。前单于慕化[7]向善，请求和亲，未终奉约，不幸为贼臣所杀。今而伐之，是乘乱而幸灾也，不以义动，恐劳而无功。宜遣使吊问[8]，辅其微弱，救其灾患。四夷闻之，咸贵中国之仁义。如遂蒙恩得复其位，必称臣服从，此德之盛也。"上从其议。

冬，十二月朔，日食。

杀左冯翊韩延寿韩延寿代萧望之为左冯翊。望之闻延寿在东郡时放散[9]

1　备：即备位，任职。
2　顾乘刑罚：反而利用刑罚。
3　天道神明，人不可独杀：天道悠悠，神明在上，杀人者必将为人所杀。
4　不意：不料，意想不到。
5　坏乱：变乱。
6　伐丧：在别人有丧事的时候讨伐。
7　慕化：向慕归化。
8　吊问：吊祭死者，慰问其家属。
9　放散：挥霍。

官钱千余万，使御史按之。延寿即部吏按校[1]望之在冯翊时廪牺官钱[2]放散百余万。望之自奏："职在总领天下，闻事不敢不问，而为延寿所拘持[3]。"上由是不直延寿，各令穷竟所考[4]。望之卒无事实。而望之遣御史按东郡者，得其试骑士日[5]，车服、侍卫奢僭[6]逾制等数事。延寿竟坐狡猾不道，弃市。吏民数千人送至渭城[7]，扶持车毂[8]，争奏酒炙[9]。延寿使掾史分谢送者，百姓莫不流涕。

乙丑二年（公元前56年）

秋，八月，左迁萧望之为太子太傅丞相丙吉年老，上重之。望之尝奏言："三公非其人，则三光[10]为之不明。今日月少光，咎在臣等。"上以其意轻吉，会司直奏望之遇丞相礼节倨慢[11]，又使吏私买卖，有所附益[12]，请逮捕系治。诏左迁为太子太傅。

匈奴呼韩邪单于击杀屠耆单于，呼屠吾斯自立为郅支单于呼韩邪袭屠耆屯兵，屠耆自将击之，兵败自杀。车犁亦东降呼韩邪。呼韩邪复都单于庭[13]，然众裁[14]数万。其兄左贤王呼屠吾斯亦自立为郅支骨都侯单于。

免光禄勋、平通侯杨恽为庶人恽廉洁无私。为中郎将，故事，令郎出钱，乃得出[15]，名曰"山郎"。恽罢之，休沐皆以法令从事，有过辄奏免，荐其

1　部吏按校：部吏，安排官员。按校，审查核定。
2　廪牺官钱：属于廪牺令掌管的官钱。廪牺令，古官名，掌管供宗庙祭祀的谷物和牲畜。
3　拘持：挟制。
4　穷竟所考：调查到底。
5　试骑士日：考试骑兵的日子。
6　奢僭：奢侈逾礼，不合法度。
7　渭城：古县名，治所位于今陕西省咸阳市东北。
8　车毂：车轮中心插轴的部分，亦泛指车轮。
9　争奏酒炙：争奏，争相进奉。酒炙，酒和肉，亦泛指菜肴。
10　三光：即日、月、星。
11　倨慢：傲慢。
12　又使吏私买卖，有所附益：又私下派属下官吏给自己家买卖东西，被派者私下贴钱。
13　都单于庭：都，定都。单于庭，单于的首都，政权所在地，是随着游牧民族的迁移而经常改变的。
14　裁：通"才"。
15　令郎出钱，乃得出：让郎官出钱支付财物费用，才能得到出任加官的机会。

有行能[1]者。郎官化之，莫不自厉[2]。由是擢为诸吏[3]、光禄勋。恽轻财好义，殿中称其公平。然伐[4]其行能，又性刻害[5]，好发人阴伏，由是多怨。与太仆戴长乐相失[6]，长乐上书告恽以主上为戏语，尤悖逆。事下廷尉。廷尉定国奏恽怨望，为讠夭恶[7]言，大逆不道。诏免为庶人。

丙寅三年（公元前55年）

春，正月，丞相、博阳侯丙吉卒吉病，上临问以谁可以自代者。吉荐杜延年、于定国、陈万年。薨，谥曰定。后三人居位皆称职。上称吉为知人。

班固曰：经谓君为元首[8]，臣为股肱，明其一体，相待而成[9]也。近观汉相，高祖开基，萧、曹为冠；孝宣中兴，丙、魏有声。是时黜陟[10]有序，众职修理[11]，公卿多称其位，海内兴于礼让。览其行事，岂虚虖[12]哉？

二月，以黄霸为丞相霸材长于治民，及为丞相，功名损于治郡。时京兆尹舍鹖雀[13]飞集丞相府，霸以为神雀，议欲以闻。张敞奏曰："窃见丞相请与中二千石、博士杂问郡国上计长史、守、丞为民兴利除害、成大化[14]，条其对[15]。有耕者让畔[16]，男女异路，道不拾遗，及孝子、贞妇者为一辈，先上殿。不为条教

---

1 行能：品行与才能。
2 郎官化之，莫不自厉：郎官因此受到教化，无不激励自己勤于职守。自厉，激励自己。
3 诸吏：古官名，加官的一种，凡加此官号者得出入禁中，常侍左右。诸吏可举劾百官，并与左、右曹平分尚书奏事。
4 伐：自夸。
5 刻害：刻薄残忍。
6 相失：不合。
7 讠夭恶：妖异邪恶。
8 元首：头。
9 相待而成：互相辅助以取得成功。
10 黜陟：人才的进退，官吏的升降。
11 修理：治理得好，处理政务合宜。
12 虖：通"乎"。
13 鹖雀：鸟名。
14 大化：广远深入的教化。
15 条其对：让他们逐条回答。
16 畔：田地的界限。

者在后[1]，叩头谢丞相。虽口不言，而心欲其为之也。长史、守、丞对时，臣敞舍有鹖雀飞止丞相府，吏多知鹖雀者，问之，皆佯不知。丞相图议[2]上奏，曰：'臣问上计长史、守、丞以兴、化条，皇天报下神雀。'后知从臣敞舍来，乃止。臣敞非敢毁丞相也，诚恐群臣莫白，而长史、守、丞畏丞相指，归舍法令，各为私教[3]，务相增加，浇淳散朴[4]，并行伪貌[5]，有名亡实，倾摇解怠[6]，甚者为妖。假令京师先行让畔、异路、道不拾遗，其实亡益廉贪、贞淫之行，而以伪先天下，固未可也。即诸侯先行之，伪声轶于京师[7]，非细事也。汉家承敝通变[8]，造起律令，所以劝善禁奸，条贯[9]详备，不可复加。宜令贵臣明饬长史、守、丞，归告二千石，举三老、孝弟、力田、孝廉、廉吏，务得其人，郡事皆以法令检式[10]，毋得擅为条教。敢挟诈伪以奸[11]名誉者，必先受戮，以正、明好恶。"天子嘉纳，召上计吏，使侍中临饬[12]，如敞指意。霸甚惭。时史高以外属[13]贵重，霸荐高可太尉。天子使尚书召问霸："太尉官罢久矣。夫宣明教化，通达幽隐[14]，使狱无冤刑，邑无贼盗，君之职也。将、相之官，朕之任焉。高，帷幄[15]近臣，朕所自亲，君何越职而举之？"霸免冠谢罪，数日，乃决，自是后不敢复有所请。然自汉兴，言治民吏，以霸为首。

三月，减天下口钱[16]。

1　不为条教者在后：说不出这方面政绩的，排在后面。
2　图议：计议，商讨。
3　私教：私人的指示。
4　浇淳散朴：使淳朴的社会风气变得浮薄。
5　伪貌：虚伪的态度。
6　倾摇解怠：动摇懈怠。
7　伪声轶于京师：以虚假政绩欺骗朝廷。
8　承敝通变：承受前人弊政，必然加以改变。
9　条贯：体系，系统。
10　检式：法式。
11　奸：窃夺。
12　临饬：前往发布指示。
13　外属：外戚。
14　通达幽隐：让隐情上达。
15　帷幄：帝王。天子居处必设帷幄，故称。
16　口钱：古代的人头税，又称口赋。

置西河、北地属国以处匈奴降者。

丁卯**四年**（公元前 54 年）

春，匈奴呼韩邪单于称臣，遣弟入侍。减戍卒什二。

籴三辅近郡谷供京师。初置常平仓¹自元康²以来，比年丰稔³，谷石五钱。大司农中丞耿寿昌奏言："岁丰谷贱，农人少利。故事，岁漕关东谷四百万斛，用卒六万人。宜籴三辅、弘农⁴、河东、上党、太原郡谷供京师，可省漕卒⁵过半。"又白："令边郡皆筑仓，以谷贱增其贾而籴以利农，谷贵时减贾而粜，名曰常平仓。"民便之。诏赐寿昌爵关内侯。

夏，四月朔，日食。

杀故平通侯杨恽恽既失爵位，家居治产业，以财自娱。其友人孙会宗与恽书，为言："大臣废退，当阖门惶惧⁶，为可怜之意，不当治产业，通宾客，有称誉⁷。"恽，宰相子，有材能，少显朝廷，一朝以晻昧⁸语言见废，内怀不服，报书曰："窃自思念，过已大矣，行已亏矣，常为农夫以没世⁹矣。田家作苦，岁时伏腊¹⁰，烹羊炰羔¹¹，斗酒自劳，酒后耳热，仰天拊缶¹²而呼乌乌，其诗曰：'田彼南山，芜秽¹³不治；种一顷豆，落而为萁¹⁴。人生行乐耳，须富贵何

---

1 常平仓：古代为调节米价而设置的一种粮仓。
2 元康：汉宣帝刘询的第三个年号，存续时间为公元前 65 至前 61 年。
3 比年丰稔：比年，每年，连年。丰稔，丰熟，富足。
4 弘农：古郡名，辖今河南省黄河以南、宜阳以西的洛、伊、淅川等流域及陕西省洛水、杜川河上游、丹江流域。
5 漕卒：通过水路运送粮食的士兵。
6 惶惧：惶恐。
7 称誉：称扬赞美。
8 晻昧：愚昧。
9 没世：终身，永远。
10 伏腊：古代两种祭祀的名称，伏在夏季伏日，腊在农历十二月。
11 炰羔：烤乳羊肉。炰，通"炮"，把带毛的肉用泥包好放在火上烧烤。
12 拊缶：击缶。
13 芜秽：田亩久不加整治，致使杂草蔓生。
14 萁：豆茎。

时？'是日也，拂衣而喜，奋褒低卬[1]，顿足起舞，诚淫荒[2]无度，不知其不可也。"又恽兄子谭谓恽曰："侯罪薄，又有功，且复用。"恽曰："有功何益？县官不足为尽力。"谭曰："县官实然。盖司隶[3]、韩冯翊皆尽力吏也，俱坐事诛。"或上书告恽骄奢[4]，不悔过，日食之咎，此人所致。章[5]下廷尉，当恽大逆无道，腰斩，妻子徙酒泉，诸在位与恽厚善者，皆免官。

司马公曰：以孝宣之明，魏相、丙吉为丞相，于定国为廷尉，而赵、盖、韩、杨之死皆不厌众心，惜哉！其为善政之累大矣。《周官》司寇之法，有议贤议能，若广汉、延寿之治民，宽饶、恽之刚直，虽有死罪，犹将宥之，况罪不足以死乎？扬子以韩冯翊之诉萧，为臣之自失。夫所以使延寿犯上者，望之激之也。上不之察，而延寿独蒙其辜，不亦甚哉！

匈奴郅支单于攻呼韩邪单于，走之，遂都单于庭。

戊辰**甘露元年**（公元前53年）

春，免京兆尹张敞官，复以为冀州刺史杨恽之诛，公卿奏敞恽之党友[6]，不宜处位。上惜敞材，独寝其奏，不下。敞使掾[7]絮舜按事[8]，舜私归其家曰："五日京兆耳，安能复按事？"敞闻，即收舜系狱验治，竟致其死事[9]。会立春，行冤狱使者出，舜家载尸自言使者，奏敞贼杀[10]不辜。上欲令敞得自便[11]，即先下

---

1 奋褒低卬：奋褒，挥动衣袖。低卬，忽高忽低，时起时伏。卬，通"昂"。
2 淫荒：耽于逸乐，纵欲放荡。
3 司隶：即司隶校尉盖宽饶。
4 骄奢：骄横奢侈。
5 章：奏章。
6 党友：朋党。
7 掾：古代官署属员的通称。
8 按事：考问情事。
9 死事：死于国事。
10 贼杀：杀害。
11 自便：按自己的方便行事，自由行动。

前奏，免为庶人。敞诣阙上印绶，便从阙下亡命[1]。数月，京师吏民解弛[2]，枹鼓[3]数起，而冀州部中有大贼，天子使使者即家召敞。妻子皆泣，敞独笑曰："吾身亡命为民，郡吏当就捕[4]。今使者来，此天子欲用我也。"装随使者，诣公车。上引见，拜冀州刺史。到部，盗贼屏迹[5]。

以韦玄成为淮阳中尉皇太子柔仁[6]好儒，见上所用多文法吏[7]，以刑绳下，尝侍燕[8]从容言："陛下持刑太深，宜用儒生。"帝作色曰："汉家自有制度，本以霸、王道杂之，奈何纯任德教，用周政[9]乎？且俗儒不达时宜[10]，好是古非今，使人眩[11]于名实，不知所守，何足委任？"乃叹曰："乱我家者，太子也。"上次子淮阳宪王钦好法律，聪达[12]有才，王母张婕妤尤幸。上由是疏太子而爱宪王，数嗟叹宪王曰："真我子也！"常欲立。然用[13]太子起于微细[14]，上少依许氏，及即位而许后以杀死，故弗忍也。久之，上拜韦玄成为淮阳中尉，以玄成尝让爵于兄，欲以感谕[15]宪王，由是太子遂安。

司马公曰：王、霸无异道，皆本仁祖义，任贤使能，赏善罚恶，禁暴诛乱，顾名位有尊卑，功业有巨细耳，非若白黑、甘苦之相反也。汉之所以不能复三代之治者，由人主之不为，非先王之道不可复行于后世也。夫儒有君子，有小人。彼俗儒者，诚不足与为治也，独不可求真儒而用之乎？孝宣谓太子懦

1　亡命：逃亡，流亡。
2　解弛：懈怠松弛。
3　枹鼓：报警之鼓。
4　郡吏当就捕：应由郡中派人来逮捕我。
5　屏迹：避匿，敛迹。
6　柔仁：柔和而仁慈。
7　文法吏：通晓法令、执法严峻的官吏。
8　侍燕：侍宴。
9　周政：周代所行的德政。
10　时宜：当时的需要。
11　眩：迷惑。
12　聪达：聪明而通达事理。
13　用：因为。
14　微细：卑下，低贱。
15　感谕：感动并告知。

而不立，暗于治体[1]，必乱我家，则可矣，乃曰王道不可行，儒者不可用，岂不过矣哉？殆非所以训示子孙，垂法将来者也。

胡氏曰：帝王之德，莫不本于格物致知，以诚其意，正心修身，以齐其家。若夫正朝廷，正百官，以正万民，则自是而推之耳。内外本末，精粗先后，非有殊致[2]也。若夫五霸，则异是矣。其果有格物致知之学乎？其意果诚，心果正，身果修，而家果齐乎？其所以行之者，果与唐、虞、夏后[3]、商、周之教化类[4]乎？以是考之，王道、霸术，正犹美玉、碔砆[5]之不可同年而语也。司马氏讥宣帝言王道不可行，儒者不可用是矣，而谓王、霸无异道，不亦误乎？

匈奴两单于皆遣子入侍匈奴左伊秩訾王为呼韩邪计，劝令称臣入朝，事汉求助。诸大臣皆曰："不可。匈奴之俗，本上气力而下服役[6]，以马上战斗为国，故有威名于百蛮。且战死，壮士所有。令兄弟争国，不在兄则在弟。奈何乱先古之制，臣事于汉，卑辱先单于，为诸国所笑？"左伊秩訾曰："不然，强弱有时。今汉方盛，匈奴日削，虽屈强于此，未尝一日安也。今事汉则安存，不事则危亡，计何以过此[7]？"呼韩邪从其计，引众南近塞，遣子入侍。郅支亦遣子入侍。

夏，四月，黄龙见。

太上皇、太宗庙火，帝素服五日。

乌孙国乱，遣使分立两昆弥乌孙狂王暴恶[8]失众，肥王翁归靡胡妇子乌就屠袭杀狂王自立。汉欲讨之，乌就屠恐，愿得小号[9]以自处。帝遣谒者立元贵靡为大昆弥，乌就屠为小昆弥，皆赐印绶。大昆弥户六万余，小昆弥户四万

1　暗于治体：不懂得治国的要旨。暗，愚昧，不明白。治体，治国的纲领、要旨。
2　殊致：异样，不一致。
3　夏后：禹之子启所建立的夏王朝。
4　类：相似。
5　碔砆：似玉之石。
6　服役：服劳役。
7　计何以过此：还有什么计策比这更好。
8　暴恶：残暴凶恶。
9　小号：小昆弥的称号。

余，然众心皆附小昆弥。

己巳二年（公元前52年）

春，正月，赦，减民算三十[1]。

珠厓郡[2]反。夏，四月，遣兵击之。

营平侯赵充国卒先是，充国以老乞骸骨，赐安车、驷马、黄金，罢就第。朝廷每有四夷大议，常与参兵谋、问筹策[3]焉。薨，谥曰壮。

匈奴款塞[4]请朝匈奴呼韩邪单于款五原塞，愿奉国珍，朝三年正月[5]。诏有司议其仪。丞相、御史曰："圣王之制，先京师而后诸夏[6]，先诸夏而后夷狄。单于朝贺，宜如诸侯王，位次在下。"萧望之以为："单于非正朔所加[7]，故称敌国，宜待以不臣[8]之礼，位在诸侯王上。外夷稽首称藩，中国让而不臣，此则羁縻之义，谦亨[9]之福也。《书》曰：'戎狄荒服[10]。'言其来服荒忽亡常[11]。如使匈奴后嗣卒有鸟窜鼠伏，阙于朝享，不为畔臣[12]，万世之长策[13]也。"天子采之，诏曰："匈奴单于称北藩，朝正朔[14]。朕之不德，不能弘覆[15]。其以客礼待之，令单于位在诸侯王上，赞谒[16]称臣而不名。"

荀悦曰：《春秋》之义，王者无外，欲一于天下也。戎狄道里辽远，人迹

1　减民算三十：减少百姓的人头税三十钱。
2　珠厓郡：古郡名，因崖边出真珠得名，辖今海南省东北部地。
3　筹策：筹算，谋划。
4　款塞：叩塞门。指异族诚意来到边界归顺，与"寇边"相对。
5　愿奉国珍，朝三年正月：愿奉献本国珍宝，于甘露三年正月来长安朝见汉宣帝。
6　诸夏：泛指中原地区。
7　非正朔所加：并非帝王所颁历法通行的地方。意指在朝廷管辖的范围之外。正朔，帝王新颁的历法。
8　不臣：不以臣属视之。
9　谦亨：谦恭有德。语出《易·谦》："谦，亨。君子有终。"
10　荒服：古五服之一，称离京师二千到二千五百里的地区，亦泛指边远地区。
11　荒忽亡常：荒忽，反复多变貌。亡常，无常。
12　阙于朝享，不为畔臣：不前来朝见进贡，也不算我国的背叛之臣。
13　长策：能起长远作用的策略。
14　朝正朔：每年正月初一前来朝见。
15　弘覆：像上天一样覆盖广大。
16　赞谒：古代谒见帝王及上级官员时赞唱礼仪，引导进见。

介绝[1]，故正朔不及，礼教不加，非尊之也。《诗》云："自彼氏、羌，莫敢不来王[2]。"故要荒[3]之君必奉王贡[4]，若不供职，则有辞让、号令加焉，非敌国之谓也。望之之议，僭度失序[5]，以乱天常[6]，非礼也。

庚午三年（公元前 51 年）

春，正月，匈奴呼韩邪单于来朝，还居幕[7]南塞下上幸甘泉，郊泰畤。匈奴呼韩邪单于来朝，赐以冠带、衣裳、金玺、螯绶[8]、玉具剑[9]、佩刀、弓矢、棨戟[10]、安车、鞍马、金钱、衣被、锦绣、绮縠[11]、帛、絮。礼毕，使使者导单于先行宿长平[12]。上还登长平阪，诏单于毋谒，其群臣皆得列观，及诸蛮夷君长数万，咸迎于渭桥下，夹道陈。上登渭桥，咸称万岁。单于就邸长安，置酒建章宫，飨赐[13]之。二月，遣归国，发边郡士马送出塞。又转边谷米糒[14]，前后三万四千斛给之。单于请居光禄塞[15]下，有急，保受降城。自是，乌孙以西至安息诸国近匈奴者，咸尊汉矣。

画功臣于麒麟阁上以戎狄宾服，思股肱之美，乃图画其人于麒麟阁，署其官爵、姓名，唯霍光不名，曰"大司马、大将军、博陆侯，姓霍氏"，其

1　介绝：隔绝。
2　来王：古代诸侯定期朝觐天子。
3　要荒：古称王畿外极远之地，亦泛指远方之国。要，要服。荒，荒服。
4　王贡：古代少数民族按时向天子朝贡。北狄嗣君继位始一朝见曰王，南夷六年一朝见曰贡。
5　僭度失序：僭度，逾越法度。失序，次序混乱，失去常规。
6　天常：天的常道，常指封建的纲常伦理。
7　幕：沙漠。
8　螯绶：诸侯王佩的印绶，色黄而近绿。螯，草绿色。
9　玉具剑：饰玉的剑。一柄完整的玉具剑由四个玉饰物组成，分别是剑首、剑格、剑璏、剑珌。
10　棨戟：有缯衣或油漆的木戟，古代官吏所用的仪仗，出行时作为前导，后亦列于门庭。
11　绮縠：绫、绸、绉、纱之类丝织品的总称。
12　长平：即长平阪，位于今陕西省咸阳市泾阳县西南，上有宫观。
13　飨赐：宴飨宾客，赏赐属下。
14　米糒：米粮。
15　光禄塞：亦名光禄城，位于今内蒙古巴彦淖尔市乌拉特前旗东北。光禄勋徐自为建，故名。

次张安世、韩增、赵充国、魏相、丙吉、杜延年、刘德、梁丘贺、萧望之、苏武，凡十一人，皆有功德知名当世。

凤皇集新蔡[1]。

胡氏曰：宣帝之时，天地变异，刑杀过差[2]，一岁之间，子弟杀父兄，妻杀夫，至二百余人，不得称为太平决矣。凤皇何为数来哉？岂宣帝自喜其政，臣下有窥见其微意者，故争言祥瑞以侈耀[3]之，而帝亦以此自欺也与？以张敞所论鹖雀观之，亦可见矣。

丞相霸卒，以于定国为丞相。

诏诸儒讲五经[4]**异同于石渠阁**[5]诏诸儒论五经异同，萧望之等平奏[6]，上亲称制临决。立梁丘《易》、夏侯《尚书》《谷梁春秋》博士。

皇孙骜生皇太子所幸司马良娣病死，太子忽忽不乐。帝令皇后择后宫家人子，得元城[7]王政君，送太子宫。政君，故绣衣御史贺之孙女也。是岁，生成帝于甲馆[8]画堂，为世嫡皇孙。帝爱之，自名曰骜，字大孙，常置左右。

乌孙公主来归公主上书，言年老土思[9]，愿归葬汉地。天子悯而迎之，待之如公主之制。后二岁卒。

辛未**四年**（公元前 50 年）

冬，匈奴两单于俱遣使朝献汉待呼韩邪使有加[10]。

1　新蔡：古县名，治所即今河南省新蔡县。
2　过差：过分，失度。
3　侈耀：过分炫耀。
4　五经：五部儒家经典，即《诗》《书》《易》《礼》《春秋》，其称始于汉武帝年间。
5　石渠阁：古建筑名，西汉皇宫藏书之处，位于未央宫北。
6　平奏：辨析明白而后上奏。
7　元城：古县名，治今河北省邯郸市大名县东。
8　甲馆：汉代楼观名。
9　土思：对故乡的怀念。
10　有加：形容程度更深更高。

壬申**黄龙元年**（公元前 49 年）

春，匈奴呼韩邪单于来朝，郅支徙居坚昆[1]郅支闻汉助呼韩邪，自度力不能定匈奴，欲与乌孙并力。乌孙杀其使，遣骑迎之。郅支觉其谋，击破乌孙，因北击乌揭[2]、丁令、坚昆而并之。留都坚昆，去单于庭七千里。

三月，有星孛于王良、阁道[3]，入紫微宫[4]。

帝寝疾[5]，以史高为大司马，车骑将军萧望之为前将军，光禄勋周堪为光禄大夫，受遗诏辅政，领尚书事。冬，十二月，帝崩。

班固曰：孝宣之治，信赏必罚，综核名实[6]。政事、文学、法理[7]之士，咸精其能。至于技巧、工匠、器械，自元、成[8]间鲜能及之，亦足以知吏称其职，民安其业也。遭值匈奴乖乱[9]，推亡固存，信威北夷[10]，单于慕义，稽首称藩。功光祖宗，业垂后嗣，可谓中兴，侔德殷宗、周宣[11]矣！

太子奭即位，尊皇太后曰太皇太后，皇后曰皇太后。

癸酉**孝元皇帝初元元年**（公元前 48 年）

春，正月，葬杜陵。

赦。

三月，立倢伃王氏为皇后。

1　坚昆：古代北方游牧民族名及国名，汉代时位于今西西伯利亚平原叶尼塞河上游。
2　乌揭：古族名，游牧于今哈萨克斯坦斋桑湖至新疆阿尔泰山间额尔齐斯河流域。
3　王良、阁道：王良，古代星官名，属奎宿，共五颗星。阁道，古代星官名，亦属奎宿，位于王良东北，共六颗星。
4　紫微宫：即紫微垣，居于北天中央的位置，属五宫当中的中宫，又称紫宫，传说太上老君所居之地。
5　寝疾：卧病。
6　信赏必罚，综核名实：有功必赏，有罪必罚，注重综合考核人事的名与实。
7　法理：法律。
8　元、成：指后世的汉元帝、汉成帝。
9　乖乱：变乱，动乱。
10　推亡固存，信威北夷：讨伐无道，扶助有道，以信义和威严震慑北方夷狄之国。
11　侔德殷宗、周宣：侔德，功德相等。殷宗、周宣，即复兴商朝的商高宗武丁、复兴周朝的周宣王姬静。

以公田及苑振业贫民，赋贷种食[1]。

夏，六月，大疫。诏损膳、减乐府员，省苑马以振困乏[2]。

秋，九月，关东大水，饥。

以贡禹为谏大夫。罢宫馆希幸[3]者，减谷食马、肉食兽上素闻王吉、贡禹皆明经洁行[4]，遣使者征之。吉道病，卒。禹至，拜为谏大夫。问以政事，禹言："古者人君节俭，什一而税，亡他赋役[5]，故家给人足。高祖、文、景，宫女不过十余，厩马百余匹。故时齐三服官[6]，输物不过十笥[7]。今作工数千，岁费钜万。厩马食粟将万匹。武帝多取好女至数千人，以填后宫。及弃天下，多藏金钱财物，又以后宫女置于园陵[8]。使天下承化[9]，取女[10]过度，内多怨女，外多旷夫[11]。及众庶葬埋，皆虚地上以实地下。其过自上生。惟陛下深察古道，从其俭者。天生圣人，盖为万民，非独使自娱乐而已也。"天子善其言，下诏，令诸宫馆希御幸[12]者勿缮治[13]，太仆减谷食马，水衡[14]省肉食兽。

司马公曰：忠臣之事君也，责其所难，则其所易者不劳而正；补其所短，则其长者不劝而遂。孝元优游不断，谗佞[15]用权，当时之大患也，而禹不以为言。恭谨节俭，孝元之素志也，而禹孜孜[16]言之，何哉？使禹之智不足以知，

1　以公田及苑振业贫民，赋贷种食：用公田及皇家林苑的节余赈济贫民，给他们供给或借贷种子、粮食。
2　振困乏：振，赈济，救济。困乏，贫困匮乏。
3　宫馆希幸者：皇家很少使用的宫殿馆所。
4　明经洁行：深明经书要义，有高洁的品行。
5　赋役：赋税和徭役的合称。
6　齐三服官：古官名，汉朝齐地制作三服之官。三服，即春献冠帻緵为首服，纨素为冬服，轻绡为夏服。
7　笥：盛饭或盛衣物的方形竹器。
8　园陵：帝王的墓地。
9　承化：承奉天运，进行教化。意指上行下效。
10　取女：娶妻。
11　内多怨女，外多旷夫：怨女，大龄而未嫁人的女子。旷夫，大龄而未娶妻室的男子。
12　御幸：皇帝驾临。
13　缮治：整理，修补。
14　水衡：水衡都尉的简称。
15　谗佞：说人坏话并用花言巧语谄媚的人。
16　孜孜：形容勤勉，不懈怠。

乌得为贤？知而不言，为罪愈大矣。

置戊己校尉[1]，屯田车师故地。

甲戌二年（公元前 47 年）

春，正月，帝如甘泉，郊泰畤。

下萧望之、周堪及宗正刘更生狱，皆免为庶人史高以外属领尚书事，萧望之、周堪为之副。望之、堪皆以师傅旧恩，天子任之。数言治乱，陈王事，选白[2]宗室明经有行谏大夫更生给事中，与侍中金敞并拾遗[3]左右。四人同心谋议，劝导上以古制，多所欲匡正，上甚乡纳[4]之。史高充位而已，由此与望之有隙。中书令[5]弘恭、仆射石显，自宣帝时久典枢机[6]。帝即位多疾，以显中人[7]，无外党，遂委以政，事无小大，因显白决[8]，贵幸倾朝[9]，百僚[10]皆敬事显。显为人巧慧习事[11]，能深得人主微指[12]，内深贼[13]，持诡辩，以中伤人，忤恨睚眦[14]，辄被以危法[15]。与高为表里，论议常持故事，不从望之等。望之等患苦许、史放纵，又疾恭、显擅权，建白以为："中书政本，国家枢机，宜以通明[16]公正处之。武帝

---

1 戊己校尉：古官名，掌管屯田事务，治所在车师前王庭，隶西域都护，所领吏士亦任征伐。
2 选白：选择推荐。
3 拾遗：补正别人的缺点过失。
4 乡纳：同意并加以采纳。
5 中书令：古官名，由宦者担任，掌收纳尚书奏事、传达皇帝诏令。
6 久典枢机：长时间主管朝廷的关键事务。典，主持，主管。枢机，朝廷的关键部门或事务。
7 中人：宦官。
8 白决：奏上裁决。
9 倾朝：超过全部朝臣。
10 百僚：百官。
11 巧慧习事：巧慧，灵巧聪慧。习事，熟谙事理。
12 微指：不是明说，而是含蓄表达出来的意思。
13 深贼：阴险狠毒。
14 忤恨睚眦：忤恨，违逆，反对。睚眦，发怒时瞪眼睛，像瞪眼看人这样的小怨恨，比喻极小的怨恨。
15 危法：严酷之法。
16 通明：开通而贤明。

游宴后庭¹，故用宦者，非古制也。宜罢中书宦官，应古'不近刑人'之义。"
上初即位，谦让，重改作²，议久不定，出更生为宗正。望之、堪数荐名儒以备
谏官，郑朋阴欲附望之，上疏言高为奸利，及许、史子弟罪过。章视³周堪，
堪白："令朋待诏金马门。"望之始见朋，接待以意⁴。后知其倾邪⁵，绝不与通。
朋怨恨，更求入许、史，推所言事曰："皆堪、更生教我。"待诏华龙行污秽⁶，
欲入堪等。堪等不纳，亦与朋相结⁷。恭、显令二人告望之等欲疏退⁸许、史状，
候望之出休⁹日上之。事下弘恭问状，望之对曰："外戚在位多奢淫¹⁰，欲以匡正
国家，非为邪也。"恭、显奏："望之、堪、更生朋党相称举¹¹，数谮诉¹²大臣，
毁离亲戚，欲以专擅权势。为臣不忠，诬上不道，请谒者召致廷尉。"时上初
即位，不省召致廷尉为下狱也，可其奏。后上召堪、更生，曰："系狱。"上
大惊曰："非但廷尉问邪¹³？"以责恭、显，皆叩头谢。上曰："令出视事。"恭、
显使高言："上新即位，未以德化闻于天下，而先验¹⁴师傅。既下狱，宜因决
免¹⁵。"于是赦望之罪，收印绶，及堪、更生皆免为庶人。

陇西地震败城郭屋室，压杀人。

罢黄门狗马¹⁶，以禁苑¹⁷假贫民，举直言极谏之士。

夏，四月，立子骜为皇太子待诏郑朋荐太原太守张敞，先帝名臣，宜

1　后庭：后宫。
2　改作：改变，变更。
3　章视：明示，诏告。
4　接待以意：诚意接待。
5　倾邪：为人邪僻不正。
6　行污秽：行，品行。污秽，卑污，卑下。
7　相结：相互结交。
8　疏退：疏远。
9　出休：休假。
10　奢淫：奢侈淫逸。
11　称举：称誉举荐。
12　谮诉：谗毁攻讦。谮，说别人坏话，诬陷。
13　非但廷尉问邪：不只是让廷尉问明情况吗。
14　验：查办。
15　宜因决免：应该通过判决来免罪。
16　黄门狗马：黄门，为天子服务的官署名。狗马，犬与马，游猎之物。
17　禁苑：帝王的园林。

傅辅[1]皇太子。上以问萧望之，望之以为敞能吏[2]，任治烦乱[3]，材轻，非师傅之器。上欲以为左冯翊，会敞病，卒。

赐萧望之爵关内侯，给事中，朝朔望[4]。

关东饥。

秋，七月，地复震。

以周堪、刘更生为中郎，寻系狱，免。冬，十二月，萧望之自杀。以宦者石显为中书令上复征周堪、刘更生，欲以为谏大夫。恭、显白以为中郎。上器重萧望之不已，欲倚以为相。恭、显、许、史皆侧目[5]。更生乃使其外亲[6]上变事[7]，言："地震殆为恭等，宜退恭、显以彰蔽善之罚，进望之等以通贤者之路。"恭、显疑其更生所为，白请考奸诈，辞服[8]。遂逮系狱，免为庶人。会望之子伋亦上书讼望之前事，事下有司。复奏："望之教子上书，失大臣体，不敬，请逮捕。"恭、显等知望之素高节[9]，不诎辱[10]，建白："望之前幸不坐，复赐爵邑，不悔过服罪，深怀怨望，自以托师傅，终必不坐，非颇屈[11]望之于牢狱，塞其怏怏心，则圣朝无以施恩厚！"上曰："太傅素刚，安肯就吏[12]？"显等曰："人命至重，望之所坐，语言薄罪，必无所忧。"上乃可其奏。显等令谒者召望之，因急发执金吾车骑驰围其第。望之以问门下生[13]朱云。云，好节

1　傅辅：辅导。
2　能吏：能干的官吏。
3　任治烦乱：能治理烦乱之事。
4　朝朔望：在每月一日、十五日入朝觐见，这是一种很高的地位褒奖。朔，农历每月初一。望，农历每月十五。
5　侧目：斜目而视，形容愤恨。
6　外亲：家族中女性方面的亲属，如母、祖母的亲族，及女、孙女、诸姊妹、其他诸姑的子孙等。
7　变事：突然发生的重大事件。
8　辞服：服罪，认罪屈服。
9　高节：坚守高尚的节操。
10　诎辱：委屈和耻辱。
11　颇屈：略微委屈。颇，略微，稍。
12　就吏：接受吏人逮捕。
13　门下生：门客，幕僚。

士[1]，劝望之自裁。望之仰天叹曰："吾尝备位将相，年逾六十矣，老入牢狱，苟求生活，不亦鄙[2]乎？"饮鸩[3]自杀。天子闻之，惊，拊手[4]曰："曩固疑其不就牢狱，果然杀吾贤傅。"却食[5]涕泣，哀动左右。召显等责问，以议不详[6]，皆免冠谢，良久然后已。上追念望之不忘，每岁时遣使者祠祭其冢，终帝之世。是岁恭死，遂以显为中书令。

司马公曰：甚矣，孝元之易欺而难寤也！夫恭、显之邪说诡计，诚有所不能辨也。至于望之自杀，则恭、显之欺亦明矣，在中智[7]之君，孰不感动奋发以底[8]邪臣之罚？孝元则不然。虽涕泣不食以伤望之，而终不能诛恭、显，才得其免冠谢而已，如此，则奸臣安所惩乎？是使恭、显得肆其邪心而无复忌惮者也。

乙亥三年（公元前46年）

春，**罢珠厓郡**珠厓、儋耳郡在海中洲上，吏卒皆中国人，多侵陵[9]之。其民亦暴恶，自以阻绝[10]，数犯吏禁，率数年一反，杀吏。汉辄发兵击，定之。至是诸县叛，连年不定。上谋于群臣，欲大发军。待诏贾捐之曰："臣闻尧、舜圣之盛，禹入圣域而不优。以三圣之德，地方不过数千里，西被流沙，东渐于海，朔南暨声教[11]，言欲与[12]声教则治之，不欲与者不强治也。殷、周之地，东不过江、黄[13]，西不过氐、羌，南不过蛮荆，北不过朔方，是以颂声并作，人乐其

---

1 节士：有节操的人。
2 鄙：行为低下。
3 饮鸩：喝用鸩鸟羽毛泡制的毒酒。
4 拊手：拍手。
5 却食：推却饮食，拒绝饮食。
6 不详：不详尽，不完善。
7 中智：中等才智。
8 底：止住。
9 侵陵：侵犯欺负。
10 阻绝：隔绝。
11 朔南暨声教：声威教化通达南北。朔，北方。暨，到，至。声教，声威教化。
12 与：赞许，认同。
13 江、黄：长江、黄河。

生，越裳氏[1]重九译而献，此非兵革之所能致也。以至于秦，兴兵远攻，贪外虚内而天下溃畔[2]。孝武皇帝厉兵马以攘四夷，赋烦役重，寇贼并起，是皆廓地泰大[3]，征伐不休之故也。今关东民困，流离道路。至嫁妻卖子，法不能禁，义不能止，此社稷之忧也。骆越之人，父子同川而浴，与禽兽无异，本不足郡县置也。雾露气湿，多毒草、虫蛇、水土之害，人未见虏[4]，战士自死。弃之不足惜，不击不损威。今陛下不忍悁悁[5]之忿，欲驱士众，挤之大海之中，快心幽冥[6]之地，非所以救饥馑[7]、保元元[8]也。且以往者羌军言之，暴师曾未一年，兵出不逾千里，费四十余万万，大司农钱尽，乃以少府禁钱[9]续之。夫一隅为不善，费尚如此，况于劳师远攻，亡士毋功[10]乎？臣愚以为非冠带之国，《禹贡》[11]所及，《春秋》所治，皆可且无以为[12]。愿遂弃珠厓，专用恤关东为忧！”上以问大臣，丞相于定国以为：“前击珠厓，兴兵连年，校尉十一人，还者二人，卒士及转输死者万人，费用三万万余，尚未能尽降。今关东困乏，民难摇动，捐之议是。”诏罢珠厓郡。民有慕义欲内属，便处之，不欲勿强。捐之，谊曾孙也。

夏，赦。

旱，罢甘泉、建章宫卫，令就农[13]。百官各省费条奏。

以周堪为光禄勋，张猛为光禄大夫、给事中猛，堪弟子也。

1　越裳氏：古南海国名。
2　溃畔：叛乱离散。
3　廓地泰大：开拓的疆土过于广大。
4　见虏：被俘虏。
5　悁悁：忿怒貌。
6　幽冥：幽僻，荒远。
7　饥馑：灾荒，庄稼收成很差或颗粒无收。
8　元元：平民，老百姓。
9　禁钱：由少府掌管、供帝王使用的钱财。
10　亡士毋功：将士阵亡也可能无法成功。
11　《禹贡》：《尚书》中的一篇，中国第一篇区域地理著作。
12　皆可且无以为：都可用可不用。无以为，无用，没用。
13　就农：务农。

丙子四年（公元前 45 年）

春，三月，帝如河东，祠后土。

丁丑五年（公元前 44 年）

春，正月，以周子南君为周承休侯。

三月，帝如雍，祠五畤。

夏，四月，有星孛于参[1]。

六月，以贡禹为御史大夫。罢盐铁官、常平仓及博士弟子员数用禹言，诏太官毋日杀[2]，所具各减半，罢角抵、齐三服官、北假田官[3]、盐铁官、常平仓。博士弟子毋置员，民有通一经者，皆复。省刑罚七十余事。禹寻卒。

匈奴郅支单于杀汉使者，西走康居郅支单于自以道远，又怨汉拥护呼韩邪而不助己，困辱汉使者江乃始等，遣使求侍子[4]。汉议遣卫司马谷吉送之，贡禹、匡衡以为："郅支向化未醇[5]，所在绝远，宜令使者送其子，至塞而还。"吉愿送至庭，许之。既至，郅支杀之。自知负汉，又闻呼韩邪益强，恐见袭击。会康居王数为乌孙所困，遣使迎郅支，欲与合兵取乌孙。郅支素怨乌孙，遂引兵西，中寒道死[6]，余三千人。康居王以女妻郅支，甚尊敬之，欲倚其威以胁诸国。郅支数击乌孙，至赤谷城[7]。乌孙西边空虚[8]不居者五千里。

戊寅永光元年（公元前 43 年）

春，郊泰畤上郊泰畤。礼毕，因留射猎。御史大夫薛广德曰："关东困

1　参：古星宿名，二十八宿之一，西方白虎七宿的末一宿，即猎户座的七颗亮星。
2　日杀：每日宰杀牲畜家禽。
3　北假田官：古官名，为边防屯田军官，掌驻防及屯田事务。北假是地名，位于今内蒙古鄂尔多斯市境。
4　侍子：古代属国之王或诸侯遣子入朝陪侍天子，学习文化，所遣之子称侍子。
5　向化未醇：接受朝廷的教化不够纯正。
6　中寒道死：半路很多士兵感染风寒死去。
7　赤谷城：古代乌孙国首都，位于今吉尔吉斯斯坦伊塞克湖州伊什提克。
8　空虚：空旷。

极，人民流离。陛下日撞亡秦之钟，听郑卫之乐[1]，臣诚悼之。今士卒暴露，从官劳倦，陛下亟反宫，思与百姓同忧乐，天下幸甚。"上即日还。

诏举质朴、敦厚、逊让、有行[2]者仍诏光禄，岁以此科第郎、从官。

赦。

三月，雨雪，陨霜[3]，杀桑。

秋，尝酎，祭宗庙上出便门[4]，欲御楼船[5]。薛广德当[6]乘舆车，免冠顿首曰："宜从桥。"诏曰："大夫冠。"广德曰："陛下不听臣，臣自刭，以血污车轮，陛下不得入庙矣。"上不悦。先驱张猛进曰："臣闻主圣臣直。乘船危，就桥安。圣主不乘危，御史大夫言可听。"上曰："晓人[7]不当如是邪！"乃从桥。

大饥。

丞相定国、御史大夫广德罢上始即位，连年灾害，言者归咎大臣。于是上以朝日[8]引见丞相，责以职事。定国等皇恐，上书自劾[9]，乞骸骨。乃赐安车、驷马、黄金，罢就第。

城门校尉[10]诸葛丰有罪免。左迁周堪为河东太守，张猛为槐里[11]令石显惮堪、猛等，数谮毁之。刘更生惧其倾危[12]，上书曰："臣闻舜命九官[13]，济济

1　郑卫之乐：春秋战国时郑、卫等国的民间音乐。因儒家认为其音淫靡，不同于雅乐，故斥之为淫声。
2　逊让、有行：逊让，谦让。有行，有德行。
3　陨霜：降霜。
4　便门：长安城南面西头的门名，以其非正中的城门，故名。
5　楼船：高大有楼的战船。
6　当：拦住。
7　晓人：以言语说服人。
8　朝日：帝王坐朝听政之日。
9　自劾：检举自己的过失。
10　城门校尉：古官名，掌京城长安诸城门警卫，领城门屯兵，职显任重，每以重臣监领。
11　槐里：古县名，治所位于今陕西省咸阳市辖兴平市东南。
12　倾危：倾覆。
13　九官：舜设置的九个大臣，禹作司空，弃后稷，契司徒，皋繇作士，垂共工，益朕虞，伯夷秩宗，夔典乐，龙纳言。

相让[1]，和之至也。众臣和于朝，则万物和于野。故箫韶九成，而凤皇来仪[2]。周文开基，崇推让之风，销分争之讼。武王继政，诸侯和于下，天应[3]报于上。下至幽厉[4]之际，朝廷不和，转相非怨[5]，则日月薄食[6]，水泉沸腾，山谷易处，霜降失节。由此观之，和气致祥，乖气致异，祥多者其国安，异众者其国危，天地之常经，古今之通义也。陛下开三代之业，招文学之士，优游宽容，使得并进。今邪正杂糅，忠谗并进；章交公车，人满北军[7]，更相谗诉[8]，转相是非，所以营惑[9]耳目，感移心意，不可胜载。分曹为党，往往群朋将同心以陷正臣[10]。正臣进者，治之表也；正臣陷者，乱之机也。乘治乱之机，未知孰任[11]。而灾异数见，此臣所以寒心者也。初元[12]以来六年矣，按《春秋》，六年之中，灾异未有稠如今者也。原其所以[13]，由谗邪[14]并进也。谗邪之所以并进，由上多疑心。既已用贤人而行善政，如或谮之，则贤人退而善政还。夫执狐疑之心者，来谗贼之口[15]；持不断之意者，开群枉之门[16]。谗邪进则众贤退，群枉盛则正士消。治乱荣辱之端，在所信任；信任既贤，在于坚固而不移。今出善令未能逾时[17]而反，

1　济济相让：济济一堂，互相谦让。
2　箫韶九成，而凤皇来仪：箫韶之曲连续演奏，凤凰也随乐声翩翩起舞。箫韶，虞舜时的乐章。九成，九章。
3　天应：上天的感应。
4　幽厉：周代昏乱之君幽王与厉王的并称。
5　非怨：怨恨。
6　薄食：日月相掩食。掩食，遮盖之使发生亏蚀现象。
7　章交公车，人满北军：各种奏章交相呈递公车衙门，北军狱中人满为患。公车，汉代官署名，天下上事及征召等事宜，经由此处受理。北军，即北军狱，西汉中都官狱之一，收押上书违法者。
8　谗诉：谗毁，诽谤。
9　营惑：惑乱，迷惑。
10　分曹为党，往往群朋将同心以陷正臣：分帮结党，往往是亲朋同伙串通一气去陷害正直之臣。
11　孰任：谁担当大任。
12　初元：汉元帝刘奭年号，存续时间为公元前48至前44年。
13　原其所以：推究之所以如此。原，推究。
14　谗邪：谗言邪说。
15　执狐疑之心者，来谗贼之口：怀有多疑之心的人，也会招来诽谤中伤的口舌。谗贼，诽谤中伤。
16　持不断之意者，开群枉之门：没有果断的主意，便为歪门邪道开了方便之门。群枉，指各种歪门邪道。
17　逾时：一会儿，片刻。

用贤未能三旬而退。二府奏佞谄[1]不当在位，历年而不去。出令则如反汗[2]，用贤则如转石[3]，去佞则如拔山[4]，如此，望阴阳之调，不亦难乎？是以群小窥见间隙，巧言丑诋[5]，流言飞文[6]，哗[7]于民间。昔孔子与颜渊、子贡更相称誉，不为朋党；禹、稷与皋陶传相汲引[8]，不为比周。何则？忠于为国，无邪心也。今佞邪[9]共谋，违善依恶，数设危险之言，欲以倾移[10]主上，如忽然用之，此天地之所以先戒，灾异之所以重至者也。今以陛下明知，诚深思天地之心，考祥应[11]之福、灾异之祸，以揆当世之变，放远[12]佞邪之党，坏散险陂[13]之聚，杜闭群枉之门，广开众正之路，决断狐疑，分别犹豫，使是非炳然[14]可知，则百异消灭而众祥并至，太平之基，万世之利也。"是岁，夏寒，日青[15]。显及许、史皆言堪、猛用事之咎。上内重堪，又患众口之浸润[16]，无所取信。时长安令杨兴以材能幸，常称誉堪，上欲以为助，乃问兴："朝臣龂龂[17]不可[18]光禄勋，何邪？"兴倾巧[19]，谓上疑堪，因顺指[20]曰："堪非独不可于朝廷，自州里亦不可也。臣见众人前以堪为当诛，故言堪不可诛伤[21]，为国养恩也。"上曰："然今宜奈何？"兴曰："臣愚以为可赐爵食邑，勿令典事，明主不失师傅之恩，此最策之得也。"

1　佞谄：谄媚奉承之人。
2　反汗：翻悔食言或收回成命。以汗出而不能反，喻令出不能收。
3　转石：转动石块。
4　拔山：拔掉大山，比喻极其困难。
5　丑诋：用难听的话骂人。
6　飞文：散布诋毁、诽谤他人的匿名文书。
7　哗：喧闹，喧哗。
8　汲引：引荐，提拔。
9　佞邪：奸邪之人。
10　倾移：以权谋促使在上者俯从自己的意愿。
11　祥应：祥瑞的先兆。
12　放远：远逐。
13　险陂：即险诐，阴险邪僻，形容人品卑劣，阴险狡诈之流。
14　炳然：明显貌，明白貌。
15　日青：雨止无云，天气晴朗。
16　浸润：谗言。
17　龂龂：忿怒憎恶。
18　可：认同。
19　倾巧：狡诈。
20　顺指：顺从天子的意旨。
21　诛伤：诛杀。

上于是疑之。城门校尉诸葛丰以刚直著名，上书告堪、猛罪。上不直丰[1]，乃诏御史："丰前数称言堪、猛之美。为司隶校尉，不顺四时，专作苛暴[2]，朕不忍下吏，以为城门校尉。不内省诸己[3]，而反怨堪、猛，告按无证之辞，暴扬[4]难验之罪，毁誉恣意[5]，不顾前言，其免为庶人。丰言堪、猛贞信不立，朕悯而不治，又惜其材能未有所效，其左迁堪为河东太守，猛槐里令。"

司马公曰：丰于堪、猛，前誉而后毁，其志非为朝廷进善而去奸也，欲比周求进而已矣。斯亦郑朋、杨兴之流，乌在其为刚直哉？人君者，察美恶，辨是非，赏以劝善，罚以惩奸，所以为治也。使丰言得实，则丰不当绌；若其诬罔，则堪、猛何辜焉？今两责而俱弃之，则美恶、是非果何在哉？

待诏贾捐之弃市 贾捐之与杨兴善。捐之数短石显，以故不得官，稀复进见。兴新以材能得幸，捐之谓曰："使我得见，言君兰[6]，京兆尹可立得。"兴曰："君房[7]下笔，言语妙天下。使君房为尚书令，胜五鹿充宗[8]远甚。"捐之曰："令我得代充宗，君兰为京兆。京兆，郡国首；尚书，百官本。天下真大治，士则不隔矣[9]。"捐之复短显，兴曰："显方信用[10]，今欲进，且与合意，即得入矣。"即共为荐显奏，称誉其美。又共为荐兴奏，以为可试守京兆尹。显闻，白之上。乃下捐之狱，令显治之。捐之竟坐罔上[11]不道，弃市。兴髡钳为城旦。

司马公曰：君子以正攻邪，犹惧不克，况捐之以邪攻邪，其能免乎？

---

1 上不直丰：皇上不认为诸葛丰正直。
2 不顺四时，专作苛暴：执政不顺应四时节令，专行苛刻暴虐之事。苛暴，苛刻暴虐。
3 省诸己：反省自己的过失。
4 暴扬：暴露传扬。
5 恣意：任意，任性。
6 君兰：即杨兴，杨兴字君兰。
7 君房：即贾捐之，贾捐之字君房。
8 五鹿充宗：氏五鹿，名充宗，卫之五鹿人，以地为氏，西汉著名的儒家学者，汉元帝的宠臣，石显友人，先为尚书令，后官至少府。五鹿，古地名，位于今河北省邯郸市大名县东。
9 士则不隔矣：士子的前途便没有阻隔了。
10 信用：被信任和重用。
11 罔上：欺骗君上。

匈奴呼韩邪单于北归庭[1]。

己卯二年（公元前 42 年）

春，二月，赦。

以韦玄成为丞相。

三月朔，日食。

夏，六月，赦。

以匡衡为光禄大夫上问给事中匡衡以地震、日食之变，衡上疏曰："陛下闵愚民触法抵禁[2]，比年大赦，使得自新，天下幸甚。臣窃见大赦之后，奸邪不为衰止。今日大赦，明日犯法，相随入狱，此殆导之未得其务[3]也。今天下俗，贪财贱义，好声色，上侈靡，廉耻之节薄，淫辟之意纵。纪纲失序，疏者逾内[4]。亲戚之恩薄，婚姻之党隆。苟合徼幸，以身设利[5]。不改其源，虽岁赦之，刑犹难使错[6]而不用也。臣愚以为宜一旷然[7]大变其俗。夫朝廷者，天下之桢干[8]也。公卿相与循礼恭让，则民不争；好仁乐施，则下不暴。朝有变色之言[9]，则下有争斗之患；上有自专[10]之士，则下有不让之人；上有克胜[11]之佐，则下有伤害之心；上有好利之臣，则下有盗窃之民。此其本也。治天下者，审所尚而已。教化之流，非家至而人说之也[12]。贤者在位，能者布职[13]，朝廷崇礼，百僚敬让。

1　北归庭：向北回到匈奴故地。
2　抵禁：触犯禁令。
3　务：紧要的事情。
4　疏者逾内：关系疏远的亲密程度超过关系亲近的。
5　设利：谋利。
6　错：通"措"，放置一边。
7　旷然：宽弘貌。
8　桢干：重要的、起决定作用的人或事物。筑墙时所用的木柱，竖在两端的叫桢，竖在两旁障土的叫干。
9　变色之言：使脸色改变的话。多指为争论是非曲直而冲动发怒时说的话。
10　自专：独断专行，自作主张。
11　克胜：刻薄善妒又好胜。
12　非家至而人说之也：并不是挨家挨户去劝说。
13　布职：分布于各个岗位。

道德之行，由内及外，自近者始，然后民知所法，迁善日进而不自知也。今长安，天子之都，亲承圣化，然其习俗无以异于远方，郡国来者无所法则[1]，或见侈靡而仿效之。此教化之原本，风俗之枢机，宜先正者也。臣闻天人之际，精祲[2]有以相荡，善恶有以相推，事作乎下者象动乎上，阴变则静者动，阳蔽则明者晻[3]，水旱之灾随类而至。陛下祗畏[4]天戒，哀闵[5]元元，宜省靡丽[6]，考制度，近忠正，远巧佞，以崇至仁，匡失俗[7]，道德弘于京师，淑问[8]扬乎疆外，然后大化可成，礼让可兴也。"上悦其言，迁衡为光禄大夫。

荀悦曰：夫赦者，权时[9]之宜，非常典也。汉兴，承秦之敝，比屋可刑[10]，故设三章之法[11]，大赦之令，荡涤秽流[12]，与民更始，时势然也。后世承业[13]，袭而不革，失时宜矣。若孝景之时，七国皆乱，异心并起。武帝末年，群盗巫蛊，人不自安。及光武拨乱[14]之后，如此之比[15]，宜为赦矣。

胡氏例，自此后，赦之无事义[16]者不复载，今从之。

秋，七月，陇西羌反。遣右将军冯奉世将兵击之。冬，十一月，大破之上以陇西羌反，诏丞相玄成等入议。是时岁比不登，朝廷方以为忧，而遭羌变，玄成等漠然[17]，莫有对者。右将军冯奉世曰："羌虏近在境内背畔，

1　法则：效法。
2　精祲：阴阳灾害之气。旧谓阴阳相侵为灾异的征兆。
3　晻：昏暗不明。
4　祗畏：敬畏。
5　哀闵：怜惜，同情。
6　靡丽：奢华，华丽。
7　失俗：不正的风尚。
8　淑问：美名。
9　权时：暂时，临时。
10　比屋可刑：每家每户都可以入刑。
11　三章之法：指汉高祖刘邦"约法三章"的故事。
12　秽流：污水。
13　承业：继承先代的基业。
14　拨乱：平定祸乱。
15　比：等同，类似。
16　事义：事理，情理。
17　漠然：茫然，无所知觉貌。

不以时[1]诛，无以威制远蛮，臣愿率师讨之！"上问用兵之数，对曰："臣闻善用兵者，役不再兴，粮不三载，故师不久暴而天诛亟[2]决。今反虏无虑[3]三万人，法当倍，用六万人。然羌戎，弓矛之兵，器不犀利，可用四万人。一月足以决。"丞相、御史皆以为民方收敛[4]，未可多发。发万人屯守之，且足。奉世曰："不可。天下饥馑，士马羸耗[5]，夷狄皆有轻边吏之心。今以万人分屯数处，战则挫兵病师，守则百姓不救，如此，怯弱之形见。羌人乘利[6]，诸种并和，相扇[7]而起，臣恐中国之役不得止于四万，非财币[8]所能解也。故少发师而旷日[9]，与一举而疾决，利害相万[10]也。"固争之，不能得。有诏，益二千人。于是遣奉世到陇西，分屯三处。先遣两校尉与羌战，为所破杀。奉世具上地形、部众多少之计，愿益三万六千人。上为发六万余人。十一月，羌虏大破，斩首数千级，余皆走出塞。诏罢吏士，颇留屯田，备要害处。赐奉世爵关内侯。

庚辰三年（公元前41年）

　　春，三月，立子康为济阳王。

　　冬，十一月，地震，雨水。

　　复盐铁官。置博士弟子员千人以用度不足，民多复除[11]，无以给中外繇役故也。

1　以时：及时。
2　亟：迅速，快速。
3　无虑：大约，大概。
4　收敛：收获农作物。
5　羸耗：困惫消耗。
6　乘利：凭借着有利的形势。
7　相扇：相互煽动。
8　财币：钱财。
9　旷日：耗费时日。
10　相万：相差万倍，极言相差之大。
11　复除：免除赋役。

辛巳**四年**（公元前 40 年）

夏，六月晦，日食。以周堪为光禄大夫，张猛为太中大夫。堪卒，猛自杀上以日食召诸前言日变在周堪、张猛者责问，皆稽首谢。因下诏称堪之美，征拜光禄大夫，领尚书事。猛复为太中大夫、给事中。石显管尚书，尚书五人皆其党。堪希得见，常因显白事，事决显口。会堪疾瘖[1]，不能言而卒。显诬谮[2]猛，令自杀于公车。

胡氏曰：周堪反因石显白事，是欲追贼，而以贼为导也。岂其年老病眊[3]，志不帅气而然耶？若当望之饮鸩之后，称疾而去，则善矣。

冬，十月，罢祖宗庙在郡国者初，贡禹奏言："孝惠、孝景庙皆亲尽宜毁，及郡国庙不应古礼，宜正定[4]。"天子是其议，至是行之。

作初陵[5]，不置邑徙民。

壬午**五年**（公元前 39 年）

秋，颍川大水。

冬，十二月，毁太上皇[6]、孝惠帝寝庙园从韦玄成之议也。

以匡衡为太子少傅上好儒术、文辞，颇改宣帝之政。言事者多进见，人人自以为得上意。又傅昭仪及济阳王康爱幸[7]，逾于皇后、太子。衡上疏曰："臣闻治乱安危之机，在乎审所用心。盖受命之王，务在创业[8]，传之无穷。继体之君，心存于承宣[9]先王之德而褒大[10]其功。昔者成王之嗣位，思述文、武之道以

---

1 瘖：哑，不能说话。
2 诬谮：进谗诬陷。
3 眊：昏聩，惑乱。
4 正定：校订改正。
5 初陵：汉元帝刘奭预先设置的陵墓。
6 太上皇：指汉高祖刘邦。
7 爱幸：宠爱。
8 创业：开创基业。
9 承宣：继承发扬。
10 褒大：称扬而使之光大。

养其心，休烈、盛美[1]皆归之二后[2]，而不敢专其名，是以上天歆享[3]，鬼神佑焉。陛下圣德天覆[4]，子爱[5]海内。然阴阳未和，奸邪未禁者，殆论议者未丕扬[6]先帝之盛功，争言制度不可用也。务变更之，所更或不可行而复复之，是以群下更相是非，吏民无所信。臣窃恨国家释乐成[7]之业而虚为此纷纷[8]也。愿陛下详览统业[9]之事，留神于遵制扬功[10]，以定群下之心。传曰：'审好恶，理情性[11]，而王道毕矣。'治性[12]之道，必审己之所有余而强其所不足，盖聪明疏通[13]者戒于太察，寡闻少见者戒于壅蔽，勇猛刚强者戒于太暴，仁爱温良者戒于无断，湛静[14]安舒者戒于后时[15]，广心浩大者戒于遗忘。必审己之所当戒而齐之以义，然后中和之化应，而巧伪之徒不敢比周而望进。唯陛下戒之，以崇圣德。臣又闻室家之道修，则天下之理得。故《诗》始《国风》，礼本冠、婚。所以原情性而明人伦，正基兆[16]而防未然也。故圣王必慎妃后之际，别嫡长之位。卑不逾尊，新不先故，所以统人情而理阴气[17]也。嫡子冠乎阼[18]，礼之用醴，众子不得与列[19]，所以贵正体而明嫌疑也。非虚加其礼文[20]而已，乃中心与之殊异[21]，故礼

1　休烈、盛美：休烈，盛美的事业。盛美，美善。
2　二后：指周文王和周武王。
3　歆享：神灵享受供物。
4　天覆：上天覆被万物，后用以称美帝王仁德广被。
5　子爱：爱如己子，慈爱。
6　丕扬：大力宣扬。
7　乐成：成功。
8　纷纷：忙乱。
9　统业：帝王之业。
10　遵制扬功：遵守先帝的法制，弘扬先帝的功业。
11　情性：本性。
12　治性：修性，养性。
13　疏通：通达。
14　湛静：沉着冷静。
15　后时：失时，不及时。
16　基兆：根本，基础。
17　阴气：女人之气。
18　阼：堂前东面的台阶。
19　众子不得与列：其他的儿子，不能一起用这种仪式。
20　礼文：礼乐仪制。
21　中心与之殊异：内心对待嫡子与其他儿子截然不同。中心，内心。殊异，不相同。

探其情而见之外也。圣人动静游燕[1]所亲，物得其序，则海内自修，百姓从化。如当亲者疏，当尊者卑，则巧佞之奸因时而动，以乱国家。故圣人慎防其端，禁于未然，不以私恩害公义。传曰：'正家而天下定矣。'"

河决　初，武帝既塞宣房[2]，后河复北决于馆陶[3]，分为屯氏河，东北入海，广、深与大河等，故因其自然，不堤塞[4]也。是岁，河决清河灵鸣犊[5]口，而屯氏河绝。

癸未建昭元年（公元前38年）

春，正月，陨石于梁[6]。

罢孝文太后寝祠园[7]。

甲申二年（公元前37年）

夏，六月，立子兴为信都王。

秋，杀魏郡[8]太守京房　房学《易》于焦延寿。延寿常曰："得我道以亡身[9]者，京生也。"其说长于灾变，分六十卦，更直日[10]用事，以风雨、寒温为候，各有占验。以孝廉为郎[11]，屡言灾异，有验。天子悦之，数召见问。房对

1　游燕：游玩饮宴。燕，通"宴"。
2　宣房：古宫名，位于今河南省濮阳市濮阳县西南。西汉元光中，黄河决口于瓠子，二十余年不能堵塞，汉武帝亲临决口处，发卒数万人，命群臣负薪以填，功成之后，筑宫其上，名为宣房宫。
3　馆陶：古县名，治今河北省邯郸市馆陶县，与山东相邻。
4　堤塞：筑堤阻塞。
5　清河灵鸣犊口：清河郡所属灵县鸣犊堤。清河，古郡名，辖今河北省清河及枣强、南宫市部分地，山东省临清、夏津、武城及高唐、平原部分地。灵，古县名，治今山东省聊城市高唐县南。鸣犊，古河道，南出今高唐县南，北至河北省衡水市景县南，入屯氏河。
6　梁：西汉诸侯国名，辖今河南省商丘市和商丘、虞城、民权、安徽省砀山等县地。
7　孝文太后寝祠园：孝文太后，即孝文帝之母薄太后。寝祠园，陵园，墓地。
8　魏郡：古郡名，辖今河北省大名、磁县、涉县、武安、临漳、肥乡、魏县、丘县、成安、广平、馆陶，河南省滑县、浚县、内黄及山东省冠县等地。
9　亡身：杀身，丧身。
10　更直日：更，轮流。直日，值日，当班。
11　以孝廉为郎：以举孝廉的身份担任郎官。

曰："古帝王以功举贤，则万化[1]成，瑞应[2]著。末世以毁誉取人，故功业废而致灾异。宜令百官各试其功，灾异可息。"诏使房作其事，房奏考功课吏[3]法。上令群臣议，皆以房言烦碎[4]，令上下相司[5]，不可许。上意向[6]之。时石显专权，五鹿充宗为尚书令，用事。房尝宴见[7]，问上曰："幽、厉之君何以危？所任者何人也？"上曰："君不明而所任者巧佞。"房曰："知其巧佞而用之邪，将以为贤也？"上曰："贤之。"房曰："然则今何以知其不贤也？"上曰："以其时乱而君危，知之。"房曰："若是，任贤必治，任不肖必乱，必然之道也。幽、厉何不觉悟而更求贤，曷为卒任不肖以至于是？"上曰："临乱之君，各贤其臣。令皆觉悟，天下安得危亡之君？"房曰："齐桓公、秦二世亦尝闻此君而非笑[8]之，然则任竖刁、赵高，政治日乱，盗贼满山，何不以幽、厉卜之而觉寤乎？"上曰："唯有道者能以往知来耳。"房因免冠顿首曰："《春秋》纪二百四十二年灾异，以示万世之君。今陛下即位以来，日月失明，星辰逆行，山崩泉涌，地震石陨，夏霜冬雷，春凋秋荣，水旱螟虫，民人饥疫[9]，盗贼不禁，刑人满市，《春秋》所记灾异尽备。陛下视今为治邪，乱邪？"上曰："亦极乱耳，尚何道？"房曰："今所任用者谁与？"上曰："然，幸其愈于彼，又以为不在此人也[10]。"房曰："夫前世之君，亦皆然矣。臣恐后之视今，犹今之视前也。"上良久，乃曰："今为乱者谁哉？"房曰："明主宜自知之。"上曰："不知也。如知，何故用之？"房曰："上最所信任，与图事帷幄之中，进退天下之士者是矣。"房指谓石显，上亦知之，谓房曰："已谕[11]。"房罢出，后上

1　万化：万事万物。
2　瑞应：古代以为帝王修德，时世清平，天就降祥瑞以应之，谓之瑞应。
3　考功课吏：考察官吏的政绩。考功，按一定标准考核官吏的政绩。
4　烦碎：繁杂琐碎。
5　相司：互相侦察。司，通"伺"。
6　向：倾向，袒护。
7　宴见：在皇帝上朝之外被召见，有别于朝见。
8　非笑：讥笑。
9　民人饥疫：民人，人民，百姓。饥疫，饥饿无粮并患疫病。
10　幸其愈于彼，又以为不在此人也：幸亏现在的情况比那些亡国之君要强一些，我也认为责任不在这些官员身上。
11　谕：明白。

亦不能退显也。上令房上弟子晓知考功课吏事者，欲试用之。房上"中郎任良、姚平，愿以为刺史，试考功法。臣得通籍殿中，为奏事，以防壅塞[1]"。显、充宗疾房，欲远之，建言[2]以房为魏郡太守，得以考功法治郡。房自请："岁竟[3]，乘传奏事。"许之。未发，复诏止之。房去至新丰[4]，上封事曰："臣前六月中言遁卦不效[5]，法曰：'道人[6]始去，寒，涌水为灾。'至七月，涌水出。臣弟子姚平谓臣曰：'涌水已出，道人当逐，死，尚复何言！且房可谓知道[7]，未可谓信道。可谓小忠，未可谓大忠也。昔秦时赵高用事，有正先者，非刺[8]高而死，高威自此成，故秦之乱，正先趣之。'今臣得出守郡，自诡功效，恐未效而死，惟陛下毋使臣塞涌水之异，当正先之死，为姚平所笑。"至陕又言："议者欲隔绝臣，而陛下听之，此蒙气[9]所以不解，而太阳无色者也。唯陛下毋难还臣而易逆天意[10]。"房去月余，竟征下狱。初，淮阳宪王舅张博，倾巧无行。从房学，以女妻房。房每朝见，退辄为博道其语。博因记房所说密语，令房为王作求朝奏草[11]，皆持柬[12]与王，以为信验[13]。显知之，告房、博非谤[14]天子，诖误[15]诸侯王。皆下狱，弃市，妻子徙边。

胡氏曰：君臣之交有浅深。交深者，圣人犹存"不可则止，数，斯疏矣[16]"之戒，况交浅者乎？京房事元帝，才得为郎，其交固浅。陈考功法，帝虽向

1　壅塞：阻塞不通。
2　建言：提出建议。
3　岁竟：年终。
4　新丰：古县名，治所位于今陕西省西安市临潼区东北。
5　不效：未应验。
6　道人：炼丹服药、修道求仙之士。
7　知道：通晓天地之道，深明人世之理。
8　非刺：非议讽刺。
9　蒙气：闷气。
10　唯陛下毋难还臣而易逆天意：盼望陛下征召我回京师不要纠结而轻易地违背天意。
11　求朝奏草：请求入朝奏章的草稿。求朝，请求入朝。奏草，奏章的草稿。
12　柬：信札。
13　信验：证据，凭证。
14　非谤：造谣中伤。非，通"诽"。
15　诖误：贻误，连累。
16　数，斯疏矣：过于频繁，就会被疏远。

之，而公卿朝臣皆以为不可。又欲去上所亲信，而不量元帝之庸懦[1]不可倚也，亦难乎其免矣。房学《易》，不明其义，徒以灾变占候[2]为事，此《易》之末也。《易》曰："不出户庭[3]，无咎。"又曰："乐天知命，故不忧。"房皆违之。而于其术，亦不能自信也。故占候前知[4]之学，君子不贵焉。惟明乎消息、盈虚之理，语默、进退之几，以不失乎时中，则《易》之道也。

下御史中丞陈咸狱，髡为城旦陈咸数毁石显，久之，坐与槐里令朱云善，漏泄省中语，与云皆下狱，髡为城旦。显威权日盛，与中书仆射[5]牢梁、少府五鹿充宗结为党友，诸附倚[6]者皆得宠位[7]。民歌之曰："牢邪，石邪，五鹿客邪！印何累累，绶若若邪[8]？"显恐天子一旦纳用左右耳目以间[9]己，乃时归诚[10]，取一信以为验。尝使至诸官，有所征发，先自白："恐后漏尽，宫门闭，请使诏吏开门[11]？"上许之。显故投[12]夜还，称诏开门入。后果有告显矫诏开宫门，上笑以其书示显。显因泣曰："陛下过私小臣，属任[13]以事，群下无不嫉妒，欲陷害臣者，事类如此非一。愿归枢机职，受后宫扫除之役，死无所恨。唯陛下哀怜财幸[14]，以此全活[15]小臣。"上怜之，数劳勉[16]显，加厚赏赐。显闻众人

1　庸懦：平庸怯懦。
2　占候：视天象变化以附会人事，预言吉凶。
3　户庭：家门，门庭。
4　前知：预知，事先知道。
5　中书仆射：古官名，中书谒者仆射省称，为中书谒者令之副，隶少府，与中书谒者令同掌诏令章奏之传达。
6　附倚：依附。
7　宠位：显贵的职位。
8　印何累累，绶若若邪：官印何其多，绶带何其长。若若，多多的样子。
9　间：非难，毁谤。
10　归诚：归顺，投诚。
11　恐后漏尽，宫门闭，请使诏吏开门：恐怕有时回宫太晚，漏壶滴尽，宫门关闭，我可不可以说奉陛下之命，让他们开门。漏，古代计时器，铜制有孔，可以滴水或漏沙，有刻度标志以计时间。
12　投：靠近。
13　属任：委任，任用。
14　财幸：量情采纳。财，通"裁"。
15　全活：保全，救活。
16　劳勉：慰问勉励。

匈匈，言己杀萧望之，恐天下学士讪[1]己，以贡禹明经著节[2]，乃使人致意，深自结纳。因荐禹历位九卿，礼事之甚备。议者于是或称显，以为不妒谮[3]望之矣。显之设变诈以自解免[4]、取信人主者皆此类也。

荀悦曰：夫佞臣[5]之惑君主也甚矣，故孔子远佞人，非但不用而已，乃远而绝之，隔塞其源，戒之极也。孔子曰："政者，正也。"要道[6]之本，正己而已。平直真实者，正之主也。贤能功罪，言行事物，必核其真，然后应之。则众正积于上，而万事实[7]于下矣。

秋，闰八月，太皇太后上官氏崩。

冬，齐、楚地震。大雨雪。

乙酉三年（公元前 36 年）

夏，六月，丞相玄成卒。

秋，七月，以匡衡为丞相。

冬，西域副校尉陈汤矫制发兵，与都护[8]甘延寿袭击匈奴郅支单于于康居，斩之始，郅支单于自以大国，又乘胜，骄，不为康居王礼，发民作城，遣使责诸国岁遗[9]。汉遣使三辈[10]至康居，求谷吉等死[11]。郅支困辱[12]使者，不

---

1 讪：毁谤。
2 著节：节操高尚。
3 妒谮：妒忌中伤。
4 解免：逃脱，避免。
5 佞臣：奸邪谄上的臣子。
6 要道：重要的道理、方法。
7 实：实践，实行。
8 都护：古官名，当边远、征讨之任，汉宣帝时置西域都护，为驻在西域地区的最高长官。
9 岁遗：每年进献钱物。
10 辈：群，队。
11 求谷吉等死：查问谷吉等人遗体的下落。
12 困辱：困窘和侮辱。

奉诏。陈汤为人沉勇[1]，有大虑[2]，多策谋[3]，喜奇功，与甘延寿谋曰："夷狄畏服大种[4]。西域本属匈奴，今郅支威名远闻，侵陵乌孙、大宛，欲降服之。如得此二国，数年之间，城郭诸国[5]危矣。且其人剽悍[6]好战伐，数取胜。久畜之，必为西域患。如发屯田吏士，驱乌孙众兵，直指其城下，彼亡无所之，守不自保，千载之功，可一朝而成也。"延寿欲奏请之，汤曰："国家与公卿议，大策非凡所见[7]，事必不从。"会延寿病，汤独矫制发诸国兵及屯田吏士。延寿惊起，欲止焉。汤怒，按剑叱曰："大众已集会，竖子欲沮众[8]邪？"延寿从之。部勒行陈[9]，合四万余人，上疏自劾矫制，陈言兵状，即日引行。未至城三十里，止营。郅支遣使问："汉兵何以来？"应曰："单于上书言：'居困厄，愿入朝见。'天子哀闵单于弃大国，屈意康居，故使都护将军来迎，恐左右惊动，故未敢至城下。"使数往来相答报，延寿、汤因让之："我为单于远来，而至今无名王、大人见将军受事者，何单于忽大计，失客主之礼也？兵来道远，人畜罢极，食度且尽，恐无以自还，愿单于与大臣审计策。"明日，进薄[10]城下，四面围城，发薪[11]烧木城，四面火起，吏士喜，大呼乘之，钲鼓[12]声动地。康居兵引却，汉兵四面推卤楯[13]并入。单于被创[14]死，斩其首。得汉使节二及谷吉等所

1　沉勇：沉着勇敢。
2　大虑：远大的谋略。
3　策谋：计谋。
4　大种：强大的种族。
5　城郭诸国：西域的各个城邦国家。西域三十六国大多固定居住在一定的土地上，有城邑、农田、牲畜，与从事游牧居无常处的匈奴、乌孙不同。它们分布在天山南路广袤戈壁和沙漠中的一处处绿洲上，各以一座城池为中心，连同周围农村地区，组成一个个小国，略似古代西亚与欧洲一些地区的城邦。
6　剽悍：敏捷而勇猛。
7　非凡所见：不是普通官员能理解的。
8　沮众：使大众丧失勇气。
9　部勒行陈：部勒，部署安排。行陈，巡行军阵。
10　薄：逼近。
11　发薪：点燃柴草。
12　钲鼓：钲和鼓，古代行军或歌舞时用以指挥进退、动静的两种乐器。
13　卤楯：大盾，古代用来遮挡刀箭等的武器。卤，通"橹"。
14　被创：受伤。

赏帛书。诸卤获以畀得者¹。

丙戌**四年**（公元前 35 年）

春，正月，传首至京师，悬槁街²十日延寿、汤上疏曰："臣闻天下之大义当混为一，昔有唐、虞，今有强汉。匈奴郅支单于叛逆，未伏其辜，惨毒³行于民，大恶通于天。臣延寿、臣汤将义兵，行天诛，赖陛下神灵，阴阳并应，天气精明⁴，陷阵克敌，斩郅支首及名王以下，宜悬头槁街蛮夷邸间，以示万里。"丞相匡衡等以为："方春掩骼埋胔⁵之时，宜勿悬。"诏悬十日，乃埋之。仍告祠⁶郊庙，赦天下。群臣上寿置酒。

蓝田地震，山崩，壅霸水⁷。安陵岸崩，壅泾水逆流。

丁亥**五年**（公元前 34 年）

夏，六月晦，日食。

秋，七月，复诸寝庙园上寝疾，久不平⁸，以为祖宗谴怒，故尽复之。唯郡国庙遂废。

戊子**竟宁元年**（公元前 33 年）

春，正月，匈奴单于来朝匈奴呼韩邪单于闻郅支既诛，且喜且惧，入

1　诸卤获以畀得者：抢掠的财物，都归抢掠者所有。卤获，掳掠。畀，给与。
2　槁街：又作稿街，古长安街名，外国使节居住的地方。
3　惨毒：残忍狠毒。
4　精明：晴明。
5　掩骼埋胔：收葬暴露于野的尸骨，为古代的恤民之政。
6　告祠：祭告。
7　霸水：一作灞水，关中八川之一，源出今陕西省西安市蓝田县东秦岭北麓，西北流经西安市入渭水。
8　不平：不适，欠安。

朝自言，愿婿[1]汉氏以自亲。帝以后宫良家子[2]王嫱，字昭君，赐之。单于欢喜，上书：“愿保塞[3]上谷以西至敦煌，请罢边备塞吏卒[4]，以休天子人民。”议者皆以为便。郎中侯应习边事，以为不可许。上问状，应曰：“臣闻北边塞至辽东，外有阴山，东西千余里，草木茂盛，多禽兽，本冒顿依阻[5]其中，治作弓矢。至孝武世，斥夺[6]此地，攘之于幕北，建塞徼[7]，起亭隧，筑外城，设屯戍以守之，然后边境得用少安。幕北地平，少草木，多大沙，匈奴来寇，少所蔽隐[8]。从塞以南，径深山谷，往来差[9]难。边长老[10]言：‘匈奴失阴山之后，过之未尝不哭也。’如罢备塞戍卒，示夷狄之大利，不可一也。夷狄之情，困则卑顺，强则骄逆[11]。前已罢外城，省亭隧，安不忘危，不可复罢，二也。中国有礼义之教，刑罚之诛，愚民犹尚犯禁，又况单于，能必其众不犯约哉？三也。中国尚建关梁[12]，设塞徼，置屯戍，非独为匈奴而已，亦为诸属国降民思旧逃亡，四也。近西羌保塞，汉吏民贪利，侵盗其畜产、妻子，以此怨恨，起而背畔。今罢乘塞[13]，则生嫚易[14]分争之渐，五也。往者从军多没[15]不还者，子孙亡出从之，六也。边人奴婢愁苦，闻匈奴中乐，欲亡者多，七也。盗贼桀黠[16]，亡走北出，

---

1 婿：做女婿。
2 良家子：非医、巫、商贾、百工的子女，他们拥有一定资产，遵循伦理纲常，是从事正当职业的人。良家的女子是朝廷选秀的主要来源，他们或被选入宫，或被权贵之家选取，有进入社会高层的机会。
3 保塞：居边守塞。
4 边备塞吏卒：从事边境防务的官吏士卒。
5 依阻：凭借，仗恃。
6 斥夺：夺取，剥夺。
7 塞徼：要塞。
8 蔽隐：隐藏，遮掩。
9 差：略微，比较。
10 边长老：边境地区的老年人。长老，老年人。
11 骄逆：骄横，不顺服。
12 关梁：关口和桥梁。
13 乘塞：守卫边疆要塞。
14 嫚易：轻侮，欺侮。
15 没：隐没，消失。
16 桀黠：凶悍而狡猾。

八也。起塞[1]以来百有余年，非皆以土垣[2]也，或因山岩石木、溪谷水门，稍稍平之，卒徒[3]筑治，功费久远，不可胜计。议者不深虑其终始，卒有他变，当更缮治，累世[4]之功，不可卒复，九也。单于自以保塞守御[5]，请求无已。小失其意，则不可测。开夷狄之隙，亏中国之固，十也。"对奏，天子使车骑将军嘉口谕单于曰："单于上书，向慕[6]礼义，所以为民计者甚厚，朕甚嘉之。中国四方皆有关梁障塞，非独以备塞外也，亦以防中国奸邪放纵，出为寇害，故明法度以专众心也。敬谕单于之意，朕无疑焉。为单于怪其不罢，故使嘉晓单于。"单于谢曰："愚不知大计，天子幸使大臣告语，甚厚！"归号昭君为宁胡阏氏。

　　三月，以张谭为御史大夫初，石显见冯奉世父子为公卿著名，女又为昭仪[7]，心欲附之，荐昭仪兄逡修敕[8]，宜侍帷幄[9]。天子召见，逡因言显专权，上怒，罢逡。及御史大夫缺，在位多举逡兄大鸿胪野王。使尚书选第[10]中二千石，而野王行能第一。上以问显，显曰："九卿无出野王者，然亲昭仪兄，臣恐后世必以陛下度越众贤，私后宫亲以为三公。"上曰："善，吾不见是。"因诏曰："刚强坚固，确然亡欲[11]，大鸿胪野王是也。心辨善辞[12]，可使四方，少府五鹿充宗是也。廉洁节俭，太子少傅张谭是也。其以少傅为御史大夫。"

　　以召信臣为少府信臣先为南阳太守，后迁河南，治行常第一。视民如子，好为民兴利，躬劝耕稼，出入阡陌，稀有安居。开通沟渎[13]，以广灌溉，岁岁增

1　起塞：设立要塞。
2　土垣：土筑的城墙。垣，城墙。
3　卒徒：服劳役的人。
4　累世：好几代。
5　守御：防守，防御。
6　向慕：向往思慕。
7　昭仪：后宫女官名，始置于汉元帝，在后宫中位同丞相，爵比诸侯。昭仪，言昭显女仪，以示隆重。
8　修敕：谨慎不逾矩。
9　帷幄：天子决策之处。
10　选第：品评高低，从中优选。
11　确然亡欲：真正做到淡泊无欲。
12　心辨善辞：内心明辨是非，善于言辞。
13　沟渎：沟渠。

加。禁止奢靡，务于俭约。按其不法，以视好恶。其化大行，户口增倍。吏民亲爱，号曰"召父"。征为少府。请诸离宫[1]稀幸者勿复治，省乐府诸戏及太官不时非法[2]之物，岁省费数千万。

　　夏，封甘延寿为义成侯，赐陈汤爵关内侯初，石显尝欲以姊妻甘延寿，延寿不取。而陈汤素贪，所卤获财物入塞，多不法。司隶校尉移书道上[3]，系[4]吏士按验之。汤上疏言："臣与吏士共诛郅支单于，幸得擒灭[5]，万里振旅，宜有使者迎劳[6]道路。今司隶反逆[7]收系按验，是为郅支报仇也。"上立出吏士，令县道[8]具酒食以过军。既至，论功，石显、匡衡以为："延寿、汤擅兴师矫制，幸得不诛。如复加爵、土，则后奉使者争欲乘危徼幸，生事于蛮夷，为国招难。"帝内嘉延寿、汤功而重违[9]衡、显之议，久之不决。刘向上疏曰："郅支单于囚杀使者，暴扬外国，伤威毁重。陛下赫然[10]欲诛之，意未尝有忘。都护延寿、副校尉汤，承圣指[11]，倚神灵，出百死，入绝域，遂陷康居，屠三重城[12]，斩郅支之首，扫谷吉之耻，且使呼韩喜惧，稽首来宾[13]，愿守北藩，累世称臣，勋莫大焉。论大功者，不录小过；举大美者，不疵细瑕[14]。《司马法》曰：'军赏不逾月。'欲民速得为善之利也。李广利捐五万之师，靡亿万之费，经四年之劳，而仅获骏马三十四。虽斩宛王，其私罪恶甚多。孝武以为万里征伐，不录其过，遂封拜两侯、三卿、二千石百有余人。今康居之国，强于大宛；郅

1　离宫：古代帝王在都城之外的宫殿，也泛指皇帝出巡时的住所。
2　不时非法：不合时令及法度。
3　移书道上：移书，致书。道上，指陈汤所经过的沿途郡县。
4　系：拘囚。
5　擒灭：擒拿消灭。
6　迎劳：迎接慰劳。
7　反逆：相反。
8　县道：汉制，邑有少数民族杂居者称道，无者称县。
9　重违：难违。
10　赫然：盛怒貌。
11　圣指：天子的旨意。
12　三重城：古地名，位于今新疆阿克苏地区新和县玉奇喀特乡南，该城从外向内分布着三道环绕相接的城墙，三重城之名由此而来。
13　来宾：前来宾服，指藩属朝贡天子。
14　不疵细瑕：不会揪着细小的瑕疵不放。

支之号，重于宛王；杀使者罪，甚于留马。而延寿、汤不烦汉士，不费斗粮，比于贰师，功德百之。且常惠随欲击之乌孙，郑吉迎自来之日逐，犹皆裂土受爵。今二人功高于安远、长罗[1]，而大功未著，小恶数布，臣窃痛之。宜以时解县，通籍[2]，除过勿治，尊宠爵位，以劝有功。”于是诏赦延寿、汤，令公卿议封焉。议者以为宜如军法“捕斩单于令”。衡、显以为郅支本亡逃失国，窃号绝域，非真单于。帝取郑吉故事，封千户。衡、显复争。封延寿为义成侯，赐汤爵关内侯，食邑各三百户。于是杜钦上疏追讼[3]冯奉世前破莎车功。上以先帝时事，不复录。

荀悦曰：成其功、义足封，追录前事可也。《春秋》之义，毁泉台则恶之，舍中军则善之，各由其宜也[4]。夫矫制之事，先王之所慎也，不得已而行之。若矫大而功小者，罪之可也；矫小而功大者，赏之可也；功过相敌，如斯而已[5]可也。权其轻重而为之制宜焉。

胡氏曰：甘延寿、陈汤、冯奉世矫制以成功，一也。萧望之、匡衡以为不可封者，《春秋》讥遂事[6]之法也。刘向以为可封，是未免以功利言耳。如荀悦之论，功则有小大矣，矫有小大乎哉？如甘、陈之材气[7]，别如任使[8]而厚报之，未晚也。

五月，帝崩。

班彪[9]曰：元帝宽弘恭俭[10]，少而好儒。及即位，征用儒生，委之以政，贡、

1　安远、长罗：即安远侯郑吉、长罗侯常惠。
2　以时解县，通籍：及时解除对甘延寿、陈汤的惩处，恢复他们的自由之身。
3　讼：通“颂”，歌颂。
4　毁泉台则恶之，舍中军则善之，各由其宜也：鲁文公拆毁泉台则受谴责，鲁昭公撤销中军则受到赞许，各有各的原因。鲁文公毁泉台，《春秋》讥之曰：“先祖为之而己毁之，不如勿居而已。”以其无妨害于民也。鲁襄公作三军，鲁昭公将三军改为两军，君子大其复古，以为不舍则有害于民也。
5　如斯而已：就像这样罢了。如斯，像这样。而已，罢了。
6　遂事：独断专行。
7　材气：才能气概。
8　任使：差遣，任用。
9　班彪：东汉史学家，《汉书》作者班固的父亲，著有《前史略论》《史记后传》。
10　宽弘恭俭：宽弘，度量大。恭俭，恭谨谦逊。

薛、韦、匡，迭为宰相。而上牵制[1]文义，优游[2]不断，孝宣之业衰焉。

复罢诸寝庙园匡衡奏言："前以上体不平，故复诸所罢祠。卒不蒙福。请悉罢勿奉。"奏可。

六月，太子骜即位太子少好经书，宽博[3]谨慎。其后幸酒[4]，乐燕乐。而山阳王康有材艺[5]，母又爱幸。上好音乐，或置鼙鼓[6]殿下，自临轩槛[7]上，陨铜丸以摘鼓，中严鼓之节[8]。后宫及左右习知音者莫能为，而山阳王亦能之，上数称其材。驸马都尉史丹进曰："凡所谓材者，敏而好学，温故知新，皇太子是也。若乃器人[9]于丝竹鼓鼙之间，则是陈惠、李微高于匡衡，可相国也。"于是上嘿然而笑。其后中山哀王薨，太子前吊。王，帝少弟，与太子游学相长大。上悲不能自止，而太子不哀。上大恨曰："安有人不慈仁，而可奉宗庙为民父母者乎？"以责[10]谓丹。丹免冠谢曰："臣诚见陛下哀痛感损[11]，窃戒太子，毋涕泣感伤陛下。臣罪当死。"上意乃解。及寝疾，数问尚书以景帝时立胶东王故事。史丹以亲密臣得侍疾[12]。候上间独寝时，直入卧内，顿首伏青蒲[13]上，涕泣言曰："皇太子以嫡长立，积十余年，名号系于百姓，天下莫不归心臣子。今者道路流言，为国生意[14]，以为太子有动摇之议。审[15]若此，公卿以下必以死争，不奉诏。臣愿先赐死，以示群臣！"上意感寤，喟然太息曰："无有此议。且皇后

1　牵制：拘泥。
2　优游：作事犹豫，不果决。
3　宽博：心胸开阔，能容人。
4　幸酒：爱饮酒。
5　材艺：才智艺能。
6　鼙鼓：小鼓和大鼓，古代军队所用。鼙，古代军中的一种小鼓。
7　轩槛：栏板。
8　陨铜丸以摘鼓，中严鼓之节：用铜丸从远处投击鼓面，发出紧密的节奏。陨，使坠下。铜丸，铜制小球。摘，投掷。严鼓，急鼓，急促的鼓声。
9　器人：选择人才。
10　责：责备。
11　感损：因感伤而损害身体。
12　侍疾：侍候、陪伴、护理患者。
13　青蒲：代指天子内庭。李周翰注："青蒲，天子内庭也，以青色规之，而谏者伏其上。"
14　生意：主张。
15　审：确实。

谨慎，先帝又爱太子，吾岂可违指？驸马都尉安所[1]受此语？"丹即却[2]，顿首
曰："愚臣妄闻，罪当死！"上因纳[3]，谓丹曰："吾病浸加，不能自还，善辅
导太子，毋违我意！"丹嘘唏[4]而起，太子由是遂定。至是即位。后数月，匡
衡上疏曰："陛下秉至孝，哀伤思慕，不绝于心，未有游虞弋射[5]之宴，诚隆于
慎终追远[6]，无穷已也。窃愿陛下虽圣性得之，犹复加圣心焉！臣又闻之师曰：
'妃匹[7]之际，生民之始，万福之原。婚姻之礼正，然后品物[8]遂而天命全。'孔
子论《诗》以《关雎》为始，此纲纪之首，王教[9]之端。自上世[10]以来，三代
兴废，未有不由此者也。愿陛下详览得失盛衰之效，采有德，戒声色，近严
敬，远技能[11]，以定大基。臣闻六经者，圣人所以统天地之心，著善恶之归，明
吉凶之分，通人道之正，使不悖于其本性者也。及《论语》《孝经》，圣人言
行之要，宜究其意。臣又闻圣王之自为，动静周旋[12]，物有节文。盖钦翼祗栗[13]，
事天之容也；温恭敬逊，承亲之礼也；正躬严恪[14]，临泉[15]之仪也；嘉惠[16]和悦，
飨下之颜也。举错[17]动作，物遵其仪，故形为仁义，动为法则。今正月初，幸
路寝[18]，临朝置酒，以飨万方。传曰：'君子慎始。'愿陛下留神动静之节，使群

1　安所：何处。
2　却：后退。
3　纳：接受劝谏。
4　嘘唏：哽咽，抽泣。
5　游虞弋射：游虞，嬉游娱乐。弋射，泛指射猎禽兽。
6　慎终追远：慎重地办理父母丧事，虔诚地祭祀远代祖先。终，人死。远，指祖先。
7　妃匹：婚配之事。
8　品物：万物。
9　王教：王者的教化。
10　上世：远古时代。
11　采有德，戒声色，近严敬，远技能：物色有品德的人为婚配，戒除声色犬马，亲近值得
　　尊重的人，远离擅长奇技淫巧之徒。
12　周旋：古代行礼时进退揖让的动作。
13　钦翼祗栗：钦翼，恭敬谨慎。祗栗，敬慎恐惧。
14　正躬严恪：正躬，亲身。严恪，庄严恭敬。
15　临泉：接近墓地。泉，泉下，旧时称人死后所在的地方。
16　嘉惠：施予恩惠。
17　举错：举动，行为。
18　路寝：古代天子、诸侯的正厅。

下得望盛德休光[1]，以立基桢[2]，天下幸甚。"

尊皇太后曰太皇太后，皇后曰皇太后。

以元舅[3]王凤为大司马、大将军，领尚书事。

秋，七月，葬渭陵[4]。

己丑**孝成皇帝建始元年**（公元前32年）

春，正月，石显以罪免归故郡，道死丞相、御史奏显旧恶，免官，徙归故郡，忧懑道死。五鹿充宗左迁玄菟太守。司隶校尉王尊劾奏："丞相衡、御史大夫谭，知显等专权擅势[5]，大作威福，为海内患害，不以时白奏行罚，而阿谀[6]曲从，附下罔上，怀邪迷国[7]，无大臣辅政之义，皆不道。在赦令前。赦后，衡、谭举奏显，不自陈不忠之罪，而反扬著[8]先帝任用倾覆[9]之徒，妄言：'百官畏之，甚于主上。'卑君尊臣，非所宜称，失大臣体！"于是衡惭惧[10]，免冠谢罪，上丞相、侯印绶。天子以新即位，重伤大臣，乃左迁尊为高陵令。然群下多是尊者。衡由是嘿嘿[11]不自安。

有星孛于营室[12]。

封舅王崇为安成侯，赐谭、商、立、根、逢时爵关内侯。

夏，四月，黄雾四塞诏博问[13]公卿大夫，无有所讳。谏大夫杨兴等对，

1　休光：盛美的光华，亦比喻美德或勋业。
2　基桢：根基。基，建筑物的根脚。桢，筑墙时两端之柱。
3　元舅：长舅。
4　渭陵：汉元帝刘奭的陵墓，位于今陕西省咸阳市北。
5　专权擅势：形容把持大权，独断专行。
6　阿谀：迎合别人的意思，说好听的话。
7　附下罔上，怀邪迷国：附下罔上，附和下属，却欺骗君上。怀邪，心存邪恶之念。迷国，使国迷乱。
8　扬著：故意宣扬。
9　倾覆：使失败，颠覆。
10　惭惧：羞愧恐惧。
11　嘿嘿：愁闷貌，失意貌。
12　营室：古星名，即室宿，也称营星、定星，二十八宿之一，北方玄武七宿的第六宿。
13　博问：广泛地征求意见。

皆以为："阴盛侵阳之气也。高祖之约，非功臣不侯。今太后诸弟皆以无功为侯，外戚未曾有也。"大将军凤惧，上书辞职，优诏[1]不许。

八月，有两月相承[2]，晨见东方。

冬，作南、北郊，罢甘泉、汾阴祠又罢紫坛伪饰[3]、女乐、鸾路[4]、骍驹[5]、龙马、石坛之属。皆从匡衡之请也。

庚寅二年（公元前 31 年）

春，正月，罢雍五畤及陈宝祠[6]从匡衡之请也。

始亲祠南郊。减天下赋钱，算四十[7]。

以渭城延陵亭部[8]为初陵。

三月，始祠后土于北郊。

立皇后许氏后，车骑将军嘉之女也。元帝伤母恭哀后居位日浅而遭霍氏之辜，故选嘉女以配太子。上自为太子时，以好色闻。及即位，皇太后诏采良家女以备后宫。杜钦说王凤曰："礼，一娶九女，所以广嗣重祖也。举求窈窕，不问华色[9]，所以助德理内也。娣侄[10]虽缺不复补，所以养寿塞争也。故后妃有贞淑[11]之行，则胤嗣[12]有贤圣之君；制度有威仪之节，则人君有寿考之福。废而

---

1 优诏：褒美嘉奖的诏书。
2 相承：上下相托。
3 紫坛伪饰：紫坛，紫色祭坛，帝王祭祀大典用。伪饰，装饰。
4 鸾路：即鸾辂，天子王侯所乘之车。
5 骍驹：赤色的马。
6 陈宝祠：即宝鸡祠，位于今陕西省宝鸡市陈仓区境内。公元前 747 年，秦文公涉渭水打猎，获得一块叫若石的石头，在陈仓城建祠供奉，石头便被命名为陈宝。
7 算四十：原一百二十钱为一算，现每一算减少四十钱，为八十钱一算。
8 延陵亭部：延陵亭，古地名，位于今陕西省咸阳市北。亭部，亭所管辖的范围。亭，汉代基层行政单位。
9 举求窈窕，不问华色：都要求是心灵仪表兼美的女子，不管美貌与否。窈，深邃，喻女子心灵美。窕，幽美，喻女子仪表美。华色，美丽的容色。
10 娣侄：古时诸侯的女儿出嫁，从嫁共事一夫的妹妹和侄女。
11 贞淑：贞洁贤淑，多指女子的德行之美。
12 胤嗣：后嗣，后代。

不由，则女德不厌[1]。女德不厌，则寿命不究[2]于高年。男子五十，好色未衰；妇人四十，容貌改前。以改前之容侍于未衰之年，而不以礼为制，则其原不可救，而后徕异态[3]。后徕异态，则正后自疑而支庶[4]有间嫡之心，是以晋献纳谗，申生蒙辜[5]。今圣主富于春秋，未有嫡嗣，方向术入学，未亲后妃之议。将军宜因始初之隆，建九女之制，详择行义[6]之家，求淑女之质，毋必有声色技能，为万世大法。夫少戒之在色。《小卞》[7]之作，可为寒心。唯将军常以为忧。"凤白之，太后以为故事无有[8]。凤不能自立法度，循故事而已。

　　夏，大旱。

　　匈奴呼韩邪单于死，子复株累若鞮单于立呼韩邪嬖[9]呼衍王二女，长曰颛渠阏氏，生二子，曰且莫车，曰囊知牙斯；少曰大阏氏，生四子，曰雕陶莫皋，曰且麋胥。皆长于且莫车。呼韩邪欲立且莫车。颛渠阏氏曰："匈奴乱十年，今平定未久，且莫车年少，百姓未附，不如立雕陶莫皋。"大阏氏曰："舍贵立贱，后世必乱。"单于卒立雕陶莫皋，约令传国与弟。

辛卯三年（公元前30年）

　　春，三月，赦天下徒[10]。

　　秋，大雨。京师民讹言[11]大水至关内大雨四十余日。京师民相惊，言大水至，奔走相蹂躏，老弱号呼，长安中大乱。大将军凤以为："太后与上及后

1　女德不厌：沉湎于女色。女德，女色。
2　究：穷，尽。
3　后徕异态：后来发生不正常的变化。后徕，后来。
4　支庶：嫡子以外的旁支。
5　晋献纳谗，申生蒙辜：战国时晋国国君晋献公受宠妾骊姬挑唆，致使太子申生无辜被杀。
6　行义：躬行仁义。
7　《小卞》：出自《诗经》，内容是讽刺周幽王废申后立褒姒，哀伤太子被放逐。
8　故事无有：指九妻之制，汉朝此前没有先例。
9　嬖：宠幸。
10　徒：服徭役的人。
11　讹言：谣言。

官可御船¹，令吏民上城避水。"群臣皆从凤议。左将军王商独曰："自古无道之国，水犹不冒城郭。今何因当有大水一日暴至，此必讹言。不宜令上城，重惊百姓。"上乃止。有顷稍定，问之，果讹言。上于是美壮商之固守，数称其议，而凤大惭恨²。

八月，策免³大司马、车骑将军许嘉上欲专委任王凤，故策免嘉。

冬，十二月朔，日食。夜，地震未央宫殿中。诏举直言极谏之士杜钦、谷永上对，皆以为女宠⁴太盛，嫉妒专上⁵，将害继嗣之咎。

越隽⁶山崩。

丞相、乐安侯匡衡有罪，免为庶人坐多取封邑四百顷，监临盗所主守直十金以上⁷，免为庶人。

壬辰四年（公元前29年）

春，正月，陨石于亳⁸四，于肥累⁹二。

罢中书宦官¹⁰，初置尚书员五人。

胡氏曰：武帝置中书宦官，三世不易。恭、显之时，权移人主，岂易动哉？至是一朝废罢，何其用力之省也？盖政归元舅，势隆外家，而废置不出于人主也。事虽尽善，而其所以则不徒然矣。

以王商为丞相。

---

1 御船：驾船。
2 惭恨：羞愧愤恨。
3 策免：帝王以策书免官。
4 女宠：帝王宠爱的女子。
5 专上：使帝王专门宠爱自己。
6 越隽：古郡名，开邛都国而置，治今四川省西昌市东南，辖今云南省丽江及绥江两县间金沙江以东。
7 监临盗所主守直十金以上：手下属官盗取所主管的财物价值十金以上。
8 亳：古地名，位于今河北省保定市望都县北。
9 肥累：古县名，治所位于今河北省石家庄市藁城区西南。
10 中书宦官：古官名，即中书谒者令或中谒者令，掌收纳尚书奏事，草拟传达皇帝诏命，交尚书颁下。

夏，四月，雨雪。复召直言极谏之士，诣白虎殿对策是时上委政王凤，议者多归咎[1]焉。谷永知凤方见柄用[2]，阴欲自托，乃曰："方今四夷宾服，皆为臣妾。诸侯大者乃食数县，汉吏制其权柄，百官盘互[3]，亲疏相错，骨肉大臣小心畏忌，有申伯[4]之忠，无重合[5]、安阳[6]之乱，三者无毛发之辜，窃恐陛下舍昭昭之白过[7]，听晻昧之瞽说[8]，归咎无辜，倚异[9]政事，重失天心，不可之大者也。陛下诚深察愚言，抗湛溺[10]之意，解偏驳[11]之爱，奋乾刚[12]之威，平天覆之施，使列妾[13]得人人更进，益纳宜子妇人，毋择好丑，毋避尝字[14]，以慰释[15]皇太后之忧愠[16]，解谢[17]上帝之谴怒，则继嗣蕃滋，灾异讫息[18]矣。"杜钦亦仿此意。上皆以其书示后宫，以永为光禄大夫。

秋，桃李实[19]御史中丞薛宣上疏曰："陛下至德仁厚，而嘉气[20]尚凝，阴阳不和，殆吏多苛政[21]，部刺史[22]或不循守条职[23]，举错各以其意，多与郡县事，至开

1　归咎：把罪过或错误推给某人或某方面。
2　柄用：被信任而掌权。
3　盘互：交结，连结。
4　申伯：周代时申国开国君主，周宣王的母舅。谷永将王凤比作申伯。
5　重合：即重合侯马通，因参加平定戾太子叛乱而受功，封重合侯。后因其兄侍中仆射马何罗持刀入武帝卧室行刺，被牵连处死。
6　安阳：即安阳侯上官桀，汉昭帝时因联合御史大夫桑弘羊、燕王刘旦等人设宴谋杀霍光，被杀。
7　昭昭之白过：昭昭，明白，显著。白过，明显的过错。
8　晻昧之瞽说：晻昧，愚昧之人。瞽说，胡说，亦指不明事理的言论。
9　倚异：信从异说。
10　湛溺：沉溺，沉迷。
11　偏驳：不周遍。此指专宠。
12　乾刚：天道刚健。亦用以称帝王的刚健决断。
13　列妾：众位妃嫔。
14　尝字：曾经生育。字，生育。
15　慰释：宽慰，宽解。
16　忧愠：忧郁恼怒。
17　解谢：祭祀禳解。
18　继嗣蕃滋，灾异讫息：后代得以繁衍，灾异消除。讫息，止息。
19　实：结果实。
20　嘉气：瑞气。
21　苛政：残酷地压迫和剥削人民的政治，指繁重的赋税、苛刻的法令。
22　部刺史：古官名，汉代中央派到地方的监察官，又称州刺史。
23　条职：条例所规定的职责。

私门，听谗佞，以求吏民过失，谴呵[1]及细微，责义[2]不量力。郡县相迫促[3]，亦内相刻[4]，流至众庶。是故乡党缺于嘉宾之欢，九族忘其亲亲之恩，饮食周急之厚弥衰，送往劳来之礼不行。夫人道不通，则阴阳否隔[5]，和气不兴，未必不由此也。方刺史奏事时，宜明申敕[6]，使昭然知本朝之要务。"上嘉纳之。

河决先是清河都尉冯逡奏言："郡承河下流[7]，土壤轻脆易伤，顷[8]所以阔无大害者，以屯氏河通两川分流也。今屯氏河塞，灵鸣犊口又益不利，独一川兼受数河之任，虽高增堤防，终不能泄。如有霖雨[9]，旬日不霁[10]，必盈溢[11]。九河[12]今既难明，屯氏河绝未久，其处易浚。又其口所居高，于以分杀水力，道里便宜，可复浚以助大河，泄暴水[13]，备非常。不豫修治，北决病四五郡，南决病十余郡，然后忧之，晚矣！"事下丞相、御史，以为方用度不足，可且勿浚。至是大雨水十余日，河果决东郡金堤。凡灌四郡三十二县，水居地十五万余顷，深者三丈，坏败官亭[14]、室庐且四万所。

以王尊为京兆尹南山[15]群盗数百人为吏民害。诏逐捕，岁余不能擒。或说大将军凤选贤京兆尹。于是凤荐尊为京辅都尉[16]，行尹事[17]。旬月间，盗贼清。拜京兆尹。

1　谴呵：谴责呵叱。
2　责义：以合乎礼义要求别人。
3　迫促：逼迫，催促。
4　刻：伤害。
5　否隔：隔绝不通。
6　申敕：告诫。
7　郡承河下流：清河郡位于黄河下游。
8　顷：短时间。
9　霖雨：连绵大雨。
10　旬日不霁：十天不放晴。旬日，十天为一旬。霁，雨雪停止，天放晴。
11　盈溢：充溢。
12　九河：禹时黄河的九条支流，《尔雅·释水》："九河：徒骇一，太史二，马颊三，覆釜四，胡苏五，简六，洁七，钩盘八，鬲津九。"
13　暴水：洪水。
14　官亭：古代供过往官吏食宿的处所。
15　南山：即终南山，位于今陕西省西安市南。
16　京辅都尉：古官名，属执金吾，掌京畿治安。
17　行尹事：代行京兆尹的职责。

大将军凤奏以陈汤为从事中郎[1]上即位之初，丞相匡衡复奏陈汤奉使专命[2]，盗所收康居财物。汤坐免。后以言事不实，下狱当死。谷永上疏讼汤曰："战克[3]之将，国之爪牙，不可不重。故君子闻鼓鼙之声，则思将帅之臣。汤前斩郅支，威震百蛮，武畅西海[4]。今坐言事非是，幽囚久系[5]，执宪之吏[6]欲致之大辟。《周书》曰：'记人之功，忘人之过，宜为君者也。'夫犬马有劳于人，尚加帷盖之报[7]，况国之功臣者哉？窃恐陛下忽于鼙鼓之声，不察《周书》之意，而忘帷盖之施，庸臣遇汤，卒从吏议，非所以厉[8]死难之臣也。"书奏，诏出汤，夺爵为士伍[9]。会西域都护段会宗为乌孙所围，驿骑[10]上书，愿发城郭[11]、敦煌兵以自救，大将军凤言："汤多筹策，习外国事，可问。"上召汤见宣室。汤击郅支时中寒[12]，病两臂不屈伸。有诏毋拜，示以会宗奏。汤对曰："臣以为此必无可忧也。"上曰："何以言之？"汤曰："夫胡兵五而当汉兵一，何者？兵刃朴钝[13]，弓弩不利。今闻颇得汉巧，然犹三而当一。又兵法曰：'客倍而主人半，然后敌。'今围会宗者人众不足以胜会宗，唯陛下勿忧。且兵轻行五十里，重行三十里。今发城郭、敦煌，历时乃至，所谓报仇之兵，非救急之用也。"上曰："度何时解？"汤知乌孙瓦合[14]，不能久攻，故事不过数日，因对曰："已解矣。"屈指计其日，曰："不出五日，当有吉语闻。"居四日，军书到，言已解。大将军凤奏以为从事中郎，莫府事一决于汤。

1　从事中郎：古官名，为参谋议事的散职官员，有时也领兵征战。
2　专命：不奉上命而自由行事。
3　战克：战胜。
4　武畅西海：所向披靡，一直打到西海。西海，西方，对中原而言。
5　幽囚久系：幽囚，囚禁。久系，长期羁押在狱。
6　执宪之吏：执法的官员。
7　犬马有劳于人，尚加帷盖之报：犬马对人有劳苦之功，死后尚且要用车帷伞盖将它们好好埋葬作为回报。语出《礼记·檀弓下》："敝帷不弃，为埋马也；敝盖不弃，为埋狗也。"
8　厉：激励。
9　士伍：士卒。
10　驿骑：乘马送信、传递公文的人。
11　城郭：即城郭诸国，西域的城邦国家。
12　中寒：因受凉而生病。
13　朴钝：不锋利。
14　瓦合：形容临时凑合。

癸巳**河平元年**（公元前 28 年）

春，**以王延世为河堤使者，塞决河**杜钦荐王延世为河堤使者。延世以竹落[1]长四丈，大九围，盛以小石，两船夹载而下之。三十六日，堤成。赐延世爵关内侯。

夏，四月晦，日食。**诏百官陈过失**时许皇后专宠[2]，后宫希得进见，中外皆忧上无继嗣，故刘向、杜钦、谷永皆以为言。上于是减省椒房、掖庭用度，皆如竟宁[3]以前故事。皇后上疏自陈，以为："时世异制，长短相补，不出汉制而已。纤微之间未必可同也。今家吏不晓，一受诏如此，且使妾摇手[4]不得，唯陛下察焉。"上于是采谷永等言报之，且曰："吏拘于法，亦安足过？盖矫枉[5]者过直，古今同之。且财币之省，其于皇后，所以扶助德美，为华宠[6]也。传不云乎：'以约失之者鲜。'孝文皇帝，朕之师也。皇太后，皇后成法[7]也。皇后其刻心秉德[8]，谦约为右[9]，垂则[10]列妾，使有法焉！"

秋，**复太上皇寝庙园**给事中平当言："太上皇，汉之始祖，废其寝庙园，非是。"上亦以无继嗣，遂纳当言。

减死刑，省律令诏曰："今大辟之刑千有余条，律令烦多，百有余万言。奇请他比[11]，日以益滋[12]，自明习者不知所由，欲以晓喻众庶，不亦难乎？其议减

1　竹落：竹笼。
2　专宠：独占宠爱。
3　竟宁：汉元帝刘奭的第四个年号，存续时间为公元前 33 年。
4　摇手：把手左右摇动，表示阻止、否定。
5　矫枉：矫正弯曲，也比喻纠正偏邪。
6　华宠：荣华宠爱。指荣华富贵的地位。
7　成法：榜样。
8　刻心秉德：刻心，铭记于心。秉德，保持美德。
9　谦约为右：以谦慎检束为上。谦约，谦慎检束。
10　垂则：垂示法则。
11　奇请他比：于法律正文以外，另行请示或比附他例判案。颜师古："奇请，谓常文之外，主者别有所请，以定罪也；他比，谓引它类以比附之，稍增律条也。"
12　日以益滋：日益增多。

死刑及可蠲除[1]约省者，令较然[2]易知，条奏。"时有司不能广宣上意，徒钩摭[3]微细，毛举[4]数事，以塞诏而已。

甲午二年（公元前 27 年）

春，正月，匈奴遣使朝献匈奴遣右皋林王伊邪莫演奉献[5]，罢，归，自言："欲降，即不受我，我自杀，终不敢还。"使者以闻，下公卿议。议者或言："宜如故事，受其降。"谷永、杜钦以为："汉兴，匈奴数为边害，故设金、爵之赏以待降者。今单于称臣朝贺，无有二心。接[6]之宜异于往时。今既享其聘贡[7]之质，而更受其逋逃之臣，是贪一夫之得而失一国之心，拥有罪之臣而绝慕义之君也。假令单于初立，欲委身中国，未知利害，使之诈降以卜吉凶。受之，亏德沮善，令单于自疏[8]，不亲边吏。或者设为反间，欲因而生隙，受之，适合其策，使得归曲而责直[9]。此诚边境安危之原，师旅动静之首，不可不详也。不如勿受，以昭日月之信，抑诈谖之谋，怀附亲[10]之心，便。"上从之，遣问降状，伊邪莫演曰："我病狂，妄言耳。"遣去。归到[11]，官位如故，不肯令见汉使。

沛郡铁官冶铁飞[12]。

1　蠲除：废除，免除。
2　较然：明显貌。
3　钩摭：钩求探取。
4　毛举：琐细地列举。
5　奉献：进贡，进献。
6　接：接见，接待。
7　聘贡：聘问朝贡。
8　自疏：自求与之疏远。
9　归曲而责直：归曲，归罪。责直，责备。
10　附亲：归依，亲附。
11　归到：回到，返回。
12　沛郡铁官冶铁飞：沛郡铁官铸铁的时候发生事故，冶铁炉爆炸，炉中铁汁四处飞散。《汉书·五行志》："沛郡铁官铸铁，铁不下，隆隆如雷声，又如鼓音，工十三人惊走。音止，还视地，地陷数尺，炉分为十，一炉中销铁散如流星。"沛郡，古郡名，辖今安徽省淮河以北，西肥河以东，五河、泗县以西，河南省夏邑、永城及江苏省沛、丰等县地。

夏，楚国雨雹^{大如釜 1}。

徙山阳王康为定陶王。

悉封诸舅为列侯^{王谭为平阿侯，商为成都侯，立为红阳侯，根为曲阳}侯，逢时为高平侯。五人同日封，故世谓之五侯。

免京兆尹王尊官，复以为徐州刺史^{御史大夫张忠奏京兆尹王尊罪，尊}坐免官。吏民多称惜之。湖三老²公乘兴等上书讼："尊治京兆，尽节³劳心，夙夜思职，拨剧整乱⁴，诛暴禁邪，皆前所希有。今御史奏尊'伤害阴阳，为国家忧，靖言庸违，象龚滔天⁵'。原其所以⁶，出御史丞⁷杨辅，素与尊有私怨，外依公事，傅致⁸奏文，臣等窃痛伤。尊修身洁己，砥节首公⁹，刺讥不惧将相，诛恶不避豪强，功著职修，威信不废。昨以京师废乱，选用为卿。贼乱既除，即以佞巧¹⁰废黜。一尊之身，三期¹¹之间，乍贤乍佞，岂不甚哉？愿下公卿、大夫、博士、议郎定尊素行¹²。审如御史章，尊乃当伏观阙¹³之诛，放于无人之域，不得苟免¹⁴。及任举¹⁵尊者，当获选举之辜，不可但已¹⁶。即不如章，饰文深诋¹⁷以诉无罪，亦宜有诛，以惩谗贼之口，绝欺诈之路。"于是复以尊为徐州刺史。

1　釜：古代的一种锅。
2　湖三老：湖县的三老。三老，古代掌教化的乡官。
3　尽节：尽心竭力，保全节操。
4　拨剧整乱：清理繁难的事务，整顿混乱的局面。
5　靖言庸违，象龚滔天：靖言庸违，言语巧饰而行动错乱反常。象龚滔天，外表恭敬，实际傲慢欺天。
6　原其所以：追溯其原因。
7　御史丞：古官名，御史大夫丞的简称，为御史大夫的助理，无独立的职掌。
8　傅致：附益而引致，罗织。
9　砥节首公：砥节，砥砺气节。首公，以公事为先。
10　佞巧：谄佞巧诈。
11　三期：三年。
12　素行：平素之品行。
13　观阙：古代帝王宫门前的两座楼台。
14　苟免：苟且免于伤害。
15　任举：委任举荐，引荐保举。
16　但已：仅此而已。谓不复深究，或就此了事。
17　饰文深诋：巧饰文字，极力诋毁。

西夷相攻。以陈立为牂柯太守，讨平之夜郎王兴、钩町[1]王禹、漏卧[2]侯俞更举兵相攻。议者以为道远不可击，乃遣太中大夫张匡持节和解。兴等不从命。杜钦说大将军凤曰："蛮夷轻易[3]汉使，不惮国威，恐议者选耎[4]，复守和解，则复旷[5]一时，使彼得收猎[6]其众，以相殄灭。自知罪成，狂犯守、尉，远臧[7]温暑毒草之地。虽有孙、吴将，贲、育士[8]，若入水火，往必焦没[9]，智勇亡所施。宜因其罪恶未成，未疑汉家加诛，阴敕旁郡守、尉练士马，大司农豫调谷积要害处，选任职太守往，以秋凉时入，诛其王侯尤不轨者。即以为不毛之地，无用之民，不以劳中国，宜罢郡，放弃其民，绝其王侯，勿复通。如以先帝所立累世之功不可堕坏，亦宜因其萌牙，早断绝之。及已成形然后战师[10]，则万姓[11]被害。"凤于是荐陈立为牂柯太守。立至，谕告兴，兴又不从。立乃从吏数十人出行县。至兴国[12]，召兴至，立数责[13]，因断头。出晓士众，以兴头示之，皆释兵降。禹、俞震恐，入粟、牛、羊劳吏士。西夷遂平。

乙未三年（公元前 26 年）

春，正月，楚王嚣来朝楚孝王嚣，宣帝子，上叔父也。诏以其素行纯茂[14]，特加显异[15]，封其子勋为广戚侯。

二月，犍为地震，山崩，壅，江水逆流。

1　钩町：汉时西南地区地方政权名，辖今云南省玉溪市通海县。
2　漏卧：古县名，故城位于今云南省曲靖市罗平县东。
3　轻易：轻视，简慢。
4　选耎：怯懦不前。选，通"巽"。
5　旷：耽误，荒废。
6　收猎：集结。
7　臧：通"藏"。
8　虽有孙、吴将，贲、育士：即便军事家孙武、吴起为将，古代勇士孟贲、夏育为兵。
9　焦没：被火烧焦和被水淹没，毁灭。
10　战师：出师作战。
11　万姓：万民。
12　兴国：王兴的国家，即夜郎。
13　数责：斥责，责备。
14　纯茂：善美。
15　显异：有显明的差异。

秋，八月晦，日食。

求遗书[1]上以中秘书[2]颇散亡，使谒者陈农求遗书于天下，诏光禄大夫刘向校之。向以王氏权位太盛，而上方向《诗》《书》古文，乃因《尚书·洪范》，集合上古以至秦、汉符瑞、灾异之记，推迹[3]行事，连傅[4]祸福，著其占验[5]，比类[6]相从，各有条目，凡十一篇，号曰《洪范五行传论》，奏之。天子心知向忠精[7]，故为凤兄弟起此论也，然终不能夺王氏权。

河复决，复命王延世塞之河复决平原，流入济南、千乘[8]，所坏败者半建始[9]时。复遣王延世作治[10]，六月乃成。

丙申四年（公元前 25 年）

春，正月，匈奴单于来朝丞相王商多质[11]，有威重，容貌绝人。单于来朝，拜谒商，仰视，大畏之，迁延却退[12]。上闻而叹曰："真汉相矣。"

三月朔，日食。

夏，四月，诏收丞相、乐昌侯王商印绶。商以忧卒琅邪太守杨肜与王凤连昏[13]，其郡有灾害，商按问之。凤以为请，商不听，竟奏免肜，奏请不下。凤以是怨商，阴求其短，使人告商淫乱事，天子以为暗昧之过，不足以伤大臣。凤固争，下其事司隶。太中大夫张匡，素佞巧，复上书极言诋商。有司

1　遗书：散落各地的书籍。
2　中秘书：宫廷藏书。
3　推迹：根据迹象推求。
4　连傅：联系附会。
5　占验：占卜的结果得到应验。
6　比类：比照旧例。
7　忠精：精忠，精诚。
8　千乘：古郡名，辖今山东省滨州市及博兴、高青等县地。
9　建始：汉成帝刘骜的第一个年号，存续时间为公元前 32 至前 28 年。
10　作治：制作。
11　质：朴实，质朴。
12　迁延却退：迁延，徘徊，停留不前貌。却退，后退。
13　连昏：通婚，姻亲。昏，通"婚"。

奏请召诣诏狱。上素重商，知匡言多险[1]，制曰："勿治！"凤固争之。诏收商丞相印绶。商免相三日，发病，欧血，薨，谥戾侯。子弟、亲属皆出补吏，莫得留给事、宿卫者。有司奏请除国邑，召子安嗣侯。

以张禹为丞相上为太子，受《论语》于禹。及即位，赐爵关内侯，拜光禄大夫、给事中，与王凤共领尚书。禹内不自安，数病，上书欲退避凤。上不许，抚待愈厚，遂以为相。

罽宾[2]遣使来献初，武帝通西域，罽宾自以绝远[3]，汉兵不能至，独不服，数剽杀[4]汉使。遣使来谢，孝元以绝域不录[5]，绝而不通。及帝即位，复遣使献，谢罪。汉欲遣使者报，送其使。杜钦说王凤曰："中国所以为通厚[6]蛮夷，慊快[7]其求者，为壤比[8]而为寇也。今县度[9]之厄，非罽宾所能越也；其向慕，不足以安西域；虽不附，不能危城郭。前亲逆节[10]，恶暴西域[11]，故绝而不通。今悔过来，而无亲属贵人，奉献者皆行贾[12]贱人，欲通货市买，以献为名，故烦使者送至县度，恐失实见欺。起皮山[13]，南更[14]不属汉之国四五，时为所侵盗。又历大小头痛之山[15]，赤土、身热之阪，令人身热无色，头痛呕吐。又有三池磐、石阪道，狭者尺六七寸，长者径三十里，临峥嵘[16]不测之深，行者骑步相持，绳索相引，二千余里，乃到县度。险阻危害，不可胜言。圣王分九州，制五服，

1　多险：有很多阴险不实的地方。
2　罽宾：汉时西域国名，位于今阿富汗卡菲里斯坦至喀布尔河中下游之间的河谷平原一带。
3　绝远：极其辽远。
4　剽杀：劫杀。
5　不录：没有记载。
6　通厚：交往厚待。
7　慊快：满足。
8　壤比：地域相邻。
9　县度：汉时西域山名，即今阿富汗兴都库什山，其山溪谷不通，以绳索悬缒而过，故名。
10　亲逆节：亲自冒犯汉朝使节。
11　恶暴西域：罪恶暴露在西域各国面前。
12　行贾：经商。
13　皮山：汉时西域国名，都城位于今新疆和田地区皮山县东南。
14　更：经过。
15　大小头痛之山：古山名，位于揭盘陀国（约为今新疆喀什地区塔什库尔干塔吉克自治县）西南一带，为通往罽宾的险要山道。
16　峥嵘：高峻的山峰。

务盛内¹，不求外。今遣使者承至尊之命，送蛮夷之贾，劳吏士，涉危难，罢敝所恃²以事无用，非久长计也。使者业已受节³，可至皮山而还。"于是凤白，从钦言。罽宾实利赏赐、贾市⁴，其使数年而一至云。

山阳火生石中诏改明年元曰阳朔。

丁酉阳朔元年（公元前 24 年）

春，二月晦，日食。

冬，下京兆尹王章狱，杀之时大将军凤用事，上谦让无所专。左右尝荐刘向少子歆，召见，悦之，欲以为中常侍⁵，召取衣冠。临当拜，左右皆曰："未晓大将军。"上曰："此小事，何须关⁶大将军。"左右叩头争之，上于是语凤，凤以为不可。乃止。王氏子弟分据势官⁷，满朝廷。杜钦见凤专政太重，戒之曰："愿将军由周公之谦惧⁸，损穰侯⁹之威，放武安¹⁰之欲，毋使范睢之徒得间其说。"凤不听。时上无继嗣，体常不平。定陶共王来朝。太后与上承先帝意，遇共王甚厚，不以往事为纤介，留之京师。上谓共王："我未有子，人命不讳¹¹，一朝有他，且不复相见，尔长留侍我矣。"后疾有瘳¹²，共王因留国邸¹³，上甚亲重¹⁴之。凤心不便，会日食，因言："日食，阴盛之象。定陶王当奉藩在国，

1　盛内：本国强盛。
2　所恃：所倚赖的人。
3　受节：受命。
4　贾市：买卖，交易。
5　中常侍：古官名，初为加官，加此得出入禁中，常侍皇帝左右，东汉后改为专职官员，侍从皇帝左右，出入皇宫，赞导宫内诸事，顾问应对。
6　关：通报。
7　势官：有权势的官职。
8　谦惧：谦虚谨慎，小心翼翼。
9　穰侯：战国时秦国大臣魏冉，秦昭襄王之舅。
10　武安：汉武帝的舅舅、武安侯田蚡。
11　不讳：无常。
12　瘳：病愈。
13　国邸：汉诸侯王为朝觐而在京城设立的住所。
14　亲重：亲近器重。

今留侍京师，诡[1]正非常，故天见戒，宜遣之国。"上不得已于凤而许之。王
辞去，上与涕泣而决。王章素刚直敢言，虽为凤所举，非[2]凤专权，不亲附凤，
乃奏封事，言："日食之咎，皆凤专权蔽主之过。"召见延问[3]，对曰："天道聪
明，佑善而灾恶，以瑞异[4]为符效[5]。陛下以未有继嗣，近引定陶王，所以承宗
庙，重社稷，上顺天心，下安百姓，此正议善事，当有祥瑞，何故致灾异？
灾异之发，为大臣专政者也。今闻大将军猥[6]归日食之咎于定陶王，建遣之国。
苟欲使天子孤立于上，专擅朝事以便其私，非忠臣也。且日食，阴侵阳，臣专
君之咎。今政事大小皆自凤出，天子曾不一举手，凤不内省责，反归咎善人，
推远定陶王。且凤诬罔不忠，非一事也。前丞相商，内行[7]笃，有威重，位历
将相，国家柱石臣也，守正不随[8]，为凤所罢，身以忧死，众庶闵之。又凤知其
小妇弟[9]张美人已尝适人，于礼不宜配御[10]至尊，托以为宜子，内之后宫，苟以
私其妻弟。且羌、胡尚杀首子以荡肠正世[11]，况于天子，而近已出之女也？此三
者皆大事，陛下所自见，足以知其余及他所不见者。凤不可令久典事，宜退使
就第，选忠贤以代之。"自凤之白罢商，后遣定陶王也，上不能平。及闻章言，
感寤纳之，谓章曰："微京兆尹直言，吾不闻社稷计。且唯贤知贤，君试为朕
求可以自辅[12]者。"于是章荐琅邪太守冯野王忠信质直[13]，智谋有余。上自为太子

1　诡：欺诈，假冒。
2　非：反对，讨厌。
3　延问：请教询问。
4　瑞异：祥瑞或灾异。
5　符效：表示吉凶的征兆。
6　猥：错。
7　内行：平日家居的操行。
8　不随：指不追随王凤。
9　小妇弟：小妾的妹妹。
10　配御：做帝王的嫔妃。
11　尚杀首子以荡肠正世：崇尚杀死头胎婴儿，以洗女人的肠肚，使未来所生之子血统纯
　　正。首子，长子。
12　自辅：辅佐我。
13　质直：朴实正直。

时，数闻野王名，方倚[1]，欲以代凤。章每召见，上辄辟左右。时凤从弟[2]子音侍中，独侧听[3]，闻章言，以语凤。凤甚忧惧。杜钦令凤称病出就第，上疏乞骸骨，辞指[4]甚哀。太后闻之，垂涕[5]不食。上少而亲倚凤，弗忍废，乃优诏报凤，强起之。于是凤起视事。上使尚书劾章："知野王前以王舅出补吏，而私荐之，阿附[6]诸侯。又知张美人体御至尊[7]，而妄称引羌、胡杀子荡肠，非所宜言。"下章吏。廷尉致其大逆罪，章竟死狱中，妻子徙合浦[8]。自是公卿见凤，侧目而视。野王惧，不自安，遂病。满三月，赐告，归杜陵就医药。凤风御史劾奏："野王赐告养病而私自便，持虎符[9]出界[10]归家，奉诏不敬。"杜钦曰："二千石病，赐告得归，有故事。不得去郡，亡著令[11]。传曰：'赏疑从予[12]。'所以广恩劝功也；'罚疑从去。'所以慎刑，阙难知也[13]。今释令与故事而假不敬之法[14]，甚违'罚疑从去'之意。即以二千石守千里之地，任兵马之重，不宜去郡，将以制刑为后法[15]者，则野王之罪在未制令前。刑赏大信，不可不慎。"凤不听，竟免野王官。时众庶多冤王章讥朝廷者，钦欲救其过，复说凤举直言极谏，并见[16]郎、从官，展尽其意，加于往前，以明示四方，使天下咸知主上圣明，不以言罪下也。凤行其策。

1　方倚：正倚重。
2　从弟：堂弟。
3　侧听：在旁边偷听。
4　辞指：文辞或话语所表达出的含义、感情色彩和风格。
5　垂涕：落泪，哭泣。
6　阿附：逢迎附和。
7　体御至尊：入宫侍奉皇帝。
8　合浦：古郡名，辖今广东新兴、开平等市县西南，广西容县、横县以南及防城港市以东地区。
9　虎符：古代帝王调兵用的凭证，用铜铸成虎形，分为两半，两半都铸有相同的铭文，右半存于朝廷，左半交给带兵将帅，调发军队时须持符验合。
10　出界：越过地界或边界。
11　不得去郡，亡著令：法令中并没有不许离郡的条文。
12　赏疑从予：拿不准该不该赏赐的，姑且给予赏赐。
13　阙难知也：意指免生差错。
14　释令与故事而假不敬之法：不顾法令和旧例，而以不敬的法条治罪。
15　制刑为后法：制定律条作为以后的规范。
16　见：现有的。

以薛宣为左冯翊宣为郡，所至有声迹[1]。宣子惠为彭城[2]令，宣尝过其县，心知惠不能，不问以吏事。或问宣，何不教戒[3]惠以吏职。宣笑曰："吏道以法令为师，可问而知。及能与不能，自有资材[4]，何可学也？"宣为冯翊，属令[5]有杨湛、谢游，皆贪猾[6]不逊。宣察湛有改过之效，乃密书晓之。游自以大儒，轻宣，乃独移书显责之。二人得檄，皆解印绶去。又频阳多盗，令薛恭本孝者，职不办。粟邑[7]僻小[8]易治，令尹赏久用事吏，宣即奏二人换县。数月，两县皆治。宣得吏民罪名，即告其县长吏，使自行罚。曰："不欲代县治，夺贤令、长名也。"宣赏罚明，用法平而必行，所居皆有条教可纪。性密静[9]有思，下至财用笔研[10]，皆用设方略，利用而省费。

戊戌二年（公元前 23 年）

夏，四月，以王音为御史大夫于是王氏愈甚，郡国守相、刺史皆出其门。五侯群弟争为奢侈，赂遗珍宝，四面而至，皆通敏[11]人事，好士养贤，倾财施予以相高尚，宾客竞为之声誉。刘向谓陈汤曰："今灾异如此，而外家日盛，其渐必危刘氏。吾幸得以同姓末属[12]，累世蒙汉厚恩，身为宗室遗老，历事三主。上以我先帝旧臣，每进见，常加优礼[13]。吾而不言，孰当言者？"遂上封事极谏曰："臣闻人君莫不欲安，然而常危；莫不欲存，然而常亡。失御臣之术也。夫

1　声迹：声望与事迹。
2　彭城：古县名，治所即今江苏省徐州市。
3　教戒：教导和训诫。
4　资材：禀赋，资性。
5　属令：下属县令。
6　贪猾：贪婪狡猾。
7　粟邑：古县名，治所位于今陕西省渭南市白水县西北。
8　僻小：偏僻狭小。
9　密静：稳重安详。
10　笔研：即笔和砚台，也泛指文具。
11　通敏：通达聪慧。
12　末属：支属。
13　优礼：优待礼遇。

大臣操权柄，持国政，未有不为害者也。今王氏一姓，乘朱轮华毂[1]者二十三人，大将军秉事用权，五侯骄奢僭盛[2]，并作威福，击断[3]自恣，行污而寄治[4]，身私而托公，依东宫之尊，假甥舅之亲，以为威重。尚书、九卿、州牧、郡守皆出其门，管执[5]枢机，朋党比周。称誉者登进[6]，忤恨者诛伤；游谈[7]者助之说，执政者为之言。排摈宗室，孤弱公族，其有智能者，尤非毁[8]而不进，不令得给事朝省[9]，恐其与己分权。数称燕王、盖主以疑上心，避讳吕、霍而弗肯称。内有管、蔡之萌，外假周公之论，兄弟据重[10]，宗族磐互[11]，外戚僭贵[12]未有如王氏者也。物盛必有非常之变先见，为其人微象[13]。王氏先祖坟墓在济南者，其梓柱[14]生枝叶，扶疏[15]上出屋，根插地中。事势不两大，王氏与刘氏亦且不并立，如下有泰山之安，则上有累卵之危[16]。陛下为人子孙，守持宗庙，而令国祚[17]移于外亲，降为皂隶[18]，纵不为身，奈宗庙何？妇人内夫家而外父母家，此亦非皇太后之福也。宜发明诏，援近[19]宗室，黜远外戚。王氏永存，保其爵禄；刘氏长安，不失社稷。所以褒睦[20]外内之姓，子子孙孙无疆[21]之计也。如不行此策，田氏复见于今，六卿必起于汉，为后嗣忧，昭昭甚明。唯陛下深留圣思。"书奏，天子召见向，叹息

1　朱轮华毂：古代王侯贵族乘坐的装饰华丽的车子，比喻显贵。毂，车轮中心的圆木。
2　僭盛：越礼而嚣张。
3　击断：专断，决断。
4　寄治：假托公义之名。
5　管执：执掌。
6　登进：举用，进用。
7　游谈：游说。
8　非毁：诽谤，诋毁。非，通"诽"。
9　朝省：朝廷。
10　据重：占据要位。
11　磐互：交相连结。
12　僭贵：越分而显贵。
13　微象：幽微的先兆。
14　梓柱：梓木做的柱子。
15　扶疏：枝叶茂盛的样子。
16　累卵之危：好比堆叠起来的蛋，极容易打碎。比喻情况极其危险。累，堆积。
17　国祚：皇位，国运。
18　皂隶：古代贱役。
19　援近：引进。
20　褒睦：褒美和睦。
21　无疆：无穷，永远。

悲伤其意，曰："君且休矣，吾将思之。"然终不能用其言。

　　秋，关东大水。

　　定陶王康卒谥曰恭。

　　徙信都王兴为中山王。

己亥三年（公元前 22 年）

　　春，三月，陨石东郡八。

　　夏，六月，颍川铁官徒[1]作乱，讨平之颍川铁官徒申屠圣等百八十人杀长吏，盗库兵，自称将军，经历九郡。遣丞相长史、御史中丞逐捕，以军兴[2]从事，皆伏辜。

　　秋，八月，大司马、大将军凤卒。九月，以王音为大司马、车骑将军。诏王谭位特进[3]，领城门兵凤疾病，上临问之，执手涕泣曰："将军病，如有不可言，平阿侯谭次将军矣。"凤顿首泣曰："谭等虽至亲，行皆奢僭，不如御史大夫音谨敕[4]，臣敢以死保之。"初，谭倨，不肯事凤，而音敬凤，卑恭[5]如子，故凤荐之。凤薨，上以音代凤，而诏谭领城门兵。由是谭、音相与不平[6]。

庚子四年（公元前 21 年）

　　夏，四月，雨雪。

　　以王骏为京兆尹先是，京兆有赵广汉、张敞、王尊、王章，至骏，皆有能名[7]。故京师称曰："前有赵、张，后有三王。"

1　铁官徒：汉代在铁官从事冶铁生产的刑徒。
2　军兴：即军兴法，战时的法令制度。
3　特进：古官名，初为对大臣的优待名义，位在三公下，得自辟僚属。东汉为加官，从本官车服，无吏卒，唯食其禄赐，列其班位。三国两晋南北朝成为正式加官名号，用以安置闲退大臣。
4　谨敕：谨慎自饬，约束自己的言行。
5　卑恭：谦卑恭逊。
6　相与不平：相与，相处。不平，不和，不睦。
7　能名：能干的名声。

卷

七

起辛丑汉成帝鸿嘉元年，尽壬戌[1]汉平帝元始二年凡二十二年。

辛丑**鸿嘉元年**（公元前 20 年）

春，正月，以薛宣为御史大夫御史大夫缺，谷永言："帝王之德，莫大于知人。知人则百僚任职，天工[2]不旷。御史大夫任重职大，非庸才所能堪。少府宣达[3]于从政，举错时当，经术文雅[4]，足以谋王体[5]，断国论[6]，身兼数器。唯陛下留神考察。"上从之。

二月，更以新丰戏乡为昌陵县，奉初陵。

帝始为微行上始为微行，从期门郎[7]或私奴[8]，或乘小车，或皆骑，出入市里郊野，远至旁县，斗鸡走马，常自称富平侯家人。富平侯者，侍中张放也，宠幸无比，故假称之。

三月，丞相禹罢。夏，四月，以薛宣为丞相禹以老病罢，朝朔望，位特进，赏赐甚厚。宣为相，官属讥其烦碎无大体，不称贤也。

匈奴复株累若鞮单于死，弟搜谐若鞮单于立。

壬寅**二年**（公元前 19 年）

春，三月，飞雉[9]集未央宫承明殿博士行大射礼[10]。有飞雉集于庭，登堂而雊[11]。又集太常、宗正、丞相、御史、车骑府，又集未央宫承明殿。王音言

1　壬戌：即公元 2 年。
2　天工：天的职任。古以为王者法天而建官，代天行职事。
3　达：通晓。
4　经术文雅：经术，经学。文雅，文教。
5　王体：朝廷的大政方针。
6　国论：有关国家大计的言论、主张。
7　期门郎：古官名，亦称期门，郎官之一种，掌持载送从，后掌值班宿卫。汉武帝以微行，选材力之士执兵送从，期之诸门，故名期门。
8　私奴：私家蓄养以供使唤的奴仆。
9　雉：野鸡。
10　大射礼：天子、诸侯祭祀前选择参加祭祀的人而举行的礼仪。
11　雊：野鸡叫。

曰："天地之气，以类相应，谴告[1]人君，甚微而著。雉者听察[2]，先闻雷声，故经载'高宗雊雉'之异，以明转祸为福之验。今以博士行礼之日大众聚会，飞集于庭，历阶登堂，历三公之府，典宗庙骨肉之官，然后入宫，其宿留告晓人[3]，具备[4]深切。虽人道相戒，何以过是？"后帝使诏音曰："闻捕得雉，毛羽颇摧折，类拘执者，得无[5]人为之？"音复对曰："陛下安得亡国之语？不知谁主为佞谄[6]之计，诬乱[7]圣听如此。陛下即位十五年，继嗣不立，日日驾车而出，失行流闻[8]，海内传之，甚于京师。皇天数见灾异，欲人变更，尚不能感动陛下，臣子何望？独有极言[9]待死，命在朝暮而已。如有不然，老母安得处所，尚何皇太后之有？高祖天下当以谁属乎？宜谋于贤智，克己复礼[10]，以求天意，则继嗣尚可立，灾变尚可销[11]也。"

夏，徙郡国豪杰于昌陵[12]初，元帝俭约，渭陵不复徙民起邑。帝起初陵，数年后乐霸陵曲亭南，更营之。将作大匠[13]解万年奏请为初陵，徙民起邑。上从其言，起昌陵邑，徙郡国豪杰五千户于昌陵。

五月，陨[14]石于杜邮三。

癸卯**三年**（公元前18年）

夏，大旱。

1　谴告：谴责警告。
2　听察：听觉敏锐。
3　其宿留告晓人：野鸡通过自己的停留告诫人们的内容。
4　具备：齐备，完备。
5　得无：岂非，莫不是。
6　佞谄：谄媚奉承。
7　诬乱：欺诳惑乱。
8　失行流闻：失行，错误的行为。流闻，辗转相闻，流播。
9　极言：竭力陈说。
10　克己复礼：约束自己，使所做的每件事都符合礼的规范。
11　销：通"消"，消散，消失。
12　昌陵：未启用的汉成帝陵寝，遗址位于今陕西省西安市临潼区许王村南。
13　将作大匠：古官名，将作监的长官，职掌宫室、宗庙、陵寝及其他土木营建。
14　陨：从高处掉下，坠落。

王氏五侯有罪，诣阙谢，赦，不诛王氏五侯争以奢侈相尚。商尝病，欲避暑，从上借明光官。后又穿城引水，注第中大陂[1]以行船。上幸商第，见而衔之。后微行出，过曲阳侯第，又见园中土山、渐台[2]，象白虎殿，于是怒，以让车骑将军音。商、根欲自鼷、剸以谢太后。上大怒，使尚书责问司隶、京兆，知商等奢僭不轨，阿纵不举奏。又赐音策书[3]曰："外家何甘乐祸败，而欲自鼷、剸，相戮辱于太后前，伤慈母之心，以危乱国家？今将一施之，君其召诸侯，令待府舍！"是日，诏尚书奏文帝时诛将军薄昭故事。音藉稿[4]请罪，商、立、根皆负斧质谢[5]，良久乃已。上特欲恐之，实无意诛也。

冬，十一月，废皇后许氏初，许皇后与班倢伃皆有宠。上尝游后庭，欲与倢伃同辇，辞曰："观古图画，圣贤之君皆有名臣在侧，三代末主[6]乃有嬖妾[7]。今欲同辇，得无近似之乎？"上善其言而止。太后闻之，喜曰："古有樊姬[8]，今有班倢伃。"后上微行过阳阿主家，悦歌舞者赵飞燕，召入宫，大幸。有女弟，复召入。姿性尤醲粹[9]，左右见之，皆啧啧嗟赏[10]。有宣帝时披香博士淖方成在帝后，唾曰："此祸水也，灭火必矣。"姊、弟俱为倢伃，贵倾后官。于是僭告许皇后、班倢伃祝诅主上。许后废处昭台官，考问[11]班倢伃，对曰："妾闻：'死生有命，富贵在天。'修正[12]尚未蒙福，为邪欲以何望？使鬼神有知，不受不臣之诉。如其无知，诉之何益？故不为也。"上善其对，赦之，倢伃恐久见危，乃求供养太后于长信官。上许焉。

1　陂：池塘。
2　渐台：渐，浸也。台在池中，为水所浸，故曰渐台。
3　策书：古代书写帝王任免官员等命令的简策。
4　藉稿：坐卧在草席上，表示谢罪待刑。稿，草席。
5　负斧质谢：背着刀斧和砧板谢罪，表示甘愿受罚。
6　末主：末代君主。
7　嬖妾：爱妾。
8　樊姬：楚庄王的王后。樊姬为了劝阻楚庄王不要因打猎玩物丧志，就不吃禽兽肉，以此来打动楚庄王。
9　姿性尤醲粹：姿性，品行，性格。醲粹，清雅美好。
10　嗟赏：赞赏，叹赏。
11　考问：拷打审问。
12　修正：遵行正道。

广汉郑躬等作乱。

甲辰四年（公元前 17 年）

秋，河水溢渤海、清河、信都[1]河水溢溢[2]，灌县邑三十一，败官亭、民舍四万余所。平陵李寻等奏言："议者常欲求索九河故迹而穿之，今因其自决，可且勿塞，以观水势。河欲居之，当稍自成川[3]，挑出沙土。然后顺天心而图之，必有成功，而用财力寡。"于是遂止不塞。朝臣数言百姓可哀，上遣使者处业振赡[4]之。

冬，以赵护为广汉太守，讨郑躬等，平之郑躬等犯历四县，众且万人，州郡不能制。至是以护为广汉太守，发郡兵击之，或相捕斩除罪[5]，旬月平。

王谭卒，诏王商位特进，领城门兵平阿侯谭薨。上悔前废之，乃复诏成都侯商以特进领城门兵，置幕府，得举吏[6]如将军。杜邺说音："宜承圣意，加异往时，每事凡议，必与及之。"音由是与商亲密。

乙巳永始元年（公元前 16 年）

夏，四月，封赵临为成阳侯。下谏大夫刘辅狱，为鬼薪[7]论上欲立赵倢伃为皇后，皇太后嫌其所出微甚，难之。太后姊子淳于长往来通语[8]，岁余乃许之。上先封倢伃父临为成阳侯。谏大夫刘辅上言："臣闻天之所兴，必先赐

1　信都：古郡名，辖今河北冀州、深州、武邑、枣强、衡水、南宫、景县等县市及山东德州市的一部分地。
2　溢溢：水汹涌泛滥。
3　川：河流。
4　处业振赡：处业，使人安居并有谋生之业。振赡，救济，帮助。
5　除罪：开脱罪责。
6　举吏：举荐官吏。
7　鬼薪：秦汉时徒刑名，因最初为宗庙采薪而得名，从事官府杂役、手工业生产以及其它重体力劳动等。
8　通语：传达话语。

以符瑞[1]；天之所违，必先降以灾变。此自然之占验也。昔武王、周公，承顺天地以飨鱼乌之瑞[2]，然犹君臣祗惧[3]，动色[4]相戒。况于季世，不蒙继嗣之福，屡受威怒之异者虖？虽夙夜自责，改过易行，畏天命，念祖业，妙选有德之世，考卜窈窕之女[5]，以承宗庙，顺神祇[6]心，塞天下望，子孙之祥，犹恐晚暮。今乃触情纵欲，倾于卑贱之女，欲以母天下，不畏于天，不愧于人，惑莫大焉。里语[7]曰：'腐木不可以为柱，卑人不可以为主。'天人之所不予，必有祸而无福。市道[8]皆共知之，朝廷莫肯一言，臣窃伤心，不敢不尽死。"书奏，诏收缚，系掖庭秘狱[9]。于是将军辛庆忌、廉褒，光禄勋师丹，太中大夫谷永俱上书曰："臣闻明主垂宽容之听，不罪狂狷[10]之言，然后百僚竭忠，不惧后患。窃见刘辅前以县令求见，擢为谏大夫，旬月之间下秘狱。臣等愚以为辅幸得托公族之亲，在谏臣之列，新从下土[11]来，未知朝廷体，独触忌讳，不足深过。如有大恶，宜暴治理官[12]，与众共之。今天心未豫[13]，灾异屡降，水旱迭臻，方当隆宽广问、褒直尽下[14]之时也，而行惨急[15]之诛于谏争之臣，震惊群下，失忠直心。假令辅不坐直言，所坐不著，天下不可户晓[16]。公卿以下，见陛下进用辅，亟而折

---

1 符瑞：吉祥的征兆，多指帝王受命的征兆。
2 鱼乌之瑞：即白鱼赤乌，白色的鱼，红色的鸟，祥瑞之兆。典出《史记·周本纪》："武王渡河，中流，白鱼跃入王舟中，武王俯取以祭。既渡，有火自上复于下，至于王屋，流为乌，其色赤，其声魄云。"
3 祗惧：敬惧，小心谨慎。
4 动色：脸上显出受感动的表情。
5 妙选有德之世，考卜窈窕之女：精选品德高尚的家族，从中通过占卜挑选合适的窈窕淑女。妙选，精选。考卜，以龟卜决疑。
6 神祇：泛指一切神明。神，天神。祇，地神。
7 里语：俗语俚词。
8 市道：市井及道路之人，普通人。
9 掖庭秘狱：在汉代专指幽囚罪人于皇宫掖庭而不作公开审理的监狱。
10 狂狷：放纵而不遵礼法的人。
11 下土：偏远的地方。
12 暴治理官：公开揭露，让执法官员去查办。
13 豫：欢喜，快乐。
14 隆宽广问、褒直尽下：施恩宽容，广求建议，褒奖直言，使臣下尽言。
15 惨急：严刻峻急。
16 户晓：户户晓喻。

伤之暴，人有惧心，精锐销耎[1]，莫敢尽节忠言，非所以昭有虞[2]之听，广德美之风。臣等窃深伤之，唯陛下留神省察。"上乃徙系辅共工狱[3]，减死[4]一等，论为鬼薪。

五月，封太后弟子莽为新都侯太后兄弟八人，独弟曼早死，不侯。子莽幼孤，不及等比[5]。其群兄弟皆将军、王侯子，乘时[6]侈靡，以舆马、声色、佚游[7]相高。莽因折节为恭俭，勤身博学，被服如儒生。事母及寡嫂，养孤兄子，行甚敕备[8]。又外交英俊，内事诸父，曲有礼意[9]。大将军凤病，莽侍疾，亲尝药，乱首垢面，不解衣带连月。凤且死，以托太后及帝，拜黄门郎[10]。久之，成都侯商又请分户、邑封莽。当世名士戴崇、金涉、陈汤亦咸为莽言，由是封为新都侯，迁骑都尉、光禄大夫、侍中。宿卫谨敕，爵位益尊，节操[11]愈谦。振施[12]宾客，家无所余。收赡[13]名士，交结将相。故在位更推荐之，虚誉隆洽[14]，倾[15]其诸父矣。敢为激发[16]之行，处之不惭恶[17]。尝私买侍婢，昆弟怪之，莽因曰："后将军朱子元无子，莽闻此儿种宜子，为买之。"即日以婢奉博[18]，其匿情求名如此。

六月，立倢伃赵氏为皇后后既立，宠少衰，而其女弟绝幸[19]，为昭仪，居

---

1 销耎：削弱。
2 有虞：指大舜。
3 共工狱：古监狱名，属少府，入狱者要强制服劳役，制作兵器及纺织布匹。
4 减死：减免死刑。
5 等比：同辈，同列。
6 乘时：乘机，趁势。
7 佚游：逸游，放纵游荡而无节制。
8 敕备：谨慎周备。
9 曲有礼意：即便小事，也不忘礼仪。曲，细，细小。
10 黄门郎：古官名，供职于宫门之内的郎官，因宫禁之门黄闼，故称黄门郎或黄门侍郎。
11 节操：气节操守。
12 振施：救济布施。
13 收赡：收养。
14 隆洽：隆盛周遍。
15 倾：超过，胜过。
16 激发：矫揉造作。
17 惭恶：羞惭。
18 博：即朱博，字子元。
19 绝幸：空前受宠。

昭阳宫，皆以黄金、白玉、明珠、翠羽[1]饰之，自后宫未尝有焉。后居别馆[2]，多通[3]侍郎、宫奴多子者，然卒无子。光禄大夫刘向以为王教由内及外，自近者始，于是采取《诗》《书》所载贤妃、贞妇兴国显家及孽嬖[4]为乱亡者，序次[5]为《列女传》，及采传、记、行事[6]，著《新序》《说苑》，奏之。数上疏言得失，陈法戒[7]。上虽不能尽用，然内嘉其言，常嗟叹[8]之。

秋，七月，诏罢昌陵，反故陵，勿徙吏民昌陵制度奢泰[9]，久而不成。刘向上疏曰："自古及今，未有不亡之国。孝文皇帝尝美石椁之固，张释之曰：'使其中有可欲，虽锢南山犹有隙。'夫死者无终极，而国家有废兴，故释之之言为无穷计也。黄帝、尧、舜、禹、汤、文、武、周公，丘垅[10]皆小，葬具甚微。其贤臣、孝子亦承命顺意而薄葬之，此诚奉安[11]君父，忠孝之至也。孔子葬母于防[12]，坟四尺。延陵季子葬其子，封坟掩坎[13]，其高可隐。故仲尼孝子而延陵慈父，舜、禹忠臣，周公弟弟[14]，其葬君、亲、骨肉皆微薄，非苟为俭，诚便于体也。秦始皇帝葬于骊山之阿，下锢三泉，上崇[15]山坟。数年之间，项籍燔其宫室营宇[16]，牧儿持火照求亡羊，失火烧其藏椁。是故德弥厚者葬弥薄，知愈深者葬愈微。无德寡知其葬愈厚，丘垅弥高，宫庙甚丽，发掘必速。陛下始营初陵，其制约小，天下莫不称贤。及徙昌陵，积土为山，发民坟墓，营起邑

1　翠羽：翠鸟的羽毛，古代多用作饰物。
2　别馆：帝王在京城主要宫殿以外巡幸用的宫室。
3　通：私通。
4　孽嬖：宠姜。
5　序次：编次。
6　行事：所行之事实。
7　法戒：楷式和鉴戒。
8　嗟叹：叹息。
9　奢泰：奢侈。
10　丘垅：荒地，此代指墓地。
11　奉安：安置神像、神位等。
12　防：古山名，位于今山东省济宁市辖曲阜市东。孔子父母葬于防山之阴。
13　封坟掩坎：封坟，增修坟墓。掩坎，墓穴。
14　弟弟：悌弟，言弟能敬顺兄长。
15　崇：高。
16　营宇：宫室。

居[1]，期日迫卒[2]。以死者为有知，发人之墓，其害多矣。若其无知，又安用大？谋之贤智则不悦，以示众庶则苦之。若苟以悦愚夫淫侈之人，又何为哉？初陵之模[3]，宜从公卿大夫之议，以息众庶。"上感其言。初，解万年自诡昌陵三年可成，卒不能就，群臣多言其不便者。下有司议，皆曰："昌陵因卑为高，度便房[4]犹在平地上客土[5]之中，浅外不固。卒徒万数，然脂[6]夜作，取土东山，与谷同贾。故陵因天性，据真土，处势高敞[7]，旁近祖考[8]，前又已有十年功绪[9]，宜还复故陵，勿徙民，便。"诏曰："朕执德不固，谋不尽下，过听万年言'昌陵三年可成'，作治五年，天下虚耗，百姓罢劳，客土疏恶[10]，终不可成。朕惟其难，悢然[11]伤心。夫过而不改，是谓过矣。其罢昌陵，反故陵，勿徙吏民，令天下毋有动摇之心。"

封萧何六世孙喜为酂侯。

八月，太皇太后王氏崩。

九月，黑龙见东莱。

是月晦，日食。

丙午二年（公元前 15 年）

春，正月，大司马、车骑将军音卒王氏唯音为修整[12]，数谏正[13]，有忠

1　邑居：里邑住宅。
2　期日迫卒：期日，约定的天数。迫卒，同"迫猝"，仓促，急促。
3　模：法式，标准。
4　便房：古代帝王、诸侯王等墓葬中象征生人卧居之处的建筑，棺木即置其中。重臣死后，亦有受赐而享此殊遇者。
5　客土：从外地移来的土。
6　然脂：泛指点燃火炬、灯烛之属。
7　高敞：地势高，空间开阔。
8　祖考：祖先。
9　功绪：事功，功绩。
10　疏恶：粗劣。
11　悢然：畏惧的样子。
12　修整：言行端正谨慎，不违礼法。
13　谏正：谏净，规劝。

直节。

二月，星陨如雨。是月晦，日食谷永为凉州刺史，奏事京师讫[1]，当之部[2]。上使尚书问永，受所欲言。永对曰："臣闻王天下、有国家者，患在上有危亡之事，而危亡之言不得上闻。如使危亡之言辄上闻，则商、周不易姓而迭兴矣。陛下诚垂宽明[3]之听，无忌讳之诛，使刍荛[4]之臣得尽所闻于前，群臣之上愿[5]，社稷之长福也。去年九月，龙见而日食。今年二月，星陨而日食。六月之间，大异四发，三代之末，未尝有也。臣闻三代所以陨丧[6]者，皆由妇人与群恶，沉湎于酒。秦所以亡者，养生泰[7]奢，奉终泰厚也。二者，陛下兼而有之，臣请略陈其效。建始、河平[8]之际，许、班之贵，熏灼[9]四方，女宠至极，不可上矣。今之后起，十倍于前。废先帝法度，听用其言，官秩[10]不当，纵释王诛[11]，骄其亲属，假之威权[12]，从横乱政，刺举[13]之吏，莫敢奉宪[14]。又以掖庭狱大为乱阱[15]，榜棰瘼于炮烙[16]，绝灭人命，主为赵李[17]报德复怨。反除白罪[18]，多系无辜，生入死出者，不可胜数。是以日食再既[19]，以昭其辜。王者先必自绝，然后天绝之。陛下弃万乘之至贵，乐家人之贱事；厌高美之尊号，好匹夫之卑字。崇

---

1 讫：完毕。
2 之部：回到自己的驻地。之，到，往。
3 宽明：宽大圣明。
4 刍荛：割草打柴之人，也泛指草野之人。
5 上愿：最大的愿望。
6 陨丧：失陷。
7 泰：通"太"。
8 河平：汉成帝刘骜年号，存续时间为公元前28至前25年。
9 熏灼：喻声威气势逼人。
10 官秩：官吏的职位或依品级而定的俸禄。
11 王诛：王法之当诛灭者。
12 威权：威势和权力。
13 刺举：检举。
14 奉宪：奉行法令。
15 乱阱：关押、乱捕人犯的坑阱。
16 榜棰瘼于炮烙：榜棰，鞭笞拷打。瘼，痛。炮烙，古时的一种酷刑，把人绑在烧红的铜柱上烫死。
17 赵李：汉成帝皇后赵飞燕及汉武帝李夫人的并称，二人都以能歌善舞受到天子宠爱。
18 反除白罪：反而除去罪行已查清的人的罪名。白罪，罪行已查清的人。
19 日食再既：日食再次食尽。既，尽。

聚¹僄轻²无义小人以为私客，数离深宫之固，挺身相随，乌集³吏民之家，乱服共坐，流湎媟嫚⁴，典门户、奉宿卫之臣执干戈而守空宫，公卿百僚不知陛下所在，积数年矣。王者以民为基，民以财为本，财竭则下畔，下畔则上亡。是以明王爱养基本，不敢穷极。今陛下轻夺民财，不爱民力，去高敞初陵，改作昌陵，靡敝天下，五年不成而后反故。百姓怨恨，饥馑仍臻。上下俱匮⁵，无以相救。汉兴九世，继体⁶之主皆承天顺道，遵先祖法度。至于陛下，独违道纵欲，轻身⁷妄行，无继嗣之福，有危亡之忧。为人后嗣，守人功业如此，岂不负⁸哉？方今社稷宗庙、祸福安危之机在于陛下，陛下诚肯昭然远寤，专心反道⁹，旧愆毕改，新德既章，则大异庶几可销，天命庶几可复，社稷宗庙庶几可保。唯陛下留神反复，熟省¹⁰臣言。"帝性宽，好文辞，而溺于燕乐，皆皇太后与诸舅所常忧。至亲难数言，故推永等使因天变切谏，而劝上纳用之。永自知有内应，展意无所依违¹¹，每言事辄见答礼¹²。至上此对，上大怒。王商密擿¹³永，令发去。上使侍御史收永，敕过交道厩¹⁴者勿追。御史不及永，还。上意亦解。

　　三月，以王商为大司马、卫将军。

　　侍中张放以罪左迁北地都尉上尝与张放等宴饮禁中，皆引满举白¹⁵，谈笑

1　崇聚：聚合，聚集。
2　僄轻：敏捷轻浮。
3　乌集：乌合。
4　流湎媟嫚：流湎，放纵无度。媟嫚，轻薄，不庄重。
5　匮：缺乏，空乏。
6　继体：泛指继位。
7　轻身：不珍重自己的生命。
8　负：辜负，对不起人。
9　反道：回归正道。
10　熟省：周密地审察。
11　依违：模棱两可，犹豫。
12　答礼：回礼，还礼。
13　密擿：秘密指使。擿，指使。
14　交道厩：古地名，位于今陕西省咸阳市西北。
15　引满举白：引满，斟酒满杯而饮。举白，举杯告尽，干杯。

大噱[1]。时乘舆幄坐屏风，画纣醉踞妲己，作长夜之乐[2]。侍中班伯久疾新起[3]，上顾，指画而问曰："纣为无道，至于是乎？"对曰："《书》云：'乃用妇人之言。'何有踞肆[4]于朝？所谓众恶归之，不如是之甚者也。"上曰："苟不若此，此图何戒？"对曰："'沉湎于酒'，《微子》所以告去也。'式号式呼[5]'，《大雅》所以流连[6]也。《诗》《书》淫乱之戒，其原皆在于酒。"上乃喟然叹曰："吾久不见班生，今日复闻谠言[7]。"放等不怿，稍自引起更衣[8]，因罢出。后上朝东宫，太后泣曰："帝间颜色瘦黑。班侍中本大将军所举，宜宠异[9]之。益求其比[10]，以辅圣德。遣富平侯且就国。"上曰："诺。"上诸舅闻之，以风丞相、御史，奏放罪恶，请免就国。上不得已，左迁放为北地都尉。后诏归侍母疾，复出为河东都尉。上虽爱放，然上迫太后，下用大臣，故常涕泣而遣之。

冬，十一月，策免丞相宣及御史大夫翟方进。复以方进为丞相，孔光为御史大夫邛成太后[11]之崩，丧事仓卒，吏赋敛以趋办，上以过[12]丞相、御史。册免宣为庶人，御史大夫翟方进左迁执金吾。丞相官缺，群臣多举方进者，上亦器[13]其能，擢方进为丞相，以孔光为御史大夫。方进以经术进，其为吏，用法刻深，任势立威，峻文深诋[14]，中伤甚多。有言其挟私诋欺[15]不专平[16]者，上

---

1 大噱：大笑。
2 时乘舆幄坐屏风，画纣醉踞妲己，作长夜之乐：有一次天子乘车，坐于帷帘之中，看屏风上的画，上面画着商纣王醉后倚靠在妲己身上，通宵寻欢作乐。长夜，通宵。
3 久疾新起：生了很长时间的病，刚刚起用。
4 踞肆：傲慢，放肆无礼。
5 式号式呼：狂呼乱叫。式，语气词，无实义。
6 流连：哭泣流泪貌。
7 谠言：正直之言，直言。
8 更衣：古时大小便的婉辞。
9 宠异：帝王给以特殊的尊崇或宠爱。
10 比：同类。
11 邛成太后：汉宣帝刘询的第三个皇后王氏。
12 过：怪罪，责难。
13 器：器重。
14 峻文深诋：峻文，苛细的法律条文。深诋，极力诋毁。
15 诋欺：毁谤丑化。
16 专平：公平。

以方进所举应科[1]，不以为非也。光领尚书、典枢机十余年，守法度，修故事。上有所问，据经法，以心所安而对，不希指苟合[2]。如或不从，不敢强谏争，以是久而安。时有所言，辄削草稿，以为彰主之过以奸忠直，人臣大罪也。有所荐举，唯恐其人之闻知。沐日归休[3]，兄弟妻子燕语[4]，终不及朝省政事。或问光："温室[5]省中树，皆何木也？"光嘿[6]不应，更答以他语，其不泄如是。

免关内侯陈汤为庶人，徙敦煌卫将军王商恶陈汤，奏汤妄言黑龙冬出，微行数出之应。廷尉奏汤非所宜言，大不敬。诏以汤有功，免为庶人，徙边[7]。

赐淳于长爵关内侯上以赵后之立，长有力焉，德之。诏以长尝白罢昌陵，下公卿议封之。光禄勋平当以为："长虽有善言，不应封爵之科。"当坐左迁巨鹿[8]太守。遂下诏赐长爵，后竟封为定陵侯。

丁未三年（公元前 14 年）

春，正月晦，日食。

冬，十月，**复泰畤、汾阴、五畤、陈宝祠**初，帝用匡衡议，罢甘泉泰畤。其日，大风坏甘泉竹官，折拔畤[9]中树木十围[10]以上百余。帝异之，以问刘向。对曰："家人尚不欲绝种祠[11]，况于国之神宝旧畤？且其始立，皆有神祇感应，诚未易动。"上意恨之，又以久无继嗣，白太后，令诏有司复甘泉泰畤、汾阴后土如故，及雍五畤、陈宝祠、长安及郡国祠著明者，皆复之。是时，上颇好鬼神、方术之属，上书言祭祀方术得待诏者甚众，祠祭用费多。谷永说上曰："臣闻

1　应科：符合法律条文。
2　希指苟合：希指，迎合在上者的意旨。苟合，附和，迎合。
3　沐日归休：沐日，官员休假日。归休，回家休息。
4　燕语：宴饮叙谈。
5　温室：古宫殿名，此处代指宫廷。
6　嘿：通"默"。
7　徙边：古代刑罚名，将犯人流放到边境服劳役。
8　巨鹿：古郡名，辖今河北省滹沱河以南，平乡以北，柏乡以东，辛集、新河以西地。
9　畤：古代祭祀天地五帝的固定处所。
10　十围：形容粗大。围，两只胳膊合拢起来的长度。
11　种祠：立祠祀奉祖宗。

明于天地之性，不可惑以神怪；知万物之情，不可罔以非类[1]。诸背仁义之正道，不遵五经之法言[2]，而盛称奇怪鬼神及有仙人，服食不终之药[3]，遥兴轻举、黄冶[4]变化之术者，皆奸人惑众，挟左道[5]，怀诈伪，以欺罔世主。听其言，洋洋满耳，若将可遇。求之，荡荡如系风捕影，终不可得。是以明王拒而不听，圣人绝而不语。唯陛下拒、绝此类，毋令奸人有以窥朝[6]者！"上善其言。

杨氏曰：人情狃于祸福而易动，鬼神隐于无形而难知。以易动之情，稽难知之理，而欲正百年之谬，宜乎其难矣。以刘向之贤，犹溺于习见[7]，况余人乎？

十一月，陈留[8]樊并、山阳铁官徒苏令等作乱，皆捕斩之。

故南昌[9]尉梅福上书，不报[10]福数因县道[11]上变事，辄报罢[12]。至是，复上书曰："昔高祖纳善若不及，从谏若转圜[13]，听言不求其能，举功不考其素，故天下之士云合[14]归汉。知者竭其策，愚者尽其虑，勇士极其节，怯夫勉其死。合天下之知，并天下之威，是以举秦如鸿毛，取楚若拾遗，此高祖所以无敌于天下也。孝文皇帝循高祖之法，加以恭俭，天下治平。孝武皇帝好忠谏[15]，悦至言[16]，出爵不待廉茂[17]，庆赐[18]不须显功，是以天下布衣各厉志竭精以赴阙廷[19]，汉家

1　非类：不同的种类。
2　法言：合乎礼法的言论。
3　不终之药：不死药。
4　轻举、黄冶：轻举，飞升，登仙。黄冶，道教语，谓用丹砂炼成黄金。
5　左道：邪门歪道。
6　窥朝：窥伺朝廷，伺机篡权。
7　习见：经常所见。
8　陈留：古郡名，辖今河南省开封市及尉氏县以东，宁陵县以西，延津、长垣县以南，杞县、睢县以北地。
9　南昌：古县名，治所位于今江西省南昌市东。
10　不报：不批复，不答复。
11　县道：汉制，邑有少数民族杂居者称道，无者称县。
12　报罢：批复所言之事作罢，即言事不批准。
13　转圜：转动圆形器物。常用以代指便易迅速之事。
14　云合：云集，集合。
15　忠谏：忠诚的劝谏。
16　至言：富有哲理而合情合理的话。
17　廉茂：孝廉与茂材的并称。
18　庆赐：赏赐。
19　阙廷：朝廷。

得贤，于此为盛。使孝武听用其计，升平[1]可致。于是积尸暴骨，快心胡、越，故淮南王安缘间[2]而起，所以计虑不成而谋议泄者，以众贤聚于本朝，故其大臣势陵[3]，不敢和从[4]也。方今布衣乃窥国家之隙，见间而起者，蜀郡[5]是也。及山阳徒苏令之群，蹈藉[6]名都大郡，求党与，索随和[7]，而亡逃匿之意，此皆轻量[8]大臣，无所畏忌，国家之权轻，故匹夫欲与上争衡也。士者，国之重器。得士则重，失士则轻。《诗》云：'济济多士，文王以宁。'臣数上书求见，辄复报罢。臣闻齐桓之时，有以九九[9]见者，桓公不逆，欲以致大也[10]。今臣所言，非特九九也。陛下拒臣者三矣，此天下士所以不至也。今欲致天下之士，有上书者，辄使诣尚书问其所言。言可采取者，秩以升斗之禄，赐以一束之帛。若此，则天下之士发愤懑[11]，吐忠言，嘉谟[12]日闻于上，天下条贯，国家表里，烂然[13]可睹矣。夫以四海之广，士民[14]之数，能言之类至众多也。然其俊杰指世陈政，言成文章，质之先圣而不谬，施之当世合时务，若此者亦无几人。故爵禄者，天下之砥石[15]，高祖所以厉世磨钝[16]也。今陛下既不纳天下之言，又加戮焉。夫鸢鹊遭害，则仁鸟增逝[17]；愚者蒙戮，则智士深退。间者愚民上疏，多触不

1　升平：太平。
2　缘间：利用机会。
3　陵：日见衰微。
4　和从：附和顺从。
5　蜀郡：古郡名，辖今四川省成都市以西，松潘县以南，汉源、九龙县以北，康定县以东地。
6　蹈藉：践踏，蹂躏。
7　随和：应和、依附者。
8　轻量：轻视，小看。
9　九九：算术乘法名，以一至九每两个数字顺序相乘，上古时系由九九而至一一，故称"九九乘法"。
10　桓公不逆，欲以致大也：齐桓公也接受并礼遇，是希望能够招揽能力更大的人。
11　愤懑：抑郁烦闷。
12　嘉谟：好的谋划。谟，谋划。
13　烂然：光明的样子。
14　士民：泛指人民，百姓。
15　砥石：磨石。
16　厉世磨钝：激励世人，使鲁钝的人奋发有为。
17　鸢鹊遭害，则仁鸟增逝：鸢鹊，老鹰和喜鹊。仁鸟，鸾凤。增逝，高飞。

急¹之法，或下廷尉，而死者众。自阳朔²以来，天下以言为讳，朝廷尤甚。群臣皆承顺上指，莫有执正³。故京兆尹王章，资质忠直，敢面引廷争⁴，孝元皇帝擢之，以厉具臣而矫曲朝⁵。及至陛下，戮及妻子。折直士之节，结谏臣之舌。群臣皆知其非，然不敢争，天下以言为戒，最国家之大患也。愿陛下除不急之法，下无讳⁶之诏，博览兼听，谋及疏贱⁷。则往者虽不可及，而来者犹可追也。方今君命犯而主威夺，外戚之权日以益隆。陛下不见其形，愿察其影。建始⁸以来，日食、地震，以率⁹言之，三倍《春秋》，水灾亡与比数¹⁰。阴盛阳微，金铁为飞，此何景也？汉兴以来，社稷三危：吕、霍、上官，皆母后之家也。亲亲之道，全之为右¹¹。当与之贤师良傅，教以忠孝之道。今乃尊宠其位，授以魁柄¹²，使之骄逆，至于夷灭，此失亲亲之大者也。自霍光之贤，不能为子孙虑，故权臣易世则危。势陵于君，权隆于主，然后防之，亦无及已。"上不纳。

戊申**四年**（公元前 13 年）

春，正月，帝如甘泉，郊泰畤。三月，如河东，祠后土。

夏，大旱。

秋，七月晦，日食。

有司奏梁王立罪，寝不治梁王立骄恣犯法，相禹奏立怨望，有恶言。

1　不急：不切需要。
2　阳朔：汉成帝刘骜年号，存续时间为公元前 24 至前 21 年。
3　执正：主持公道。
4　面引廷争：同"面折廷争"，当面指责别人的过失，在朝廷上争论，形容直言敢谏。
5　以厉具臣而矫曲朝：厉，激励。具臣，备位充数之臣。矫，纠正。曲朝，不正直的朝臣。
6　无讳：无需避讳。
7　疏贱：关系疏远、地位低下的人。
8　建始：汉成帝刘骜年号，存续期间为公元前 32 至前 28 年。
9　率：规格，标准。
10　亡与比数：无法考校计算。亡，无。比数，考校计算。
11　右：上。汉以右为尊。
12　魁柄：喻朝政大权。

有司按验，因发其与姑奸事[1]，请诛。谷永上疏曰："臣闻礼，天子外屏[2]，不欲见外，故帝王不听中冓之言[3]。《春秋》为亲者讳。今梁王年少，颇有狂病，始以恶言按验，既无事实，而发闺门[4]之私，非本章[5]所指。王辞又不服，猥傅致[6]之，污蔑宗室。以内乱之恶披布[7]、宣扬于天下，非所以为公族隐讳，增朝廷之荣华，昭圣德之风化[8]也。臣愚以为，王少而父同产[9]长，年齿不伦[10]；梁国之富，足以招致妖丽[11]。父同产亦有耻辱之心。按事者乃验问恶言，何故猥[12]自发舒[13]？以三者揆之，殆非人情，疑有所迫切[14]，过误失言，文吏蹑寻[15]，不得转移[16]。萌芽之时，加恩勿治，上也。既已按验，宜及王辞不服，诏廷尉更审考清问[17]，著不然[18]之效，为宗室刷污乱之耻，甚得治亲[19]之义。"天子由是寝而不治。

以何武为京兆尹武为吏，守法尽公，进善退恶，其所居无赫赫名，去后尝见思。武为刺史，二千石有罪，应时[20]辄奏，其余贤不肖，敬之如一，是以郡国各重其守相。行部[21]必先即学官见诸生，问以得失，然后入传舍，问垦田美恶，已，见二千石。

1　与姑奸事：梁王刘立与姑妈刘园子通奸乱伦的丑事。
2　外屏：对外设照壁。屏，对着门的小墙，后称照壁，与内屏相对。
3　中冓之言：内室的私房话，也指有伤风化的丑话。中冓，内室。
4　闺门：宫苑、内室的门，也借指宫廷、家庭。
5　本章：奏章。
6　猥傅致：猥，用卑鄙的手段。傅致，附益而引致，罗织。
7　披布：披露。
8　风化：风教，风气。
9　父同产：与父亲一母所生的姑母。同产，同母所生。
10　不伦：不相当。
11　妖丽：艳丽的女子。
12　猥：谦词，等于说"辱"，指降低身分，用于他人对自己的行动。
13　发舒：任意妄为。
14　迫切：逼迫。
15　蹑寻：追究，追查。
16　转移：改变。
17　审考清问：审考，审查。清问，清楚详细地审问。
18　不然：不是这样，并非如此。
19　治亲：依礼法端正亲属之间的关系。
20　应时：立刻，马上。
21　行部：巡行所属地域，考核政绩。

己酉元延元年（公元前12年）

春，正月朔，日食。

夏，四月，无云而雷。有流星东南行，四面如雨。

秋，七月，有星孛于东井上以灾变博谋[1]群臣。谷永对曰："王者躬行道德，承顺天地，则五征时序[2]，百姓寿考，符瑞并降。失道妄行，逆天暴物，则咎征著邮[3]，妖孽并见，饥馑荐臻[4]。终不改寤，恶洽[5]变备，不复谴告，更命有德[6]。此天地之常经，百王之所同也。建始以来，二十载间，群灾大异交错蜂起，多于《春秋》所书。内则为深宫后庭骄臣、悍妾、醉酒、狂悖卒起之败，苑囿、街巷、臣妾之家，征舒、崔杼之乱[7]；外则为诸夏下士陈胜、项梁奋臂[8]之祸。安危之分界，宗庙之至忧，臣永所以破胆寒心，豫言之累年。下有其萌，然后变见于上，可不致慎？祸起细微，奸生所易。愿陛下正君臣之义，无复与群小媟黩[9]燕饮；修后宫之政，抑远骄妒之宠，朝觐、法驾而后出[10]，陈兵清道而后行，无复轻身独出，饮食臣妾之家。三者既除，内乱之路塞矣。诸夏举兵，萌在民饥馑而吏不恤，兴于百姓困而赋敛重，发于下怨离[11]而上不知。比年郡国伤于水灾，禾麦不收，宜损常税之时，而有司奏请加赋，甚缪[12]经义，逆于

1 博谋：广泛地征求意见。
2 五征时序：五征，古人以雨、旸（晴天）、暖（温暖）、寒、风五者是否适时作为吉凶的征验，称为"五征"。时序，承序，有条理。
3 著邮：显明过失。著，显明，显出。邮，通"尤"，过失，罪过。
4 饥馑荐臻：连年灾荒不断。饥馑，饥荒。荐臻，接连到来。
5 洽：广博，周遍。
6 有德：有德行的人。
7 征舒、崔杼之乱：征舒，即夏征舒，春秋时陈国人，国君陈灵公和大夫孔宁、仪行父都与夏征舒之母夏姬私通。陈灵公和孔宁、仪行父在夏征舒家喝酒，都说夏征舒像自己，夏征舒听后很生气。陈灵公喝完酒出来，夏征舒在马棚边埋伏弓箭手射死陈灵公。崔杼，春秋时齐国大夫，国君齐庄公与崔杼之妻东郭姜通奸，一次去崔杼家私会的时候，被崔杼带人围攻，庄公跳墙想逃跑，被射中大腿，反坠墙里被杀。
8 奋臂：振臂而起，常指举大事。
9 媟黩：褻狎，轻慢。
10 朝觐、法驾而后出：臣子先行毕朝见礼仪，准备好帝王车驾仪仗，然后天子才可以出宫。朝觐，臣子朝见君主。法驾，天子车驾的一种。
11 离：背离，违背。
12 缪：通"谬"，错误，违背。

民心，市怨趋祸之道也。愿陛下勿许其奏，益减奢泰之费，流恩广施，振赡困乏，敕劝[1]耕桑，毋夺民时，以慰绥[2]元元之心。诸夏之乱，庶几可息。"刘向上书曰："臣闻帝舜戒伯禹'毋若丹朱敖'，周公戒成王'毋若殷王纣'。圣帝明王常以败乱自戒，不讳废兴，故臣敢极陈其愚，惟陛下留神察焉。夫秦、汉之易世，惠、昭之无后，昌邑之不终，孝宣之绍起[3]，皆有变异著于汉纪[4]。天之去就，岂不昭昭然哉？天文难以相晓，愿赐清燕之间，指图陈状[5]。"上辄入之，然终不能用也。

　　冬，十二月，大司马、卫将军商卒。以王根为大司马、骠骑将军[6]王商薨，红阳侯立次当辅政。先是，立使客于南郡占垦草田数百顷以入县官，而贵取其值一万万以上，为吏所发，上由是废之，而用其弟根。

　　故槐里令朱云言事得罪，既而释之特进、安昌侯张禹请平陵[7]肥牛亭地，曲阳侯根争，以为此地当平陵寝庙，衣冠所出游道，宜更赐禹他地。上不从，根由是数毁恶之。上愈敬厚禹，每病辄自临问之，亲拜床下。禹少子未有官，数视之，上即拜为黄门郎。禹以天子师，每有大政，必与定议。时吏民多上书言灾异王氏专政所致，上意颇然之，未有以明见。乃至禹第，辟左右，亲以吏民所言示禹。禹自见年老，子孙弱，又与根不平，恐为所怨，则谓上曰："《春秋》日食、地震，或为诸侯相杀，夷狄侵中国。灾变之意，深远难知，故圣人罕言命，不语怪神[8]。性与天道，自子贡之属不得闻，何况浅见鄙儒之所言？陛下宜修政事，以善应之，此经义意也。新学小生，乱道误人，宜无信用。"上雅[9]信爱禹，因此不疑王氏。故槐里令朱云上书求见，公卿在前，云

1　敕劝：嘱咐规劝。敕，嘱咐。
2　慰绥：安慰，抚慰。
3　绍起：继位兴起。
4　汉纪：汉朝的史书。
5　天文难以相晓，愿赐清燕之间，指图陈状：天文很难理解，仍需口说解释，才能使陛下明白，请陛下留一点空闲宴饮的时间，让我指着图向陛下详述。
6　骠骑将军：古官名，仅次于大将军，比三公，地位尊崇。
7　平陵：古县名，治所位于今陕西省咸阳市西北。
8　怪神：怪异鬼神。《论语》："子不语怪、力、乱、神。"
9　雅：平素，向来。

曰："今朝廷大臣，上不能匡主，下无以益民，皆尸位素餐，孔子所谓'鄙夫不可与事君，苟患失之，无所不至'者也！臣愿赐尚方斩马剑，断佞臣一人头，以厉其余。"上问谁也，对曰："安昌侯张禹。"上大怒曰："小臣居下讪[1]上，廷辱[2]师傅，罪死不赦。"御史将[3]云下，云攀殿槛[4]，槛折。云呼曰："臣得下从龙逄[5]、比干游于地下，足矣，未知圣朝何如耳？"御史遂将云去。于是左将军辛庆忌免冠，解印绶，叩头殿下曰："此臣素著[6]狂直于世，使其言是，不可诛；其言非，故当容之。臣敢以死争！"庆忌叩头流血，上意解，然后得已。及后当治槛，上曰："勿易，因与辑[7]之，以旌[8]直臣！"

匈奴搜谐若鞮单于死，弟车牙若鞮单于立。

征张放入侍中，寻复出之张放复征入侍中，太后曰："前所道尚未效，富平侯反复来，其能默虏？"上于是出放为天水属国都尉[9]。许商、师丹、班伯为侍中，每朝东宫，常从。及有大政，俱使论指[10]于公卿。上亦稍厌游宴，复修经书之业，太后甚悦。

左将军辛庆忌卒庆忌为国虎臣[11]，匈奴、西域敬其威信。

庚戌二年（公元前11年）

夏，四月，遣中郎将段会宗诛乌孙太子番丘。康居遣子贡献初，乌孙小昆弥安日为降民所杀，诏立安日弟末振将为小昆弥。时大昆弥雌栗靡勇

---

1 讪：毁谤。
2 廷辱：在朝廷上当众侮辱。
3 将：带领，搀扶。
4 槛：栏杆的纵木。
5 龙逄：即关龙逄，夏朝宰相，因进谏忠言为夏桀所杀。
6 著：成就，显扬。
7 辑：整修，补合。
8 旌：表彰。
9 天水属国都尉：天水，古郡名，辖今甘肃省定西、通渭、静宁、庄浪、秦安、甘谷、清水、张家川等市县及天水、榆中、陇西等市县一部分。属国都尉，古官名，在边地内迁少数民族地区设置，属国最高长官，兼掌文武事。
10 论指：晓谕帝旨。指，通"旨"。
11 虎臣：比喻勇武之臣。

健，末振将恐为所并，使人刺杀之，立公主孙伊秩靡为大昆弥。久之，翖侯[1]
难栖杀末振将，安日子安犁靡代为小昆弥。汉遣中郎将段会宗发戊己校尉诸国
兵，即诛末振将太子番丘。会宗留兵垫娄地，选精兵三十弩，径至昆弥所在，
召番丘，责以末振将之罪，即手剑[2]击杀之。安犁靡勒兵数千骑围会宗，会宗
为言来诛之意，昆弥以下号泣罢去。会宗还，赐爵关内侯。责大禄、大监[3]以
雌栗靡见杀状，夺金印紫绶，更与铜墨[4]。末振将弟卑爰疐将众八万余口，北附
康居，谋欲借兵兼并两昆弥。汉复遣会宗与都护孙建并力以备之。自乌孙分立
两昆弥，汉用忧劳[5]，且无宁岁。时康居复遣子侍汉，贡献。都护郭舜上言："本
匈奴盛时，非以兼有乌孙、康居故也。及其称臣妾，非以失二国也。汉虽皆受
其质子，然三国内相输遗[6]，交通如故。亦相候司[7]，见便则发。合不能相亲信，
离不能相臣役[8]。以今言之，结配[9]乌孙，竟未有益，反为中国生事。然乌孙既
结在前，今与匈奴俱称臣，义不可拒。而康居骄黠[10]，讫[11]不肯拜使者。都护吏
至其国，故为无所省以夸旁国。以此度[12]之，遣子入侍，其欲贾市，为好辞之
诈也。匈奴百蛮大国，今事汉甚备。闻康居不拜，且使单于有悔自卑之意。宜
归其侍子，绝勿复使，以彰汉家不通无礼之国。"汉为其新通，重致远人[13]，终
羁縻不绝。

1　翖侯：古官名，西域乌孙、大月氏、康居等国有此官。
2　手剑：持剑。
3　大禄、大监：大禄，古乌孙官名，仅次于相。大监，古乌孙官名，位次于相、大禄、左右大将、侯、大将、都尉。
4　铜墨：铜印黑绶。
5　忧劳：忧患劳苦。
6　输遗：运送。
7　候司：窥探，侦察。
8　臣役：役使。
9　结配：与缔结婚姻。
10　骄黠：傲慢狡猾。
11　讫：至今为止。
12　度：衡量。
13　重致远人：重视笼络远方之人。

辛亥三年（公元前 10 年）

春，正月，岷山[1]崩，壅江三日，江水竭刘向曰："昔周岐山崩，三川竭，而幽王亡。岐山者，周所兴也。汉家本起于蜀汉，今所起之地，山崩川竭，星孛又及摄提[2]、大角，从参至辰[3]，殆必亡矣。"

秋，帝校猎[4]长杨[5]射熊馆上将大夸胡人以多禽兽，命右扶风发民入南山，西自褒、斜[6]，东至弘农，南驱汉中，张罗网捕禽兽，载以槛车，输长杨射熊馆，令胡人手搏之，亲临观焉。

壬子四年（公元前 9 年）

春，正月，中山王兴、定陶王欣来朝二王来朝，中山王独从傅，定陶王尽从傅、相、中尉。上问定陶王，对曰："今诸侯王朝，得从其国二千石，故尽从之。"令诵《诗》，通习[7]，能说。问中山王："独从傅，在何法令？"不能对。令诵《尚书》，又废。帝由此以为不能，而贤定陶王，数称其材。是时诸侯王二人于帝为至亲，定陶傅太后随王来朝，私赂遗赵皇后、昭仪及王根。三人见上无子，亦欲豫自结，为长久计，皆劝帝以为嗣。帝为加元服[8]而遣之，时年十七矣。

陨石于关东二。

大司农谷永免王根荐谷永，征为大司农。永前后所上四十余事，略相反复，专攻上身与后宫而已。党于王氏，上亦知之，不甚亲信也。岁余病，满三

1　岷山：古山名，位于今四川省阿坝藏族羌族自治州松潘县北，为长江、黄河的分水岭。
2　摄提：古星官名，司职定四季，列于大角星两侧。摄提也是岁星的别称。
3　从参至辰：从参宿到辰宿。辰宿，即心宿，二十八宿之一，苍龙七宿的第五宿，其主星亦称商星、鹑火、大火、大辰。
4　校猎：遮拦禽兽以猎取之，亦泛指打猎。
5　长杨：即长杨宫，位于今陕西省西安市周至县东南。
6　褒、斜：即褒谷、斜谷。褒谷，汉水支流褒水形成的河谷。斜谷，渭水支流斜水形成的河谷。
7　通习：贯通熟悉。
8　加元服：行冠礼。元服，冠。

月，上不赐告，即时[1]免。数月卒。

^{癸丑}**绥和元年**（公元前8年）

春，二月，立定陶王欣为皇太子上召丞相、御史、将军入议，中山、定陶王谁宜为嗣者。皆以为："《礼》曰：'昆弟之子，犹子也。为其后者，为之子也。'定陶王宜为嗣。"孔光[2]独以为："立嗣以亲，兄终弟及[3]。《尚书·盘庚》'殷之及王[4]'也。中山王，帝亲弟，宜为嗣。"上以中山王不材，又，礼，兄弟不得相入庙[5]，不从光议。立定陶王欣为皇太子，左迁光廷尉。

封孔吉为殷绍嘉侯。三月，与周承休侯皆进爵为公初，诏求殷后，分散为十余姓，推求其嫡，不能得。匡衡、梅福皆以为宜封孔子世为汤后，上从之。

夏，建三公官，大司马根去将军号，改御史大夫何武为大司空初，御史大夫何武建言："末俗[6]事烦，宰相材不及古，而独兼三公之事，所以不治。宜建三公官。"上从之。以王根为大司马，罢骠骑将军官。以武为大司空，与丞相为三公。

秋，八月，中山王兴卒谥曰孝。

匈奴车牙若鞮单于死，弟囊乌珠留若鞮单于立汉遣夏侯藩使匈奴。或说王根曰："匈奴有斗入汉地，直张掖郡[7]，生奇材木箭竿、鹫羽[8]，如得之，于边甚饶。"根为上言，上直欲从单于求之，为有不得，伤命损威。根即但以上指晓藩，令从藩所说而求之。藩至，语次[9]，说单于宜上书献此地，省两都尉士

---

1 即时：立即，即刻。
2 孔光：孔子十四世孙，字子夏，官至大将军、丞相、太傅、太师。
3 兄终弟及：哥哥死了，弟弟即位做君主。
4 殷之及王：商朝君王传位的方式，兄终弟及。盘庚为前君主阳甲之弟，受位于兄。
5 兄弟不得相入庙：兄弟的牌位不能一同进入宗庙。
6 末俗：末世的习俗，低下的习俗。
7 有斗入汉地，直张掖郡：有块斗型的土地楔入大汉边境，可以直达张掖郡。
8 鹫羽：鹫的羽毛，可制箭羽。鹫，一种猛禽，毛色深褐，嘴呈钩状，腿部有羽毛，亦称"雕"。
9 语次：交谈之间。

卒数百人，其报必大。单于曰："此天子诏语邪？将从使者所求也？"藩曰："诏指也。然藩亦为单于画善计耳。"单于曰："已问温偶騟王，匈奴西边作穹庐[1]及车，皆仰此山材木，且先父地，不敢失也。"藩还，迁为太原太守。单于以状闻，诏报曰："藩擅称诏，法当死。更大赦二，今徙藩为济南太守，不令当匈奴。"

冬，十月，大司马根病免。

十一月，立楚孝王孙景为定陶王上以太子既奉大宗[2]后，不得顾私亲，立景为定陶王，以奉恭王后。太子议欲谢，少傅阎崇以为不当谢，太傅赵玄以为当谢，太子从之。诏问所以谢状。玄左迁少府，以师丹为太傅。初，太子之幼，祖母傅太后躬自养视[3]。及为太子，诏傅太后与太子母丁姬自居定陶国邸，不得相见。顷之，皇太后欲令傅太后、丁姬十日一至太子家，帝曰："太子承正统，不得复顾私亲。"皇太后曰："太子小而傅太后抱养之，今至太子家，以乳母恩耳，不足有所妨。"于是令傅太后得至太子家。

卫尉淳于长有罪，下狱死。废后许氏自杀。以王莽为大司马卫尉、侍中淳于长有宠，贵倾公卿。许后姊嬺寡居，长与私通，因取为小妻[4]。许后时居长定宫，因嬺以金钱、乘舆、服御物赂遗长，欲求复为倢伃。长受，诈许为白上，立以为左皇后。嬺每入长定宫，辄与嬺书，戏侮许后，谩易[5]无不言。王莽心害长宠，白之。上以太后故，不治罪，遣就国。红阳侯立故与长有怨，至是使嗣子融从长请车骑。长以珍宝重遗[6]立，立因上疏为长求留。上疑之，下吏按验，立令融自杀以灭口。上愈疑，逮长系诏狱，穷治。长具服[7]，罪至大逆，死狱中。使廷尉孔光持节赐废后药，自杀。丞相方进劾奏[8]红阳侯立狡猾

1　穹庐：古代游牧民族居住的毡帐。
2　大宗：嫡系长房。
3　养视：养护照看。
4　小妻：妾，小老婆。
5　谩易：侮辱轻薄。
6　重遗：重重地馈赠。
7　具服：完全服罪。
8　劾奏：向皇帝检举官吏的过失或罪行。

不道，上不忍致法，遣就国。方进复奏立党友朱博等，皆归故郡。方进亦素与长交，上以其大臣，为之隐讳。方进内惭，上疏谢罪，乞骸骨。上报曰："朝过夕改，君子与之，君何疑焉？"方进起视事，复条奏长所厚善[1]，免二十余人。上以王莽首发大奸，称其忠直。王根因荐莽自代，遂以莽为大司马，时年三十八。莽既拔出同列，继四父[2]而辅政，欲令名誉过前人，遂克己[3]不倦。聘诸贤良以为掾史，赏赐邑、钱悉以享士，愈为俭约。母病，公卿列侯遣夫人问疾，莽妻迎之，衣不曳地，布蔽膝[4]，见之者以为僮使[5]，问，知其夫人。皆惊其饰名[6]如此。

罢刺史，置州牧丞相、大司空奏言："《春秋》之义，用贵治贱，不以卑临尊。刺史位下大夫而临二千石，轻重不相准[7]。臣请罢刺史，更置州牧，以应古制。"从之，置州牧，秩二千石。

诏立辟雍[8]，未作而罢犍为郡于水滨得古磬[9]十六枚，议者以为善祥[10]。刘向因是说上："宜兴辟雍，设庠序[11]，陈礼乐，隆《雅》《颂》之声，盛揖让[12]之容，以风化天下。或曰：不能具礼。礼以养人为本，如有过差，是过而养人也。刑罚之过或至死伤。今之刑非皋陶[13]之法也，而有司请定法，削则削，笔[14]则笔，

1　厚善：交情深厚。
2　四父：四位叔伯父。
3　克己：严格要求自己。
4　衣不曳地，布蔽膝：衣裙的长度不足以拖地，穿着布围裙。形容简朴。
5　僮使：奴婢。
6　饰名：故意做作，谋取美名。
7　准：均等，轻重相当。
8　辟雍：西周天子所设的大学，校址圆形，围以水池，前门外有便桥。东汉以后，为行乡饮、大射或祭祀之礼的地方。
9　磬：古代打击乐器，用石或玉制成，形如曲尺，悬于架上，用木槌击奏。单一的叫特磬，成套的叫编磬。
10　善祥：吉祥，吉兆。
11　庠序：古代的地方学校泛称。殷代的地方学校叫序，周代的地方学校叫庠。
12　揖让：作揖和谦让，是古代宾主相见的礼节。
13　皋陶：虞舜时掌管司法的官员。
14　笔：书写，记载。

救时务[1]也。至于礼乐，则曰不敢，是敢于杀人，不敢于养人也。为其俎豆[2]、管弦之间小不备，因是绝而不为，是去小不备而就大不备，惑莫甚焉。夫教化之比于刑法，刑法轻，是舍所重而急所轻也。教化，所恃以为治也；刑法，所以助治也。今废所恃而独立其所助，非所以致太平也。"帝以向言下公卿议。丞相、大司空奏请立辟雍，按行长安城南营表[3]，未作而罢。

胡氏曰：向之论美矣，而未循其本也。孔子曰："人而不仁，如礼何？人而不仁，如乐何？"不仁之人，心非己有，视听举履[4]，皆迷其当，而何以为礼乐哉？惟仁者所行皆礼，而所安皆乐，是则礼乐之本也。庠序声容[5]，特其具耳。无其本，而欲以其具教人，只益趣之于虚伪之域，不若不为之愈也。

时又有言孔子布衣，养徒三千人，今天子太学弟子少。于是增弟子员三千人。岁余，复如故。

胡氏曰：夏曰校，商曰序，周曰庠，此古者建学之名也。人君躬行于上，公卿表式[6]于下，以明习人伦为要。此三代教化之实也。今汉廷徒能增弟子员以隆美观[7]，成帝则湛[8]女色，惑燕乐，孔光等则乱经义，献谀说[9]。忠直之士屏斥[10]不用，政归外戚，国家将倾，而何太学之为哉？

向常显讼[11]宗室，讥刺[12]王氏，其言痛切，发于至诚。上数欲用向，辄下为

1　时务：当前的重大事情或客观形势。
2　俎豆：俎和豆，古代祭祀、宴会时盛食物的两种器皿。
3　按行长安城南营表：巡行长安城城南，选址树立标记。按行，巡行，巡视。营表，古代建造宫室时测量地基，立表以确定位置。
4　举履：走动。
5　声容：声音与仪容。
6　表式：表率，楷模。
7　美观：华美的外观。
8　湛：沉迷。
9　谀说：谄媚讨好。
10　屏斥：斥退，除去。
11　显讼：公开责备。讼，责备。
12　讥刺：讥讽。

王氏及丞相、御史所持，故终不迁，居列大夫[1]前后三十余年而卒。后十三岁，而王氏代汉。

甲寅二年（公元前7年）

春，二月，丞相方进卒时荧惑守心[2]，丞相府议曹[3]李寻奏记方进，言："灾变迫切，大责日加，阘府三百余人，唯君侯择其中，与尽节[4]转凶。"方进忧之，不知所出。会郎贲丽善为星[5]，言大臣宜当之。上乃召见方进，赐册[6]责让，使尚书令赐上尊酒[7]十石，养牛[8]一，方进即日自杀。上秘之，遣九卿册赠印绶，赐乘舆秘器[9]，亲临吊者数至，礼赐异于他相故事。

司马公曰：晏婴有言："天命不慆，不贰其命[10]。"祸福之至，安可移乎？藉[11]其可移，楚昭、宋景犹不肯为，况不可乎？方进罪不至死而诛之，以当大变，是诬[12]天也。隐其诛而厚其葬，是诬人也。孝成欲诬天、人而卒无所益，可谓不知命矣。

三月，帝崩帝素强，无疾病，时楚王、梁王来朝，明旦，当辞去。又欲拜孔光为丞相，已刻侯印，书赞[13]。昏夜平善[14]，乡晨[15]欲起，不能言而崩。民间欢哗，咸归罪赵昭仪。皇太后诏大司马莽杂治，问皇帝起居发病状，赵昭仪自杀。

1　列大夫：秦汉时爵位名，列第七级，亦称七大夫或公大夫。
2　守心：留在心宿里不走。
3　议曹：古官名，掌参议谋划。
4　尽节：为保全节操而牺牲生命。
5　善为星：精通天文星象。
6　赐册：君王赐予臣下册书。册书，古代帝王用于册立、封赠等事的诏书。
7　上尊酒：上等酒。
8　养牛：御厩所养的牛。
9　秘器：丧葬器物。
10　天命不慆，不贰其命：天命不容怀疑，命运只有一个，无法改变。慆，怀疑。
11　藉：假使。
12　诬：欺骗。
13　书赞：封拜的诏书已经写好。
14　昏夜平善：昏夜，夜里。平善，平安，安康。
15　乡晨：天快亮了。乡，通"向"。

班彪曰：成帝善修容仪，临朝渊嘿[1]，尊严若神，可谓有穆穆[2]天子之容者矣。然湛乎酒色，赵氏乱内，外家擅朝，言之可为于邑[3]。建始以来，王氏始执国命[4]，哀、平短祚[5]，莽遂篡位，盖其威福[6]所由来者渐矣。

以孔光为丞相光于大行前拜受丞相、博山侯印绶。

太后诏罢泰畤、汾阴祠，复南北郊。

夏，四月，太子欣即位哀帝初立，躬行俭约，省减诸用，政事由己出，朝廷翕然望至治[7]焉。

尊皇太后曰太皇太后，皇后曰皇太后。

葬延陵[8]。

追尊定陶恭王为定陶恭皇太皇太后令傅太后、丁姬十日一至未央宫。有诏问丞相、大司空：“定陶太后宜何居？”孔光素闻傅太后刚暴[9]，长于权谋，恐其与政事，不欲与帝旦夕相近，即议以为宜改筑宫。何武曰：“可居北宫。”上从武言。北宫有紫房[10]复道通未央宫，傅太后果从复道朝夕至帝所，求欲称号[11]，贵宠其亲属，使上不得由直道行。高昌侯董宏希指，言：“秦庄襄王，母本夏氏，而为华阳夫人所子，及即位后，俱称太后。宜立定陶太后为帝太后。”事下有司，王莽、师丹劾奏宏：“知皇太后至尊之号，天下一统，而称引亡秦，诖误圣朝，非所宜言，大不道！”免宏为庶人。傅太后大怒，要[12]上，欲必称尊号。上乃白太皇太后，令下诏尊定陶恭王为恭皇。

1　渊嘿：深沉不说话。
2　穆穆：端庄恭敬貌。
3　于邑：呜咽。
4　国命：国家的政权。
5　短祚：皇帝在位年限很短。祚，皇位。
6　威福：语出《书·洪范》：“惟辟作福，惟辟作威。”原指统治者的赏罚之权，后多谓当权者妄自尊大，恃势弄权。
7　至治：安定昌盛、教化大行的政治局面。
8　延陵：汉成帝刘骜陵墓，位于今陕西省咸阳市北。
9　刚暴：刚猛暴戾。
10　紫房：皇太后所居的宫室。
11　称号：赋予人某种称谓，以表明身份。
12　要：胁迫。

五月，立皇后傅氏傅太后从弟晏之子也。

尊定陶太后傅氏曰定陶恭皇太后，母丁姬曰定陶恭皇后，封丁明、傅晏皆为列侯。

六月，罢乐府官成帝之世，郑声[1]尤甚，黄门名倡[2]，富显于世，贵戚至与人主争女乐。帝自为王时疾之，又性不好音，至是诏罢乐府官。郊祭乐及古兵法武乐在经，非郑、卫之乐者，条奏别属他官。凡所罢省[3]过半。然百姓渐渍[4]日久，又不制雅乐有以相变，豪富[5]吏民湛沔[6]自若。

诏刘秀典领[7]五经王莽荐刘歆为侍中，贵幸，更名秀。上复令典领五经，卒父前业。秀于是总群书而奏其七略，有《辑略》《六艺略》《诸子略》《诗赋略》《兵书略》《术数略》《方技略》。其叙诸子，分为九流：曰儒，曰道，曰阴阳，曰法，曰名，曰墨，曰纵横，曰杂，曰农，以为："九家皆起于王道既微，诸侯力政[8]，时君世主好恶殊方，是以九家之术蜂出并作，各引一端，崇其所善，虽有敝短，合其要归[9]，亦六经之支与流裔[10]。使其人遭明王圣主，得其所折中[11]，皆股肱之材已。仲尼有言：'礼失而求诸野。'方今去圣久远，道术缺废，无所更索，彼九家者，不犹愈于野乎？若能修六艺[12]之术，而观此九家之言，舍短取长，则可以通万方[13]之略矣。"

1　郑声：原指春秋战国时郑国的音乐，因与孔子等提倡的雅乐不同，故受儒家排斥。此后，凡与雅乐相背的音乐，甚至一般的民间音乐，均被斥为"郑声"。
2　名倡：著名的倡优。
3　罢省：废除。
4　渐渍：浸润。
5　豪富：有钱有势。
6　湛沔：沉湎，沉迷。
7　典领：主持领导，主管。
8　力政：努力于政事。
9　要归：要点所在，要旨。
10　支与流裔：同类的分支、演化的末流。与，同类。
11　折中：取正，用为判断事物的准则。
12　六艺：儒家要求学生掌握的六种基本才能，礼、乐、射、御、书、数。
13　万方：多方面，各种各样。

　　胡氏曰：法家惨刻，名家苛绕[1]，墨氏二本[2]，而纵横者妾妇之道，是皆六经之弃也。若六经，则固儒者之所修也。今列儒于九家，而曰修六艺之术，以观九家之言，则修六艺者为谁氏耶？歆之言多舛[3]如此，方之董相[4]，岂直什百之相远哉？

　　益封河间[5]王良万户河间惠王良能修献王之行，母太后薨，服丧如礼。诏益封万户，以为宗室仪表[6]。

　　诏限民名田[7]，不果行初，董仲舒说武帝以："秦除井田，民得卖买，富者田连阡陌，贫者无立锥之地，小民安得不困？古井田法虽难卒行，宜少近古，限民名田以赡不足，塞并兼之路。去奴婢，除专杀[8]之威。薄赋敛，省徭役，以宽民力，然后可善治[9]也。"至是，师丹复建言："今累世承平[10]，豪富吏民訾数[11]钜万，而贫弱愈困，宜略为限。"天子下其议。丞相、大司空奏请："自诸侯王、列侯、公主名田各有限，关内侯、吏民名田皆毋过三十顷，奴婢毋过三十人。期尽三年，犯者没入官。"时田宅、奴婢贾为减贱[12]，贵戚、近习[13]皆不便也，诏书："且须后。"遂寝不行。

　　罢官织绮绣[14]。除任子令[15]、诽谤诋欺[16]法。出宫人，免官奴婢，益小吏俸。

1　苛绕：苛细纠缠。
2　墨氏二本：指墨家的"刑（形）与知处"论。二本，形体和精神是两个实体、两个本原。
3　舛：不顺，不幸。
4　董相：指董仲舒，曾拜江都相，因称"董相"。
5　河间：西汉诸侯国名，辖今河北省献县及泊头市等地。
6　仪表：楷模，法式。
7　名田：以私名占有田地。
8　专杀：无须禀命而可诛戮。
9　善治：好好治理。
10　承平：太平，持久太平。
11　訾数：资财的数量。
12　贾为减贱：买卖的价格下跌。
13　近习：君主宠爱亲信的人。
14　绮绣：彩色丝织品。
15　任子令：西汉颁布的一条诏令，内容是子弟可因为父兄而保任为郎官。《汉仪注》："吏二千石以上视事满三年，得任同产若子一人为郎。"
16　诋欺：毁谤丑化。

秋，七月，罢大司马莽就第。以师丹为大司马初，太皇太后诏大司马莽就第，避帝外家。莽即上疏乞骸骨。帝遣尚书令诏起之，又遣孔光等白太皇太后。太皇太后乃复令莽视事。至是，置酒未央宫，内者令[1]为傅太后张幄[2]，坐于太皇太后坐旁。莽按行，责内者令曰：“定陶太后，藩妾，何以得与至尊并？”撤去，更设坐。傅太后大怒，不肯会。莽乞骸骨，罢就第。公卿大夫多称之者，上乃加恩宠，置中黄门[3]为莽家给使[4]，以为特进、给事中，朝朔望。傅太后从弟、右将军喜，好学问，有志行。王莽既罢，众庶归望[5]于喜。初，上之官爵外亲也，喜独执谦[6]称疾。傅太后始与政事，数谏之，由是傅太后不欲令喜辅政。乃以师丹为大司马，而赐喜黄金百斤，以光禄大夫养病。何武、唐林皆上书言：“喜行义修洁[7]，忠诚忧国，今以寝病一旦遣归，众庶失望，皆曰：‘傅氏贤子，以论议不合于定陶太后，故退。’百僚莫不为国恨之。忠臣，社稷之卫。百万之众，不如一贤。喜立于朝，陛下之光辉，傅氏之废兴也。”上亦自重之，故寻复进用焉。

遣曲阳侯王根就国，免成都侯王况为庶人帝少而闻知王氏骄盛[8]，心不能善，以初立，故且优之。后月余，司隶校尉解光奏：“先帝山陵[9]未成，而曲阳侯根、成都侯况公聘娶故掖庭女乐，置酒歌舞，无人臣礼，大不敬，不道！”上以根尝建社稷之策，遣就国，而免况为庶人。

九月，地震自京师至北边郡国三十余处地震，坏城郭，压杀四百余人。上以灾异问待诏李寻，对曰：“夫日者，众阳之长，人君之表也。君不修道，

1　内者令：古官名，少府属官，掌宫中帷帐及诸衣物。
2　张幄：设置座位。幄，有垂帐的座位。
3　中黄门：古官名，掌皇宫黄门之内诸伺应杂事，持兵器宿卫宫殿，为服役于宫廷中的低级宦官。
4　给使：供役使之人。
5　归望：属望，寄托希望。
6　执谦：保持谦逊。
7　修洁：高尚纯洁。
8　骄盛：骄傲强横。
9　山陵：帝王或皇后的坟墓。

则日失其度，晻昧[1]无光。间者尤不精[2]，光明[3]侵夺失色，邪气珥，蜺数作[4]。小臣不知内事，窃以日视陛下志操，衰于始初[5]多矣。唯陛下执乾刚之德，强志守度，毋听女谒[6]邪臣之态，诸保阿、乳母甘言悲辞之托，断而勿听。勉强大义，绝小不忍，良有不得已，可赐以货财，不可私以官位，诚皇天之禁也。月者，众阴之长，妃后、大臣、诸侯之象也。间者月数为变，此为母后与政乱朝，阴阳俱伤，两不相便。唯陛下亲求贤士，无强所恶，以崇[7]社稷。五行以水为本，水为准平[8]，王道公正修明[9]，则百川理，落脉[10]通。偏党[11]失纲，则涌溢[12]为败。今汝、颍[13]漂涌，并为民害，百川沸腾，咎在皇甫卿士[14]之属，唯陛下少抑外亲大臣。地道柔静[15]，阴之常义也。间者地数震，宜务崇阳抑阴以救其咎，固志建威，闭绝私路，拔进英隽[16]，退不任职，以强本根。夫本强则精神折冲，本弱则招殃致凶，为邪谋所陵。朝廷亡[17]人，则为贼乱所轻，其道自然也[18]。"

求能浚川疏河者骑都尉平当使领河堤，奏："按经义，治水有决河深川，而无堤防壅塞之文。宜博求能浚川疏河者。"上从之。待诏贾让奏言："治河有上、中、下策。古者立国居民，疆理[19]土地，必遗[20]川泽之分，度水势所不及。

1　晻昧：昏暗不明。
2　精：明亮。
3　光明：光彩。
4　邪气珥，蜺数作：邪气贯耳，副虹屡次出现。珥，贯耳。蜺，通"霓"，在虹的外圈，称副虹、雌虹等。
5　始初：开始，起初。
6　女谒：通过宫中受宠的女子干求请托。
7　崇：兴盛。
8　准平：测量平面的仪器。
9　修明：政治清明。
10　落脉：脉络。
11　偏党：偏向。
12　涌溢：泛滥，漫溢。
13　汝、颍：汝水、颍水，二水名，均源出今河南省，于安徽省注入淮河。
14　皇甫卿士：周王室宠爱的女子家族。
15　柔静：温柔而宁静。
16　英隽：同"英俊"，才智出众之人。
17　亡：通"无"。
18　其道自然也：正是自然的道理。
19　疆理：划分，治理。
20　遗：放弃。

大川无防，小水得入，陂障[1]卑下，以为污泽[2]，使秋水多得其所休息，左右游波宽缓而不迫。夫土之有川，犹人之有口也。治土而防其川，犹止儿啼而塞其口，岂不遽[3]止？然其死可立而待也。故曰：'善为川者决之使道[4]，善为民者宣之使言。'盖堤防之作，近起战国，雍防[5]百川，各以自利。齐与赵、魏以河为境，赵、魏濒山，齐地卑下，作堤去河二十五里，河水东抵齐堤，则西泛赵、魏。赵、魏亦为堤去河二十五里，虽非其正，水尚有所游荡。时至而去，则填淤[6]肥美，民耕田之。或久无害，稍筑室宅，遂成聚落[7]。大水时至，漂没[8]，则更起堤防以自救，稍去其城郭，排水泽而居之，湛溺[9]自其宜也。今堤防，狭者去水数百步，远者数里，于故大堤之内复有数重，民居其间，此皆前世所排也。河从河内黎阳[10]至魏郡昭阳[11]，东西互有石堤，激水使还，百余里间，河再西三东，迫厄[12]如此，不得安息。今行上策，徙冀州之民当水冲者，决黎阳遮害亭[13]，放河使北入海。河西薄大山，东薄金堤，势不能远，泛滥期月[14]自定。难者将曰：'若如此，败坏城郭、田庐、冢墓以万数，百姓怨恨。'昔大禹治水，山林当路者毁之，故凿龙门[15]，辟伊阙，析底柱[16]，破碣石[17]，堕断[18]天地之性。此乃

1　陂障：堤岸。
2　污泽：积水的洼地。
3　遽：立刻，马上。
4　道：通"导"，引导，疏导。
5　雍防：堵塞。
6　填淤：沉积之地，淤塞之地。
7　聚落：村落，人们聚居的地方。
8　漂没：冲没。
9　湛溺：淹没。
10　黎阳：古县名，治所位于今河南省鹤壁市浚县东。因古为九黎之地，故名。
11　昭阳：古地名，位于今河南省鹤壁市浚县东北。
12　迫厄：困厄。
13　遮害亭：古地名，位于今河南省鹤壁市浚县西南，古黄河流经处。
14　期月：一整月。
15　龙门：古地名，位于今陕西省韩城市与山西省河津市之间，跨黄河东西两岸，形势如门阙，故名龙门。
16　析底柱：劈开底柱山。析，劈开。底柱，古山名，位于今山西省平陆县东、河南省陕县东北黄河中，其形如柱，故名，现已炸毁。
17　碣石：古山名，位于今河北省秦皇岛市昌黎县西北。
18　堕断：毁坏。

人功所造，何足言也？今濒河十郡，治堤岁费且万万，及其大决，所残无数。如出数年治河之费，以业所徙之民，遵古圣之法，定山川之位，使神人各处其所而不相奸[1]。且以大汉方制万里，岂其与水争咫尺之地哉？此功一立，河定民安，千载无患，故谓之上策。若乃多穿漕渠[2]于冀州地，使民得以溉田，分杀水怒，虽非圣人法，然亦救败术也。可从淇口[3]以东为石堤，多张水门[4]。恐议者疑河大川，难禁制，荥阳漕渠足以小之。其水门但用土木，今作石堤，势必完安[5]。冀州渠首尽当仰此水门。诸渠皆往往股引[6]取之，旱则开东方下水门，溉冀州；水则开西方高门，分河流；通渠[7]则填淤加肥，禾麦更为粳稻，转漕舟船便，此三利也。民田适治，河堤亦成，此诚富国安民，兴利除害，支数百岁，故谓之中策。若乃缮完[8]故堤，增卑倍薄，劳费无已，数逢其害，此最下策也。”

康熙御批：治河之难，其来已久。观贾让所画，在当时亦惟中策可行尔。况今借黄流以济运艘[9]其间，疏、筑兼施，亦不得不然之势也。

诏定世宗为不毁之庙孔光、何武奏：“迭毁[10]之次当以时定，请与群臣杂议[11]。”皆以为：“孝武皇帝亲尽宜毁。”王舜、刘歆曰：“礼，天子七庙。七者，其正法数，可常数者也。宗不在此数中，宗变[12]也。苟有功德则宗之，不可预为设数。臣愚以为孝武皇帝功烈如彼，孝宣皇帝崇立之如此，不宜毁。”制曰：

1　奸：读为“干”，干犯，抵触。
2　漕渠：人工挖掘或疏浚的主要用于漕运的河道。
3　淇口：古地名，位于今河南省鹤壁市浚县淇门村附近。
4　水门：水闸。
5　完安：得到保全而平安无事。
6　股引：分流。
7　通渠：开通河渠。
8　缮完：泛指修缮。
9　运艘：运船。
10　迭毁：古宗庙制度，天子设七庙供奉七代祖先，诸侯设五庙供奉五代祖先。其中始封之君、开国帝王之庙世世不毁，余则亲过高祖而毁其庙，迁其神主于太庙中。亲庙依次而毁，故称“迭毁”。
11　杂议：集议，共同评议。
12　宗变：宗的数量变动。

"舜、歆议可。"

冬，十月，策免大司空武，遣就国。以师丹为大司空左右或议何武事亲不笃，帝亦欲改易大臣，乃策免武归泛乡侯国[1]，以师丹为大司空。丹见上多改成帝之政，乃上书言："古者谅暗不言，听于冢宰，三年无改于父之道。前大行在堂，而官爵[2]臣等以及亲属，赫然贵宠。诏书比[3]下，变动政事，卒暴[4]无渐。臣不能明陈大义，复不能牢让[5]爵位，相随空受封侯，增益陛下之过。间者郡国多地动水出，流杀人民，日月不明，五星[6]失行，此皆举错失中，号令不定，法度失理，阴阳溷浊[7]之应也。人情，无子，虽六七十，犹博取而广求。孝成皇帝独以壮年克己，立陛下为嗣。及弃天下，陛下继体，四海安宁，百姓不惧，此先帝圣德，当合天人之功也。臣闻：'天威不违颜咫尺[8]。'愿陛下深思先帝所以建立[9]陛下之意，且克己躬行，以观群下之从化[10]。天下者，陛下之家也，肺腑[11]何患不富贵，仓卒若是，其不久长矣。"书数十上，多切直[12]之言。傅太后从弟子迁尤倾邪[13]，上恶之，免官，遣归故郡。傅太后怒。上不得已，复留迁。孔光与丹奏："诏书前后相反，天下疑惑，无所取信。请归迁故郡。"卒不得遣，复为侍中。其逼于傅太后，皆此类也。

诏还陈汤长安议郎耿育上书冤讼[14]陈汤曰："汤为圣汉扬威雪耻，卒以无

1　泛乡侯国：何武所封的诸侯国，国都位于今山东省青岛市辖即墨市境内。
2　官爵：给予官爵。
3　比：密。
4　卒暴：急促，紧迫。
5　牢让：坚决辞让。
6　五星：即东方岁星（木星）、南方荧惑（火星）、中央镇星（土星）、西方太白（金星）、北方辰星（水星）。
7　溷浊：混浊。
8　天威不违颜咫尺：不要违逆天帝的威严，因为他离你只有咫尺之远。
9　建立：立国君、皇后、太子等。
10　从化：归化，归顺。
11　肺腑：比喻帝王的宗室近亲。
12　切直：恳切率直。
13　倾邪：为人邪僻不正。
14　冤讼：为他人申诉冤枉。

罪老弃。敦煌正当西域通道，令威名折冲之臣，旋踵及身，复为郅支遗虏[1]所笑，诚可悲也。今奉使外蛮者，未尝不陈郅支之诛，以扬汉国之盛。夫援人之功以惧敌，弃人之身以快谗，岂不痛哉？且安不忘危，盛必虑衰，今国家素无文帝累年节俭富饶之蓄，又无武帝荐延枭俊擒敌之臣[2]，独有一汤，反使逃亡分窜[3]，死无处所，远览[4]之士，莫不计度，以为汤尚如此，虽复破绝筋骨，暴露形骸，犹复制于唇舌，为嫉妒之臣所系虏耳。此臣所以为国家尤戚戚[5]也。"书奏，天子还汤，卒于长安。

乙卯**孝哀皇帝建平元年**（公元前 6 年）

春，正月，陨石于北地十六。

新城侯赵钦以罪免，徙辽西[6]司隶[7]解光奏言："臣闻许美人及故中宫史[8]曹宫皆御幸[9]孝成皇帝，产子，子隐不见。臣遣吏问，皆得其状。其他饮药伤堕者无数事，皆在四月丙辰[10]赦令前。臣谨按永光[11]三年，男子忠等发长陵傅夫人冢，事更大赦，孝元皇帝下诏曰：'朕所不当得赦也。'穷治，尽伏辜。天下以为当。赵昭仪倾乱[12]圣朝，亲灭继嗣，家属当伏天诛[13]。而同产亲属皆在尊贵之位，迫近帷幄[14]，群下寒心，请穷竟[15]，议正法。"于是免新城侯钦等皆为庶

1　遗虏：残敌。
2　武帝荐延枭俊擒敌之臣：武帝延揽的众多杀敌制胜名将。荐延，荐举招致。枭俊擒敌，杀敌致胜。
3　分窜：各自逃匿。
4　远览：观察、考虑问题深远。
5　戚戚：忧惧貌。
6　辽西：古郡名，辖今河北省迁西县、唐山市以东，辽宁省医巫闾山、大凌河下游以西及长城以南地区。
7　司隶：司隶校尉的简称。
8　中宫史：古官名，皇后属官，掌文书、诏令、文学等。
9　御幸：皇帝与妇女交合。
10　四月丙辰：四月十八日。丙辰，古代采用干支记日，此为十八日。
11　永光：汉元帝刘奭年号，存续时间为公元前 43 至前 39 年。
12　倾乱：扰乱，作乱。
13　天诛：帝王的征讨或诛罚。
14　帷幄：指帝王。天子居处必设帷幄，故称。
15　穷竟：彻底追究。

人，将家属徙辽西郡。耿育上疏言："臣闻世必有非常之变，然后乃有非常之谋。孝成皇帝自知继嗣不以时立，念虽未有皇子，万岁之后未能持国，恐危社稷，倾乱天下，知陛下有贤圣仁孝之德，故废后宫就馆[1]之渐，乃欲致位陛下，以安宗庙，岂当世庸庸斗筲[2]之臣所能及哉？且褒广将顺[3]君父之美，匡救销灭[4]既往之过，古今通义也。事不当时固争，防祸于未然，各随指阿从[5]以求容媚[6]。晏驾之后，尊号已定，万事已讫，乃探追不及之事，讦扬[7]幽昧[8]之过，空使谤议[9]上及山陵，下流后世，甚非先帝托后之意，此臣之所深痛也。"帝亦以为太子颇得赵太后力，遂不竟其事。

以傅喜为大司马。

秋，九月，陨石于虞[10]二。

策免大司空、高乐侯丹为庶人，复赐爵关内侯冷褒、段犹等奏言："定陶恭皇太后、恭皇后皆不宜复引定陶藩国之名以冠大号，车马衣服宜皆称'皇'之意。置吏二千石以下，各供厥职[11]。又宜为恭皇立庙京师。"上复下其议，群下多顺指言："母以子贵，宜立尊号，以厚孝道。"唯丞相光、大司马喜、大司空丹以为不可。丹曰："圣王制礼，取法于天地。尊卑之礼明，则人伦之序正。尊卑者，所以正天地之位，不可乱也。今定陶恭皇太后、恭皇后以'定陶恭'为号者，母从子、妻从夫之义也。欲立官置吏，车服与太皇太后并，非所以明'尊无二上'之义也。定陶恭皇号、谥已前定，义不得复改。

1　就馆：临产时移住侧室分娩。引申指生子。
2　庸庸斗筲：庸庸，昏庸，平庸。斗筲，斗和筲都是很小的容器，合称比喻气量狭小和才识短浅。筲，一种竹器，仅容一斗二升。
3　褒广将顺：褒广，称扬而使之光大。将顺，顺势促成。
4　销灭：消除，消失。
5　阿从：阿附曲从。
6　容媚：奉承谄媚。
7　讦扬：揭发暴露。
8　幽昧：昏暗不明。
9　谤议：诽谤议论。
10　虞：古县名，治所位于今河南省商丘市虞城县北。
11　厥职：他的职责。厥，他的。

《礼》：'父为士，子为天子，祭以天子，其尸[1]服以士服。'子无爵父之义，尊
父母也。为人后者为之子，故为所后服斩衰三年，而降其父母期[2]，明尊本祖而
重正统也。孝成皇帝圣恩深远，故为恭王立后，奉承祭祀，令恭皇长为一国太
祖，万世不毁，恩义已备。陛下既继体先帝，持重[3]大宗，承宗庙、天地、社
稷之祀，义不可复奉定陶恭皇，祭入其庙。今欲立庙于京师，而使臣下祭之，
是无主也。又，亲尽当毁，空去一国太祖不堕之祀，而就无主当毁不正之礼，
非所以尊厚恭皇也。"丹由是浸不合上意。会有上书言："古者以龟、贝为货，
今以钱易之，民以故贫，宜可改币。"上以问丹，丹对言可改。章下有司议，
皆以为行钱以来久，难卒变易。丹老人，忘其前语，复从公卿议。又使吏书奏，
吏私写其草。丁、傅子弟闻之，使人上书告："丹上封事，行道人遍持其书。"
事下廷尉，劾丹大不敬。博士申咸、炔钦上书言："丹经行[4]无比，发愤懑，奏
封事，不及深思，使主簿[5]书，漏泄之过不在丹，以此贬黜，恐不厌众心。"上
贬咸、钦秩各二等，遂策免丹，曰："朕惟君位尊任重，怀谖[6]迷国，进退违
命，反复异言，甚为君耻之。以君尝托傅位[7]，未忍考于理，其上大司空、高乐
侯印绶，罢归。"尚书令唐林上疏曰："窃见免大司空丹策书，泰深痛切。君
子作文，为贤者讳。丹，经为世儒宗，德为国黄耇[8]，亲傅圣躬，位在三公。所
坐者微，免爵太重，识者咸以为宜复丹邑、爵，使奉朝请。唯陛下裁之。"诏
赐丹爵关内侯。

　　冬，十月，以朱博为大司空。

　　中山王太后冯氏及其弟宜乡侯参皆自杀中山王箕子，幼有眚病[9]，祖母

1　尸：祭祀时代表死者受祭的人。
2　期：服丧一年。
3　持重：主持丧祭或宗庙、社稷祭祀之事。
4　经行：经术和品行。
5　主簿：古官名，中央和地方各官署多置此官，负责文书簿籍，掌管印鉴等事。
6　怀谖：心存欺诈。
7　傅位：辅佐之位。傅，辅佐。
8　黄耇：元老。
9　眚病：病名，颜师古引苏林曰："名为肝厥，发时唇、口、手、足、十指甲皆青。"

冯太后自养视，数祷祠解。上遣中郎、谒者张由将医治之。由素有狂易病[1]，病发西归，因诬冯太后祝诅上及傅太后。初，傅太后与冯太后并事元帝为倢伃，尝从幸虎圈，熊逸出，攀槛，傅倢伃等皆惊走，冯倢伃直前当熊而立。上问之，对曰："猛兽得人而止。妾恐熊至御坐，故以身当之。"帝嗟叹，倍敬重焉。傅倢伃惭，由是有隙，常追怨之。因是遣御史丁玄按验数十日，无所得。更使中谒者令史立治之。立受傅太后指，治冯太后女弟、弟妇死者数十人，诬奏云："祝诅，谋杀上，立中山王。"责问冯太后，无服辞[2]。立曰："熊之上殿何其勇，今何怯也？"太后还谓左右："此乃中语[3]前世事，吏何用知之？欲陷我故也。"乃饮药自杀。弟宜乡侯参召诣廷尉，亦自杀。参为人矜严[4]，好修容仪，以严见惮，不得近侍帷幄。以王舅封侯，奉朝请。五侯皆敬惮之。翟方进谓参宜少诎，参终不改其操。且死，叹曰："不敢自惜，伤无以见先人于地下。"冯氏死者十七人，众莫不怜之。司隶孙宝奏请覆治[5]，傅太后大怒，上乃下宝狱。尚书仆射[6]唐林争之，左迁敦煌鱼泽障候[7]。大司马喜、光禄大夫龚胜固争，上为言太后，出宝，复官。张由赐爵关内侯，史立迁中太仆[8]。

丙辰二年（公元前5年）

春，正月，有星孛于牵牛[9]。

策免大司马喜。罢三公官。复以朱博为御史大夫，丁明为大司马、卫将军丁、傅骄奢，皆嫉傅喜之恭俭。又，傅太后欲称尊号，喜与孔光、师

1　狂易病：精神失常。
2　服辞：承认罪责之词。
3　中语：宫中例不外传的话。
4　矜严：矜持严整。
5　覆治：再次审理。
6　尚书仆射：古官名，尚书令之副贰，职掌拆阅封缄章奏文书，参议政事，谏诤驳议，监察百官。
7　鱼泽障候：鱼泽障，古地名，位于今甘肃省敦煌市东北。候，即障候，古官名，掌巡防、守候障塞。
8　中太仆：古官名，太后属官，掌太后舆马，不常置。
9　牵牛：古星宿名，二十八宿之一，玄武七宿的第二宿，有星六颗，又称牛宿。亦为星名。

丹共执以为不可。上重违大臣正议，又内迫傅太后，先免师丹以感动喜，喜终不顺。朱博与傅晏连结[1]，共谋成尊号事，数毁短[2]喜。遂策免喜。御史大夫官既罢，议者多以为汉自天子之号下至佐史[3]，皆不同于古，而独改三公，职事难分明，无益于治乱。于是博奏言："故事，选郡国守相高第为中二千石，选中二千石为御史大夫，任职[4]者为丞相，位次有序。今中二千石未更御史大夫而为丞相，权轻，非所以重国政也。臣愚以为大司空官可罢，复置御史大夫。"遂更拜博为御史大夫，又以丁明为大司马、卫将军，如故事。

夏，遣高武侯傅喜就国傅太后自诏丞相、御史曰："喜附下罔上，与师丹同心背畔，其遣就国。"

策免丞相、博山侯光为庶人。以朱博为丞相孔光自议继嗣持异[5]，又重忤[6]傅太后指，策免为庶人。以朱博为丞相，临延登[7]受策，有大声如钟鸣殿中，以问黄门侍郎扬雄、李寻。寻对曰："此《洪范》所谓鼓妖者也。人君不聪，为众所惑，空名[8]得进，则有声无形，不知所从生。宜退丞相，以应天变。"雄亦以为听失之象，且曰："博为人强毅，多权谋，宜将不宜相，恐有凶恶亟疾[9]之怒。"上不听。

诏恭皇去定陶之号，立庙京师。尊恭皇太后傅氏为帝太太后，恭皇后丁氏为帝太后朱博既相，上遂用其议，下此诏。于是帝太太后称永信官，帝太后称中安官，四太后各置少府、太仆。傅太后既尊后，尤骄，与太皇太后语，至谓之"妪"。丁、傅为公卿列侯者甚众，然帝不甚假以权势，不如王氏在成帝世也。

---

1 连结：结交，联合。
2 毁短：诋毁。
3 佐史：古官名，县官属吏，掌文书。也作为辅佐官员的统称。
4 任职：称职，尽职。
5 持异：持有异议。
6 忤：逆，不顺从。
7 延登：引入登殿。
8 空名：虚名。
9 亟疾：急剧猛烈。

免关内侯师丹为庶人。遣新都侯王莽就国丞相、御史言："师丹、王莽抑贬尊号，亏损孝道，当伏显戮。幸蒙赦令，不宜有爵土，请免为庶人。"诏免丹，遣莽就国。天下多冤王氏者。谏大夫杨宣言："孝成皇帝称述陛下至德，以承天序，岂不欲陛下自代，奉承[1]东宫哉？太皇太后春秋七十，数更忧伤，敕令亲属引领[2]以避丁、傅，陛下登高远望，独不惭于延陵[3]乎？"帝深感其言，复封商子邑为成都侯。

罢州牧，复置刺史朱博又奏言："部刺史秩卑赏厚，劝功[4]乐进。前罢刺史，更置州牧，秩真二千石。九卿缺，以高第补。其中材则苟自守而已，恐功效陵夷，奸轨不禁。臣请罢州牧，置刺史如故。"从之。

六月，帝太后丁氏崩诏合葬恭皇园。

大赦，改元太初，更号陈圣刘太平皇帝待诏黄门夏贺良言："汉历中衰，当更受命。宜急改元易号，可得延年益寿。"上久寝疾，冀其有益，遂从贺良等议。

秋，七月，诏以永陵[5]亭部为初陵，勿徙民。

八月，诏罢改元、易号事，待诏夏贺良等伏诛上改号月余，寝疾自若。贺良等复欲妄变政事，进退大臣。上以其言无验，诏曰："贺良等建言改元易号，可安国家。朕信道不笃，过听其言，冀为百姓获福，卒无嘉应[6]。夫过而不改，是谓过矣。前诏非赦令，皆蠲除之。"贺良等皆下狱，伏诛。

尽复诸神祠上以寝疾，尽复前世所尝兴诸神祠，凡七百余所，一岁三万七千祠云。

丞相博有罪，自杀。御史大夫赵玄减死论傅太后怨傅喜不已，使孔乡

1　奉承：继承。
2　引领：引退。
3　延陵：汉成帝陵寝，此处代指汉成帝刘骜。
4　劝功：努力建功立业。
5　永陵：秦悼武王陵墓，位于今陕西省咸阳市周陵乡周陵村南。
6　嘉应：祥瑞。

侯晏风[1]丞相、阳乡侯博，令奏免喜侯。博与御史大夫赵玄议之，玄言："事已前决，得无不宜。"博曰："已许孔乡侯矣。匹夫相要，尚相得死[2]，何况至尊？博唯有死耳。"玄即许可。博恶独斥奏喜，以何武前就国与喜相似，即并奏喜、武，皆请免为庶人。上疑博、玄承指[3]，即召玄问状，玄辞服。诏减玄死罪三等，削晏户四分之一。假[4]谒者节，召丞相诣廷尉。博自杀，国除。

冬，十月，以平当为丞相以冬月[5]故，且赐爵关内侯[6]。

丁巳三年（公元前4年）

春，三月，丞相当卒上召，欲封当，当病笃，不应召。或谓当："不可强起受印，为子孙邪？"当曰："吾居大位，已负素餐[7]。受印还死，死有余罪。不起，所以为子孙也。"乞骸骨，不许，至是薨。

有星孛于河鼓[8]。

夏，四月，以王嘉为丞相嘉上疏曰："臣闻圣王之功在于得人，故继世立诸侯，择立命卿[9]以辅之。居是国也，累世尊重[10]，然后士民附焉，是以教化行而治功立。孝文时，吏居官者或长子孙[11]，以官为氏，仓氏、库氏，则仓库吏之后也。其二千石长吏亦安官乐职，然后上下相望，莫有苟且之意。其后稍稍变易，公卿以下转相促急[12]，又数改更政事，举劾苛细，发扬阴私[13]，送故迎新，交

1　风：委婉劝告。
2　匹夫相要，尚相得死：匹夫之间互相约定的事，尚且不惜以死相报。
3　承指：逢迎意旨。
4　假：授予，给予。
5　冬月：农历十一月。
6　以冬月，且赐爵关内侯：由于正赶上不宜封侯的冬月，因此暂时赐爵关内侯。
7　素餐：无功受禄，不劳而食。
8　河鼓：古星名，属牛宿，在牵牛星之北。
9　命卿：由天子所任命的诸侯之卿。
10　尊重：尊贵，显要。
11　吏居官者或长子孙：官吏担任公职长期不变动，有些人在任上养了儿子、孙子。
12　促急：急躁。
13　举劾苛细，发扬阴私：检举弹劾官吏十分苛刻，细微的过失都不放过，还揭发宣扬别人不可告人的事。

错道路。中材苟容[1]求全，下材怀危内顾，壹切[2]营私者多。二千石益轻贱，吏民慢易[3]之，或持其微过，增加成罪，言于刺史、司隶，或上书告之。众庶知其易危，小失意则有离畔之心。前苏令等纵横[4]，吏士莫肯仗节死义，以守相威权素夺[5]也。成帝悔之，诏二千石不为故纵[6]，遣使赐金，尉厚[7]其意，诚以为国家有急，取办[8]于二千石。二千石尊重难危，乃能使下。宣帝爱其善治民之吏，有章劾事留中[9]，会赦一解。故事，尚书希下章[10]，为烦扰百姓。证验系治，或死狱中，章文必有'敢告之'字乃下。唯陛下留神于择贤，记善忘过，容忍臣子，勿责以备材[11]。任职者不能不有过差，宜可阔略[12]，令尽力者有所劝。此方今急务也。前苏令发，欲遣使逐问状，时见大夫无可使者，召盩厔[13]令尹逢，拜为谏大夫，遣之。今诸大夫有材能者甚少，宜豫畜养可成就者，则士赴难不爱其死。临事仓卒乃求，非所以明朝廷也。"因荐儒者公孙光、满昌，能吏[14]萧咸、薛修等，皆故二千石有名称[15]者。上纳用之。

冬，十一月，复泰畤、汾阴祠，罢南北郊。

无盐危山[16]土起，瓠山[17]石立。东平王云坐祠祭[18]祝诅自杀。以孙宠为南阳太守，息夫躬为光禄大夫无盐危山土自起覆草，如驰道状。又瓠山石

转立。东平王云及后谒，自之石所祭祀之。息夫躬、孙宠相与谋曰："此取封侯之计也。"乃因中常侍宋弘上变事，告焉。时上被疾，多所恶，逮谒验治[1]。云自杀，谒弃市。擢宠为南阳太守，弘、躬皆光禄大夫。

戊午**四年**（公元前 3 年）

春，正月，大旱。

关东民讹言行筹[2]关东民无故惊走，持稿或挟[3]一枚，传相付与，曰："行西王母筹。"或被发[4]徒跣，或夜折关[5]逾墙，或车骑奔驰，经历郡国二十六至京师，不可禁止。民又聚会，设张博具[6]，歌舞祠西王母，至秋乃止。

封傅商为汝昌侯上欲封傅太后从父[7]弟商，尚书仆射郑崇谏曰："成帝封五侯，天赤黄，昼昏，日中有黑气。今无故复封商，坏乱制度，逆天人心，非傅氏之福也。臣愿以身命当国咎。"因持诏书案起。傅太后大怒，曰："何有为天子乃反为一臣所颛制[8]邪？"上遂下诏封商。

二月，**下尚书仆射郑崇狱，杀之。免司隶孙宝为庶人**侍中董贤，为人美丽自喜，性和柔便辟[9]，得幸于上，贵震朝廷。常与上卧起，妻得通籍殿中，女弟为昭仪，父恭为少府。诏将作大匠为贤起大第[10]北阙下，穷极技巧。赐武库禁兵[11]，上方[12]珍宝，皆选上第[13]，而乘舆所服，乃其副也。至东园秘器[14]、珠

1　验治：查验处治。
2　行筹：传递筹码。
3　稿或挟：稿，禾杆。挟，麻杆。
4　被发：发不束而披散。
5　折关：破关。
6　设张博具：设张，设置，陈设。博具，六博等博戏用具，也泛指赌博用具。
7　从父：父亲的兄弟。
8　颛制：操纵控制。颛，通"专"。
9　便辟：谄媚逢迎。
10　大第：大屋，大房子。
11　禁兵：天子宫中御用的武器。
12　上方：古官署名，主管制造、储藏、供应帝王及皇宫中所用刀剑、衣食及日用玩好器物。
13　上第：上等。
14　东园秘器：皇室、显宦死后用的棺材。

襦玉柙[1]，无不备具。下至僮仆[2]，皆受上赐。又为贤起冢茔[3]义陵[4]旁，周垣[5]数里。郑崇谏上，由是数以职事见责。尚书令赵昌因奏："崇与宗族通[6]，疑有奸。"上责崇曰："君门如市人，何以欲禁切主上[7]？"崇对曰："臣门如市，臣心如水。愿得考覆[8]。"上怒，下崇狱。司隶孙宝上书曰："崇狱覆治，榜掠将死，卒无一辞。道路称冤，疑昌与崇内有纤介[9]，浸润相陷。臣请治昌，以解众心。"诏曰："司隶宝附下罔上，国之贼也。免为庶人。"崇死狱中。

赐董贤爵关内侯上欲侯董贤而未有缘，侍中傅嘉劝上听息夫躬告东平本章，去宋弘，更言因贤以闻，欲以其功侯之，皆先期赐爵关内侯。顷之，上欲封贤等而心惮王嘉，乃先使持诏示丞相、御史。于是嘉与御史大夫贾延言："宜暴贤等本奏语言，延问[10]公卿、大夫、博士、议郎，明正其义，乃加爵土。暴评[11]其事，必有言当封者，天下虽不悦，咎有所分。前淳于长初封，其事亦议，大司农谷永以长当封，众人归咎于永，先帝不独蒙其讥。臣嘉、臣延，材驽不称，死有余责，知顺指不迁[12]，可得容身须臾。所以不敢者，思报厚恩也。"上不得已，且为之止。

夏，六月，尊帝太太后傅氏为皇太太后。

秋，八月，封董贤为高安侯，孙宠为方阳侯，息夫躬为宜陵侯上下诏切责公卿曰："东平王云图弑天子，公卿股肱，莫能悉心销厌[13]未萌。赖宗庙

1　珠襦玉柙：古代帝、后及贵族的殓服。
2　僮仆：仆人，仆役。
3　冢茔：墓地。
4　义陵：汉哀帝刘欣的陵墓，位于今陕西省咸阳市西北。
5　周垣：围墙。
6　与宗族通：与刘氏宗族中人交往密切。
7　君门如市人，何以欲禁切主上：你家人来人往门庭若市，为什么要约束我。禁切，挟制，制约。
8　考覆：考查审察。
9　纤介：细小的嫌隙。
10　延问：请教询问。
11　暴评：公开评价。
12　迕：违背，违反。
13　销厌：抑制并消灭。

之灵，侍中贤等发觉，伏辜。其封贤、宠、躬皆为列侯。"躬数进见，历诋[1]公卿，大臣众畏其口，见之仄目[2]。

左迁执金吾毋将隆为沛郡都尉上发武库兵送董贤及上乳母王阿舍。执金吾毋将隆奏言："武库兵器，天下公用。缮治造作，皆度[3]大司农钱。大司农钱，自乘舆不以给共养[4]。共养劳赐，一出少府。盖不以本藏给末用[5]，不以民力共浮费，别公私，示正路也。古者方伯[6]专征，乃赐斧钺。汉家边吏拒寇，赐武库兵。《春秋》之义，家不藏甲，所以抑臣威，损私力也。今便辟弄臣，私恩微妾，而以天下公用给其私门，契[7]国威器，共其家备，建立非宜，以广骄僭[8]，非所以示四方也。臣请收还武库。"上不悦。顷之，傅太后贱买执金吾官婢，隆奏请更平直[9]。诏："隆奏请争贾，伤化失俗。以其前有安国之言，左迁为沛郡都尉。"成帝末，隆尝奏言宜征定陶王居国邸。故上思而宥之。

谏大夫鲍宣上书曰："窃见孝成皇帝时外亲持权，浊乱天下，奢泰亡度，穷困百姓，是以日蚀且十，彗星四起。危亡之征，陛下所亲见也，今奈何反复剧[10]于前乎？朝臣亡有大儒骨鲠[11]之士，论议通古今，忧国如饥渴者。敦外亲、小童[12]、幸臣董贤等在省户[13]下，陛下欲与此共承天地，安海内，甚难。昔尧放四罪而天下服，今除一吏而众皆惑。古刑人尚服，今赏人反惑。今民有七亡：水旱为灾，一也；重责赋税，二也；贪吏取受[14]，三也；豪强蚕食，四也；苛吏

---

1 历诋：逐个诋毁。
2 仄目：斜着眼看，多表示畏惧、忌恨等情绪。
3 度：使用。
4 共养：即供养，亦指供养的物品。共，通"供"。
5 不以本藏给末用：不把国家用于根本的储藏用在不重要的事情上。
6 方伯：殷、周时指一方诸侯之长，后泛称地方长官。
7 契：绝。
8 骄僭：骄横僭越。
9 平直：估算。
10 剧：厉害，严重。
11 骨鲠：比喻个性耿直。
12 小童：年幼的男仆。
13 省户：宫门，禁门。
14 取受：拿取和收受。

繇役，五也；部落鼓鸣[1]，六也；盗贼劫略，七也。七亡尚可，又有七死：酷吏驱杀，一也；治狱深刻，二也；冤陷无辜，三也；盗贼横发，四也；怨仇相残，五也；岁恶饥饿，六也；时气疾疫，七也。民有七亡而无一得，欲望国安，诚难；民有七死而无一生，欲望刑措[2]，诚难。此非公卿、守相贪残成化[3]之所致邪？群臣幸得居尊官，食重禄，岂有肯加恻隐于细民，助陛下流[4]教化者邪？但在营私家，称宾客，为奸利而已。以苟容曲从为贤，以拱默尸禄[5]为智，谓如臣宣等为愚。天下乃皇天之天下也，陛下为天牧养元元，视之当如一。今贫民菜食不厌，衣又穿空[6]，父子夫妇不能相保，奈何独私养外亲幸臣，赏赐大万[7]，使奴从宾客浆酒藿肉[8]，非天意也。官爵非陛下之官爵，乃天下之官爵也。陛下官非其人，而望天悦民服，岂不难哉？孙宠、息夫躬，奸人之雄，惑世尤剧，宜以时罢退。及外亲幼童未通经术者，皆宜令休[9]，就师傅。急征傅喜，使领外亲。何武、师丹、孔光、彭宣、龚胜，可大委任。陛下尚能容亡功德者甚众，曾不能忍武等邪？治天下者当用天下之心为心，不得自专快意而已也。"宣语虽刻切[10]，上以宣名儒，优容[11]之。

匈奴单于上书请朝匈奴单于请朝五年。时帝被疾[12]，或言："匈奴从上游来厌人[13]，自黄龙、竟宁[14]时，单于朝中国，辄有大故[15]。"上问公卿，亦以为虚费

1　部落鼓鸣：发现盗贼，村落鸣鼓示警。部落，人民聚居的地方。
2　刑措：将刑法放置一边不用。
3　贪残成化：贪婪凶残成性。贪残，贪婪凶残。
4　流：传播。
5　拱默尸禄：坐享俸禄，无所事事。拱默，拱手缄默。
6　穿空：穿孔，形容破敝。
7　大万：巨万，谓数极多。
8　浆酒藿肉：把酒肉当作水浆、豆叶一样，形容饮食的奢侈。
9　休：辞去官职。
10　刻切：苛刻严厉。
11　优容：宽待，宽容。
12　被疾：疾病缠身。
13　从上游来厌人：从黄河上游的方向来，气势压人。
14　黄龙、竟宁：黄龙，汉宣帝刘询年号，存续时间为公元前49年。竟宁，汉元帝刘奭年号，存续时间为公元前33年。
15　大故：对国家、社会有重大影响的事故。

府帑[1]，可且勿许。单于使辞去，未发，扬雄上书曰："臣闻六经之治，贵于未乱；兵家之胜，贵于未战。二者皆微，然而大事之本，不可不察也。今单于求朝，国家辞之，臣愚以为汉与匈奴从此隙[2]矣。匈奴本五帝所不能臣，三王所不能制。以秦始皇之强，然不敢窥西河；以高祖之威灵[3]，三十万众困于平城。高皇后时，匈奴悖慢[4]。及孝文时，候骑至雍甘泉。孝武设马邑之权，欲诱匈奴，徒费财劳师。一虏不得见，况单于之面乎？其后深惟社稷之计，规恢[5]万载之策，乃大兴师数十万，前后十余年，穷极其地，追奔逐北。自是之后，匈奴震怖[6]，益求和亲，然而未肯称臣也。夫前世岂乐倾无量之费，役无罪之人，快心于狼望[7]之北哉？以为不一劳者不久佚[8]，不暂费者不永宁，是以忍百万之师以摧饿虎之喙[9]，运府库之财以填卢山[10]之壑而不悔也。逮至元康、神爵[11]之间，大化[12]神明，鸿恩博洽[13]，匈奴内乱争立，呼韩邪归化称臣。然尚羁縻之计，欲朝不拒，不欲不强，何者？匈奴天性忿鸷[14]，形容魁健[15]，负力怙气[16]，其和难得。故未服之时，劳师远攻，倾国殚货[17]，如彼之难也。既服之后，慰荐[18]抚循，交接赂遗，如此之备也。真中国之坚敌，兹甚，未易可轻也。今单于归义怀诚，欲

1　府帑：国库。
2　隙：怨恨。
3　威灵：显赫的声威。
4　悖慢：违逆不敬，背理傲慢。
5　规恢：规划扩展。
6　震怖：惊恐，使惊恐。
7　狼望：匈奴中地名。
8　佚：通"逸"。
9　喙：鸟兽的嘴。
10　卢山：即寘颜山，匈奴中山名，位于今蒙古高原杭爱山南。
11　元康、神爵：元康，汉宣帝刘询年号，存续期间为公元前65至前61年。神爵，汉宣帝刘询年号，存续期间为公元前61至前58年。
12　大化：广远深入的教化。
13　鸿恩博洽：皇恩浩荡。鸿恩，皇恩。博洽，广博。
14　忿鸷：残忍凶狠。
15　形容魁健：形容，形体和容貌。魁健，魁伟健壮。
16　负力怙气：仗着一身蛮力和气势。
17　殚货：比喻物力竭尽。殚，竭尽。
18　慰荐：慰藉。

来陈见，此乃上世之遗策[1]，神灵之所想望[2]。国家虽费，不得已者也。奈何拒以'来厌'之辞，疏以无日之期，消往昔之恩，开将来之隙乎？夫明者视于无形，聪者听于无声。一有隙之后，虽智者劳心于内，辩者毂击[3]于外，犹不若未然之时也。夫百年劳之，一日失之，费十而爱一，臣窃为国不安也。唯陛下少留意于未乱、未战，以遏边萌[4]之祸。"书奏，天子寤焉，召还匈奴使者，更报其书而许之。单于未发，会病，复遣使愿朝明年，上许之。

己未元寿元年（公元前 2 年）

春，正月朔，以傅晏为大司马、卫将军，丁明为大司马、骠骑将军。是日，日食。寻罢晏就第初，傅晏害董贤之宠，又与息夫躬谋，欲求居位辅政。会单于以病未朝，躬奏，以为："当有他变。乌孙两昆弥弱，其叛臣卑爰疐强，东结单于，遣子往侍，恐其合势以并乌孙，则匈奴盛而西域危矣。可令降胡诈为卑爰疐使者来上书，欲因天子威告单于归臣侍子。因下其章，令匈奴客闻焉，则是所谓'上兵伐谋，其次伐交'者也。"上召公卿、将军大议。左将军[5]公孙禄以为："中国常以威信怀伏[6]夷狄，躬欲造不信之谋，不可许。且匈奴赖先帝之德，保塞称藩。今单于以疾病自陈，不失臣子之礼。臣禄自保没身不见匈奴为边境忧也！"躬曰："臣为国家万世虑，而禄欲以其犬马齿[7]保目所见。臣与禄未可同日语也。"上罢群臣，独与躬议。躬因建言："灾异屡见，恐必有非常之变。可遣大将军行边兵，敕武备，斩一郡守以立威应变。"上然之。以问丞相嘉，对曰："臣闻动民以行不以言，应天以实不以文。

1　遗策：前人遗留下来的策略计划。
2　想望：希望，企求。
3　毂击：车子来往，其毂相击，形容交往频繁。
4　边萌：同"边氓"，边民。
5　左将军：古官名，位次大将军及骠骑、车骑、卫将军，有战事掌禁兵，戍卫京师，或任征伐。
6　怀伏：同"怀服"，怀柔使之顺服。
7　犬马齿：对尊上卑称臣下的年龄。

下民微细[1]，犹不可诈，况于上天神明而可欺哉？天之见异，所以敕戒[2]人君，欲令觉悟反正，推诚行善，民心悦而天意得矣。谋动干戈，设为权变，非应天之道也。夫议政者，苦其谄谀、倾险[3]、辩惠[4]、深刻也。唯陛下观览古戒，反复参考，无以先入之语为主。"上不听。至是，诏将军、中二千石举习兵法者各一人，因拜傅晏、丁明皆为大司马。会有日食之变，诏问得失，举直言。嘉奏曰："孝元皇帝温恭[5]少欲，赏赐节约，冯贵人以身当熊，帝深嘉美之，然赐钱五万而已。是时外戚赀千万者少，故少府、水衡见钱多，都内[6]钱至四十万万。虽遭凶年，加有羌变，外奉师旅，内振贫民，终无倾危之忧。成帝时，谏臣多言燕乐、女宠、耽酒[7]之害，其言甚切，终不怨怒。宠臣史育数贬退，张放斥就国，淳于长榜死[8]于狱，不以私爱害公义，故虽多内讥，朝廷安平，传业陛下。陛下在国，好《诗》《书》，上俭节[9]，征来[10]，所过称诵德美。初即位，易帷帐，去锦绣。恭皇寝庙比[11]当作，以用度不足，忧悯[12]元元，今始作治。而董贤亦起官寺[13]，治大第，使者护作[14]，赏赐吏卒，甚于治宗庙。为贤治器，器成，奏御[15]乃行，或物好，特赐其工。自贡献宗庙、三宫[16]，犹不至此。诏书罢苑，而以赐贤二千余顷，均田[17]之制从此堕坏。奢僭放纵，变乱阴阳，灾异众多。臣嘉幸得备位，窃内悲伤不能通愚忠之信，身死有益于国，不敢自惜。唯陛下

1　微细：卑下，低贱。
2　敕戒：告诫示警。
3　倾险：用心邪僻险恶。
4　辩惠：聪明而富于辩才。
5　温恭：温和恭敬。
6　都内：内府，国家的金库。
7　燕出、女宠、耽酒：燕出，帝王微服私行。女宠，帝王宠爱的女子。耽酒，极好饮酒。
8　榜死：捶击至死。
9　上俭节：崇尚节俭。上，通"尚"。
10　征来：征召前来长安时。
11　比：屡次。
12　忧悯：忧虑哀怜。
13　官寺：官署，衙门。
14　护作：主持并监督某项工程。
15　奏御：上奏帝王。
16　三宫：天子、太后、皇后。
17　均田：汉代按等级分赐田地的制度。

慎己之所独乡[1]，察众人之所共疑。往者，邓通、韩嫣，骄贵逸豫，不胜情欲[2]，卒陷罪辜，所谓'爱之，适足以害之'者也。宜节贤宠，全安其命。"上不悦。杜邺以方正[3]对策曰："臣闻阳尊阴卑，卑者随尊，尊者兼卑，天之道也。是以男虽贱，各为其家阳；女虽贵，犹为其国阴。故礼明三从[4]，母必系子。昔郑伯随姜氏之欲，终有叔段之祸；周襄王内迫惠后之难，而遭居郑之危。《春秋》灾异，以指象[5]为言语。日食，明阳为阴所临。坤以法地，为土为母，以安静为德。震，不阴之效也。昔曾子问从令[6]之义，孔子曰：'是何言与？'闵子骞守礼不苟从亲，所行无非理者，故无可间。今诸外家，无贤不肖，并侍帷幄，典兵将屯，至乃并置大司马、将军之官，当拜之日，晻然[7]日食。不在前后，临事而发，欲令昭昭以觉[8]圣朝。指象如此，殆不在他。由后视前，忿邑[9]非之。逮身所行，不自镜见[10]，则以为可。愿陛下加致精诚，思承始初，事稽诸古，以厌[11]下心。则黎庶[12]群生无不说喜[13]，上帝百神收还[14]威怒，祯祥[15]福禄，何嫌不报？"上又征孔光问以日食事，拜为光禄大夫、给事中，位次丞相。王莽既就国，杜门自守。吏民上书冤讼莽者百数。至是，贤良周护等对策，复深讼莽。上于是征莽还，侍太后。董贤亦以日食阻晏、躬之策。上乃收晏印绶，罢归第。

皇太太后傅氏崩，合葬渭陵，号孝元傅皇后。

1　独乡：独自思慕。乡，通"向"。
2　情欲：欲念，欲望。
3　方正：汉代取士的一种方式，以德行方正为主要标准。
4　三从：在家从父，出嫁从夫，夫死从子。
5　指象：天以景象示意。
6　从令：听从父亲的指令。
7　晻然：昏暗不明貌。
8　觉：醒悟。
9　忿邑：愤恨忧郁。
10　镜见：照镜而见，谓鉴察。
11　厌：满足。
12　黎庶：百姓，民众。
13　说喜：喜悦，欢欣。
14　收还：收回。
15　祯祥：吉祥的征兆。

孙宠、息夫躬以罪免，就国。

以鲍宣为司隶鲍宣上书曰："陛下父事天，母事地，子养黎民。即位以来，父亏明，母震动，子讹[1]相惊。今日食于三始[2]，诚可畏惧。小民正朔日尚恐毁败器物，何况于日亏乎？陛下深内自责，避正殿，举直言，求过失，退外亲，征拜孔光，发觉宠、躬过恶，众庶歙然[3]，莫不悦喜。天人同心，人心悦则天意解矣。乃白虹干日[4]，连阴不雨，此天有忧结未解，民有怨望未塞者也。董贤以令色谀言[5]自进，赏赐无度，竭尽府藏。海内贡献，当养一君。今反尽之贤家，岂天意与民意邪？厚之如此，反所以害之也。诚欲哀[6]贤，宜为谢过天地，解仇海内，免，遣就国，收乘舆器物还之县官，如此，可以父子终其性命。不者，海内之所仇，未有得久安者也。宠、躬不宜居国，可皆免。复征何武、师丹、彭宣、傅喜以应天心，建立大政，兴太平之端。"上乃征何武、彭宣，而拜鲍宣为司隶。

下丞相、新甫侯王嘉狱，杀之上托傅太后遗诏，益封董贤二千户。王嘉封还[7]诏书，谏曰："臣闻爵禄土地，天之有也。《书》曰：'天命有德，五服五章哉[8]！'王者代天爵人，尤宜慎之。不得其宜，则众庶不服，感动阴阳，其害疾自深。高安侯贤，佞幸[9]之臣，陛下倾爵位以贵之，单[10]货财以富之，损至尊以宠之，流闻四方，皆同怨疾[11]。里谚[12]曰：'千人所指，无病而死。'臣常

1　讹：散布流言。
2　三始：即三朝，正月初一。
3　歙然：和洽貌，安定貌。
4　白虹干日：同"白虹贯日"，白色长虹穿日而过，古人认为人间有不祥的事，会引起这种天象的变化。
5　令色谀言：令色，美丽的姿容。谀言，说奉承话。
6　哀：同情，怜悯。
7　封还：缄封退还，多指封还诏敕。
8　天命有德，五服五章哉：皇天命有德之人列居天子、诸侯、卿、大夫、士之位，穿表示尊卑的五种服装，色彩图案各不相同。
9　佞幸：以谄媚而得到宠幸。
10　单：竭尽。
11　怨疾：不满，憎恨。
12　里谚：民间谚语。

为之寒心。臣骄侵罔[1]，阴阳失节，气感相动，害及身体。陛下寝疾久不平，继嗣未立，宜思正万事，顺天人之心，以求福佑，奈何轻身肆意，不念高祖之勤苦，垂立制度，欲传之于无穷哉？"初，廷尉梁相治东平王云狱，心疑云冤，欲更覆治。尚书令鞠谭等以为可许。上以为顾望两心，幸云逾冬[2]，无讨贼意，免相等皆为庶人。后数月，大赦，嘉荐："相等皆有材行[3]，臣窃为朝廷惜之。"书奏，上不能平。及封还董贤事，上乃发怒，召嘉诣尚书，责问以"相等"事。下将军中朝者[4]，孔光等劾嘉"迷国罔上，不道"，请召诣廷尉诏狱。少府猛等以为："圣王之于大臣，进之以礼，退之以义。罪恶虽著，括发关械，裸躬受笞[5]，非所以重国、褒宗庙也。"上从光议，诏："假谒者节，召丞相诣廷尉诏狱。"掾史涕泣，和药[6]进嘉曰："将相不对理[7]陈冤，相踵[8]以为故事，君侯宜引决[9]。"嘉引杯击地曰："丞相幸得备位三公，奉职负国，当伏刑都市，以示万众。丞相岂儿女子[10]邪？何谓咀药[11]而死？"出见使者，再拜受诏。乘吏小车，去盖，不冠，诣廷尉。廷尉收嘉印绶，缚致都船诏狱[12]。吏诘问嘉，对曰："相等治狱，欲关公卿，示重慎[13]，诚不见其顾望阿附，复幸得蒙大赦，臣窃为国惜贤，不私此三人。"狱吏曰："苟如此，则君何以为罪？犹当有以负国，不空入狱矣。"嘉喟然仰天叹曰："幸得充备[14]宰相，不能进贤退不肖，以是负

1　侵罔：擅权欺罔。
2　上以为顾望两心，幸云逾冬：皇帝以为大臣犹豫观望，怀有二心，希望刘云的案子侥幸拖过冬天。顾望，犹豫观望。
3　材行：才能和品行。
4　下将军中朝者：把此案交付将军和当时入朝的官员讨论。
5　括发关械，裸躬受笞：束住头发，锁上刑具，裸露身体，鞭笞拷打。
6　和药：调制药物。
7　对理：共同审理。
8　相踵：相继。
9　引决：自杀。
10　儿女子：妇孺之辈。
11　咀药：服药。
12　都船诏狱：古诏狱名，造船工场附设的监狱，原为囚禁工人而设，后来其他罪人均可于此拘押。
13　重慎：慎重。
14　充备：参预，充当。

国，死有余责。"吏问贤不肖主名。嘉曰："贤孔光、何武，不能进；恶董贤父子，不能退。罪当死，死无所恨。"遂不食，欧血而死。元始[1]中追谥曰忠，绍其封[2]。

秋，七月，以孔光为丞相。八月，以何武为前将军，彭宣为御史大夫上览王嘉之对，思其言，故有是命。光复故爵。

下司隶鲍宣狱，髡钳之丞相光行园陵，官属以令行驰道中。宣出逢之，使吏钩止[3]，没入其车马，摧辱[4]宰相。事下御史中丞。侍御史欲捕从事[5]，宣闭门不纳，遂以距闭[6]使者，大不敬，不道，下狱。诸生举幡[7]太学下，曰："欲救鲍司隶者会此。"会者千人。遮[8]丞相自言，又守阙上书。上竟抵宣罪。

九月，策免大司马、骠骑将军明就第明素重王嘉，以其死而怜之。上方欲极董贤位，恨明如此，遂策免就第。

冬，十二月，以董贤为大司马、卫将军以董贤为大司马、卫将军，策曰："建尔于公[9]，以为汉辅。匡正庶事，允执其中[10]。"时贤年二十二，虽为三公，常给事中，领尚书，百官因贤奏事。亲属皆侍中、奉朝请，宠在丁、傅之右矣。上故令贤私过孔光，光闻贤来，警戒，衣冠出门待，望见贤车却入。贤至中门，光入阁[11]。既下车，乃出，拜谒[12]、送迎甚谨，不敢以宾客钧敌[13]之礼。

---

1 元始：汉平帝刘衎年号，存续期间为公元1年至5年。
2 绍其封：允许后人继承他的封号。
3 钩止：拘留，扣留。
4 摧辱：摧折侮辱。
5 从事：古官名，三公、州郡、将军、校尉等的佐官，各掌一方面的事务。
6 距闭：闭门拒见。距，通"拒"。
7 幡：一种用竹竿等挑起来垂直挂着的长条形旗子。
8 遮：拦阻。
9 建尔于公：册封你为三公。
10 允执其中：真诚地坚持中庸之道，比喻真正做到恰到好处。允，诚信。执，持。中，不偏不倚。
11 阁：大门旁的小门。
12 拜谒：拜见。
13 钧敌：势均力敌，对等。

上喜，立拜光两兄子为谏大夫、常侍[1]。贤由是权与人主侔矣。时王氏衰废[2]，唯平阿侯谭子闳为中常侍。闳妻父萧咸，望之子也。贤父恭慕之，欲为子求咸女为妇，使闳言之。咸惶恐不敢当，私谓闳曰："董公大司马，册乃尧禅舜之文，非三公故事，长老见者莫不心惧，此岂家人子所能堪邪？"闳闻咸言亦悟，乃还报恭，深达咸自谦薄之意。恭叹曰："我家何用负天下，而为人所畏如是？"意不悦。后置酒麒麟殿，上有酒所[3]，从容视贤，笑曰："吾欲法尧禅舜，何如？"闳进曰："天下乃高皇帝天下，非陛下之有也。陛下承宗庙，当传子孙于无穷。统业至重，天子无戏言。"上默然，左右遣闳出。闳遂上书曰："昔文帝幸邓通，不过中大夫，武帝幸韩嫣，赏赐而已，皆不在大位。今董贤无功封侯，列备鼎足[4]，横蒙赏赐，空竭帑藏[5]，喧哗道路，不当天心。"上不从，亦不罪也。

庚申二年（公元前1年）

春，正月，匈奴单于、乌孙大昆弥皆来朝时西域凡五十国，佩汉印绶者三百七十六人。单于宴见，群臣在前，单于怪董贤年少，以问译[6]。上令报曰："大司马年少，以大贤居位。"单于乃起，拜贺汉得贤臣。

胡氏曰：哀帝之世，汉既衰矣，而匈奴、乌孙犹不废礼，西域佩印绶者五十余国。虽曰中国荣观[7]，譬犹大木，远条枝叶尚茂，而蠹[8]生心腹，根、干将颠[9]矣。是故圣主专务治内以图其本，不勤远略而忽近图，其虑深矣。

夏，四月晦，日食。

---

1 常侍：古官名，中常侍简称，皇帝近臣，职掌顾问应对。
2 衰废：衰败。
3 酒所：酒意。
4 列备鼎足：列位三公，成为鼎足之一。
5 帑藏：国库。
6 译：翻译人员。
7 荣观：荣盛的景象。
8 蠹：蛀蚀器物的虫子。
9 颠：倒下。

五月，正三公分职：董贤为大司马，孔光为大司徒，彭宣为大司空。

六月，帝崩帝睹孝成之世，禄去王室[1]。及即位，屡诛大臣，欲强主威以则[2]武、宣。然以宠信谗谄[3]，憎疾[4]忠直，汉业由是遂衰。

董贤以罪罢，即日自杀太皇太后闻帝崩，即日驾之未央宫，收取玺绶。召大司马贤，问以丧事调度，忧惧不能对。太后曰："新都侯莽，前奉送先帝大行，晓习故事，吾令莽佐君。"贤顿首："幸甚！"太后遣使者驰召莽。诏尚书，诸发兵符节、百官奏事、中黄门、期门兵皆属焉。莽以太后指，使尚书劾贤不亲医药，禁止不得入宫殿。贤诣阙，免冠、徒跣谢。莽以太后诏，即阙下册收贤印绶，罢归第[5]。即日与妻皆自杀。家惶恐，夜葬。莽疑其诈死，发其棺，至狱诊视[6]，因埋狱中。收没入家财四十三万万，父恭与家属徙合浦。

太皇太后以王莽为大司马，领尚书事太皇太后诏公卿举可大司马者。孔光以下皆举莽，独前将军何武、右将军公孙禄以为："惠、昭之世，外戚持权，几危社稷。今比世无嗣，方当选立近亲幼主，不宜令外戚持权。亲疏相错，为国计[7]便。"于是武举禄，而禄亦举武。太皇太后自用莽为大司马，领尚书事。

秋，七月，迎中山王箕子为嗣太皇太后与莽议，遣车骑将军王舜，使持节迎之。

贬皇太后为孝成皇后莽白太皇太后，诏有司以皇太后前与女弟昭仪专宠锢寝[8]，残灭继嗣，贬为孝成皇后，徙居北宫。

徙孝哀皇后于桂宫，追贬傅太后为定陶恭王母，丁太后为丁姬莽又白太皇太后，下诏以定陶太后背恩忘本，专恣不轨，徙孝哀皇后退就桂宫，傅

1　禄去王室：赐予俸禄的权力不在王室。
2　则：效法。
3　谗谄：说他人坏话以巴结奉承别人的人。
4　憎疾：厌恶妒忌。
5　归第：回家。
6　诊视：察看。
7　国计：治国的方针大计。
8　锢寝：专宠。胡三省："锢，塞也。杜塞后宫侍寝之路，不使进御也。"

氏、丁氏皆免官爵归故郡，独下诏褒扬[1]傅喜曰："高武侯喜，恣性端悫[2]，论议忠直，不顺指从邪，以故斥逐，传不云乎：'岁寒，然后知松柏之后凋也。'其还喜长安，位特进，奉朝请。"喜虽外见褒赏，孤立忧惧。后复遣就国，以寿终。莽又贬傅太后号为定陶恭王母，丁太后号曰丁姬。

以甄邯为侍中，策免将军何武、公孙禄，遣红阳侯王立就国莽以孔光名儒，相三主，太后所敬，天下信之，于是盛尊事光，引光女婿甄邯为侍中。诸素所不悦者，皆傅致其罪，为请奏草，令邯以太后指风[3]光。上之，莽白太后，辄可其奏。于是劾奏何武、公孙禄互相称举，免官就国。董宏子武父为佞邪，夺爵。毌将隆前治中山狱，冤陷无辜，张由诬告骨肉，史立、丁玄陷人入大辟，赵昌谮害[4]郑崇，皆免为庶人，徙合浦。中山狱，本立、玄自典考之[5]，但与隆连名奏事。莽少时慕与隆交，隆不甚附，故因事挤之。红阳侯立虽不居位，莽畏立从容言太后，令己不得肆意[6]，复令光奏立罪恶，请遣就国。太后不听。莽曰："汉家比世无嗣，太后独代幼主统政，力用公正先天下，尚恐不从。今以私恩逆大臣议，如此，群下倾邪，乱从此起。"太后不得已，遣立。莽之所以胁持上下，皆此类也。于是附顺[7]者拔擢，忤恨[8]者诛灭，以王舜、王邑为腹心，甄丰、甄邯主击断，平晏领机事[9]，刘秀典文章，孙建为爪牙。莽色厉而言方[10]，欲有所为，微见风采，党与承其指意而显奏之。莽稽首涕泣，固推让，上以惑太后，下用示信于众庶焉。

八月，废孝成、孝哀皇后，就其园[11]。皆自杀。

1　褒扬：表扬。褒，赞扬，夸奖。
2　端悫：正直诚谨。
3　风：委婉劝告。
4　谮害：进谗言伤害。
5　自典考之：亲自审讯处理。
6　肆意：不顾一切，由着自己的性子。
7　附顺：依附顺从。
8　忤恨：违逆，反对。
9　机事：国家枢机大事。
10　色厉而言方：外表严厉，言语正直。
11　就其园：遣送到成帝和哀帝的陵园守墓。

策免大司空宣，遣就国彭宣以王莽专权，乃上印绶，乞骸骨，归乡里。莽白太后，策免宣，使就国。莽恨宣求退，故不赐黄金、安车、驷马。宣居国数年，薨。

班固曰：彭宣见险而止，异乎苟患失之者矣。

以王崇为大司空。

九月，中山王箕子即位年九岁。

太皇太后临朝，大司马莽秉政[1]，百官总己[2]以听。

以孔光为帝太傅，马宫为大司徒莽权日盛，孔光忧惧，不知所出，上书乞骸骨。莽白太后，徙光为帝太傅，领宿卫、供养，行[3]内署门户，省[4]服御食物。以马宫为大司徒。

冬，十月，葬义陵。

辛酉**孝平皇帝元始元年**（公元 1 年）

春，正月，益州塞外蛮夷献白雉[5]。二月，以孔光为太师，王舜为太保，甄丰为少傅。王莽为太傅，号安汉公。褒赏宗室群臣莽风益州，令塞外蛮夷自称越裳氏重译[6]献白雉。莽白太后，以荐宗庙。于是群臣盛陈莽功德，宜赐号曰安汉公，益户畴爵邑[7]。太后诏尚书具其事。莽上书言："臣与孔光、王舜、甄丰、甄邯共定策，今愿独条[8]光等功，寝置[9]臣莽。"固让数四，称疾不起。太后乃诏光为太师，舜为太保，丰为少傅，邯封承阳侯。莽尚未起，群臣复上言："宜以时加赏元功，无使百僚元元失望。"太后乃以莽为太

1　秉政：执政，掌握政权。
2　总己：总摄己职。
3　行：巡视。
4　省：察看。
5　白雉：白色羽毛的野鸡，古时以为瑞鸟。
6　重译：辗转翻译。
7　户畴爵邑：人口、田地和封爵采邑。
8　条：分条列举。
9　寝置：搁置。

傅，斡四辅之事[1]，号曰安汉公，益封二万八千户。于是莽为惶恐，不得已，起受太傅、安汉公号，让还[2]益封事。复建言襃赏宗室群臣，立东平王开明。又立中山王成都，奉孝王后。封宣帝耳孙[3]三十六人为列侯。又令诸侯王公、列侯、关内侯无子而有孙若同产子者，皆得以为嗣。宗室属未尽而以罪绝者，复其属。吏以年老致仕者，参分故禄，以一与之[4]，终其身。下及庶民鳏寡，恩泽之政，无所不施。又风公卿奏言："太后春秋高，不宜亲省小事。"令太后诏曰："自今以来，唯封爵乃以闻，他事安汉公、四辅平决。州牧、二千石及茂才[5]吏初除[6]奏事者，引入近署[7]对，安汉公考故官，问新职，以知其称否。"于是莽人人延问，密致恩意，厚加赠送，其不合指，显奏免之，权与人主侔矣。

置羲和官[8]。

夏，五月朔，日食。

拜帝母卫姬为中山孝王后王莽恐帝外家卫氏夺其权，白太后："前哀帝立，背恩义，自贵外家，几危社稷。今帝以幼年复奉大宗，宜明一统之义，以戒前事，为后代法。"乃遣使即拜帝母卫姬为中山孝王后，赐帝舅宝、玄爵关内侯，皆留中山，不得至京师。申屠刚以直言对策曰："圣主始免襁褓，至亲分离。汉家之制，虽任英贤，犹援姻戚[9]，亲疏相错，杜塞[10]间隙。诚宜亟遣使者，征中山太后，置之别宫，令时朝见。又召冯、卫二族，裁与冗职[11]，使得执

---

1 斡四辅之事：主管四辅事务。四辅，相传古代天子身边的四个辅佐。斡，通"管"，主管，掌管。
2 让还：辞让退还。
3 耳孙：九世孙。因为耳孙离开高曾祖父很远，只能耳闻而已，故称。
4 参分故禄，以一与之：以原俸禄的三分之一作为退休金。
5 茂才：秀才。
6 初除：初次授官。
7 近署：与帝王接触密切的官署。
8 羲和官：古官名，王莽仿尧时官职设置，掌管日月星象观测、制订历法等。
9 援姻戚：援，提拔，引进推荐。姻戚，姻亲。
10 杜塞：阻塞，堵住。
11 裁与冗职：裁与，酌量赐予。冗职，闲散的官职。

载亲奉宿卫，以抑患祸之端，上安社稷，下全保傅[1]。"莽令太后诏："刚僻经[2]妄说，违背大义，罢归田里。"

封公子宽为褒鲁侯，孔均为褒成侯以奉周公、孔子之祠。宽，鲁顷公之后也。

壬戌二年（公元2年）

春，黄支国[3]献犀牛黄支在南海中，去京师三万里。王莽欲耀威德[4]，故厚遗其王，令遣使贡献。

越嶲郡上[5]黄龙游江中太师光等咸称莽功德比周公，宜告祠宗庙。大司农孙宝曰："周公上圣，召公大贤，尚犹有不相悦，著于经典，两不相损。今风雨未时，百姓不足，每有一事，群臣同声，得无非其美者？"时大臣皆失色。甄邯即时承制[6]罢议者。会宝遣吏迎母，母道病，留弟家，独遣妻子。司直陈崇劾奏宝，事下三公即讯。宝对如章，坐免，终于家。

帝更名衎。

大司空崇免，以甄丰为大司空。

绍封[7]宗室及功臣后为王侯者百余人。

大旱，蝗王莽白太后，宜衣缯损膳[8]，以示天下。莽亦素食，上书愿出钱百万，献田三十顷，付大司农助给贫民。于是公卿皆效慕[9]焉。

陨石于巨鹿二。

大夫龚胜、邴汉罢归光禄大夫楚国龚胜、太中大夫琅邪邴汉以王莽专

---

1 保傅：古代负责保育、教导太子等贵族子弟及未成年帝王、诸侯男女官员的通称。
2 僻经：非正统的经训。
3 黄支国：古国名，位于今印度东南海岸的康契普腊姆。
4 威德：声威和德行。
5 上：奏报。
6 承制：秉承皇帝旨意而便宜行事。
7 绍封：袭封，古时子孙承袭先代的封爵。
8 衣缯损膳：穿没有花纹的丝帛服装，减省御用膳食。
9 效慕：效法。

政，皆乞骸骨。莽令太后策诏之曰："朕潜[1]以官职之事烦大夫，大夫其修身守道，以终高年[2]。"皆加优礼而遣之。梅福亦知莽必篡汉，一朝弃妻子去，不知所之，人传以为仙。其后人有见福于会稽者，变姓名为吴市[3]门卒云。

秋，九月晦，日食。

匈奴单于遣女入侍太皇太后王莽欲悦太后，以威德至盛异于前，乃风单于，令遣王昭君女须卜居次云入侍太后，所以赏赐之甚厚。

颁四条于匈奴车师后王姑句、去胡来王唐兜亡降匈奴，单于受之，上书言状。诏遣使责让，单于叩头谢罪，执二虏还付使者，因请其罪，莽不听。诏会西域诸国王，陈军斩以示之。乃造四条，中国人亡入匈奴者、乌孙亡降匈奴者、西域诸国佩中国印绶降匈奴者、乌桓降匈奴者，皆不得受。遣使杂函封[4]付单于，令奉行。因收故宣帝所为约束，封函还。时莽奏令中国不得有二名[5]，因使使者以风单于。单于上书，更名曰"知"。莽大悦，白遣使答谕，厚赐焉。

1　潜：怜悯，不忍心。
2　高年：年岁大。
3　吴市：古地名，位于今江苏省常熟市境内。
4　杂函封：把四条文件与诏书放在一个书函内封好。
5　二名：两个字的名字。

资治通鉴纲目

卷
八

起癸亥汉平帝元始三年，尽丙戌[1]汉光武帝建武二年凡二十四年。

癸亥**元始三年**（公元 3 年）

春，聘安汉公莽女为皇后莽欲以女配帝，以固其权，奏言："长秋官未建，掖庭媵[2]未充，请考论[3]五经，定娶后礼，正十二女之义，以广继嗣，博采二王后及周公、孔子世[4]、列侯在长安者嫡子女。"事下有司，上众女名，王氏女多在选中。莽恐其与己女争，即上言："子材下，不宜与众女并采。"太后诏："王氏，朕外家，其勿采。"庶民、诸生、郎吏守阙上书，公卿大夫伏省户下，咸言："愿得公女以为天下母。"太后从之。

夏，安汉公莽奏定制度莽奏吏民车服、田宅、器械、丧祭、嫁娶、奴婢品制[5]，立官稷[6]，郡国、县、乡，皆置学官。

安汉公莽杀其子宇，灭中山孝王后家，杀敬武公主及氾乡侯何武、故司隶鲍宣等数百人莽长子宇非[7]莽隔绝卫氏，私与卫宝通书，教卫后上书谢恩，因陈丁、傅旧恶，冀得至京师。莽白褒赏中山孝王后，益汤沐邑七千户。宇复教令上书求至京师。莽不听。宇与师吴章及妇兄吕宽议，章以为莽好鬼神，可为变怪以惊惧之，因推类说，令归政卫氏。宇即使宽夜持血洒莽第，门吏发觉之。莽执宇送狱，饮药死。尽灭卫氏支属，唯卫后在。吴章要斩。初，章为当世名儒，教授千余人。莽以为恶人党，皆当禁锢[8]，不得仕宦，门人尽更名他师。平陵云敞时为大司徒掾，自劾吴章弟子，收抱章尸归，棺敛葬之。莽因是狱穷治党与，连引素所恶者悉诛之。元帝女弟敬武长公主素非议莽，红阳

1　丙戌：即公元 26 年。
2　媵：姬妾婢女。
3　考论：考察论证。
4　二王后及周公、孔子世：殷、周天子的后裔以及周公、孔子的后代。
5　品制：等级规定。
6　官稷：帝王祭祀五谷神的社宫。
7　非：反对。
8　禁锢：禁止做官或参与政治活动。

侯立，莽尊属[1]，平阿侯仁，素刚直，皆以太皇太后诏，迫令自杀。郡国豪杰及汉忠直臣不附莽者，何武、鲍宣及王商、辛庆忌诸子皆坐死，凡数百人，海内震焉。北海逢萌谓友人曰："三纲[2]绝矣，不去，祸将及人。"即解冠挂东都城门归，将家属浮海，客于辽东。

甲子四年（公元4年）

春，正月，郊祀[3]高祖以配天，宗祀孝文以配上帝。

改殷绍嘉公曰宋公，周承休公曰郑公。

二月，遣大司徒宫等迎皇后入未央宫。

遣太仆王恽等八人行天下，观风俗。

加安汉公莽号宰衡[4]初，陈崇、张竦奏称莽功德，以为宜恢[5]国如周公。至是太保舜等及吏民上书者八千余人，复请如崇言。章下有司，有司请："益封公以新息、召陵[6]二县及黄邮聚[7]、新野[8]田。采伊尹、周公称号，加公为宰衡，位上公，三公言事称'敢言之'。赐公太夫人号功显君，封子男二人为侯，加后聘[9]合为一万万，以明大礼。"莽稽首辞让，不听。及起视事，止减召陵、黄邮、新野之田。复以所益纳征[10]钱千万遗太后左右奉共养者。莽虽专权，然所以诳耀[11]媚事太后，下至旁侧长御[12]，方故万端，赂遗以千万数。知太后厌居深

1　尊属：辈分高的亲属。
2　三纲：君为臣纲、父为子纲、夫为妻纲，合称三纲。
3　郊祀：古代于郊外祭祀天地，南郊祭天，北郊祭地。下文"宗祀"指对祖宗的祭祀。
4　宰衡：采伊尹、周公之尊以加莽。周公为太宰，伊尹为阿衡。后以指宰相。
5　恢：扩大。
6　新息、召陵：新息，古县名，治所即今河南省信阳市息县。召陵，古县名，治今河南省漯河市郾城区东。
7　黄邮聚：古地名，位于今河南省南阳市新野县东。
8　新野：古县名，治所即今河南省南阳市新野县。
9　加后聘：增加皇后彩礼。
10　纳征：即纳币，古代婚礼六礼之一。六礼，即纳采、问名、纳吉、纳征、请期、亲迎。
11　诳耀：欺骗迷惑。
12　长御：汉皇后宫内女官名，宫女之长。

宫中，乃令太后四时车驾巡狩[1]四郊，存见[2]孤寡贞妇，赐民钱帛牛酒，岁以为常。太保舜奏言："天下闻公不受千乘之土，辞万金之币，莫不向化[3]。蜀郡男子路建等辍讼[4]，惭怍[5]而退，虽文王却虞、芮[6]何以加？宜报告[7]天下。"奏可。于是孔光愈恐，固称疾辞位。诏："太师毋朝，十日一入省中，置几杖，赐餐物，官属按职[8]如故。"

起明堂、辟雍、灵台[9]，立《乐经》[10]，征天下通经异能[11]之士莽奏起明堂、辟雍、灵台，为学者筑舍万区[12]，制度[13]甚盛。立《乐经》，益博士员，经各五人。征天下通一艺、教授十一人以上，及有逸《礼》、古《书》、天文、图谶、钟律[14]、《月令》《兵法》《史篇》[15]文字，通知其意者，皆诣公车。网罗天下异能之士，至者前后千数。

胡氏曰：明堂、辟雍、灵台，杂见于《诗》《礼》《孝经》《孟子》，其制作之详，不可得而闻矣。然以理考之，王者向明而治，古之堂，今之殿也，故《孝经》以为宗祀之所，《孟子》以为王政之堂。然则是天子之外朝[16]，犹后

1　巡狩：巡行视察诸侯为天子所守的疆土。
2　存见：探望慰问。
3　向化：归化，顺服。
4　辍讼：放弃诉讼。
5　惭怍：惭愧。
6　文王却虞、芮：周文王感化虞君、芮君，让他们自动停止争执返回本国。
7　报告：宣告，告诉。
8　按职：各行其职。
9　灵台：古时帝王观察天文星象、妖祥灾异的建筑。
10　立《乐经》：在太学设立《乐经》课程。
11　异能：杰出的才能或才干。
12　区：住宅，居住处。
13　制度：规模。
14　图谶、钟律：图谶，古代方士或儒生编造的关于帝王受命征验的书，多为隐语、预言。钟律，音律。
15　《史篇》：《史籀篇》的省称，相传为周代教学童识字的字书。
16　外朝：周天子、诸侯处理朝政之所，相对内朝而言。

世大朝会[1]之正衙[2]也。若吕不韦青阳总章[3]之制，刘歆世室重屋[4]之说，则岂可尽信乎？若灵台，则《诗》与《孟子》言之，亦燕游[5]之所耳。若辟雍，则未有明言其义也。独《诗》有之，曰："于乐辟雍。"又曰"镐京辟雍"而已。夫辟，君也；雍，和也。言人君有和德，则天地之和应之，而天下之心服之也。此二《诗》者，亦言与民同乐，建立都邑之事而已，未遽及学校之政也。况其上章，又有"皇王维辟[6]"之云哉？《王制》记天子、诸侯之学，始有辟雍、泮宫[7]之名，不知何所本而云也。《泮水》之诗，亦未有以见其为学校者，独取"匪怒伊教[8]"之一言以为证，则末矣。

征能治河者时又征能治河者以百数，其大略[9]异者。关并言："河决率常[10]于平原、东郡左右，其地形下而土疏恶[11]。闻禹治河时，本空此地。秦、汉以来，河决南北，不过百八十里。可空此地，勿以为官亭、民室。"韩牧以为："可略于《禹贡》九河处穿为四五[12]，宜有益。"王横言："河入渤海地，高于韩牧所欲穿处。往者海溢西南，出浸数百里，九河之地已为海所渐[13]矣。禹之行河水，本从西山[14]下东北去。《周谱》云：'定王五年，河徙。'则今所行，非禹之所穿也。又秦攻魏，决河灌之。决处遂大，不可复补。宜更开空[15]，使缘西山足，乘高地而东北入海，乃无水灾。"司空掾桓谭典其议，为甄丰言："凡

1　朝会：诸侯、臣属及外国使者朝见天子。
2　正衙：正式朝会听政的处所。
3　青阳总章：明堂中方外圆，通达四出，东出谓之青阳，南出谓之明堂，西出谓之总章，北出谓之玄堂。
4　世室重屋：世室，即明堂。重屋，重檐之屋，商代天子用以宣明政教的大厅堂。
5　燕游：宴饮游乐。
6　皇王维辟：皇王，指周武王。维，句中语气词。辟，君主。
7　泮宫：西周诸侯所设大学。
8　匪怒伊教：并非生气而是宣教。语本《诗·鲁颂·泮水》："载色载笑，匪怒伊教。"郑玄笺："和颜色而笑语，非有所怒，于是有所教化也。"
9　大略：大概，大要。
10　率常：往往，大抵。
11　疏恶：粗劣。
12　九河处穿为四五：在九河故道上挖掘，开凿出四五条。
13　渐：流入，淹没。
14　西山：即太行山。
15　更开空：重新开凿河道。

此数者，必有一是。宜详考验，皆可豫见[1]。计定然后举事，费不过数亿万，亦可以事诸浮食[2]无产业民。衣食县官而为之作，乃两便。"时莽但崇空语，无施行者。

升宰衡位在诸侯王上。

尊孝宣庙为中宗，孝元庙为高宗。

置西海郡[3]莽自以北化匈奴，东致海外，南怀黄支，唯西方未有加，乃遣使多持金币诱塞外羌，使言："太皇太后圣明，安汉公至仁，天下太平，五谷成熟，或禾长丈余，或一粟三米，或不种自生，或不蚕自茧。四年以来，羌人无所疾苦，愿献地内属。"乃奏以为西海郡，增法五十条，犯者徙之以千万数，民始怨矣。

更定官名及十二州界分京师置前辉光、后承烈二郡。更公卿、大夫、元士[4]官名、位次及十二州名、分界。郡国所属，罢、置、改、易，天下多事，吏不能纪[5]矣。

乙丑**五年**（公元 5 年）

春，正月，祫祭[6]明堂。

复南北郊三十余年间，天地之祠凡五徙。

置宗师[7]诏曰："宗室子自汉元[8]至今十有余万人，其令郡国各置宗师以纠之，致教训焉。"

夏，四月，太师光卒。以马宫为太师。

1　豫见：预先估计事物发展过程中可能出现的情况，或事先推断结果。
2　浮食：多谓不事耕作而食。
3　西海郡：古郡名，辖今青海省青海湖东部和北部地。
4　元士：周代称天子之士，后也用以代指低级官吏。
5　纪：记载。
6　祫祭：古代天子诸侯所举行的集合远近祖先神主于太祖庙的大合祭。
7　宗师：古官名，掌管宗室事务。时王莽居摄，以其监视刘姓宗室活动。
8　汉元：汉王朝建立。元，始。

五月，加安汉公莽九锡[1]吏民以莽不受新野田而上书者，前后四十八万七千五百七十二人，及诸侯王公、列侯、宗室见者皆叩头言："宜亟加赏于安汉公。"乃策命[2]安汉公莽以九锡。莽稽首再拜，受绿韨、衮冕、衣裳，玚琫、玚珌、句履、鸾路、乘马、龙旗九旒、皮弁、素积、戎路、乘马、彤弓矢、卢弓矢、左建朱钺、右建金戚、甲胄一具、秬鬯二卣、圭瓒二，九命青玉珪二、朱户、纳陛、署宗官、祝官、卜官、史官、虎贲三百人[3]。

封王恽等八人为列侯王恽等还，言天下风俗齐同[4]，诈造歌谣颂功德，凡三万言。诏以恽等宣明德化，万国齐同，皆封为列侯。时广平[5]相班稚独不上嘉瑞[6]及歌谣，琅邪太守公孙闳言灾害于公府。甄丰劾闳造不祥，稚绝嘉应[7]，嫉害圣政，皆不道。稚，班婕妤弟也。太后曰："班稚后宫贤家，我所哀也。"闳独下狱，诛。稚惧，上书陈谢，愿归相印，入补延陵园郎[8]。莽又奏为市无二贾[9]，官无狱讼，邑无盗贼，野无饥民，道不拾遗，男女异路之制。犯者象刑[10]。

发定陶恭王母及丁姬冢，取其玺绶。秋，八月，太师、大司徒宫罢莽奏："恭王母、丁姬怀帝太后、皇太太后玺绶以葬，请发冢[11]，取其玺绶。"

1　九锡：古代天子赐给诸侯、大臣的九种器物，是一种最高礼遇。
2　策命：以策书封官授爵。
3　受绿韨、衮冕、衣裳，玚琫、玚珌、句履、鸾路、乘马、龙旗九旒、皮弁、素积、戎路乘马、彤弓矢、卢弓矢、左建朱钺、右建金戚、甲胄一具、秬鬯二卣、圭瓒二，九命青玉珪二、朱户、纳陛、署宗官、祝官、卜官、史官、虎贲三百人：接受绿色的蔽膝和帝王与上公的礼服和礼冠，末端以黄金为饰的刀鞘，鞋头突出的履，天子诸侯所乘的有铃大车和驾车四匹马，装饰着九束绦子的龙旗，白鹿皮帽子和腰间有褶裥的素裳，兵车和驾车的四匹马，红色的弓和箭，黑色的弓和箭，立在左边的红色钺斧，立在右边的有金饰的戚斧，铠甲和头盔一套，美酒二卣，玉勺两只，九级青玉两枚，家里可以安装红漆大门和修建檐内台阶，可以任命宗官、祝官、卜官、史官，赐给虎贲勇士三百人。卣，盛酒的器具，口小腹大。
4　齐同：一致。
5　广平：西汉诸侯国名，辖今河北省任县、南和、鸡泽、曲周、永年东南及平乡西南、肥乡北部等地。
6　嘉瑞：祥瑞。
7　嘉应：祥瑞。
8　园郎：古官名，为名号性官员，无具体职事。
9　市无二贾：市场上没有不同的价格。贾，价格。
10　象刑：相传上古无肉刑，仅用与众不同的服饰加之犯人以示辱，谓之象刑。
11　发冢：挖开坟墓。

太后不许，莽固争之，太后诏因故棺改葬之。莽奏："恭王母、丁姬棺皆名梓宫[1]，珠玉之衣，非藩妾服。请更之。"奏可。公卿在位皆阿莽指，入钱帛，遣子弟及诸生、四夷[2]凡十余万人，操持作具[3]，助将作[4]掘平之，又隳坏[5]恭皇庙，冷褒、段犹等皆徙合浦。征师丹，封义阳侯，月余薨。马宫尝与议傅太后谥，至是为莽所厚，故追诛前议者，而独不及宫。宫内惭惧，上书自言。诏以侯就第。

冬，十二月，安汉公莽进毒弑帝帝益壮，以卫后故，怨，不悦。莽因腊日上椒酒[6]，置毒酒中。帝有疾，莽作策[7]，请命于泰畤，愿以身代，藏策金縢[8]，置于前殿，敕诸公勿敢言。帝崩，莽令吏皆服丧三年。敛加元服[9]，葬康陵[10]。

班固曰：孝平之世，政自莽出，褒善显功，以自尊盛。观其文辞，方外百蛮，无思不服，休征嘉应，颂声并作。至乎变异见于上，民怨于下，莽亦不能文[11]也。

以平晏为大司徒。

太皇太后诏征宣帝玄孙[12]，又诏安汉公莽居摄践祚[13]太后与群臣议立嗣。时元帝世绝，而宣帝曾孙有见王[14]五人，列侯四十八人。莽恶其长大，曰："兄弟不得相为后。"乃悉征宣帝玄孙选立之。初，泉陵侯刘庆上书言："皇帝富于

1　梓宫：皇帝、皇后的棺材。
2　四夷：古代对四方少数民族的统称。
3　作具：工具，器械。
4　将作：即将作监，古官署名，掌管宫室建筑、器物制作等。
5　隳坏：毁坏。
6　因腊日上椒酒：腊日，腊祭之日，农历十二月初八。椒酒，用椒浸制的酒。农历元旦向家长献此酒，以示祝寿、拜贺之意。
7　策：策书，古代君主对臣下封土、授爵、免官或发布其他敕令的文件。
8　金縢：收藏书契的金属柜子。
9　加元服：行冠礼，古二十岁始行。
10　康陵：汉平帝刘衎陵墓，位于今陕西省咸阳市西北。
11　文：掩饰。
12　玄孙：四世孙，孙子的孙子。
13　居摄践祚：居摄，因皇帝年幼不能亲政，由大臣代理政务。摄，代理。践祚，即位，登基。
14　见王：现居王位者。

春秋，宜令安汉公摄行天子事，如成王周公故事。"群臣皆以为宜。至是，前辉光谢嚣奏浚井得白石，有丹书文[1]，曰："告安汉公莽为皇帝。"太后曰："此诬罔天下，不可施行。"太保舜谓太后："事已如此，无可奈何。莽非敢有他，但欲称'摄'以重其权，填服天下耳。"太后力不能制，乃下诏曰："已征孝宣皇帝玄孙二十三人，差度[2]宜者，以嗣孝平皇帝之后。玄孙年在襁褓，不得至德君子，孰能安之？其令安汉公居摄践祚，如周公故事，具礼仪奏。"于是群臣奏言："请安汉公践祚，服天子韨冕[3]，背斧依[4]于户牖[5]之间，南面朝群臣，听政事。车服警跸，民臣称臣妾，皆如天子之制。祭赞曰'假皇帝'，民臣谓之'摄皇帝'，自称曰'予'。平决朝事，常以皇帝之诏称'制'。其朝见太皇太后、皇帝、皇后皆复臣节。自施政教于其宫家国采[6]，如诸侯礼仪故事。"诏曰："可。"

丙寅**孺子婴居摄元年**（公元 6 年）

春，正月，王莽祀南郊。

三月，立宣帝玄孙婴为皇太子，号曰**孺子婴**，广戚侯勋之孙，显之子也。年二岁，托以为卜相[7]最吉，立之。

尊皇后曰皇太后。

夏，四月，安众侯刘崇起兵讨莽，不克，死之安众侯刘崇与相张绍谋曰："莽必危刘氏，天下非之，莫敢先举，此乃宗室之耻也。吾率宗族为先，海内必和。"从者百余人，遂进攻宛，不得入而败。

1　丹书文：朱笔书写的文字。
2　差度：衡量选择。
3　韨冕：韨，古代祭服的蔽膝。冕，礼冠。
4　斧依：古代天子坐处，在东西门和窗户之间所设的用具。
5　户牖：门和窗户。
6　宫家国采：官署、家宅、封国、采邑。
7　卜相：占卜看相以断吉凶。

五月，太皇太后诏莽朝见，称假皇帝群臣复白："刘崇等谋逆¹者，以莽权轻也。宜尊重以镇海内。"太后乃诏莽朝见，称假皇帝。

冬，十月朔，日食。

西羌反西羌庞恬等怨莽夺其地，反攻西海太守。莽遣兵击破之。

丁卯二年（公元 7 年）

夏，五月，莽更造货²错刀，一直五千；契刀，一直五百；大钱，一直五十。与五铢钱并行，民多盗铸者。禁列侯以下不得挟黄金，输御府受直³。然卒不与直。

秋，九月，东郡太守翟义起兵讨莽，立刘信为天子，三辅豪杰起兵应之。莽遣兵拒击，义战不克，死之，信亡走东郡太守翟义，方进之子也，与姊子陈丰谋曰："新都侯摄天子位，必代汉家。今宗室衰弱，外无强藩，天下倾首⁴服从，莫能亢扞⁵国难。吾父子受汉厚恩，义当为国讨贼。欲举兵西，诛不当摄者，选宗室子孙辅而立之。设令时命⁶不成，死国埋名，犹可以不惭于先帝。汝肯从我乎？"丰年十八，勇壮，许诺。义遂与都尉刘宇、严乡侯刘信、信弟璜结谋，勒⁷其车骑、材官士，募郡中勇敢，部署将帅。立信为天子，义自号大司马、柱天大将军。移檄郡国，言："莽鸩杀孝平皇帝，摄天子位，欲绝汉室。今天子已立，共行天罚！"郡国皆震。比至山阳，众十余万。莽闻之，惶惧不能食。太皇太后谓左右曰："人心不相远也。我虽妇人，亦知莽必以是自危。"莽乃拜孙建等七人为将军，将甲卒，发奔命，以击义。三辅豪杰赵朋、霍鸿等闻义起，自称将军，烧官寺，杀都尉，相与谋曰："诸将精兵悉

1　谋逆：图谋叛逆。
2　货：货币。
3　输御府受直：送交御府然后得到相当的对价。御府，帝王的府库。
4　倾首：低头表示屈服。
5　亢扞：抵御，捍卫。
6　时命：时机，命运。
7　勒：统率。

东，京师空，可攻长安。"众至十余万。火见未央前殿。莽复拜王级为将军，西击朋等。日抱孺子祷郊庙，会群臣而称曰："昔周公摄政[1]，而管、蔡挟禄父以畔。今翟义亦挟刘信而作乱。自古大圣犹惧此，况臣莽之斗筲？"群臣皆曰："不遭此变，不彰圣德。"莽依《周书》作《大诰》，谕天下以当反位孺子之意。诸将东至陈留，与翟义会战。义败死，竟不得信。

戊辰**初始元年**（公元8年）

春，地震。

三辅兵皆破灭[2]王级等击赵朋、霍鸿，皆殄灭，诸县悉平。莽乃置酒白虎殿，治校军功[3]，依周制爵五等，以封功臣。当赐爵关内侯者，更名曰"附城"。莽于是自谓威德日盛，大获天人之助，遂谋即真[4]之事矣。

秋，九月，莽母功显君死莽母死，意不在哀。自以居摄践祚，奉汉大宗之后，为功显君缌缞弁而加麻环绖[5]，如天子吊诸侯服。凡一吊、再会，而令孙新都侯宗为主，服丧三年。司威[6]陈崇奏莽兄子光杀人，莽怒，切责[7]光。光遂母子自杀。初，莽以事母、养嫂、抚兄子为名，及后悖虐[8]，复以示公义焉。

十一月，太皇太后诏莽号令、奏事，毋言"摄"刘京言齐郡[9]新井，扈云言巴郡[10]石牛，臧鸿言扶风雍石[11]，莽皆迎受。十一月，莽奏："壬子[12]冬至，

1　摄政：代国君处理国政。
2　破灭：破败，失败。
3　治校军功：审核军功。
4　即真：由摄政或监国而正式即皇帝位。
5　为功显君缌缞弁而加麻环绖：为功显君守五服中最轻的缌麻服，在细麻布帽上加用麻环绕而成的孝带。
6　司威：古官名，掌督察。
7　切责：严厉责备。
8　悖虐：乖戾凶残。
9　齐郡：古郡名，辖今山东省淄博、青州、临朐、广饶等市县地。
10　巴郡：古郡名，辖今四川省旺苍、西充、永川、綦江以东，大巴山以南，巫山以西地区。
11　扶风雍石：扶风郡雍县发现仙石。扶风郡，古郡名，辖今陕西省麟游、乾县以西及秦岭以北地区。
12　壬子：干支记日，此处为初九日。

巴石牛、雍石文皆到未央前殿。臣与太保舜等视，天风起，尘冥[1]，风止，得铜符、帛图于石前，文曰：'天告帝符。'臣莽敢不承用？臣请号令天下，天下奏言事，毋言'摄'。以居摄三年为初始元年，用应天命。臣莽夙夜养育、隆就[2]孺子，令与周之成王比德。俟加元服，复子明辟[3]，如周公故事。"奏可。

十二月，哀章作铜匮[4]以献莽。莽自称新皇帝，更号太皇太后为新室文母太皇太后梓潼[5]人哀章学问长安，素无行，作铜匮，为两检[6]，署其一曰"天帝行玺金匮图"，其一署曰"赤帝玺邦传予皇帝金策书"。日昏时，衣黄衣，持匮至高庙以付仆射。仆射以闻。莽至高庙，拜受金匮神禅[7]，御王冠，谒太后，还坐未央宫前殿，下书曰："皇天上帝隆显[8]大佑，属予[9]以天下兆民。赤帝，汉氏高皇帝之灵，承天命，传国金策之书，予甚祗畏，敢不钦受[10]？已御王冠，即真天子位，建有天下之号曰"新"。以十二月朔为始建国元年正月之朔。"时以孺子未立，玺藏长乐宫。莽请之，太后不肯授。莽使安阳侯舜谕指[11]。太后怒，骂之曰："而[12]属父子宗族，蒙汉家力，富贵累世，既无以报，受人孤寄[13]，乘便利时夺取其国，不复顾恩义。人如此者，狗猪不食其余，天下岂有而兄弟邪？且若自以金匮符命为新皇帝，变更正朔、服制，亦当自更作玺，传之万世，何用此亡国不祥玺为，而欲求之？我汉家老寡妇，旦暮且死，欲以此玺俱葬，终不可得！"太后因涕泣而言，旁侧长御以下皆垂涕。舜亦悲不能自止，良久，乃仰谓太后："臣等已无可言。莽必欲得传国玺，太后宁能终不

---

1 尘冥：灰尘满天，天空昏暗，比喻时局昏暗。
2 隆就：使其长大成人。
3 复子明辟：谓还政于明君。明辟，明君。
4 铜匮：铜制的柜。
5 梓潼：古县名，治所即今四川省绵阳市梓潼县。
6 检：书匣上的标签。
7 神禅：受天神命令转让帝位。
8 隆显：显扬，大显。
9 予：人称代词，我。
10 钦受：恭敬地接受。
11 谕指：表明意思。指，通"旨"。
12 而：你的，你们。
13 孤寄：托孤。

与邪？"太后闻舜语切，恐莽欲胁之，乃出汉传国玺投之地，曰："我老已死，如而兄弟，今族灭也。"莽又欲改太后汉家旧号，易其玺绶，于是张永献符命，言太皇太后当为新室文母太皇太后，莽从之。

　　班彪曰：三代以来，王、公失世，稀不以女宠。及王莽之兴，由孝元后历汉四世为天下母，飨国六十余载，群弟世权[1]，更持国柄。五将十侯，卒成新都。位号已移于天下，而元后卷卷[2]犹握一玺，不欲以授莽，妇人之仁，悲夫！

己巳（公元 9 年）

新莽始建国元年。

春，正月，莽废孺子为定安公，孝平皇后为定安太后莽策命孺子为定安公，封以万户，地方百里。立汉祖宗之庙于其国，与周后并行其正朔、服色。以孝平皇后为定安太后。读策毕，莽亲执孺子手，流涕歔欷[3]，曰："昔周公摄位[4]，终得复子明辟。今予独迫皇天威命，不得如意！"哀叹良久。中傅[5]将孺子下殿，北面称臣。百僚陪位[6]，莫不感动。定安第置门卫，使者监领[7]，敕阿乳母[8]不得与语。常在四壁[9]中，至长大不能名六畜[10]。

按金匮封拜其党与莽按金匮封拜王舜、平晏、刘秀、哀章为四辅，甄邯、王寻、王邑为三公，甄丰、王兴、孙建、王盛为四将，凡十一公。王兴，故城门令史[11]。王盛，卖饼儿。莽按符命求得此姓名十余人，两人容貌应卜相，

1　世权：承继权势。
2　卷卷：勤苦用力貌。
3　歔欷：哀叹抽泣声。
4　摄位：代理君位。
5　中傅：古官名，汉朝诸侯王国置，位次太傅，佐太傅行德育。
6　陪位：陪同。
7　监领：监督掌管。
8　阿乳母：保育之人和奶妈。
9　四壁：屋子的四面墙壁，也泛指整个屋子。
10　六畜：指猪、牛、羊、马、鸡、狗，也泛指各种家畜、家禽。
11　城门令史：古官名，城门候的下属官吏，掌文书。

径从布衣登用¹，以示神焉。

改诸官名。降汉诸侯王皆为公，王子侯²皆为子王二十二人，侯百八十一人。

立九庙，以汉高庙为文祖庙莽因汉承平之业，一朝有之，其意未满，狭小汉家制度，欲更为疏阔。乃自谓黄帝、虞舜之后，至齐王建孙、济北王安失国，齐人谓之王家，因以为氏。故以黄帝为初祖，虞帝为始祖。追尊陈胡公为陈胡王，田敬仲为齐敬王，谥济北王安为潜王。立祖庙五，亲庙四。天下姚、妫、陈、田、王五姓皆为宗室。以汉高庙为文祖庙。汉氏园庙祠荐³如故。

禁刚卯金刀莽以"刘"之为字，卯金刀也，诏正月刚卯、金刀之利⁴皆不得行，乃罢错刀、契刀及五铢钱，更作小钱，径六分，重一铢，与前大钱五十者为二品。欲防民盗铸，乃禁不得挟⁵铜、炭。

夏，四月，徐乡侯刘快起兵讨莽，不克，死之。

莽禁不得买卖田及奴婢莽曰："古者一夫百亩，什一而税。秦坏圣制，废井田，强者规⁶田以千数，弱者曾无立锥⁷之居。又置奴婢之市，与牛马同栏，制于民臣⁸，专断其命，谬于'天地之性人为贵'之义。汉氏减轻田租，三十税一，常有更赋⁹，罢癃¹⁰咸出，豪民侵陵，分田劫假¹¹，实什税五也。故富者骄而为邪，贫者穷而为奸，俱陷于辜，刑用不错。今更名天下田曰'王田'，奴婢

1　登用：进用。

2　王子侯：汉朝皇子封王，诸王之子被封为侯者，称王子侯。

3　祠荐：以祭品祀神灵祖先。

4　正月刚卯、金刀之利：正月刚卯佩饰和金刀钱。刚卯，佩在身上用作避邪的饰物，以正月卯日佩之。

5　挟：携带。

6　规：划分土地而占有。

7　立锥：插立锥尖，形容地方极小。

8　民臣：百姓与官吏。

9　更赋：汉代男子年二十三至五十六，按规定轮番戍边服兵役，称为更。不能行者，得出钱入官，雇役以代，称为更赋。

10　罢癃：老病残疾，不能任事。

11　分田劫假：利用租佃关系掠夺财物。

曰'私属'，皆不得买卖。其男口不盈八而田过一井者，分余田予九族[1]、邻里、乡党，故无田、今当受田者，如制度。敢有非井田圣制、无法惑众者，投诸四裔，以御魑魅[2]，如皇始祖考虞帝故事。"

胡氏曰：井田良法，致治平之本也。古之帝王，以天下为公，视民饥寒如在己，故均地利以予民，而不专其奉。加以公卿诸侯，选贤举德，共行此道，待以悠久。故法立而弊不生，维持千有余年。及秦废之，汉不能复。至董仲舒，始欲以限田渐复古制，其意甚美。然终不能行者，以人主自为兼并，无以使民兴于廉也，又况莽贼而能行乎？然井田实万世之良法，而买卖奴婢之禁，亦仁政所当先，不可以莽所尝为，而指以为非也。

秋，遣五威将帅颁符命，更印绶遣五威将王奇等十二人颁符命四十二篇于天下，王侯官吏，外及蛮夷，皆即授新印绶，因收故汉印绶。五威将乘乾文车，驾坤六马，背负鷩鸟之毛[3]，服饰甚伟。每一将各置五帅，将持节，帅持幢[4]，东至夫余[5]，南历益州，西至西域，北至匈奴庭。

冬，雷，桐华[6]。大雨雹。

庚午（公元 10 年）

二年。

春，二月，莽废汉诸侯王为民五威将帅还奏事，汉诸侯王为公者悉上玺绶为民，以献符命封侯者三人。

班固曰：汉兴，惩秦孤立之败，尊王子弟，大启九国。诸侯比[7]境，周匝

1　九族：以自己为本位，上推至四世之高祖，下推至四世之玄孙，合为九族。
2　投诸四裔，以御魑魅：流放到边远的地区，去抵挡妖魔鬼怪。四裔，原指幽州、崇山、三危、羽山四个边远地区，因在四方边裔，故称。魑魅，古谓能害人的山泽神怪，亦泛指鬼怪。
3　乘乾文车，驾坤六马，背负鷩鸟之毛：坐着绘有天文图象的车子，套着六匹母马，背上插着锦鸡的羽毛。
4　幢：古时用作仪仗的一种旗帜。
5　夫余：古国名，夫余族所建立，位于今东北地区。
6　桐华：桐树开花。
7　比：紧靠，挨着。

三垂[1]。天子自有三河、东郡、颍川、南阳，自江陵以西至巴蜀，北自云中至陇西，与京师、内史，凡十五郡。公主、列侯颇邑其中[2]。而藩国大者跨州兼郡，连城数十，宫室、百官同制京师，可谓矫枉过其正矣。然卒折诸吕之难，成太宗之业者，亦赖之于诸侯也。诸侯原本以大末[3]，流滥以致溢，小者淫荒[4]越法，大者暌孤横逆[5]以害身丧国，故文帝分齐、赵，景帝削吴、楚，武帝下推恩之令，而藩国自析[6]。景遭七国之难，抑损诸侯，减黜其官。武有衡山、淮南[7]之谋，作左官[8]之律，设附益之法。诸侯惟得衣食税租，不与政事。至于哀、平之际，皆继体苗裔[9]，亲属疏远，生于帷墙[10]之中，不为士民所尊，势与富室亡异。而本朝短世，国统三绝[11]。是故王莽知汉中外殚微[12]，本末俱弱，无所忌惮，生其奸心，因母后[13]之权，专作威福。诈谋既成，遂据南面之尊，分遣五威之吏，驰传[14]天下，班行符命。汉诸侯王厥角稽首[15]，奉上玺韨[16]，惟恐在后，或乃称美颂德以求容媚，岂不哀哉！

立五均司市[17]、钱府[18]官。令民各以所业为贡，榷酒酤国师公刘秀言："周有泉府[19]之官，收不售，与欲得[20]。"莽遂于长安及洛阳、邯郸、临淄[21]、宛、

1　三垂：东、西、南三方边疆。
2　颇邑其中：公主和列侯的食邑，大都分布在十五郡之内。
3　大末：皇族的末流。
4　淫荒：纵欲放荡。
5　暌孤横逆：暌孤，乖戾。横逆，横暴不顺理。
6　析：分开，散开。
7　衡山、淮南：衡山王刘赐、淮南王刘安。
8　左官：诸侯之官，相对天子之官而言。
9　苗裔：后代子孙。
10　帷墙：障隔内外的帷幔。如墙，故称。借指深宫内院。
11　国统三绝：国家的正统三次中断。
12　殚微：衰竭孱弱。
13　母后：泛称太皇太后、皇太后、皇后等。
14　驰传：驾驭驿站车马疾行。
15　厥角稽首：古代最恭敬的礼节。厥角，叩头。稽首，叩头到底。
16　玺韨：玺绶。
17　五均司市：又称五均司市师，古官名，掌赊贷。五均，古代管理市场物价的官。
18　钱府：古官署名，掌储存钱币货物。
19　泉府：古官名，司徒的属官，掌管国家税收、收购市上的滞销物资等。
20　收不售，与欲得：收购民间卖不出去的货物，供应民间缺乏的货物。
21　临淄：古县名，治所位于今山东省淄博市东北。

成都立五均司市、钱府官。司市常以四时仲月[1]定物上、中、下之贾，各为其司平。民卖物不售者，均官考验得实，用其本贾取之[2]。物贵过平一钱，则以平贾卖与民。贱减平者，听民自相与市。又民有乏绝欲赊贷[3]者，钱府与之，每月百钱收息三钱。诸取金、银、连[4]、锡、鸟、兽、鱼、鳖、畜牧、桑蚕、织纴[5]、纺绩、补缝、工匠、医、巫、卜、祝、方技[6]、商贾，皆各自占所为于其所之，县官除其本，计其利十分之，而以其一为贡。敢不自占、自占不以实者，尽没入所采取[7]而作县官一岁[8]。羲和鲁匡复奏请榷酒酤，从之。

匈奴击车师。戊己校尉官属杀尉应之莽既颁四条，护乌桓使者告乌桓毋得复与匈奴皮布税。匈奴责税[9]，收酋豪[10]，缚，倒悬之。酋豪昆弟共杀匈奴使。单于闻之，发兵攻击，驱妇女弱小且千人去，置左地，曰："持马畜、皮布来赎之。"乌桓持财畜往赎，匈奴受，留不遣。及五威将帅至匈奴，易单于故印。故印文曰"匈奴单于玺"，莽更曰"新匈奴单于章"。单于再拜，解故印绂[11]奉上将帅，受著新绂，不解视印。至夜，右帅陈饶曰："单于视印，见其变改，必求故印，此非辞说所能拒也。不如椎破[12]故印，以绝祸根。"将帅犹与，莫有应者。饶，燕士，果悍[13]，即引斧、椎坏之。明日，单于果白将帅曰："汉诸侯王以下乃有'汉'，言'章'，今去'玺'加'新'，与臣下无别。愿得故印。"将帅示以故印，单于知已无可奈，又多得赂遗，即遣弟随将帅入谢。将帅还过

1　仲月：每季的第二个月，即农历二、五、八、十一月。
2　民卖物不售者，均官考验得实，用其本贾取之：民间卖不出去的货物，均官经过调查，认定是真实情况后，依成本收购。
3　赊贷：赊欠，借贷。
4　连：通"链"，铅矿。
5　织纴：织作布帛。
6　方技：医药及养生之类的技术。
7　采取：采伐，开采。
8　作县官一岁：处罚为官府服役一年。
9　责税：催缴赋税。
10　酋豪：部落的首领。
11　印绂：印绶。绂，系印章的丝绳。
12　椎破：击破，砸坏。
13　果悍：果断勇猛。

左地，见乌桓民多，以闻，诏匈奴还之。单于重怨恨，乃遣兵万骑，以护送乌桓为名，勒兵朔方塞下。莽遣兵击之，当出西域，车师后王惮于供给，谋亡入匈奴。都护但钦斩之。其兄狐兰支遂将众二千降匈奴。单于遣兵与共击车师，杀后城长 [1]，伤都护司马。戊己校尉吏陈良、终带等杀校尉，将人众降匈奴。

冬，莽罢汉庙及诸刘为吏者孙建奏："陈良、终带自称废汉大将军，亡入匈奴。汉氏宗庙不当在长安城中，及诸刘当与汉俱废。请皆罢之。"莽曰："可。嘉新公、国师等三十二人，皆知天命，勿罢，赐姓曰王。"唯国师以女配莽子，故不赐姓。

更号定安太后曰黄皇室主太后年未二十，自刘氏废，常称疾不朝会。莽欲嫁之，乃更号为黄皇室主，欲绝之于汉。令孙建世子盛饰 [2]，将医问疾。太后大怒，因发病，不肯起。

十二月，雷。

莽改匈奴单于为"降奴服于"，遣其将军孙建等击之莽恃府库之富，欲立威匈奴，乃更名匈奴单于曰"降奴服于"，遣孙建等率十二将分道并出，募卒三十万人，先至者屯于边郡，须毕具 [3] 乃同时出。穷追匈奴，内之丁令。分其国土、人民以为十五，立呼韩邪子孙十五人皆为单于。

更作宝货 [4] 莽下书曰："宝货皆重则小用不给 [5]，皆轻则儎载烦费 [6]。轻重大小各有差品 [7]，则用便而民乐。"于是更作金、银、龟、贝、钱、布之品，名曰宝货。凡五物、六名、二十八品。百姓愦乱 [8]，其货不行。乃但行小钱直一与大钱五十二品。盗铸者不可禁，乃重其法，一家铸钱，五家坐之，没入为奴婢。百

1　后城长：古西域国名，分布于今准噶尔盆地东南边缘的绿洲，治所位于今新疆昌吉州奇台县西北。

2　盛饰：装扮华丽。

3　毕具：齐全，完全具备。

4　宝货：货币的通称。

5　小用不给：小用，小额用度。不给，匮乏。

6　儎载烦费：雇车船运送耗费巨大。儎载，雇车船运送。

7　差品：等级，品级。

8　愦乱：混乱。

姓便安汉五铢钱，以莽钱大小两行，难知，又数变改，不信，皆私以五铢钱市买。莽复下书："诸挟五铢钱者投四裔。"抵罪者不可胜数。于是农、商失业，食货[1]俱废，民人至涕泣于市道。

莽将军甄丰自杀。莽遂杀刘棻、甄寻、丁隆等数百人莽之谋篡也，吏民争为符命，皆得封侯。其不为者相戏曰："独无天帝除书[2]乎？"司命[3]陈崇白莽："此开奸臣作福[4]之路而乱天命，宜绝其原。"莽亦厌之，遂使尚书验治，非五威将帅所班，皆下狱。初，甄丰、刘秀、王舜为莽腹心，唱导[5]在位，褒扬功德。安汉、宰衡之号，皆所共谋。而丰等亦受其赐，并富贵矣，非复欲令莽居摄也。居摄之萌，出于刘庆、谢嚣等。莽羽翼已成，意欲称摄，丰等承顺其意，莽辄复封丰等子孙以报之。丰等爵位已盛，心意既满，又实畏汉宗室、天下豪杰，而疏远欲进者并作符命，莽遂据以即真，舜、秀内惧而已。丰素刚强，莽觉其不悦，而丰子寻复作符命，言黄皇室主当为寻妻，莽怒曰："黄皇室主天下母，此何谓也？"收捕寻。丰自杀。寻亡，捕得，辞连国师公秀子棻及门人丁隆等，牵引公卿、党、亲、列侯以下，死者数百人。乃流棻于幽州，放寻于三危[6]，殛[7]隆于羽山[8]，皆驿车载其尸传致云。

起八风台莽始兴神仙事，以方士言，起八风台。台成万金。

辛未（公元 11 年）

三年。

1　食货：国家财政经济。
2　除书：拜官授职的文书。
3　司命：古官名，掌察举上公以下非法者。
4　作福：赐福。
5　唱导：带头提倡。
6　三危：古山名，即今甘肃省敦煌市东南三危山。
7　殛：诛，杀死。
8　羽山：古山名，位于今江苏省连云港市东海县西北。

匈奴诸部分道入塞，杀守尉[1]，略[2]吏民。州郡兵起莽遣将将兵，多赍珍宝至云中塞下，招诱[3]呼韩邪单于诸子。右犁污王咸、咸子登、助三人至。至则胁拜咸为孝单于，助为顺单于，皆厚加赏赐。咸走出塞，传送助、登长安。后助病死，以登代之。单于闻之，怒曰："先单于受汉宣帝恩，不可负也。今天子非宣帝子孙，何以得立？"遣兵入云中塞，大杀吏民。历告左右部诸边王入塞，杀太守、都尉，略吏民畜产，不可胜数。是时诸将在边，以大众未集，未敢出击。严尤谏曰："臣闻匈奴为害，所从来久矣，未闻上世[4]有必征之者也。后世三家周、秦、汉征之，然皆未有得上策者也。周得中策，汉得下策，秦无策焉。周宣王时，猃狁[5]内侵，至于泾阳[6]。命将征之，尽境而还[7]。其视戎狄之侵，譬犹蚊虻[8]，驱之而已，故天下称明，是为中策。汉武帝选将练兵，约赍[9]轻粮，深入远戍[10]，虽有克获[11]之功，胡辄报之。兵连祸结[12]三十余年，中国罢耗[13]，匈奴亦创艾[14]，而天下称武，是为下策。秦始皇不忍小耻而轻民力，筑长城之固，延袤万里，转输之行，起于负海[15]。疆境[16]既完，中国内竭，以丧社稷，是为无策。今天下比年饥馑，西北边尤甚。发三十万众，具三百日粮，东援海、代，南取江、淮[17]，然后乃备。计其道里，一年尚未集合，兵先至者聚居暴露，

1　守尉：郡守和郡尉。
2　略：抢，掠夺。
3　招诱：招引，引诱。
4　上世：远古时代。
5　猃狁：古族名，又名犬戎，活跃于今陕西、甘肃一带。
6　泾阳：古县名，治所位于今甘肃省平凉市西北。
7　尽境而还：把他们逐出境外，即行班师。
8　蚊虻：一种危害牲畜的虫类，以口尖利器刺入牛马等皮肤，使之流血，并产卵其中。亦指蚊子。
9　约赍：轻装。
10　远戍：戍守边疆。
11　克获：战胜并有所掳获。
12　兵连祸结：战祸接连不断。
13　罢耗：疲惫耗损。
14　创艾：因受惩治而畏惧，戒惧。
15　负海：背靠大海，也指沿海地区。
16　疆境：边境，边界。
17　东援海、代，南取江、淮：向东搜刮到海滨、泰山，向南搜刮到长江、淮河。代，通"岱"，泰山。援，拉，引。

师老械弊，势不可用，此一难也。边既空虚，不能奉军粮，内调郡国，不相及属[1]，此二难也。计一人三百日食，用糒[2]十八斛，非牛力不能胜。牛又当自赍食，加二十斛，重矣。胡地沙卤[3]，多乏水草，以往事揆之，军出未满百日，牛必物故且尽，余粮尚多，人不能负，此三难也。胡地秋冬甚寒，春夏甚风，多赍釜镬[4]、薪炭，重不可胜，食糒饮水，以历四时，师有疾疫之忧，是故前世伐胡不过百日，非不欲久，势力[5]不能，此四难也。辎重身随，则轻锐者少，不得疾行，虏徐遁逃，势不能及。幸而逢虏，又累辎重，如遇险阻，衔尾相随[6]，虏要遮[7]前后，危殆[8]不测，此五难也。大用民力，功不可必立，臣伏忧之。今既发兵，宜纵先至者，令臣尤等深入霆击[9]，且以创艾胡虏。”莽不听，转兵、谷如故。吏士屯边者所在放纵，而内郡愁于征发[10]，民弃城郭，始流亡为盗贼，并州、平州[11]尤甚。莽遣中郎、绣衣执法分督之，皆乘便为奸，挠乱州郡。北边自宣帝以来，数世不见烟火之警，人民炽盛[12]，牛马满野。及莽扰乱匈奴，与之构难，边民死亡系获[13]，数年之间，北边虚空，野有暴骨[14]矣。

莽太师王舜死舜自莽篡后，病悸浸剧[15]，死。

莽迎龚胜为太子师友祭酒。胜不食而卒莽遣使者奉玺书、印绶、安车、

1　不相及属：相互接续不上。
2　糒：干粮。
3　沙卤：含沙多和碱性重的土质。
4　釜镬：锅一类的炊具。镬，大口锅。
5　势力：泛指政治、经济、军事等方面的力量。
6　衔尾相随：马嚼子接着马尾巴，形容一个紧跟着一个，成单行前进。衔，马嚼子。尾，马尾巴。
7　要遮：拦截，拦阻。
8　危殆：危急，十分危险。
9　霆击：原指雷霆轰击，此处借以比喻用重兵猛击。
10　征发：政府征调民间的人力和物资。
11　平州：古州名，辖今辽宁省六股河以东，北票、阜新、铁岭以南，本溪以西以南地区及朝鲜半岛中部以北地区。
12　炽盛：兴旺，繁盛。
13　系获：俘获。
14　暴骨：暴露的尸骨。
15　浸剧：逐渐加重。

驷马迎龚胜，即拜为太子师友祭酒。使者与郡县长吏、三老、官属、行义[1]、诸生千人以上入里致诏。使者欲令胜起迎，久立门外。胜称病笃，为床室中户西、南牖下，东首加朝服拖绅[2]。使者付玺书，奉印绶，内安车、驷马，进谓胜曰："圣朝制作未定，待君为政，以安海内。"胜对曰："素愚，加以年老被病，命在朝夕，随使君上道，必死道路，无益万分[3]。"使者要说[4]，至以印绶就加胜身，胜辄推，不受。使者即上言："方盛夏暑热，胜病少气，可须秋凉乃发。"莽许之。使者为胜两子及门人高晖等言："朝廷虚心待君以茅土[5]之封，虽疾病，宜动移至传舍，示有行意，必为子孙遗大业。"晖等白之，胜曰："吾受汉家厚恩，无以报。今年老矣，旦暮入地，义岂以一身事二姓，下见故主哉？"因敕[6]以棺敛丧事，语毕，遂不复饮食。积十四日死，死时，七十九矣。是时清名之士[7]，又有琅邪纪逡，齐薛方，沛唐林、唐尊，皆以明经饬行[8]显名。逡、两唐皆仕莽，封侯，贵重[9]。莽以安车迎方，方因使者辞谢曰："尧舜在上，下有巢由[10]。今明主方隆唐虞之德，小臣欲守箕山之节[11]。"莽悦其言，不强致。隃麋[12]郭钦为南郡太守，杜陵蒋诩为兖州刺史，亦以廉直为名。莽居摄，钦、诩皆以病免官，归乡里，卧不出户，卒于家。沛国陈咸以律令为尚书。见何武、

1　行义：乡邑中品行高尚的人。
2　为床室中户西、南牖下，东首加朝服，拖绅：把床放到卧室门西侧、南窗之下，头向东方，穿上官服，引大带于朝服之上。《论语·乡党》："疾，君视之，东首，加朝服，拖绅。"朱熹集注："病卧不能着衣束带，又不可以亵服见君，故加朝衣于身，又引大带于上也。"
3　万分：万分之一，谓极少。
4　要说：要挟劝说。
5　茅土：王、侯的封爵。古天子分封王、侯时，用代表方位的五色土筑坛，按封地所在方向取一色土，包以白茅而授之，作为受封者得以有国建社的表征。
6　敕：告诫，嘱咐。
7　清名之士：有清美声誉的人。
8　明经饬行：明经，通晓经术。饬行，行为谨严合礼。
9　贵重：位高任重。
10　巢由：巢父和许由的并称，相传皆为尧时隐士，尧让位于二人，皆不受。
11　箕山之节：用以称誉不愿在乱世做官的人。箕山，巢父、许由隐居的地方。节，名节，节操。
12　隃麋：古县名，故址位于今陕西省宝鸡市千阳县东，盛产墨。

鲍宣死，叹曰："《易》说：'见几而作，不俟终日[1]。'吾可以逝矣。"即乞骸骨去职。莽篡位，召咸为掌寇大夫[2]。咸谢病，不肯应。三子参、丰、钦皆在位，咸悉令解官归乡里，闭门不出入，犹用汉家祖腊[3]。人问其故，咸曰："我先人岂知王氏腊乎？"悉收敛其家律令、书文，壁藏[4]之。又，齐粟融，北海禽庆、苏章，山阳曹竟，皆儒生，去官，不仕于莽。

　　班固曰：王、贡之材，优于龚、鲍[5]，守死善道，胜实蹈焉[6]。贞而不谅[7]，薛方近之。郭钦、蒋诩，好遁不污[8]，绝纪、唐矣。

濒[9]河郡蝗生。

　　河决河决魏郡，泛清河以东数郡。先是，莽恐河决为元城冢墓害。及决东去，元城不忧水，故遂不堤塞[10]。

壬申（公元 12 年）

　　四年。

　　春，莽杀匈奴顺单于登莽边将言虏寇皆咸子角所为，故莽斩登。

　　定东、西都及诸侯员数莽下书："以洛阳为东都，常安[11]为西都。诸侯员千八百，附城数亦如之，以俟有功。诸公一同[12]，有众万户。其余以是为差。以图簿[13]未定，未授国邑，且令受奉[14]都内，月钱数千。"诸侯皆困乏，至有佣

1　见几而作，不俟终日：发现一点苗头就立刻采取措施，连一天都不能等。几，苗头。
2　掌寇大夫：古官名，掌刑罚盗贼事。
3　祖腊：古祭名。祖，祭祀路神。腊，年终大祭。
4　壁藏：收藏在夹墙中。
5　王、贡之材，优于龚、鲍：王商、贡禹的才能，强于龚胜、鲍宣。
6　守死善道，胜实蹈焉：以死来坚持原则，龚胜真的付诸实践了。蹈，践行。
7　贞而不谅：君子讲求正道而不拘泥于小信。
8　好遁不污：喜欢逃离是非之地，而不同流合污。
9　濒：靠近。
10　堤塞：筑堤阻塞。
11　常安：古地名，位于今陕西省西安市境内。
12　一同：方百里之地。
13　图簿：地图、户籍等簿册。
14　受奉：接受俸禄。

作[1]者。

令民得卖田莽性躁扰[2]，不能无为，每有所兴造，动欲慕古[3]，不度时宜。制度又不定，吏缘[4]为奸，天下謷謷[5]，陷刑者众。莽知民愁怨，乃令民食王田者，皆得卖之。然他政悖乱，刑罚深刻，赋敛重数[6]，犹如故焉。

西南夷杀牂柯大尹[7]。貉人入边初，五威将帅出西南夷，改句町王为侯，王邯怨怨。莽讽牂柯大尹周歆诈杀邯。邯弟承起兵杀歆，州郡击之，不能服。莽又发高句骊兵击匈奴，不欲行，强迫之，亡出塞，犯法为寇。严尤奏："宜令州郡且慰安[8]之。今匈奴未克，夫余、濊貉[9]复起，此大忧也。"莽不听，诏尤击之。尤诱高句骊侯驺至而斩焉。于是貉人愈犯边，东、北、西南皆乱。莽志方盛，以为四夷不足吞灭，专念稽古之事。

癸酉（公元 13 年）

五年。

春，二月，太皇太后王氏崩莽既改号太后为新室文母，绝之于汉，乃堕坏孝元庙，更为太后起庙，独置孝元庙故殿以为文母馈食[10]堂。既成，名曰长寿宫，置酒，请太后。既至，见庙废彻[11]涂地，惊泣曰："此汉家宗庙，皆有神灵，为何治而坏之？且使鬼神无知，又何用庙为？如令有知，我乃人之妃妾，岂宜辱帝之堂以陈馈食[12]哉？"私谓左右曰："此人慢神多矣，能久得佑

1　佣作：受雇为人工作。
2　躁扰：急躁好动。
3　慕古：仰慕古人。
4　缘：因，凭借。
5　謷謷：众人愁叹声。
6　重数：既重且繁。
7　大尹：古官名，王莽时设，相当于郡守。
8　慰安：安慰，安抚。
9　濊貉：古代东北地区少数民族名。
10　馈食：饮食。
11　废彻：损毁。
12　馈食：食物，熟食。

乎？"饮酒不乐而罢。莽更汉家黑貂，着黄貂，又改汉正朔、伏腊日。太后令其官属黑貂，至汉家正、腊日，独与其左右相对饮食。至是崩，年八十四。葬渭陵，与元帝合，而沟绝之[1]。新室[2]世世献祭其庙，元帝配食，坐于床下。

乌孙大、小昆弥遣使入贡莽以乌孙国人多亲附小昆弥，欲得乌孙心，乃遣使者引小昆弥使坐大昆弥使上，师友祭酒满昌劾奏使者曰："夷狄以中国有礼义，故屈而服。大昆弥，君也。今序臣使于君使之上，非所以有夷狄也。奉使大不敬！"莽怒，免昌官。

焉耆[3]杀莽都护但钦西域诸国以莽积失恩信，焉耆先叛，杀钦，西域遂瓦解。

十一月，彗星出。

匈奴乌珠留单于死，乌累若鞮单于咸立匈奴用事大臣须卜当常欲与中国和亲，见咸为莽所拜，遂越次立之。

甲戌（公元 14 年）

天凤元年。

春，正月，莽遣其太傅平晏之洛阳相宅[4]莽下诏："将以是岁行巡狩礼，即于土中[5]居洛阳之都。"既而不行，先遣晏等相宅，图起宗庙、社稷、郊兆[6]云。

三月晦，日食。

莽策免其大司马逯并莽自即真，尤备[7]大臣，有言其过失者，辄拔擢。

1　沟绝之：中间开了一条沟把它们隔开。
2　新室：王莽新朝王室。
3　焉耆：古西域国名，又作乌耆、乌缠、阿耆尼，都城位于今新疆巴音郭楞蒙古自治州焉耆回族自治县西南，居民务农、捕鱼、畜牧为生。
4　相宅：择地定居。
5　土中：四方的中心地区。
6　郊兆：祭坛外所围的土界，亦泛指祭坛。
7　备：防备。

孔仁等以敢击大臣，故见信任。

夏，四月，陨霜杀草木。

六月，黄雾四塞。

秋，七月，大风，雨雹风拔木，飞北阙[1]瓦。雹杀牛羊。

莽置万国莽以《周官》《王制》之文，置卒正、连率、大尹、州牧，分六卿、六尉、六队、六郊、六服，总为万国。后岁复变更，一郡至五易名，而还复其故。吏民不能纪，每下诏书，辄系[2]其故名云。

北边大饥，人相食。莽与匈奴和亲匈奴求和亲，莽即遣使贺单于初立，绐言侍子登在，因购求陈良、终带等。单于听命，莽烧杀之。会缘边[3]大饥，人相食。莽乃征还诸将，罢屯兵。单于实贪莽赂遗，故外不失汉家故事，然内利寇掠[4]。又使还，知子登前死，怨恨，寇虏[5]从左地入不绝。使者问单于，辄曰：“乌桓与匈奴黠民[6]共为寇，譬如中国有盗贼耳。咸初立持国，威信尚浅，尽力禁止，不敢有二心。”莽复发军屯。

益州蛮夷杀其大尹，莽发兵击之。

莽改钱货法莽复申下金、银、龟、贝之货，颇增减其价值，而罢大、小钱，改作货布、货泉二品并行。每一易钱，民用破业[7]而大陷于刑。

乙亥（公元 15 年）

二年。

春，民讹言黄龙死民讹言黄龙堕死黄山宫[8]中，走观者万数，莽捕系[9]之。

1　北阙：古代宫殿北面的门楼，是臣子等候朝见或上书奏事之处。
2　系：附。
3　缘边：沿边，边境。缘，沿着。
4　寇掠：侵犯劫掠。
5　寇虏：盗贼，敌人。
6　黠民：狡黠之民。
7　破业：破产。
8　黄山宫：古宫殿名，位于今陕西省咸阳市辖兴平市西南。
9　捕系：逮捕拘禁。

　　莽改匈奴单于曰"恭奴善于"莽改单于号。单于贪莽金币，曲听之，然寇盗如故。

　　五原[1]、**代郡兵起**莽意以为制定[2]则天下自平，故锐思[3]于地理、制礼、作乐，讲合六经之说。公卿旦入暮出，论议连年不决，不暇省狱讼冤结，民之急务。县宰缺者数年守兼[4]，一切贪残日甚。绣衣执法在郡国者并乘权势，传相举奏。又公士[5]分布劝农桑，班时令，按诸章，冠盖相望，交错道路，召会吏民，逮捕证左[6]，郡县赋敛，递相赇赂[7]，白黑纷然，守阙告诉者[8]多。莽自见前专权以得汉政，故务自览众事。又好变改制度，政令烦多，当奉行者，辄质问乃以从事，前后相乘，愦眊不渫[9]。莽常御灯火至明，犹不能胜。尚书因是为奸，寝事[10]，上书待报者连年不得去，拘系郡县者逢赦而后出，卫卒不交代[11]者至三岁。谷籴常贵，边兵二十余万人，仰衣食县官。五原、代郡尤被其毒，起为盗贼，数千人为辈，转入旁郡。莽遣兵击，岁余乃定。

　　邯郸以北大雨，水出水深者数丈，流杀[12]数千人。

丙子（公元 16 年）

　　三年。

　　春，二月，地震莽大司空王邑以地震乞骸骨，莽不许，曰："天地有动有震，震者有害，动者不害。《春秋》记地震，《易》系'坤动[13]'。动静辟

1　五原：古郡名，辖今内蒙古后套以东，阴山以南，包头市以西和达拉特、准噶尔等旗地。
2　制定：制度明确。
3　锐思：用心专一。
4　守兼：正职出缺，由他官暂时代理。
5　公士：在官之士，公家之士。
6　证左：证人。
7　赇赂：贿赂。
8　守阙告诉者：守候于宫门申诉冤屈的人。
9　愦眊不渫：混乱糊涂，没完没了。渫，消散。
10　寝事：将事情搁置。
11　卫卒不交代：京城卫戍部队不能定期轮换。
12　流杀：淹死。
13　坤动：地动。

翕[1]，万物生焉。"其好自诬饰[2]，皆此类也。

大雨雪雪深一丈，竹、柏或枯。

夏，莽始赋吏禄先是，莽以制作未定，上自公侯，下至小吏，皆不得俸禄。至是，始赋吏禄。又曰："古者岁丰则充其礼，灾害则有所损，上计时通计[3]。天下幸无灾害者，太官膳羞备品[4]。即有灾害，以什率[5]多少而损膳焉。公卿以下，各分州郡、国邑保其灾害，亦以什率多少而损其禄。中都[6]官吏食禄者，以太官膳羞备、损而为节。"莽之制度烦碎如此，课计[7]不可理，吏终不得禄，各因官职为奸，受取赇赂以自供给焉。

长平岸崩，壅泾水。莽复发兵击匈奴莽群臣以岸崩上寿曰："《河图》所谓'以土填水'，匈奴灭亡之祥也。"莽乃遣将击匈奴，至边止，屯。

秋，七月晦，日食。

冬，莽大发兵击益州蛮，不克。越巂蛮亦杀其太守莽兵击蛮者，疾疫死十六七。赋敛民财什取伍，益州虚耗而不克。莽更遣将，大发天水、陇西骑士十万人击之。始至，颇斩首数千，其后军粮前后不相及，士卒饥疫。复大赋敛。就都大尹冯英言："今调发诸郡兵、谷，訾[8]民什取其四，空破梁州[9]，功终不遂。宜罢兵屯田，明设购赏。"莽怒，免英官。越巂蛮夷任贵遂杀太守枚根，自立为邛谷王。

莽遣五威将王骏出西域，焉耆袭杀之莽遣骏与都护李崇出西域，诸国郊迎，送兵、谷。焉耆诈降而聚兵自备，骏等至，伏兵袭杀之。西域遂绝。

1　辟翕：开合。
2　诬饰：虚妄粉饰，虚假不实。
3　上计时通计：年终统计时总计。通计，总计。
4　太官膳羞备品：御厨各种膳食都准备。
5　什率：以十为计算单位。
6　中都：京都。
7　课计：计算。
8　訾：钱财。
9　空破梁州：弄得梁州地区民穷财尽。

丁丑（公元 17 年）

四年。

夏，六月，莽更授诸侯茅土于明堂莽好空言，慕古法，多封爵人，性实吝啬。托以地理未定，故且先赋菁茅[1]、四色之土，用慰喜封者。

秋，铸威斗以五石铜为之，若北斗，欲以厌胜众兵。司命负之，出在前，入在旁。

临淮[2]、琅邪及荆州绿林兵起莽置羲和命士，以督五均、六筦[3]。皆用富贾为之，乘传求利，交错天下。因与郡县通奸[4]，百姓愈病。莽复下诏申明六筦，为设科禁[5]，犯者罪至死。民摇手触禁，不得耕桑，繇役烦剧[6]，而旱、蝗相因，狱讼不决。吏旁缘[7]莽禁，侵刻[8]小民，富者不自保，贫者无以自存，于是并起为盗贼，依阻山泽，吏不能擒而覆蔽[9]之，浸淫[10]日广。临淮瓜田仪等依阻会稽长州[11]。琅邪吕母聚党数千人，杀海曲[12]宰，入海中为盗，其众浸多，至万数。荆州饥馑，民众入野泽[13]，掘凫茈[14]而食之，更相侵夺。新市[15]人王匡、王凤为平理诤讼[16]，遂推为渠帅，众数百人。诸亡命者马武、王常、成丹等皆往从之，藏于

1　菁茅：香草名，茅的一种，古代祭祀时用以缩酒。
2　临淮：古郡名，辖今江苏省盱眙、泗洪、睢宁、宿迁、淮阴、淮安、涟水、洪泽、建湖、阜宁、盐城、兴化、东台、泰州、姜堰、泰兴、海安、六合及安徽省天长、明光等市县地。
3　六筦：王莽为增加税收所实行的财政经济政策，即酒、盐、铁专卖，铸钱和收山泽税。
4　通奸：互相勾结做坏事。
5　科禁：戒律，禁令。
6　烦剧：繁重。
7　旁缘：倚仗，凭借。
8　侵刻：侵害，剥夺。
9　覆蔽：隐瞒。
10　浸淫：逐渐蔓延、扩展。
11　长州：古县名，又作长洲，故城位于今江苏省苏州市境内。
12　海曲：古县名，故城位于今山东省日照市西。
13　野泽：山野草泽。
14　凫茈：即荸荠。
15　新市：古地名，位于今湖北省荆门市辖京山市东北。
16　平理诤讼：平理，评断。诤讼，争辩，争论。

绿林山中，数月间至七八千人。又南郡、江夏[1]众皆万人。莽遣使者赦之，还言："盗解复合，问其故，皆曰：'愁法禁烦苛，不得举手，力作所得，不足以给贡税。闭门自守，又坐邻伍铸钱挟铜，奸吏因以愁民[2]。'民穷，悉起为盗贼。"莽大怒，免之。或言"民骄黠[3]当诛"，及言"时运适然，且灭，不久"，莽悦，辄迁官[4]。

戊寅（公元 18 年）

五年。

春，北军南门灾。

莽以费兴为荆州牧，未行，免莽以兴为荆州牧，见，问到部方略，兴对曰："荆、扬之民，率依阻山泽，以渔采为业。间者国张六筦，税山泽，妨夺民之利。连年久旱，百姓饥穷，故为盗贼。兴到部，欲令明晓[5]告盗贼归田里，假贷犁牛[6]、种食，阔[7]其租赋，冀可以解释安集[8]。"莽怒，免兴官。

莽考吏致富者，收其财以给军吏以不得俸禄，并为奸利，郡尹、县宰家累千金。莽乃考诸军吏及缘边吏为奸利增产致富者，收其家所有财产五分之四以助边急。开[9]吏告其将，奴婢告其主，冀以禁奸，而奸愈甚。

莽孙宗自杀宗自画容貌、被服、天子衣冠。发觉，自杀。

莽大夫扬雄死成帝之世，雄以奏赋[10]为郎，给事黄门，与莽及刘秀并列。

---

1 江夏：古郡名，辖今湖北省钟祥、潜江、仙桃、嘉鱼、赤壁、崇阳等市县以东，及河南省光山、新县等县以西、信阳市以东，淮河以南地。
2 又坐邻伍铸钱挟铜，奸吏因以愁民：又因邻居私自铸钱或携带铜连坐入狱，贪官污吏借此让百姓受苦。
3 骄黠：傲慢狡猾。
4 迁官：晋升官爵。
5 明晓：使明白、知道。
6 犁牛：耕牛。
7 阔：放宽，宽缓。
8 解释安集：解释，消除，消解。安集，安定辑睦。
9 开：发动。
10 奏赋：以赋的形式向君主上书。

哀帝之初，又与董贤同官。莽、贤为三公，权倾人主，所荐莫不拔擢，而雄三世不徙官。及莽篡位，雄以耆老久次[1]，转为大夫。恬[2]于势利[3]，好古乐道，欲以文章成名于后世，乃作《太玄》《法言》，用心于内，不求于外，人皆忽之。唯刘秀及范逡敬焉，而桓谭以为绝伦，巨鹿侯芭师事焉。刘棻尝从雄学作奇字[4]，及棻坐事诛，辞连及雄。时雄校书[5]天禄阁上，使者来，欲收之，雄恐不能自免，乃从阁上自投下，几死。莽问之，以雄不知情，诏勿问。然雄所作《法言》，卒章[6]盛称莽功德可比伊尹、周公，后又作《剧秦美新》之文以颂莽，君子病焉。

琅邪樊崇、东海刁子都等兵皆起琅邪樊崇起兵于莒，众百余人，群盗以崇猛勇，皆附之，一岁间至万余人。逢安、徐宣、谢禄、杨音各起兵，合数万人从崇，转掠青、徐间。又有东海刁子都，亦起兵钞击[7]徐、兖。莽遣使者发兵击之，不能克。

匈奴乌累单于死，弟呼都而尸道皋若鞮单于舆立。

己卯（公元 19 年）

六年。

春，莽立须卜当为单于，大募兵击匈奴莽遣王歙诱当，将至长安，立为须卜单于。大司马严尤曰：“当在右部，单于动静辄语中国，此方面[8]大助也。今迎置长安槁街，一胡人耳。”莽不听。而匈奴寇边益甚，莽乃大募天下丁男及死罪囚、吏民奴，一切[9]税天下吏民，訾三十取一，欲以击匈奴，辅立

1　以耆老久次：以受尊敬的老前辈资格。
2　恬：淡泊，泰然。
3　势利：权势和财利。
4　奇字：王莽时六体书之一，大抵根据古文加以改变而成。
5　校书：校勘书籍。
6　卒章：诗、词、文章结尾的段落。
7　钞击：包抄袭击。
8　方面：一个地方的军政要职或其长官。
9　一切：临时，权宜。

当。令公卿以下，至郡县黄绶[1]皆保养军马，以秩为差。又博募[2]有奇技术可以攻匈奴者。或言能渡水不用舟楫，连马接骑，济百万师。或言不持斗粮，服食药物，三军不饥。或言能飞，一日千里，可窥匈奴。莽辄试之，知其不可用，苟欲获其名，皆拜为理军，赐以车马，待发。严尤谏曰："匈奴可且以为后，先忧山东盗贼。"莽大怒，策免尤。大司空史范升奏记司空王邑曰："朝以远者不服为至念，升以近者不悦为重忧。今动与时戾[3]，事与道反，驰骛覆车之辙，踵循[4]败事之后，后出益可怪，晚发愈可惧耳。方春岁首而动发远役[5]，藜藿[6]不充，田荒不耕，谷价腾踊，斛至数千，吏民陷于汤火[7]之中，非国家之民也。如此，则胡貉[8]守阙，青、徐之寇在于帷帐矣。升有一言，可以解天下倒县[9]，免元元之急。不可书传，愿蒙引见，极陈所怀。"邑不听。

关东饥、旱时饥、旱连年，刁子都等党众浸多，至六七万。

庚辰（公元20年）

地皇元年。

春，正月，莽令犯法者论斩，毋须时莽下书曰："方出军行师，敢有趋欢[10]犯法者辄论斩，毋须时。"于是春、夏斩人都市，百姓震惧，道路以目[11]。

秋，七月，大风毁莽王路堂[12]。

1　黄绶：本意是黄色的印带，此代指俸禄比六百石以下、比二百石以上的官，这一级别的官为铜印黄绶。
2　博募：广泛招募。
3　戾：违背，违反。
4　踵循：沿着……的脚步。
5　远役：到远方服役，戍守边疆。
6　藜藿：泛指粗劣的饭菜。
7　汤火：滚水与烈火，比喻极端危险的事物或处境。
8　胡貉：北方各少数民族的泛称。
9　倒县：同"倒悬"，头向下、脚向上悬挂着，比喻极其艰难、危险的困境。
10　趋欢：奔走喧哗。
11　道路以目：路上相遇，仅能以目示意，形容慑于暴政，敢怒而不敢言。
12　王路堂：即未央宫前殿，王莽改名王路堂。

九月，莽起九庙于长安城南黄帝庙方四十丈，高十七丈，余庙半之，功费数百余万，卒徒死者万数。

大雨六十余日。

巨鹿男子马适求等谋诛莽，不克，死适求等谋觉[1]，连及郡国豪杰数千人，皆为莽所杀。

莽更铸钱法莽以私铸犯法者多，不可胜刑，乃更轻其法，铸者与妻子没入为官奴婢，吏及比伍[2]知而不举告[3]，与同罪。由是犯者愈众，槛车锁颈，传诣长安钟官[4]以十万数，死者什六七。

以唐尊为太傅尊曰："国虚民贫，咎在奢泰。"乃身短衣小襃[5]，乘牝马[6]柴车，藉稿[7]，以瓦器饮食，又以历遗[8]公卿。出，见男女不异路者，尊自下车，以象刑、赭幡[9]污染其衣。莽闻而悦之，下诏申敕公卿："思与厥齐。"封尊为平化侯。

收郅恽系狱恽明天文历数，以为汉必再受命，上书说莽曰："上天垂戒，欲悟陛下，令就臣位。取之以天，还之以天，可谓知命矣。"莽大怒，系恽诏狱。逾冬，会赦，得出。

辛巳（公元 21 年）

二年。

春，正月，莽妻死，太子临谋杀莽，事觉，自杀。

1　觉：被发现。
2　比伍：古代居民的基层编制。《周礼·地官·族师》："五家为比，十家为联。五人为伍，十人为联。"
3　举告：检举告发。
4　钟官：古官名，水衡都尉的属官，掌铸钱。
5　襃：衣袖。
6　牝马：母马。
7　藉稿：坐卧时用禾秆作衬垫。
8　历遗：分别赠送。
9　赭幡：红土水浸过的旗幡。

秋，陨霜杀菽[1]。

关东大饥、蝗。

莽毁汉高庙莽恶汉高庙神灵，遣虎贲武士入庙，拔剑四面提击[2]，斧坏户牖，桃汤、赭鞭鞭洒屋壁[3]，令轻车校尉[4]居其中。

南郡秦丰兵起丰聚众万人，平原女子迟昭平亦聚数千人在河阳[5]中。莽召问群臣擒贼方略，皆曰："此天囚行尸，命在漏刻[6]。"故左将军公孙禄征来与议，禄曰："太史令宗宣以凶为吉，乱天文，误朝廷；太傅唐尊，饰虚伪以偷名位，贼夫人之子[7]；国师刘秀颠倒五经，毁师法[8]，令学士疑惑；张邯、孙阳造井田，使民弃土业[9]；鲁匡设六筦以穷工商；崔发阿谀取容，令下情不上通。宜诛此数子以慰天下。"又言："匈奴不可攻，当与和亲。恐新室忧不在匈奴，而在封域[10]之中也。"莽怒，使虎贲扶禄出，然颇采其言，左迁匡为五原卒正[11]。

莽以田况为青、徐二州牧，既而罢之初，四方皆以饥寒、穷愁起为盗贼，稍稍群聚，常思岁熟得归乡里，众虽万数，不敢略有城邑，转掠求食，日阕[12]而已。诸长、吏、牧、守皆自乱斗中兵而死，贼非敢欲杀之也，而莽终不谕其故。是岁，荆州牧讨绿林贼，王匡等迎击，大破牧军，钩牧车屏泥[13]，刺杀其骖乘，然终不敢杀牧。贼遂攻拔竟陵、安陆[14]，多略妇女，还入绿林中，至有

1　菽：豆类的总称。
2　提击：掷击。
3　桃汤、赭鞭鞭洒屋壁：用桃木汤浇洒墙壁，用土红色鞭子抽打墙壁。
4　轻车校尉：古官名，掌战车屯卫兵，位低于将军。
5　河阳：黄河岸边的险要地区。
6　此天囚行尸，命在漏刻：这都是触犯上天的罪犯，活不了多久。漏刻，顷刻。
7　贼夫人之子：害了人家的子弟。夫，语气词。
8　师法：师徒相传的学问和技术。
9　土业：土地产业。
10　封域：疆域，领地。
11　卒正：古官名，王莽置，职如郡太守，爵为侯，世袭其官。
12　日阕：当日即尽。
13　屏泥：车轼前的装饰，亦用以遮挡泥土。
14　竟陵、安陆：竟陵，古县名，治所位于今湖北省潜江市西北。安陆，古县名，位于今湖北省孝感市辖安陆市西北。

五万余口。又，大司马士按章[1]豫州，为贼所获，贼送付县。士还，上书具言状。莽大怒，因下书责七公[2]曰："夫吏者，理也。宣德明恩，以牧养民，仁之道也。抑强督奸，捕诛盗贼，义之节也。今则不然，盗发不辄得，至成群党遮略[3]乘传宰士[4]。士得脱者又妄自言：'我责数贼何故为是，贼曰以贫穷故耳。贼护出我。'今俗人议者率[5]多若此。惟贫困饥寒犯法为非，群盗、偷穴[6]，不过二科，今乃结谋连党以千百数，是逆乱之大者，岂饥寒之谓邪？七公其严敕卿大夫、卒正、连率、庶尹[7]，谨牧养善民，急捕殄[8]盗贼！有不同心并力疾恶黠贼[9]，而妄曰饥寒所为，辄捕系，请其罪！"于是群下愈恐，莫敢言贼情者。州郡又不得擅发兵，贼由是遂不制。唯翼平连率田况素果敢，发民年十八以上四万余人，授与库兵，与刻石为约。樊崇等闻之，不敢入界。况自劾奏，莽让况："弄兵[10]，以况自诡必擒灭贼，故且勿治。"后况自请出界击贼，所向皆破。莽以玺书令况领青、徐二州牧事，况上言："盗贼始发，其原甚微，部吏伍人[11]所能擒也。咎在长吏不为意，县欺其郡，郡欺朝廷，实百言十，实千言百。朝廷忽略，不辄督责，遂至延蔓[12]连州，乃遣将帅，多发使，传相监趣[13]。郡县力事上官，应塞诘对，共酒食，具资用，以救断斩[14]，不暇复忧盗贼、治官事。将帅又不能躬率吏士，战则为贼所破，吏气浸伤，徒费百姓。前幸蒙赦令，贼欲解

1　按章：根据奏章进行查处。
2　七公：即四辅三公。
3　遮略：拦截劫夺。
4　宰士：宰相僚属的尊称。
5　率：大约，大概。
6　偷穴：穿壁为盗。
7　连率、庶尹：连率，职如郡太守。庶尹，百官之长。
8　捕殄：捉拿歼灭。
9　黠贼：狡猾的盗贼。
10　弄兵：轻率动兵。
11　部吏伍人：部吏，古时城中小吏，约相当于里正。伍人，一伍的士兵，即五个。
12　延蔓：不断扩展。
13　监趣：监督催促。
14　力事上官，应塞诘对，共酒食，具资用，以救断斩：忙着服事上司，应付责问对质，供给酒饭，准备钱财费用，来解救自己的死罪。应塞，应付搪塞。诘对，诘问和对质。资用，钱财费用。断斩，斩杀。

散，或反遮击，转相惊骇，恐见诈灭。饥馑易动，旬日之间，更十余万人，此盗贼所以多之故也。今宜急选牧、尹以下，明其赏罚，收合离乡[1]，小国无城郭者，徙其老弱置大城中，积藏谷食，并力固守。贼来攻城，则不能下；所过无食，势不得群聚。如此，招之必降，击之则灭。今空复多出将帅，郡县苦之，反甚于贼。宜尽征还乘传诸使者，以休息郡县。委任臣况以二州盗贼，必平定之。"莽畏恶[2]况，遣使者赐况玺书，因令代监其兵，遣况西诣长安。况去，齐地遂败。

壬午（公元 22 年）

三年。

春，二月，关东人相食。

夏，四月，樊崇兵自号"赤眉"。莽遣其太师王匡、将军廉丹击之初，樊崇等众既浸盛，乃相与为约："杀人者死，伤人者偿创[3]。"莽遣太师王匡、更始将军廉丹讨之。崇等恐其众与莽兵乱，乃皆朱眉[4]以相识别，由是号曰"赤眉"。匡、丹合将锐士[5]十余万人，所过放纵。东方为之语曰："宁逢赤眉，不逢太师。太师尚可，更始杀我。"卒如田况之言。

绿林兵分为下江[6]、新市兵。莽遣其将军严尤、陈茂击之绿林贼遇疾疫，死者且半，乃各分散。王常等西入南郡，号下江兵；王匡等北入南阳，号新市兵。皆自称将军。莽遣严尤、陈茂击之。

蝗飞蔽天。

流民入关者数十万人莽闻城中饥馑，以问中黄门王业。业曰："皆流民[7]

---

1 收合离乡：聚集国都之外的小城邑。离乡，国都之外的小城邑。
2 畏恶：嫉恨，憎恶。
3 偿创：抵偿伤人之罪。
4 朱眉：将眉毛涂成红色。
5 锐士：泛指精锐的士卒。
6 下江：古称长江自南郡（今湖北西部）以下。
7 流民：因遭受灾害而流亡外地，生活没有着落的人。

也。"乃市所卖粱饭[1]、肉羹持入示莽曰："居民食咸如此。"莽信之。

秋，七月，荆州平林[2]兵起新市王匡等进攻随[3]，平林人陈牧、廖湛复聚众千余人，号平林兵，以应之。

赤眉破廉丹，诛之莽以诏书让廉丹，丹惶恐，夜召其掾冯衍，以书示之。衍因说丹曰："张良以五世相韩，椎秦始皇博浪[4]之中。将军之先，为汉信臣[5]。新室之兴，英俊不附。今海内溃乱，人怀汉德，甚于诗人思召公[6]也。人所歌舞，天必从之。方今为将军计，莫若屯据大郡，镇抚吏士，砥厉[7]其节，纳雄杰之士，询忠智之谋，兴社稷之利，除万人之害，则福禄流于无穷，功烈著于不灭。何与军覆于中原，身膏于草野[8]，功败名丧，耻及先祖哉？"丹不听。衍，奉世曾孙也。赤眉别校董宪等众数万人在梁郡[9]，匡、丹引兵进战，兵败，匡走，丹曰："小儿可走，吾不可！"遂战死。

汉宗室刘縯及弟秀起兵春陵[10]，兴复[11]帝室。新市、平林兵皆附之初，长沙定王发生春陵节侯买，买生戴侯熊渠，熊渠生考侯仁，仁以南方卑湿[12]，徙封南阳之白水乡[13]，与宗族往家焉。仁卒，子敞嗣。值莽篡位，国除。节侯少子外为郁林[14]太守，外生巨鹿都尉回，回生南顿[15]令钦，钦娶湖阳[16]樊重女，生三男：縯、仲、秀。縯性刚毅，慷慨有大节，常愤愤，怀复社稷之虑，不事家

1　粱饭：精细的米饭。
2　平林：古地名，位于今湖北省随州市西南，一说位于随州市东北。
3　随：古县名，治所即今湖北省随州市随县。
4　博浪：古地名，即博浪沙，位于今河南省新乡市原阳县东关。
5　信臣：忠诚可靠之臣。
6　召公：周朝名臣，和周公齐名。《诗经·召南》有《甘棠》一篇，为后人思念召公而作。
7　砥厉：磨炼。
8　身膏于草野：尸体跟草木同时腐烂。
9　梁郡：古郡名，辖今河南省商丘市和商丘、虞城、民权、安徽省砀山等县地。
10　春陵：古县名，治所位于今湖南省永州市宁远县东北，光武帝刘秀的祖籍地。
11　兴复：恢复。
12　卑湿：地势低下潮湿。
13　白水乡：古地名，位于今湖北省襄阳市辖枣阳市南。
14　郁林：古郡名，辖今广西大部。
15　南顿：古县名，治所位于今河南省周口市辖项城市西南，光武帝之父曾于此地任县令。
16　湖阳：古地名，治所位于今河南省南阳市唐河县南。

人居业[1]，倾身破产，交结天下雄俊[2]。秀隆准日角[3]，尝受《尚书》长安，略通大义，性勤稼穑[4]。縯常非笑之，比于高祖兄仲。秀尝过穰人蔡少公，少公颇学图谶，言："刘秀当为天子。"或曰："是国师公刘秀乎？"秀戏曰："何由知非仆邪？"坐者皆大笑。宛人李守，好星历谶记[5]，尝谓其子通曰："刘氏当兴，李氏为辅。"及新市、平林兵起，南阳骚动，通从弟轶谓通曰："今四方扰乱，汉当复兴。南阳宗室，独刘伯升[6]兄弟泛爱容众，可与谋大事。"通笑曰："吾意也。"会秀卖谷于宛，通遣轶往迎秀，与约结[7]定谋，欲以立秋材官都试骑士日[8]，劫前队大夫[9]甄阜及属正[10]梁丘赐，以号令大众，使轶与秀归舂陵举兵以相应。于是縯召诸豪杰计议曰："王莽暴虐，百姓分崩。今枯旱[11]连年，兵革并起，此亦天亡之时，复高祖之业，定万世之秋也。"众皆然之。于是分遣亲客[12]于诸县起兵，縯自发舂陵子弟。子弟恐惧，皆亡匿[13]，曰："伯升杀我！"及见秀绛衣[14]大冠，皆惊曰："谨厚者亦复为之。"乃稍自安。凡得子弟七八千人，部署宾客，自称"柱天都部"。秀时年二十八。李通未发，事觉，亡走。父守及家属坐死者六十四人。縯使族人招说新市、平林兵，与其帅王凤、陈牧西击长聚，进屠唐子乡[15]，又杀湖阳尉，进拔棘阳[16]，李轶、邓晨皆将宾客来会。

　　下江兵与莽荆州牧战，大破之严尤、陈茂破下江兵。成丹等收散卒，

1　居业：产业，家业。
2　雄俊：才干出色之人。
3　日角：额骨中央部分隆起，形状如日，旧时相术家认为是大贵之相。
4　稼穑：农事的总称。春耕为稼，秋收为穑，即播种与收获。
5　星历谶记：星历，天文历法。谶记，谶书。
6　刘伯升：即刘秀的兄长刘縯。
7　约结：结交。
8　材官都试骑士日：材官将军检阅骑兵武士的时候。材官，即材官将军，汉代武官名。
9　前队大夫：古官名，王莽改南阳郡为前队郡，置前队大夫一人，职如太守，掌治其郡，并领郡兵征伐。
10　属正：古官名，职如都尉，掌郡兵马。
11　枯旱：非常干旱。
12　亲客：亲近的宾客。
13　亡匿：逃跑并躲藏起来。
14　绛衣：深红色衣服。古代军服常用绛色。
15　唐子乡：古代乡名，位于今河南省南阳市唐河县南。
16　棘阳：古县名，治所位于今河南省南阳市南。

复振，与荆州牧战于上唐[1]，大破之。

冬，十一月，有星孛于张[2]。

汉兵与莽守将甄阜、梁丘赐战，不利。遂与下江合兵，袭取其辎重

刘縯欲进攻宛，至小长安聚[3]，与甄阜、梁丘赐战，败。縯复收兵保棘阳。阜、赐乘胜留辎重于蓝乡[4]，引精兵十万南临沘水[5]。新市、平林见汉兵数败，各欲解去。会下江兵五千余人至宜秋[6]，縯与秀俱造其壁[7]，曰："愿见下江一贤将，议大事。"众推王常。縯见常，说以合从之利。常大悟曰："王莽残虐[8]，百姓思汉。今刘氏复兴，即真主也。"縯遂与常深相结而去。常还，具为余将言之。皆曰："大丈夫既起，当各自为主，何故受人制乎？"常乃徐晓说[9]之曰："王莽苛酷[10]，积失[11]百姓之心，民之讴吟[12]思汉，非一日也，故使吾属因此得起。夫民所怨者，天所去也；民所思者，天所与也。举大事当下顺民心，上合天意，功乃可成。若负强恃勇，触情恣欲，虽得天下，必复失之。以秦、项之势，尚至夷覆[13]，况今布衣相聚草泽？以此行之，灭亡之道也。今南阳诸刘举宗起兵，观其来议者，皆有深计大虑，王公之才，与之并合，必成大功，此天所以佑吾属也。"诸将素敬常，乃皆谢曰："无王将军，吾属几陷于不义。"即引兵与汉军及新市、平林合。于是诸部齐心同力，锐气益壮。縯大飨军士，设盟约，休

---

1 上唐：古地名，位于今湖北省随州市西北。
2 张：星宿名，二十八宿之一，南方朱雀七宿的第五宿，有星六颗。
3 小长安聚：古地名，位于今河南省南阳市宛城区瓦店镇境内。
4 蓝乡：古地名，位于今河南省南阳市新野县东。
5 沘水：古水名，源出今河南省驻马店市泌阳县东白云山，至湖北省襄阳市襄州区入于白河。
6 宜秋：古地名，位于今河南省南阳市唐河县东南。
7 造其壁：到他们的军营拜访。壁，军营，营垒。
8 残虐：凶残暴虐。
9 晓说：劝说。
10 苛酷：苛刻残酷。
11 积失：屡次丧失，长期丧失。
12 讴吟：歌咏，有节奏地诵读。
13 夷覆：灭亡。

卒[1]三日，分为六部。十二月晦，潜师[2]夜起，袭取蓝乡，尽获其辎重。

癸未（公元 23 年）

汉帝玄更始元年。

春，正月，攻阜、赐，诛之。又破严尤、陈茂于淯阳[3]下，遂围宛先是，青、徐贼众虽数十万人，讫[4]无文书、号令、旌旗、部曲[5]。及汉兵起，皆称将军，攻城略地，移书称说。莽闻之，始惧。

二月，新市、平林诸将共立更始将军刘玄为皇帝，大赦，改元春陵戴侯曾孙玄在平林兵中，号更始将军。时汉兵已十余万，诸将议以兵多，而无所统一，欲立刘氏以从人望[6]。南阳豪杰及王常等皆欲立刘縯，而新市、平林将帅乐放纵，惮縯威名，贪玄懦弱，先共定策立之，然后召縯，示其议。縯曰："诸将军幸欲尊立宗室，甚厚。然今赤眉起青、徐，众数十万，闻南阳立宗室，亦当复有所立。王莽未灭而宗室相攻，是疑天下而自损权，非所以破莽也。不如且称王以号令，亦足以斩诸将。若赤眉所立者贤，相率而往从之。若无所立，破莽、降赤眉，然后举尊号，亦未晚也。"诸将多曰："善。"张卬拔剑击地曰："疑事无功[7]，今日之议，不得有二！"众皆从之。二月朔，设坛场于淯水[8]上，玄即皇帝位。南面立，朝群臣，羞愧流汗，举手不能言。大赦，改元，拜置公卿，以縯为大司徒，秀为太常、偏将军[9]。由是豪杰失望。

1　休卒：休整士卒。
2　潜师：秘密出兵。
3　淯阳：古县名，治所位于今河南省南阳市宛城区南。
4　讫：始终。
5　部曲：代指军队建制。部、曲均为军队建制单位，大将军营五部，校尉一人，部有曲，曲有军候一人。
6　人望：众人所属望。
7　疑事无功：工作信心不足，就不会有效果。
8　淯水：今白河的古称，发源于河南省南阳市南召县境内，在湖北省襄阳市襄州区汇入汉江。
9　偏将军：古官名，主将之下的副将、小将。

三月，刘秀徇昆阳、定陵、郾[1]，皆下之。

莽遣其司徒王寻、司空王邑大发兵，会严尤、陈茂。夏，五月，围昆阳王莽遣其司徒王寻、司空王邑发兵平定山东，征诸明兵法六十三家以备军吏，以长人巨无霸为垒尉[2]，又驱诸猛兽、虎豹、犀象[3]之属以助威武。邑至洛阳，州郡各选精兵，牧、守自将，定会者四十二万人，号百万，余在道者，旌旗辎重，千里不绝。五月，出颍川，与尤、茂合。诸将见兵盛，皆反走，入昆阳，惶怖[4]，欲散归诸城。刘秀曰："今兵、谷既少，而外寇强大，并力御之，功庶[5]可立。如欲分散，势无俱全。昆阳即拔，一日之间，诸部亦灭矣。今不同心胆，共举功名[6]，反欲守妻子财物邪？"诸将怒曰："刘将军何敢如是！"秀笑而起。会候骑还，言："大兵且至城北，军陈数百里，不见其后。"诸将迫急[7]，乃更请秀计之。秀复为图画[8]成败，皆曰："诺。"时城中唯有八九千人，秀使王凤、王常守昆阳，夜与李轶等十三骑出城南门，于外收兵。时莽兵到城下者且十万，秀等几不得出。寻、邑纵兵围昆阳，尤说邑曰："昆阳城小而坚，不如先击宛。宛败，昆阳自服。"不听，遂围之数十重，列营百数，钲鼓之声闻数十里。或为地道、冲辒[9]撞城，积弩[10]乱发，矢下如雨。凤等乞降，不许。寻、邑自以功在漏刻[11]，不以军事为忧。尤曰："兵法：'围城为之阙[12]。'宜使得逸出，以怖宛下。"又不听。

---

1 昆阳、定陵、郾：昆阳，古县名，治所即今河南省平顶山市叶县，因在昆水之北而得名。定陵，古县名，治所位于今河南省漯河市舞阳县北。郾，古县名，治所位于今河南省漯河市郾城县西南。
2 垒尉：古官名，为将军僚属，主垒壁之事。
3 犀象：犀牛和大象。
4 惶怖：恐惧。怖，惧怕。
5 庶：或许，也许。
6 功名：功业和名声。
7 迫急：紧急，危急。
8 图画：谋划。
9 冲辒：泛指战车。冲，冲车。辒，楼车。
10 积弩：连射之弩。
11 漏刻：顷刻。
12 围城为之阙：包围敌人时要虚留缺口。

　　莽棘阳长岑彭以宛城降汉。玄入，都之岑彭守宛城，汉兵攻之数月，城中人相食，乃降。更始入，都之。诸将欲杀彭，刘缜曰："彭执心坚守，是其节也。今举大事，当表义士。"更始乃封彭为归德侯。

　　六月，刘秀大破莽兵于昆阳下，诛王寻刘秀至郾、定陵，悉发诸营兵。诸将贪惜财物，欲分兵守之。秀曰："今若破敌，珍宝万倍，大功可成。如为所败，首领无余，何财物之有？"乃悉发之。六月朔，秀自将步、骑千余为前锋，去大军四五里而陈。寻、邑亦遣兵数千合战，秀奔之，斩首数十级。诸将喜曰："刘将军平生见小敌怯，今见大敌勇，甚可怪也。且复居前，请助将军！"秀复进，寻、邑兵却，诸部共乘之，斩首数百千级。连胜，遂前，诸将胆气益壮，无不一当百。秀乃与敢死者三千人从城西水上冲其中坚，寻、邑易之，自将万余人行陈[1]，敕诸营皆按部[2]毋得动，独迎，与汉兵战，不利，大军不敢擅相救。寻、邑阵乱，汉兵乘锐逐之，遂杀寻。城中亦鼓噪而出，中外合势，震呼动天地。莽兵大溃，走者相腾践[3]，伏尸百余里。会大雷、风，屋瓦皆飞，雨下如注，滍川盛溢[4]，虎、豹皆股战[5]，士卒溺死以万数，水为不流。邑、尤、茂轻骑[6]逃去，尽获其军实[7]辎重，不可胜算，举之连月不尽，或燔烧其余。关中震恐。于是海内豪杰翕然响应，皆杀其牧、守，自称将军，用汉年号，以待诏命[8]。旬月之间，遍于天下。

　　刘秀徇颍川，冯异以五县降刘秀复徇颍川，屯兵巾车乡[9]。郡掾冯异监五县，为汉兵所获。异曰："异有老母在父城[10]，愿归，据五城以效功[11]报德。"秀

1　行陈：巡行军阵。陈，通"阵"。
2　按部：带领部属。
3　腾践：奔驰践踏。
4　滍川盛溢：滍川，即滍水，流经昆阳故城北。盛溢，盛大漫溢。
5　股战：由于过度的恐惧两腿发抖。
6　轻骑：轻装的骑兵。
7　军实：军用器械和粮饷。
8　诏命：皇帝的命令。
9　巾车乡：古地名，位于今河南省平顶山市南。
10　父城：古县名，治所位于今河南省平顶山市宝丰县东。
11　效功：立功，效劳。

许之。异归，谓父城长苗萌曰："诸将多暴横[1]，独刘将军所到不虏略[2]，观其言语举止，非庸人也。"遂与萌率五县以降。

玄杀大司徒刘缜，以刘秀为破虏大将军新市、平林诸将以刘缜兄弟威名益盛，阴劝更始除之。缜部将刘稷，勇冠三军，闻更始立，怒曰："本起兵图大事者，伯升兄弟也。今更始何为者邪？"以为将军，又不肯拜。更始乃与诸将陈兵，收稷，诛之。缜固争，李轶、朱鲔因劝更始并执缜，杀之。秀自父城驰诣宛谢[3]。司徒官属迎，吊秀。秀不与交私语，惟深引过[4]而已，未尝自伐昆阳之功。又不敢为缜服丧，饮食言笑如平常。更始以是惭，拜秀为破虏大将军，封武信侯。

秋，莽将军王涉、国师刘秀自杀道士西门君惠谓涉曰："谶文[5]刘氏当复兴，国师公姓名是也。"涉遂与秀及大司马董忠等谋劫莽降汉，谋泄，皆自杀。莽以其骨肉旧臣，恶其内溃[6]，故隐其诛。莽以军师外破，大臣内叛，左右无所信，忧懑不能食，但饮酒，啖鳆鱼[7]，读军书倦，因冯几[8]寐，不复就枕矣。

成纪隗嚣起兵应汉成纪隗崔、隗义同起兵以应汉。崔兄子嚣，素有名，好经书，共推为上将军。嚣聘平陵方望以为军师。望说嚣立庙祀高祖、太宗、世宗，称臣执事，杀马同盟，移檄郡国，数莽罪恶。勒兵十万，击杀雍州牧、安定[9]大尹，分遣诸将徇陇西、武都、金城、武威、张掖、酒泉、敦煌，皆下之。

1　暴横：横行。
2　虏略：抢劫掠夺。
3　自父城驰诣宛谢：从父城奔回宛城，向刘玄请罪。
4　引过：承认过失。
5　谶文：具有预示性质的图篆或文字。
6　内溃：内乱。
7　鳆鱼：鲍鱼。
8　冯几：靠着几案。冯，通"凭"。
9　安定：古郡名，辖今甘肃景泰、靖远、会宁、平凉、泾川、镇原及宁夏中宁、中卫、同心、固原等地。

公孙述起兵成都初，茂陵公孙述为清水[1]长，有能名。迁导江卒正[2]，治临邛[3]。南阳宗成起兵徇汉中以应汉，众数万人。述遣使迎之。成等至成都，房掠暴横。述谓郡中豪杰曰："天下同苦新室，思刘氏久矣。故闻汉将军到，驰迎道路。今百姓无辜而妇子系获[4]，此寇贼，非义兵也。"乃诈为汉使者，拜述将军兼益州牧，击成，杀之，而并其众。

刘望称帝于汝南[5]，以严尤、陈茂为将、相。玄遣兵击之，杀望，诛尤、茂。

遣上公[6]王匡攻洛阳，大将军申屠建攻武关。析[7]人邓晔起兵，开关迎建。九月，入长安。孝平皇后自焚，崩。众共诛莽，传首诣宛[8]更始遣王匡攻洛阳，申屠建、李松攻武关，三辅震动。析人邓晔、于匡起兵应汉，西拔湖。莽忧，不知所出。乃率群臣至南郊，陈具[9]符命本末，仰天大哭，气尽，伏而叩头。诸生、小民旦夕会哭，甚悲哀者，除以为郎。拜将军九人，皆以虎为号，将精兵数万以东。时省中黄金尚六十余万斤，他财物称是[10]。莽赐九虎士人四千钱，众重怨[11]，无斗意。至华阴回溪[12]，匡、晔击之，败走。晔开武关迎汉兵。以弘农掾王宪为校尉，将数百人北渡渭，至频阳，所过迎降。诸县大姓各起兵称汉将，率众随宪。李松、邓晔引军至华阴，而长安旁兵四会城下，

1　清水：古县名，治所位于今甘肃省天水市清水县西北。
2　导江卒正：蜀郡太守。
3　临邛：古县名，治所位于今四川省成都市辖邛崃市。
4　系获：俘获，被俘获。
5　汝南：古郡名，辖今河南省颍河、淮河之间，京广铁路西侧一线以东，安徽省茨河、西淝河以西、淮河以北地区。
6　上公：即太傅，位于三公之上。
7　析：古县名，又称白羽，治所即今河南省南阳市西峡县。
8　传首诣宛：将王莽的首级传送到宛城。传首，传送首级，被杀头。
9　陈具：陈述。
10　他财物称是：其他财物也和黄金的数量相当。称是，与此相称或相当。
11　重怨：深怨。
12　华阴回溪：华阴，古县名，治所位于今陕西省渭南市辖华阴市东南。回溪，位于华阴境内，又称回坑。

争欲先入城。莽赦囚徒，授兵杀豨[1]，与誓曰："有不为新室者，社鬼[2]记之！"使史谌将之。渡渭桥，皆散走。众兵发掘莽妻子、父祖冢，烧其棺椁[3]及九庙、明堂、辟雍，火照城中。九月朔，兵入。明日，城中少年烧作室[4]门，火及掖庭。黄皇室主曰："何面目以见汉家？"自投火中而死。莽避火宣室前殿，火辄随之。莽绀袀服[5]，持虞帝匕首，天文郎[6]按栻于前，莽旋席随斗柄而坐，曰："天生德于予，汉兵其如予何？"又明日，群臣扶莽之渐台，欲阻池水，众共围之。下铺[7]时，众兵上台，苗䜣、唐尊、王盛等皆死。商人杜吴杀莽，校尉公宾就斩首，军人分莽身，节解脔分[8]之。就持诣王宪。宪自称汉大将军，城中兵数十万皆属焉。居二日，李松、邓晔入长安，赵萌、申屠建亦至。以王宪得玺绶不上，多挟宫女，建天子鼓旗[9]，收斩之。传莽首诣宛，悬于市。百姓共提击之，或切食其舌。

班固曰：王莽始起外戚，折节力行以要名誉。及居位辅政，勤劳国家，直道而行，岂所谓"色取仁而行违[10]"者邪？莽既不仁而有佞邪之材，又乘四父历世[11]之权，遭汉中微，国统三绝，而太后寿考，为之宗主，故得肆其奸慝[12]，以成篡盗之祸。及其窃位南面，颠覆之势险于桀、纣，而莽晏然自以黄虞[13]复出也，乃始恣睢，奋其威诈[14]，毒流诸夏，乱延蛮貊[15]，犹未足逞其欲焉。是以四海

---

1 豨：巨大的野猪。
2 社鬼：即社公，土地神。
3 棺椁：棺，棺材。椁，套在棺材外的外棺。
4 作室：古官署名，主管制造宫中应用器物及兵器。
5 绀袀服：绀，红青，微带红的黑色。袀服，式样、颜色统一的军服。
6 天文郎：古官名，掌栻。栻，古代占卜用的器具，形状像罗盘，后来叫星盘。
7 下铺：同"下晡"，申后五刻，即下午五点四十五分。
8 节解脔分：节解，肢解。脔分，割称小块的肉。脔，小块的肉。
9 鼓旗：鼓和旗，古代军中用以指挥战斗的工具。
10 色取仁而行违：表面上主张仁德，实际行动却背道而驰。
11 历世：累世，经过几代。
12 奸慝：奸恶的心术或行为。
13 黄虞：黄帝、虞舜的合称。
14 威诈：淫威和奸诈。
15 蛮貊：古代称南方和北方落后部族。

嚣然[1]，远近俱发，城池不守，肢体分裂，自书传所载乱臣贼子，考其祸败，未有如莽之甚也。昔秦燔《诗》《书》以立私议[2]，莽诵六艺以文奸言[3]，同归殊途，俱用灭亡，皆圣王之驱除[4]云尔。

康熙御批：自古奸雄并称操、莽，然观莽之生平，初虽谦恭下士，谲诈[5]欺人，及篡逆之后，张皇灭裂[6]，洛阳垂陷，丑态毕露，不过一庸碌陋劣[7]之人，又不可与曹操同日语矣。

王匡拔洛阳，诛莽守将王匡、哀章。

冬，十月，玄北都洛更始将都洛阳，以刘秀行司隶校尉，使前修宫。秀乃置僚属，作文移[8]，从事司察[9]，一如旧章。时三辅吏士东迎，见诸将过，皆冠帻[10]而服妇人衣，莫不笑之。及见司隶僚属，皆欢喜不自胜，老吏或垂涕曰："不图今日复见汉官威仪！"由是识者皆属心[11]焉。更始遂北都洛。

分遣使者徇郡国更始分遣使者徇郡国，曰："先降者复爵位。"至上谷，太守耿况迎，上印绶。使者纳之，一宿无还意。功曹[12]寇恂勒兵入见使者，曰："天下初定，使君建节衔命[13]，郡国莫不延颈倾耳[14]。今始至上谷而先堕大信[15]，将复何以号令他郡乎？"使者不应。恂叱左右以使者命召况，取印绶带之，使者不得已，乃承制诏之。

以彭宠为渔阳太守宛人彭宠、吴汉亡命在渔阳，韩鸿为更始使，徇北

1　嚣然：扰攘不宁貌。
2　私议：个人的看法或主张。
3　奸言：奸邪之言。
4　驱除：被赶走的人或事物。
5　谲诈：狡诈，奸诈。
6　灭裂：言行粗疏草率。
7　陋劣：浅陋低劣。
8　文移：文书，公文。
9　司察：督察。
10　冠帻：用头巾包头。帻，古代的头巾。
11　属心：归心。
12　功曹：古官名，郡守、县令的主要佐吏，掌管考查、记录功劳。
13　衔命：奉命，受命。
14　延颈倾耳：延颈，伸长脖子，引申指仰慕、渴望。倾耳，侧着耳朵静听。
15　大信：信誉。

州，承制拜宠渔阳太守，以汉为安乐[1]令。

樊崇降汉，既而逃归更始遣使降赤眉。樊崇等闻汉复兴，留其兵，自将渠帅二十余人随使者至洛阳，皆封为列侯，未有国邑，而留众稍离叛，乃复亡归。

莽庐江连率[2]李宪据郡称淮南王。

玄封刘永为梁王永，故梁王立之子也，都睢阳。

以刘秀行大司马事，遣徇河北[3]更始欲令大将徇河北，大司徒赐言："诸家子独有文叔[4]可用。"朱鲔等以为不可，赐深劝之。乃以秀行大司马事，持节北渡河，镇慰[5]州郡。

以刘赐为丞相，令入关修宗庙、宫室。

大司马秀至河北，除莽苛政，复汉官名大司马秀至河北，所过郡县，考察官吏，黜陟能否，平遣[6]囚徒，除王莽苛政，复汉官名。吏民喜悦，争持牛酒迎劳，秀皆不受。南阳邓禹杖策[7]追秀，及于邺。秀曰："我得专封拜[8]，生远来，宁欲仕乎？"禹曰："不愿也。"秀曰："即如是，何欲为？"禹曰："但愿明公[9]威德加于四海，禹得效其尺寸，垂功名于竹帛耳。"秀笑，因留宿闲语[10]。禹进说曰："今山东未安，赤眉、青犊[11]之属动以万数。更始既是常才而不自听断[12]，诸将皆庸人屈起[13]，志在财币，争用威力，朝夕自快而已，非有忠

1　安乐：古县名，治所位于今北京市顺义区西北。
2　庐江连率：庐江，古郡名，辖今安徽省巢湖市、舒城、霍山县以南，长江以北，湖北省英山、广济、黄梅和河南省商城等县地。连率，古官名，相当于郡太守。
3　河北：泛指黄河以北的地区。
4　文叔：即刘秀，字文叔。
5　镇慰：安抚慰问。
6　平遣：平反遣归。
7　杖策：执马鞭，意指策马而行。
8　专封拜：有权封爵拜官。
9　明公：旧时对有名位者的尊称。
10　闲语：说私话。
11　青犊：新莽末年河北地区较为强大的一支农民起义军。
12　听断：听取陈述而作出决定。
13　屈起：崛起，兴起。

良明智、深虑远图、欲尊主安民者也。历观往古圣人之兴，天时、人事二科而已。今以天时观之，更始既立而灾变方兴；以人事观之，帝王大业非凡夫所任，分崩离析，形势可见。明公虽建藩辅[1]之功，犹恐无所成立[2]也。况明公素有盛德大功，为天下所向服[3]，军政齐肃[4]，赏罚明信。为今之计，莫如延揽英雄，务悦民心，立高祖之业，救万民之命，以公而虑，天下不足定也！"秀大悦，因令禹常宿止[5]于中，与定计议。每任使诸将，多访于禹，皆当其才。秀自缯死，每独居，辄不御酒肉，枕席有涕泣处。主簿冯异独叩头宽譬[6]，因进说曰："更始政乱，百姓无依。人久饥渴，易为充饱。宜分遣官属徇行郡县，宣布惠泽[7]。"秀纳之。骑都尉耿纯谒秀，退，见官属将兵法度不与他将同，遂自结纳[8]。

十二月，王郎称帝于邯郸，徇下幽、冀刘林说秀决列人河[9]水以灌赤眉，秀不从。去之真定。林素任侠于赵、魏间。王莽时，长安中有自称成帝子子舆者，莽杀之邯郸。卜者[10]王郎缘是诈称真子舆，林等信之，与赵国大豪李育等入邯郸，立郎为天子，徇下幽、冀，州郡响应。

甲申（公元 24 年）

二年。

春，正月，大司马秀北徇蓟。

二月，玄迁都长安三辅既平，申屠建、李松迎更始迁都长安，居长乐

1　藩辅：捍卫，辅佐。
2　成立：成就。
3　向服：仰慕佩服。
4　齐肃：整齐严肃。
5　宿止：住宿。
6　宽譬：宽慰劝解。
7　惠泽：恩泽。
8　结纳：结交。
9　列人河：位于列人县的黄河。列人，古县名，位于今河北省邯郸市肥乡县东北。
10　卜者：占卜的人。

宫。升前殿，郎吏以次列庭中。更始羞怍，俛首刮席[1]，不敢视。诸将后至者，更始问："虏掠得几何？"左右皆宫省久吏[2]，惊愕相视。

封诸功臣，遣大司马朱鲔、将军李轶镇抚关东李松、赵萌说更始宜悉王诸功臣，朱鲔争之，以为高祖约，非刘氏不王。更始乃先封诸宗室，然后立诸功臣，皆为王。以鲔为胶东王，鲔辞不受，乃以为左大司马，使与李轶等镇抚关东。

以李松为丞相，赵萌为右大司马更始纳萌女为夫人，故委政于萌，日夜饮宴后庭。群臣欲言事，辄醉不能见，时不得已，乃令侍中坐帷内与语。萌专权，生杀自恣。郎吏有言者，更始怒，拔剑击之。以至群小、膳夫[3]皆滥授官爵，长安为之语曰："灶下养，中郎将。烂羊胃，骑都尉。烂羊头，关内侯。"将军李淑上书切谏，更始囚之。诸将在外者皆专行诛赏，各置牧、守。州郡交错，不知所从。由是关中离心，四海怨叛[4]。

征隗嚣为右将军更始征隗嚣及其叔父崔、义等，方望以为更始成败未可知，固止之。嚣不听，望以书辞谢而去。更始以嚣为右将军。

大司马秀以耿弇为长史耿况遣其子弇诣长安，弇时年二十一。至宋子[5]，会王郎起，从吏曰："子舆，成帝正统，舍此不归，远行安之？"弇按剑曰："子舆弊贼[6]，卒为降虏耳。我至长安，陈渔阳、上谷兵马，归发突骑，以辚[7]乌合之众，如摧枯折腐[8]耳。公等不识去就，族灭不久也。"弇闻大司马秀在卢奴[9]，乃驰北上谒。秀留署长史[10]，与俱北至蓟，令功曹王霸募人击王郎。市人皆

---

1 更始羞怍，俛首刮席：更始帝羞愧难当，低下头摩擦坐席。刮席，两手不知所措而摩擦坐席。
2 宫省久吏：宫禁中的旧吏。
3 膳夫：古官名，掌宫廷饮食。
4 怨叛：因怨恨而背叛。
5 宋子：古县名，治所位于今河北省石家庄市赵县东北。
6 弊贼：欺诈蒙骗的贼子。弊，欺诈的行为。
7 辚：碾过。
8 摧枯折腐：折断枯树枝烂木头，比喻极容易做到。
9 卢奴：古县名，治所即今河北省定州市。
10 留署长史：留在府中任长史。

大笑，举手邪揄[1]之，霸惭惧而反。秀将南归，弇曰："今兵从南方来，不可南行。渔阳太守彭宠，公邑人[2]。上谷太守，即弇父也。发此两郡控弦万骑，邯郸不足虑也。"秀官属皆曰："死尚南首[3]，奈何北行入囊中？"秀指弇曰："是我北道主人也。"

蓟城反，应王郎。大司马秀走信都、和戎[4]，发兵击邯郸蓟中反，应王郎，城内扰乱。于是秀趣驾[5]出城，晨夜南驰，至芜蒌亭[6]。时天寒，冯异上豆粥。至饶阳[7]，官属皆乏食。晨夜兼行[8]，蒙犯[9]霜雪，面皆破裂。至下曲阳[10]，传闻王郎兵在后。至滹沱河[11]，候吏[12]还白："河水流澌[13]，无船，不可济。"秀使王霸往视之。霸恐惊众，还即诡曰："冰坚可渡。"遂前至河。河冰亦合，乃渡。未毕数骑而冰解。至南宫[14]，遇大风雨，入道旁空舍，冯异抱薪，邓禹爇[15]火，秀对灶燎[16]衣，冯异复进麦饭。至下博[17]城西，惶惑不知所之。有白衣老父指曰："努力！信都为长安城守[18]，去此八十里。"秀即驰赴之。时郡国皆已降王郎，独信都太守任光、和戎太守邳彤不肯。光自恐不全，闻秀至，大喜。彤亦来会，议者多欲西还。彤曰："王郎假名乌合，无有根本之固。明公奋二郡之兵以讨之，何患不克？今释此而归，岂徒空失河北，必更惊动三辅，堕损威重，非计

---

1 邪揄：嘲笑，戏弄。
2 公邑人：您的同乡。
3 南首：头朝南。
4 和戎：古郡名，即巨鹿郡，辖今河北省滹沱河以南、平乡以北，柏乡以东，辛集、新河以西地。
5 趣驾：驾驭车马疾行。
6 芜蒌亭：古地名，故址位于今河北省衡水市饶阳县东北。
7 饶阳：古县名，治所位于今河北省衡水市饶阳县东南。
8 兼行：以加倍速度赶路。
9 蒙犯：冲冒，冒犯。
10 下曲阳：古县名，治所位于今河北省石家庄市辖晋州市西。
11 滹沱河：古水名，位于今河北省西部，因水急凶猛而得名。
12 候吏：即候人，古代掌管整治道路、稽查奸盗或迎送宾客的官员。
13 流澌：江河解冻时流动的冰块。
14 南宫：古县名，治所位于今河北省邢台市辖南宫市西北。
15 爇：烧。
16 燎：烘烤。
17 下博：古地名，治所位于今河北省衡水市辖深州市东南。
18 城守：防守的门户。

之得者也。若明公无复征伐之意，则虽信都之兵，犹难会[1]也。何者？明公既西，则邯郸势成，民不肯捐父母、背成主[2]而千里送公，其离散亡逃可必也。"秀乃止。秀以二部兵弱，欲入城头子路[3]、刁子都军中，任光以为不可。乃发旁县，得精兵四千人。秀拜光、肜大将军，将兵以从。光多作檄文[4]，曰："大司马刘公将城头子路、刁子都兵百万众从东方来，击诸反虏！"吏民得檄，传相告语。刘植聚兵数千人据昌城[5]，耿纯率宗族宾客二千余人，老病者载木自随[6]，皆来迎秀。秀皆以为将军。众稍合，至万人，北击中山[7]，进拔卢奴，所过发奔命兵，移檄边郡共击邯郸。郡县还复响应。时真定王杨起兵附王郎，众十余万，秀遣植说降之，因纳杨甥郭氏为夫人。进击元氏、防子[8]，皆下。击斩王郎将李恽。

　　延岑据汉中，汉中王嘉击降之。

　　大司马秀以贾复、祭遵为将军汉中王嘉既克延岑，有众数十万。校尉贾复见更始政乱，乃说曰："今天下未定，而大王安守所保，所保得无不可保乎？"嘉曰："卿言大，非吾任也。大司马在河北，必能相用。"乃荐复及陈俊。秀以复为将军，俊为掾。秀舍中儿[9]犯法，军市令[10]祭遵格杀[11]之。秀怒，命收遵。主簿陈副谏曰："明公常欲众军整齐，今遵奉法不避，是教令所行也。"乃以为刺奸将军。谓诸将曰："当备祭遵！吾舍中儿犯法尚杀之，必不私诸卿也。"

1　会：召集。
2　成主：现成的主人。
3　城头子路：爰曾军。爰曾，字子路，与肥城刘翔起兵于卢县城头，因此他的部队称"城头子路"。
4　檄文：声讨敌人或叛逆的文书。
5　昌城：古县名，治所位于今河北省衡水市冀州区西北。
6　载木自随：随身带着棺木。
7　中山：古郡名，辖今河北省狼牙山以南，保定、安国二市以西，唐县、新乐以东及滹沱河以北地区。
8　元氏、防子：元氏，古县名，治所位于今河北省石家庄市元氏县西北。防子，古县名，又称房子，治所位于今河北省石家庄市高邑县西南。
9　舍中儿：家中的年轻仆人。
10　军市令：古代军中交易场所的主管。
11　格杀：拼斗杀死，击杀。

　　玄遣尚书仆射鲍永安集河东初，王莽既杀鲍宣，吏欲杀其子永，上党太守苟谏保护之，得全。更始征为尚书仆射，将兵安集河东。永以冯衍为将军，屯太原，与上党太守田邑等缮甲养士，以捍卫并土[1]。

　　大司马秀拔广阿[2]大司马秀引兵东北拔广阿，披舆地图[3]，指示邓禹曰："天下郡国如是，今始乃得其一。子前言以吾虑天下不足定，何也？"禹曰："方今海内殽乱[4]，人思明君，犹赤子之慕慈母。古之兴者在德薄厚，不以大小也。"

　　耿弇以上谷、渔阳兵行定郡县，会大司马秀于广阿。秀以其将寇恂、吴汉等为将军。夏，四月，进拔邯郸，斩王郎蓟中之乱，耿弇与大司马秀相失，北走昌平[5]，说其父况击邯郸。时王郎遣将徇渔阳、上谷，急发其兵，北州多欲从之。寇恂曰："邯郸拔起[6]，难信。大司马，伯升母弟，尊贤下士，可归。恂请东约渔阳，齐心合众，邯郸不足图也。"况遣恂约彭宠，宠吏吴汉、盖延、王梁亦劝宠从秀，会恂至，乃发步、骑三千人，以汉、延、梁将之，攻蓟，杀王郎将赵闳。恂还，与长史景丹及弇将兵俱南，与渔阳军合，所过击斩王郎大将以下三万级，定涿郡、中山、巨鹿、清河、河间[7]凡二十二县。前及广阿，闻城中车骑甚众，丹问何兵，曰："大司马刘公也。"诸将喜，即进至城下。城中初传言二郡兵为邯郸来，秀自登城问之，弇拜于城下，具言发兵状。秀乃悉召入，笑曰："邯郸将帅数言我发渔阳、上谷兵，吾聊[8]应言'我亦发之'，何意二郡良[9]为吾来。方与士大夫共此功名耳。"乃以丹等皆为偏将

1　并土：即并州。
2　广阿：古县名，治所位于今河北省邢台市隆尧县东。
3　披舆地图：翻阅地图。
4　殽乱：混乱。
5　昌平：古县名，治所位于今北京市昌平区东南。
6　拔起：突然兴起。
7　河间：古郡名，辖今河北省献县、泊头、东光、阜城、武强各一部分地。
8　聊：姑且，勉强。
9　良：的确，真的。

军，加况、宠大将军，封列侯。汉为人质厚少文，造次不能以辞自达[1]，然沉勇有智略，邓禹数荐之。更始遣尚书令谢躬率六将军讨王郎，不能下。秀与合军，围巨鹿。郎遣将倪宏救巨鹿，秀战不利。丹等纵突骑击之，大败。秀曰："吾闻突骑天下精兵，今见其战，乐可言邪！"耿纯曰："久守巨鹿，士众疲敝。不如及大兵精锐，进攻邯郸。"四月，进军邯郸，连战，破之，郎使杜威请降。威称郎实成帝遗体[2]，秀曰："设使成帝复生，天下不可得，况诈子舆者乎？"威求万户侯，秀曰："顾[3]得全身可矣。"威怒而去。秀急攻之。五月，拔邯郸，郎走，追斩之。收郎文书，得吏民与郎交关[4]、谤毁者数千章，秀不省[5]，会诸将烧之，曰："令反侧子[6]自安。"秀部分[7]吏卒，皆言愿属大树将军。大树将军者，冯异也，为人谦退不伐[8]，敕吏士非交战受敌，常行诸营之后。每所止舍，诸将并坐论功，异常独屏[9]树下，故军中号曰"大树将军"。

　　玄立大司马秀为萧王　更始遣使立秀为萧王，罢兵，与诸将有功者诣行在所。遣苗曾为幽州牧，韦顺、蔡充为上谷、渔阳守。萧王居邯郸宫，昼卧温明殿，耿弇入，请闲，曰："吏士死伤者多，请归上谷益兵[10]。"王曰："王郎已破，河北略平，复用兵何为？"弇曰："王郎虽破，天下兵革乃始耳。今使者从西方来，欲罢兵，不可听也。铜马[11]、赤眉之属数十辈，辈数十百万人，所向无前，圣公[12]不能办也，败必不久。"王起，坐曰："卿失言，我斩卿。"弇曰：

1　质厚少文，造次不能以辞自达：朴实忠厚，不善言辞，遇到紧急情况，辞不达意。造次，仓猝，匆忙。
2　遗体：亲生子。
3　顾：只是。
4　交关：串通，勾结。
5　省：检查。
6　反侧子：怀有二心的人。
7　部分：部署，安排。
8　为人谦退不伐：为人谦逊退让，不夸耀自己的功劳。
9　屏：隐藏。
10　益兵：补充兵员。
11　铜马：新莽末年河北的农民起义军之一。
12　圣公：即更始帝刘玄。

"大王哀厚[1]弇如父子，故敢披赤心[2]。"王曰："我戏卿耳，何以言之？"弇曰："百姓患苦王莽，复思刘氏，闻汉兵起，莫不欢喜，如去虎口得归慈母。今更始为天子，而诸将擅命[3]于山东，贵戚纵横于都内，元元叩心[4]，更思莽朝，是以知其必败也。公功名已著，以义征伐，天下可传檄而定也。天下至重，公可自取，毋令他姓得之。"王乃辞以河北未平，不就征[5]，始贰[6]于更始矣。

秋，萧王击铜马诸贼，悉收其众，南徇河内，降之是时，诸贼合数百万人，所在寇掠。王欲击之，乃拜吴汉、耿弇俱为大将军，持节北发幽州突骑。苗曾敕诸郡不得应调，汉收斩之。弇到上谷，亦斩韦顺、蔡充，悉发其兵。王击铜马于鄡[7]，吴汉将突骑来会，悉上兵簿于莫府，请所付与[8]，不敢自私，王益重之。王以朱浮为幽州牧，治蓟。铜马夜遁，王追击，大破之。受降未尽，而高湖、重连来，与其余众合。王复与战，悉破，降之。诸将未能信贼，降者亦不自安。王知其意，敕令降者各归营勒兵，自乘轻骑按行部陈[9]。降者更相语曰："萧王推赤心置人腹中，安得不投死[10]乎？"悉以分配诸将，众遂数十万。赤眉别帅[11]与青犊、上江、大彤、铁胫、五幡十余万众在射犬[12]，王击破之。南徇河内，太守韩歆降。谢躬数欲袭王，未发，至是率兵数万还邺。邀击尤来于隆虑山[13]，大败。王使吴汉、岑彭袭据邺城。躬还，汉等斩之，其众悉降。

公孙述自称蜀王更始遣李宝徇蜀汉。公孙述遣其弟迎击于绵竹[14]，大破，

1　哀厚：厚爱。
2　赤心：赤诚的心。
3　擅命：擅自发号施令，不受节制。
4　叩心：捶胸，悔恨、悲痛的样子。
5　就征：接受朝廷、官府的征召。
6　贰：背离，怀有二心。
7　鄡：古县名，位于今河北省辛集市东南。
8　付与：拨付粮饷。
9　自乘轻骑按行部陈：自己轻装乘马巡视部队。按行，巡行。部陈，军伍行阵。
10　投死：舍命报效。
11　别帅：偏军的统帅。
12　射犬：古地名，位于今河南省焦作市博爱县东。
13　隆虑山：古山名，位于今河南省安阳市辖林州市西。
14　绵竹：古县名，治所位于今四川省德阳市辖绵竹市。

走之。述遂自立为蜀王，都成都，民夷[1]皆附之。

　　冬，赤眉西攻长安赤眉虽数战胜，而疲敝愁泣[2]，思欲东归。樊崇等虑众东向必散，不如西攻长安。既入颍川，遂分二部，崇自武关，徐宣自陆浑关[3]，两道俱入。更始使王匡等分据河东、弘农以拒之。

　　萧王遣将军邓禹将兵入关，寇恂守河内，冯异拒洛阳，自引兵徇燕、赵萧王将北徇燕、赵，度赤眉必破长安，乃拜邓禹为前将军，中分麾下精兵二万人，遣西入关。时朱鲔、李轶守洛阳，鲍永、田邑在并州。王以河内险要富实，欲择守者而难其人。问于邓禹，禹曰："寇恂文武备足，有牧民御众之才，非此子莫可使也。"乃拜恂河内太守，谓曰："昔高祖留萧何关中，吾今委公以河内。当给足军粮，率厉士马[4]，防遏[5]他兵，勿令北渡。"拜冯异为孟津将军，统兵河上[6]，以拒洛阳。王乃引兵而北，恂调馈粮[7]、治器械以供军，未尝乏绝。

　　玄以隗嚣为御史大夫隗崔、隗义谋叛归天水，嚣告之。更始诛崔、义，以嚣为御史大夫。

　　梁王永据国起兵梁王永起兵，攻下济阴、山阳、沛、楚、淮阳、汝南，凡得二十八城。以沛人周建等为将帅，又拜贼帅[8]西防[9]佽强、东海董宪、琅邪张步为将军，督青、徐二州，与之连兵，遂专据东方。

　　秦丰据黎丘[10]，自号楚黎王。

　　田戎陷夷陵，转寇郡县。

1　民夷：民众，古代用以称少数民族。
2　愁泣：忧虑哭泣。
3　陆浑关：古关隘名，故址位于今河南省洛阳市嵩县东北。
4　给足军粮，率厉士马：保证军粮供应，训练兵马。给足，丰富充裕。率厉，率领督促。
5　防遏：防备遏止。
6　河上：黄河岸边。
7　馈粮：干粮，食粮。
8　贼帅：盗贼的首领。
9　西防：古县名，治所位于今山东省菏泽市成武县东北。
10　黎丘：古地名，位于今湖北省襄阳市辖宜城市西北。

乙酉 世祖光武皇帝建武元年（公元 25 年）

春，正月，方望以前定安公婴称帝于临泾[1]。玄遣兵击斩之。

赤眉至弘农。玄遣兵击之，大败。赤眉进至湖。

夏，四月，公孙述称成帝 号元龙兴。

萧王击尤来、大枪、五幡，败之王击诸部，连破之，乘胜轻进[2]，反为所败，归保范阳。军中不见王，或云已殁[3]，诸将不知所为，吴汉曰："卿曹[4]努力！王兄子在南阳，何忧无主？"众乃定。陈俊曰："贼无辎重，若绝其食，可不战而殄[5]也。"王遣俊将轻骑驰出贼前，视人堡壁坚完[6]者，敕令固守；放散[7]在野者，因掠取之。贼至无所得，遂散败。

朱鲔杀李轶，攻温。平阴冯异、寇恂击破之冯异遗李轶书，劝令归附。轶知长安已危，而以伯升之死，心不自安，乃报异书而不复与争锋，故异得北攻天井关[8]，拔上党两城，又南下成皋以东十三县，降者十余万。斩河南太守武勃，轶闭门不救。异以白王，王报曰："季文[9]多诈，人不能得其要领。今移其书告守、尉当警备者。"朱鲔闻之，使人刺杀轶。由是城中乖离，多有降者。鲔遣将攻温，自将攻平阴以缀[10]异。寇恂闻之，勒军驰出，移告属县，发兵会温。军吏皆谏："宜待众军毕集乃出。"恂曰："温，郡之藩蔽[11]，失温则郡不可守。"遂驰赴之。将战，而冯异遗救及诸县兵皆至，奔，击破之，异亦渡河，击走鲔，与恂追至洛阳，环城一匝而归。自是洛阳城门昼闭[12]。异、恂移檄

1　临泾：古县名，治所位于今甘肃省庆阳市镇原县东南。
2　轻进：轻率冒进。
3　殁：死。
4　卿曹：君等，你们。
5　殄：消灭，灭绝。
6　堡壁坚完：堡壁，堡垒。坚完，坚固完好。
7　放散：涣散，分散。
8　天井关：古关隘名，位于今山西省晋城市南。
9　季文：即李轶，字季文。
10　缀：牵制。
11　藩蔽：屏障。
12　昼闭：白天也关着。

上状，诸将入贺，马武进曰："大王虽执谦退，奈宗社[1]何？宜先即尊位，乃议征伐。今此谁贼，而驰骛击之乎[2]？"王不听。

萧王遣将追尤来等，又大破之王引军还蓟，复遣吴汉等追尤来等，破散略尽。贾复伤疮甚，王大惊曰："我所以不令贾复别将[3]者，为其轻敌也。果然，失吾名将！闻其妇有孕，生女邪，我子娶之；生男邪，我女嫁之。不令其忧妻子也。"复病寻愈。

六月，萧王即皇帝位，改元，大赦王还至中山，诸将复上尊号，不听。到南平棘[4]，复固请之，不许。诸将且出，耿纯进曰："天下士大夫，捐亲戚，弃土壤，从大王于矢石之间[5]者，其计固望攀龙鳞，附凤翼[6]，以成其所志耳。今大王留时[7]逆众，不正号位，纯恐士大夫望绝计穷，则有去归之思，无为久自苦也。大众一散，难可复合。"纯言甚诚切[8]，王深感曰："吾将思之。"行至鄗，召冯异问四方动静，异曰："更始必败，宗庙之忧在于大王，宜从众议。"会儒生强华自关中奉《赤伏符》[9]来诣王，曰："刘秀发兵捕不道，四夷云集龙斗野，四七之际火为主。"群臣因复奏请，乃即位于鄗南。

邓禹击定河东禹围安邑，数月未下。更始大将军樊参、刘均将数万人攻禹，禹击斩之，遂定河东。

长安乱，玄奔新丰张卬与诸将议曰："赤眉且至，见[10]灭不久，不如掠长安归南阳。事若不集[11]，复入湖池中为盗耳！"入说更始。更始怒，使王匡、陈

1　宗社：宗庙和社稷，也泛指国家。
2　今此谁贼，而驰骛击之乎：现在到底谁是贼，东奔西走去攻打他呢。
3　别将：率军独当一面。
4　南平棘：古县名，治所位于今河北省石家庄市赵县南。
5　矢石之间：比喻战场。矢石，箭与礌石。
6　攀龙鳞，附凤翼：比喻依附皇帝以成就功业或扬威。语出扬雄《法言·渊骞》："攀龙鳞，附凤翼，巽以扬之，勃勃乎其不可及也。"
7　留时：延误时日。
8　诚切：真诚恳切。
9　《赤伏符》：一本神秘预言书，指名道姓地预言刘秀当皇帝的前景。
10　见：被。
11　不集：不成功，无成就。

牧、成丹、赵萌屯新丰，李松军掫[1]，以拒赤眉。卬与申屠建、隗嚣合谋，欲共劫更始，成前计。更始知之，斩建，使兵围嚣第。卬等勒兵烧门，入战。更始大败，嚣溃围，走归天水。更始奔新丰，复疑王匡等与卬同谋，乃并召入。牧、丹先至，即斩之。匡惧，将兵入长安，与卬等合。

赤眉以刘盆子称帝赤眉进至华阴，军中有齐巫，常鼓舞[2]祠城阳景王[3]，诳言："王怒曰：'当为县官，何故为贼？'"方望弟阳说樊崇等曰："今将军拥百万之众，西向帝城，而无称号，名为群贼，不可以久。不如立宗室，挟义[4]诛伐，以此号令，谁敢不从？"崇等以为然。先是，赤眉掠故式侯[5]萌之子恭、茂、盆子。恭少习《尚书》，随崇等降更始，复封式侯，在长安。茂、盆子留军中，属卒史[6]刘侠卿，主牧牛。至是求军中景王后，得茂、盆子及前西安侯孝三人。崇曰："古者天子将兵称上将军。"乃为三札置筒中[7]，书其一为符，曰"上将军"。于郑[8]北设坛场大会，列盆子等三人居中立，以年次[9]探札，盆子最幼，后探，得符。诸将皆称臣，拜。盆子时年十五，被发徒跣，敝衣赭汗[10]，见众拜，恐畏[11]欲啼。茂谓曰："善藏符。"盆子即啮折[12]，弃之。犹朝夕拜刘侠卿，时欲出从牧儿戏。侠卿怒，止之，崇等亦不复候视[13]也。

秋，七月，以邓禹为大司徒，王梁为大司空，吴汉为大司马，伏湛为尚书令帝使使持节拜禹大司徒，封酂侯，食万户。禹时年二十四。又按《赤

1　掫：古地名，位于今陕西省西安市临潼区东北。
2　鼓舞：击鼓跳舞，古时常用以祭神。
3　城阳景王：即汉初城阳景王刘章。
4　挟义：倚仗大义。
5　故式侯：已故的式侯。
6　卒史：古官名，卿和郡的佐官。
7　为三札置筒中：把三个书简放到竹器中。札，古代用来写字的小木片。筒，盛饭或衣物的方形竹器。
8　郑：古县名，治所即今陕西省渭南市华州区。
9　年次：年龄的顺序。
10　赭汗：面红流汗。
11　恐畏：畏惧。
12　啮折：咬断。
13　候视：探视问候。

伏符》，以梁为大司空，又欲以谶文用孙咸行大司马，众不悦，乃以汉为大司马。初，更始以湛为平原太守，时天下起兵，湛独晏然，抚循百姓，一境赖以全。征为尚书，使典定¹旧制。又以禹西征，拜湛为司直，行司徒事。

邓禹渡河，破左辅兵禹渡河，入夏阳。更始左辅都尉²公乘歙引众十万拒禹，禹击破之。

帝如怀，遣吴汉等围洛阳。

八月，玄复入长安更始攻王匡、张卬于长安。连战月余，匡等败走，更始乃复入。

九月，赤眉入长安，玄奔高陵赤眉入长安，更始单骑走。式侯恭以赤眉立其弟，自系诏狱。闻败，乃出，从更始于渭滨³。将相皆降，独丞相曹竟不降，手剑格死。

封玄为淮阳王诏敢贼害⁴者，罪同大逆。

以卓茂为太傅，封褒德侯宛人卓茂，宽仁恭爱⁵，恬荡乐道⁶，雅实⁷不为华貌，行己⁸在于清浊之间，自束发至白首，与人未尝有争竞⁹，乡党故旧，虽行能与茂不同，而皆爱慕欣欣¹⁰焉。哀、平间为密令¹¹，视民如子，举善而教，口无恶言，吏民亲爱，不忍欺之。民尝有言部亭长¹²受其米肉遗者，茂曰："亭长为从汝求乎，为汝有事嘱之而受乎，将平居¹³自以恩意遗之乎？"民曰："往

---

1 典定：主持勘定。
2 左辅都尉：古官名，掌管左冯翊的兵马和治安稽查。左辅即左冯翊，左辅都尉即左冯翊都尉。
3 渭滨：渭水边。
4 贼害：残害，祸害。
5 宽仁恭爱：宽厚仁义而谦恭爱人。
6 恬荡乐道：淡泊坦荡，乐守圣贤之道。
7 雅实：雅正充实。
8 行己：立身行事。
9 争竞：计较，争辩。
10 欣欣：喜乐貌。
11 密令：密县县令。密县，古县名，治所位于今河南省郑州市辖新密市东南。
12 部亭长：即亭长。
13 平居：平日，平素。

遗之耳。"茂曰："遗之而受，何故言邪？"民曰："窃闻贤明之君，使民不畏吏，吏不取民。今我畏吏，是以遗之；吏既卒受，故来言耳。"茂曰："汝为敝民[1]矣。凡人所以群居不乱，异于禽兽者，以有仁爱礼义，知相敬事[2]也。汝独不欲修之，宁能高飞远走，不在人间邪？吏顾不当乘威力强请求耳。亭长素善吏[3]，岁时遗之，礼也。"民曰："苟如此，律何故禁之？"茂笑曰："律设大法，礼顺人情。今我以礼教汝，汝必无怨恶[4]。以律治汝，汝何所措其手足乎？一门之内，小者可论，大者可杀也。且归念之。"初，茂到县，有所废置，吏民笑之，邻城闻者皆蚩[5]其不能。河南郡为置守令[6]，茂不为嫌，治事自若。数年，教化大行，道不拾遗。迁京部丞[7]，密人老少皆涕泣随送。及王莽居摄，以病免归。上即位，先访求茂，茂时年七十余。诏曰："夫名冠天下，当受天下重赏。今以茂为太傅，封褒德侯。"

司马公曰：光武即位之初，群雄竞逐，四海鼎沸，彼摧坚陷敌之人，权略诡辩之士，方见重于世，而独能取忠厚之臣，旌循良[8]之吏，拔于草莱[9]之中，置诸群公之首，宜其光复[10]旧物，享祚[11]久长，盖由知所先务而得其本原故也。

朱鲔以洛阳降。冬，十月，帝入，都之诸将围洛阳数月，朱鲔坚守不下。帝以岑彭尝为鲔校尉，令往说之。鲔曰："大司徒被害时，鲔与其谋，又谏更始无遣萧王北伐，自知罪深，不敢降。"彭还言之，帝曰："举大事者不忌小怨。鲔今若降，官爵可保，况诛罚[12]乎？河水在此，吾不食言。"彭复往告

1 　敝民：刁民。
2 　敬事：恭敬奉事。
3 　善吏：良吏。
4 　怨恶：怨恨憎恶。
5 　蚩：通"嗤"，讥笑。
6 　守令：太守和县令的合称。
7 　京部丞：古官名，王莽时置大司农部丞十三人，人主一州，掌劝课农桑，京部丞为其中之一。
8 　循良：官吏奉公守法。
9 　草莱：民间，乡野。
10　光复：恢复，收复。
11　享祚：帝王在位的年数。
12　诛罚：责罚，惩治。

鲔，即降。拜平狄将军，封扶沟侯，传封累世。侍御史杜诗安集洛阳。将军萧广纵兵暴横，诗敕晓[1]不改，遂格杀广。上召见，赐棨戟，擢任之。十月，车驾入洛阳，幸南宫，遂定都焉。

淮阳王降于赤眉更始遣刘恭请降于赤眉，赤眉将杀之。恭为请，不得，拔剑欲自刎。崇等乃赦更始，封为长沙王。恭常拥护[2]之。

邓禹引军屯枸邑[3]刘盆子居长乐宫，兵士暴掠[4]，百姓不知所归，闻邓禹乘胜独克，而师行有纪，皆望风相携负[5]以迎军，降者日以千数，众号百万。禹所止，辄停车持节以劳来[6]之，父老童稚[7]、垂髫戴白[8]满其车下，莫不感悦[9]，于是名震关西。诸将豪杰皆劝禹径攻长安，禹曰："不然。今吾众虽多，能战者少，前无可仰之积，后无转馈[10]之资。赤眉新拔长安，财谷充实，锋锐未可当也。夫盗贼群居，无终日之计，财谷[11]虽多，宁[12]能坚守者邪？上郡、北地、安定三郡，土广人稀，饶谷多畜[13]，吾且休兵北道，就粮[14]养士，以观其敝，乃可图也。"于是引军北至枸邑，所到诸营堡[15]、郡邑，皆开门归附。

十一月，梁王永称帝。

十二月，赤眉杀淮阳王三辅苦赤眉暴虐，皆怜更始，欲盗出之。张卬等使谢禄缢杀[16]之。刘恭夜往，收藏其尸。帝诏邓禹葬之于霸陵。

1　敕晓：告诫晓谕。
2　拥护：扶助，保护。
3　枸邑：古县名，治所位于今陕西省咸阳市旬邑县东北。
4　暴掠：抢劫，掠夺。
5　携负：牵挽背负。
6　劳来：慰问、劝勉前来的人。
7　童稚：儿童，小孩。
8　垂髫戴白：孩子老人。垂髫，指儿童，古时儿童不束发，头发下垂。戴白，头戴白发，形容人老。
9　感悦：感动喜悦。
10　转馈：运送军粮。
11　财谷：钱粮。
12　宁：难道。
13　饶谷多畜：粮食丰足，牲畜繁多。
14　就粮：移兵到粮多的地区，取得给养。
15　营堡：堡垒。
16　缢杀：勒人之颈而使之死。

　　隗嚣据天水，自称西州[1]上将军隗嚣归天水，复聚其众，自称西州上将军。三辅士大夫避乱者多归之，嚣倾身引接[2]，为布衣交。以范逡为师友，郑兴为祭酒，申屠刚、杜林为治书，马援、杨广、王遵、周宗、行巡、王元为将军，班彪之属为宾客，名震西州。援少以家贫，欲就边郡田牧。兄况曰："汝大才，当晚成。良工不示人以朴[3]，且从所好。"遂之北地田牧。常谓宾客曰："丈夫为志，穷当益坚，老当益壮。"后有畜数千头，谷数万斛。既而叹曰："凡殖[4]财产，贵能赈施[5]也，否则守钱虏耳。"乃尽散于亲旧。闻隗嚣好士，往从之。嚣甚敬重，与决筹策。彪，稚之子也。

　　窦融据河西，自称五郡大将军窦融累世仕宦河西，知其土俗。更始时，私谓兄弟曰："天下安危未可知。河西殷富[6]，带河[7]为固，张掖属国精兵万骑，一旦缓急，杜绝河津[8]，足以自守，此遗种[9]处也。"乃因赵萌求往，更始以为张掖属国都尉。融既到，抚结[10]雄杰，怀辑羌虏，得其欢心，与太守、都尉梁统等五人尤厚善[11]。及更始败，相与议曰："今天下扰乱，未知所归。河西斗绝[12]在羌、胡中，不同心戮力[13]，则不能守，权钧力齐，复无以相率[14]，当推一人为大将军，共全五郡，观时变动。"乃推融行河西五郡大将军事，以梁统为武威太守，史苞为张掖太守，竺曾为酒泉太守，辛肜为敦煌太守，唯库钧为金城太守如故，而融亦仍居属国，领都尉职，置从事，监察五郡。河西民俗质朴，而融等

1　西州：泛指中原以西地区。
2　倾身引接：倾身，身体向前倾，多形容对人谦卑恭顺。引接，引见接待。
3　朴：质朴。
4　殖：经营，从事买卖活动。
5　赈施：救济布施。
6　殷富：殷实富足。
7　带河：四周环绕着黄河。
8　杜绝河津：杜绝，堵塞，断绝。河津，河边的渡口。
9　遗种：繁育后代。
10　抚结：抚慰接纳。
11　厚善：交情深厚。
12　斗绝：孤悬。
13　同心戮力：齐心合力。戮，并，合。
14　权钧力齐，复无以相率：大家的权力和力量都相等，谁也不能统率谁。

政亦宽和，上下相亲，晏然富殖[1]。修兵马，习战射，明燧燧[2]，羌、胡犯塞，融自将与诸郡相救，皆如符要[3]，每辄破之。由是羌、胡震服亲附，流民归之。

卢芳据安定，自称西平王。匈奴迎之，立以为汉帝安定卢芳诈称武帝曾孙刘文伯，自立为上将军、西平王，使使与匈奴结和亲。单于以为汉氏中绝，刘氏来归，我亦当如呼韩邪立之，令尊事我，乃使骑迎芳入匈奴，立为汉帝。

将军冯愔反帝以关中未定，而邓禹久不进兵，赐书责之。禹犹执前意，别攻上郡诸县，更征兵引谷[4]。将军冯愔、宗歆守枸邑，争权相攻，愔遂杀歆，因反击禹。禹遣使以闻。帝问使人："愔所亲爱为谁？"对曰："护军黄防。"报禹曰："缚冯愔者，必黄防也。"乃遣尚书宗广持节往降之。防果执愔归罪。

邓禹承制以隗嚣为西州大将军冯愔之叛也，引兵西向天水，隗嚣击破之。于是禹承制遣使持节命嚣为西州大将军，得专制凉州、朔方事。

田邑以上党降帝遣刘延攻天井关，更始将田邑拒之，不得进。及更始败，邑请降，即拜上党太守。帝又遣储大伯持节征鲍永。永未知更始存亡，收系大伯，遣使驰至长安，诇问[5]虚实。

丙戌二年（公元26年）

春，正月朔，日食刘恭知赤眉必败，密教弟盆子归玺绶，习为辞让之言。及是日大会，盆子下床解玺绶，叩头曰："今设置县官，而为贼如故，四方怨恨，不复信向[6]，此皆立非其人所致。愿乞骸骨，避贤圣路。必欲杀盆子以塞责者，无所离死！"因涕泣嘘唏。崇等怜之，避席顿首曰："臣无状，负陛

---

1 富殖：财货充足。
2 燧燧：烽火。
3 符要：以符檄文书为约。
4 引谷：运粮。
5 诇问：侦察探问。
6 信向：信任归向。

下，请后不敢¹。"因共抱持盆子，带以玺绶。盆子号呼，不得已。既罢出，各闭营自守。三辅翕然，称天子聪明，百姓争还长安，市里²且满。后二十余日，复出，大掠如故。

遣吴汉等破檀乡³贼于邺东刁子都为其部曲所杀，余党与诸贼会檀乡，号檀乡贼，寇魏郡、清河。魏郡大吏李熊弟陆谋反城迎之。或以告太守铫期，期召问熊，熊首服⁴。期曰："为吏偂⁵不若为贼乐者，可往就之。"使吏送出城。熊行，求得陆，将诣城门。陆不胜愧感⁶，自杀以谢期。期以礼葬之，而还熊故职。于是郡中服其威信。帝遣吴汉率九将军击檀乡，破之，十余万众皆降。诸营堡悉平，边路流通⁷。

悉封诸功臣为列侯梁侯邓禹、广平侯吴汉皆食四县。博士丁恭议曰："古者封诸侯不过百里，今封四县，不合法制。"帝曰："古之亡国皆以无道，未尝闻功臣地多而灭亡者也。"阴乡侯阴识，贵人⁸之兄也，以军功当增封，识曰："臣托属掖庭⁹，仍加爵邑，此为亲戚受赏，国人计功¹⁰也。"帝从之。使郎中魏郡冯勤典诸侯封事。勤差量¹¹功次轻重，国土远近，地势丰薄，不相逾越，莫不厌服¹²焉。帝以为能，尚书众事皆令总录¹³之。故事，尚书郎以令史久次补，帝始用孝廉为之。

立宗庙、郊社¹⁴于洛阳起郊庙于洛阳，四时合祀高祖、太宗、世宗。建

1　请后不敢：从今往后，不敢再有放纵的行为。
2　市里：街市里巷。
3　檀乡：古地名，位于今山东省济宁市兖州区境内。
4　首服：坦白服罪。
5　偂：倘若，如果。
6　愧感：感谢。
7　流通：流转通行，不停滞。
8　贵人：古女官名，光武帝始置，地位次于皇后。历代沿其名，而位尊卑不一。
9　托属掖庭：属于后宫的家人。阴识的妹妹阴丽华入宫为贵人。
10　计功：计较功利。
11　差量：衡量，度量。
12　厌服：信服，心服。
13　录：总领。
14　郊社：古代祭祀天地之处。

社稷于宗庙之右，立郊兆于城南。

赤眉大掠长安，西入安定、北地长安城中粮尽，赤眉收珍宝，烧宫室，恣杀掠[1]，城中无复人行。乃引兵号百万，转掠而西，遂入安定、北地。

邓禹入长安禹入长安，谒高庙，收神主[2]送洛阳。行园陵，置吏士奉守。

真定王杨谋反，伏诛。

鲍永来降鲍永、冯衍审知[3]更始已亡，乃发丧，出储大伯等，封上印绶，悉罢兵，幅巾[4]诣河内。帝见永，问曰："卿众[5]安在？"永离席叩头曰："臣事更始，不能令全，诚惭以其众幸富贵，故悉罢之。"帝曰："卿言大[6]。"而意不悦。既而永以立功见用，衍遂废弃。永谓衍曰："昔高祖赏季布之罪，诛丁固之功，今遭明主，亦何忧哉？"衍曰："天命难知，人道易守，守道而已，何患死亡？"

大司空梁罢，以宋弘为大司空王梁屡违诏命，帝怒，欲诛之。既而赦之，以为中郎将，北守箕关[7]。以宋弘为大司空。弘荐桓谭为议郎、给事中。帝令谭鼓琴，爱其繁声[8]。弘闻之，不悦。伺谭出，朝服坐府上，遣吏召之。谭至，不与席[9]而让之。谭顿首辞谢，良久乃遣之。后大会群臣，帝使谭鼓琴，谭见弘，失其常度[10]。帝怪而问之，弘乃离席免冠谢曰："臣所以荐谭者，望能以忠正[11]导主。而令朝廷耽悦[12]郑声，臣之罪也。"帝改容谢之。湖阳公主新寡，帝与共论朝臣，微观其意。主曰："宋公威容德器[13]，群臣莫及。"后弘被引见，帝

1　杀掠：杀戮抢劫。掠，抢劫。
2　神主：供奉祖先或死者用的小木牌。
3　审知：清楚地知道，确知。
4　幅巾：古代男子以全幅细绢裹头的头巾，一种表示儒雅的装束。
5　卿众：你的部队。
6　大：口气大。
7　箕关：古关隘名，一作灉关，位于今河南省济源市西，王屋山南。
8　繁声：浮靡的音乐。
9　与席：给他坐的席，意指让他坐下。
10　常度：常态。
11　忠正：忠诚正直。
12　耽悦：深爱，甚喜。
13　威容德器：威仪和容貌，道德修养与才识度量。

令主坐屏风后，因谓弘曰："谚言：'贵易交，富易妻。'人情乎？"弘曰："臣闻贫贱之知不可忘，糟糠之妻不下堂。"帝顾谓主曰："事不谐矣。"

渔阳太守彭宠反帝之讨王郎也，彭宠发突骑，转粮食，前后不绝。及帝追铜马至蓟，宠自负其功，意望[1]甚高。帝接之不能满。及吴汉、王梁为三公，宠愈怏怏。幽州牧朱浮，年少有俊才，欲厉风迹[2]，收士心，多所辟召[3]，发诸州仓谷禀赡[4]之。宠以为师旅方起，不宜多置官属，以损军实。浮数谮宠，上辄漏泄[5]，令宠闻，以胁恐[6]之。至是，征宠，宠益自疑。其妻固劝无受征。帝遣宠从弟子后兰卿喻之。宠遂发兵反，攻浮于蓟。又数遣使要诱[7]耿况，况斩其使。

延岑反，据汉中。公孙述击取之延岑复反，汉中王嘉败走，岑遂据汉中，为更始将李宝所破，走天水。公孙述遂取南郑，嘉击之，不利。岑引北，入散关[8]，嘉追击，破之。述遣将从阆中[9]下江州[10]，东据扞关[11]，于是尽有益州之地。

遣执金吾贾复击郾，破之更始诸大将在南方未降者尚多。帝召诸将议曰："郾最强，宛为次，谁当击之？"贾复率然[12]对曰："臣请击郾。"帝笑曰："执金吾击郾，吾复何忧？大司马当击宛。"遂遣复击郾，破之。尹尊降。

夏，四月，遣将军盖延等击刘永，围睢阳。

遣吴汉击宛，宛王赐降赐奉更始妻子来降，封侯。

封兄缜子章为太原王，兴为鲁王。淮阳王子三人为列侯。

六月，立贵人郭氏为皇后，子强为皇太子帝以贵人阴丽华雅性[13]宽仁，

1　意望：愿望，希望。
2　欲厉风迹：想要严格风俗教化。
3　辟召：征召。
4　禀赡：以公粮赈济百姓。
5　漏泄：泄露，走漏。
6　胁恐：威胁恐吓。
7　要诱：邀请引诱。
8　散关：古关隘名，位于今陕西宝鸡市西南大散岭上。
9　阆中：古县名，治所即今四川省南充市辖阆中市。
10　江州：即今重庆市，三面环水，颇似江中之洲，故名。
11　扞关：古关隘名，又称江关，位于今重庆市奉节县东赤甲山。
12　率然：急遽貌。
13　雅性：本性。

欲立以为后。贵人以郭贵人有子，终不肯当。乃立郭后。

秋，贾复击召陵、新息，皆平之贾复部将杀人于颍川，太守寇恂戮之。复以为耻，欲杀恂。恂知之，不欲与相见。姊子谷崇曰："崇，将也，得带剑侍侧，有变足以相当。"恂曰："不然。昔蔺相如不畏秦王而屈于廉颇者，为国也。"乃敕属县盛供具[1]，储酒醪，执金吾军入界，一人皆兼二人之馔[2]。恂出迎于道，称疾而还。复勒兵欲追之，而吏士皆醉，遂过去。恂遣谷崇以状闻，帝乃征恂。恂至，引见。时复先在坐，欲起避之。帝曰："天下未定，两虎安得私斗？今日朕分之。"于是并坐极欢[3]，遂共车同出，结友而去。

八月，帝自将征五校[4]，降之。

遣将军邓隆讨彭宠，不克帝遣邓隆助朱浮讨彭宠。隆军潞[5]南，浮军雍奴[6]，遣吏奏状。帝曰："营相去百里，其势不相及。比[7]若还，北军必败矣。"宠果遣轻兵击隆军，大破之。浮不能救。

盖延克睢阳，刘永走湖陵[8]盖延围睢阳，数月克之。刘永奔谯[9]。苏茂、佼强、周建合军三万余人救永，延与战，大破之。永走保湖陵，延遂定沛、楚、临淮。

青、徐群盗张步等降帝使伏隆持节使青、徐二州。群盗闻刘永破败，皆惶怖请降。张步遣其掾随隆诣阙。

将军邓奉反吴汉徇南阳，多侵暴。将军邓奉谒归[10]新野，怒汉掠其乡里，遂反。击破汉军，与诸贼合从。

1　供具：陈设酒食的器具。
2　馔：饮食，吃喝。
3　极欢：极尽欢乐之情。
4　五校：西汉末年高扈率领的农民起义军称号。
5　潞：古水名，即潞河，今北京市通州区以下的北运河。
6　雍奴：古县名，治所位于今天津市武清区西北。
7　比：及，等到。
8　湖陵：古县名，治所位于今山东省济宁市鱼台县东南。
9　谯：古县名，治所即今安徽省亳州市。
10　谒归：告假归里。

九月，赤眉发掘诸陵，复入长安。邓禹战不利，走云阳。延岑屯杜陵赤眉引兵欲上陇，隗嚣遣将迎击，破之。赤眉乃复还，发掘诸陵，取其宝货[1]。凡有玉匣[2]殓者，率皆如生。贼遂污辱吕后尸。邓禹击之，反为所败。禹乃出之云阳。赤眉复入长安。延岑屯杜陵，赤眉将逢安击之。岑大破安军，死者十余万人。

冬，遣将军岑彭、王常等讨邓奉帝于大会中指王常谓群臣曰："此家率下江诸将辅翼[3]汉室，心如金石，真忠臣也。"即日拜汉忠将军，使与岑彭率七将军讨邓奉。

遣将军冯异入关，征邓禹还京师邓禹自冯愔叛后，威名稍损，又乏粮食，战数不利，归附者日益离散。帝乃遣偏将军冯异代禹，送至河南，敕异曰："三辅遭王莽、更始之乱，重以赤眉、延岑之酷，元元涂炭，无所依诉[4]。将军今奉辞讨诸不轨，营堡降者，遣其渠帅诣京师，散其小民，令就农桑。坏其营壁，无使复聚。征伐非必略地屠城，要在平定安集之耳。诸将非不健斗[5]，然好虏掠[6]。卿本能御吏士，念[7]自修敕，无为郡县所苦。"异顿首受命，引而西。所至布威信，群盗多降。

司马公曰:《周颂》曰："铺时绎恩，我徂惟求定[8]。"光武之所以取关中，用是道也，岂不美哉?

又诏征邓禹还，曰："慎毋与穷寇争锋。赤眉无谷，自当来东。吾以饱待饥，以逸待劳，折箠笞之[9]，非诸将忧也。无得复妄进兵。"

---

1 宝货：泛指金银珠宝。
2 玉匣：汉代帝王葬饰，亦以赐大臣，以示优礼。
3 辅翼：辅佐，辅助。
4 依诉：依靠诉说。
5 健斗：长于格斗，战斗。
6 虏掠：抢劫掠夺。
7 念：时时想着。
8 铺时绎恩，我徂惟求定：宣扬令人怀念的美德，我的追求只是天下安定。
9 折箠笞之：折断策马用的鞭子抽打他们。

遣光禄大夫伏隆拜张步为东莱[1]太守。

十二月，诏复宗室、列侯为莽所绝者。

三辅大饥，赤眉东出，冯异与战，破之三辅大饥，城郭皆空。遗民往往聚为营堡，各坚壁清野[2]。赤眉虏掠无所得，乃引而东，众尚二十余万。帝遣侯进屯新安，耿弇屯宜阳，敕曰："贼若东走，可引宜阳兵会新安；南走，可引新安兵会宜阳。"冯异与赤眉遇于华阴，战数十合，降五千余人。

---

1 东莱：古郡名，辖今山东省胶莱河以东、岠嵎山以北和乳山河以东地区。
2 坚壁清野：坚壁，坚固壁垒。清野，暂时转移壁垒周围的人口、牲畜、财物、粮食，清除附近的房屋、树木等，使敌人无所获取。这样做可以使敌人既攻不下据点，又抢不到物资。

卷

九

起丁亥汉光武帝建武三年，尽乙亥[1]汉明帝永平十八年**凡四十九年**。

丁亥**建武三年**（公元 27 年）

春，正月，以冯异为征西大将军。

邓禹、冯异与赤眉战，败绩[2]邓禹惭于受任无功，数以饥卒徼[3]赤眉战，辄不利。乃率车骑将军邓弘等自河北渡至湖，要冯异共攻赤眉。异曰："赤眉众尚多，可以恩信倾诱[4]，难卒用兵力破也。上今使诸将屯渑池，要其东，而异击其西，一举取之，此万成计[5]也。"禹、弘不从。弘遂大战，移日而溃。异与禹合兵救之，赤眉小却。异以士卒饥倦，可且休。禹不听，复战，大为所败。禹以二十四骑脱归[6]宜阳。异弃军走，与麾下数人归营，复收散卒，坚壁自守。

延平[7]陈氏曰：邓禹以栒邑付之愔，愔叛，其失在不知人而已。今惭受任无功，不量可否，用饥卒取败，可谓不知命矣。若冯异不守所见，曲从二邓，几不自脱。虽终能成功，不为无罪也。

立四亲庙于洛阳祀父南顿君[8]以上至舂陵节侯。

邓禹上大司徒印绶，以为右将军。

冯异大破赤眉于崤底[9]，贼众东走。帝勒军宜阳，降之，得传国玺绶
冯异与赤眉约期会战，使壮士变服与赤眉同，伏于道侧。旦日，赤眉使万人攻异前部，异少出兵以救之。贼见势弱，遂悉众攻异，异乃纵兵大战。日昃[10]，贼气衰，伏兵卒起，衣服相乱，赤眉不复识别，众遂惊溃。追击，大破之于崤

1　乙亥：即公元 75 年。
2　败绩：军队溃败。
3　徼：通"邀"。
4　倾诱：诱使别人顺服。
5　万成计：万全之计。
6　脱归：脱身逃归。
7　延平：古县名，治所即今福建省南平市延平区。
8　南顿君：即刘秀之父刘钦，字元伯，汉高祖刘邦第八代孙，曾任汝南郡南顿县令，故尊称"南顿君"。
9　崤底：古地名，位于今河南省洛阳市洛宁县西北，在崤山山谷之底，曾设崤底关。
10　日昃：太阳偏西，约下午两点左右。

底，降男女八万人。帝降玺书劳异曰："始虽垂翅回溪，终能奋翼渑池，可谓失之东隅，收之桑榆。"赤眉余众东向宜阳。帝亲勒六军，严阵以待之。赤眉忽遇大军，惊震，乃遣刘恭乞降曰："盆子将百万众降陛下，何以待之？"帝曰："待汝以不死耳！"丙午[1]，盆子及丞相徐宣以下肉袒降，上所得传国玺绶。赤眉众尚十余万人，帝令县厨皆赐食。明旦，大陈兵马临洛水，令盆子君臣列而观之。帝谓樊崇等曰："得无悔降乎？朕今遣卿归营，勒兵鸣鼓相攻，决其胜负，不欲强相服也。"徐宣等叩头曰："臣等出长安东都门[2]，君臣计议，归命[3]圣德。今日得降，犹去虎口归慈母，诚惧诚喜，无所恨也。"帝曰："卿所谓铁中铮铮，佣中佼佼[4]者也。"赐樊崇等洛阳田宅。帝怜盆子，以为赵王郎中。

二月，刘永立董宪为海西王，张步为齐王。步执伏隆，杀之刘永闻伏隆至剧[5]，亦遣使立张步为齐王。步贪王爵，犹豫未决。隆晓譬[6]曰："高祖与天下约，非刘氏不王。今可得十万户侯耳。"步欲留隆，与共守二州。隆不听，求得反命[7]，步遂执隆，而受永封。隆遣间使上书曰："臣隆奉使无状[8]，受执凶逆。虽在困厄，授命不顾[9]。愿以时进兵，无以臣隆为念。"帝得隆奏，召其父湛，流涕示之曰："恨不且许而遽求还也。"其后步遂杀之。

延平陈氏曰：伏隆之求还，足以成命[10]矣，死而无憾，安用且许之乎？光武之言，所以慰其父耳。

三月，以伏湛为大司徒。

涿郡太守张丰反，彭宠自称燕王丰反，与彭宠连兵。朱浮以帝不自征

1　丙午：此处指正月十九日。
2　东都门：即宣平门，长安城东门之一。
3　归命：归顺，投诚。
4　铁中铮铮，佣中佼佼：铁中铮铮，比喻才能出众之人。铮铮，金属器皿相碰的声音。佣中佼佼，平凡之人中比较突出的。佣，通"庸"。
5　剧：古县名，治所位于今山东省潍坊市辖寿光市南。
6　晓譬：晓谕，开导。
7　反命：复命。
8　无状：没有功绩。
9　授命不顾：为完成陛下授予的使命，即使牺牲生命，也在所不惜。
10　成命：完成使命。

彭宠，上疏求救。诏报曰："度此反虏[1]，势无久全，其中必有内相斩者。今军资未充，故须后麦[2]耳！"浮城中粮尽，人相食，会耿况遣骑来救，浮乃得脱身走，蓟城遂降于彭宠。宠自称燕王。

帝自将征邓奉。夏，四月，奉降，斩之帝追奉至小长安[3]，与战，大破之。奉肉袒因朱祜降。帝怜奉旧功臣，且衅[4]起吴汉，欲全宥[5]之。岑彭、耿弇谏曰："邓奉背恩反逆，暴师经年[6]，陛下既至，不知悔善，而亲在行阵，兵败乃降。若不诛奉，无以惩恶。"于是斩之。复朱祜位。

冯异击延岑，破之。岑走南阳，关中平延岑既破赤眉，即拜置牧、守，欲据关中。时关中众寇犹盛，各称将军，据地拥兵，多者万余人，少者数千人。冯异屯军上林苑中，延岑引寇张邯、任良共攻异。异击，大破之，诸营堡附岑者皆来降，岑遂自武关走南阳。时百姓饥饿，道路断隔，委输不至。冯异军士悉以果实为粮。诏拜赵匡为右扶风，将兵助异，并送缣谷[7]。异兵、谷甚盛，乃稍诛击[8]豪杰不从令者，襄赏降附有功劳者，悉遣诸营渠帅诣京师，散其众归本业，威行关中，余寇悉平。

吴汉围刘永将苏茂于广乐[9]，大破之汉率骠骑大将军杜茂等七将军围苏茂于广乐，周建招集[10]，得十余万人，救之。汉迎，与之战，不利，堕马伤膝，还营。建等遂连兵入城。诸将谓汉曰："大敌在前，而公伤卧，众心惧矣。"汉乃勃然裹创[11]而起，椎牛飨士[12]，慰勉[13]之，士气自倍。旦日，苏茂、周建出兵

1　反虏：造反者，反叛者。
2　后麦：小麦收割以后。
3　小长安：古地名，即小长安聚，位于今河南省南阳市南。
4　衅：争端。
5　全宥：宽赦过错或罪行，保全其生命。
6　经年：经过一年或若干年。
7　缣谷：绢帛和粮食。缣，双丝的细绢。
8　诛击：诛杀。
9　广乐：古地名，位于今河南省商丘市虞城县西北。
10　招集：招呼人们聚集，召集。
11　裹创：包扎伤口。
12　椎牛飨士：指慰劳作战的官兵。椎牛，杀牛。飨士，犒劳军士。
13　慰勉：安慰勉励。

围汉，汉奋击，大破之。茂走，还湖陵。

睢阳人反城[1]迎刘永，盖延引兵围之。

五月，帝还宫。是月晦，日食。

六月，大将军耿弇击延岑，走之。其将邓仲况以阴[2]降仲况据阴县，而刘歆、孙龚为其谋主。前侍中扶风苏竟以书说之，仲况与龚降。竟终不伐[3]其功，隐身乐道，寿终于家。

秋，七月，遣岑彭击秦丰于邓[4]，破之。进围黎丘。别遣兵徇江东，扬州平。

睢阳人斩刘永以降，诸将立其子纡，复称梁王盖延围睢阳百日，刘永、苏茂、周建突出，将走酂[5]。延追击之急，永将庆吾斩永首降。苏茂、周建共立永子纡为梁王。

冬，十月，帝如春陵，祠园庙。

十一月，还宫。

李宪称帝置百官，拥九城，众十余万。

遣太中大夫来歙使隗嚣帝谓太中大夫来歙曰："今西州未附，子阳[6]称帝，道里阻远[7]，诸将方务关东，思西州方略，未知所在，奈何？"歙曰："臣尝与隗嚣相遇长安。其人始起，以汉为名。臣愿得奉威命[8]，开以丹青之信[9]，嚣必束手自归。则述自亡之势，不足图也。"帝然之，始令歙使于嚣。嚣既有功于汉，又受邓禹爵署[10]，其腹心议者多劝通使京师，嚣乃奉奏诣阙。帝报以殊

1　反城：献城投敌。
2　阴：古地名，位于今河南省洛阳市孟津县北。
3　伐：自夸。
4　邓：古县名，治所即今河南省南阳市辖邓州市。
5　酂：古县名，治所位于今河南省商丘市辖永城市西。
6　子阳：公孙述字子阳。
7　阻远：险阻而遥远。
8　威命：军令，政令。
9　开以丹青之信：开诚布公。丹青之信就是讲究诚信，丹、青二色长时间存放不易变色。丹，红色。
10　爵署：任命官爵。

礼 [1]，言称字，用敌国 [2] 之仪，所以慰藉 [3] 之甚厚。

戊子**四年**（公元 28 年）

春，遣邓禹将兵击延岑，破之。岑奔蜀，公孙述以为大司马。

夏，四月，帝如郏，遣吴汉击五校于临平 [4]，破之。遣耿弇、祭遵等讨张丰，斩之。弇遂进击彭宠丰好方术，有道士言丰当为天子，以五彩囊裹石系丰肘，云："石中有玉玺。"丰信之，遂反。既执，当斩，犹曰："肘石有玉玺。"旁人为椎破 [5] 之，丰乃知被诈，仰天曰："当死无恨！"上诏耿弇进击彭宠。弇以父况与宠同功，又兄弟无在京师者，不敢独进，求诣洛阳。诏报曰："将军举宗为国，功效尤著，何嫌何疑而求征？"况闻之，更遣弇弟国入侍。

六月，帝还宫。

秋，七月，如谯。遣将军马武、王霸围刘纡于垂惠 [6]。董宪将贲休以兰陵降。宪攻，拔之宪闻贲休以兰陵降，自郯围之。盖延及庞萌在楚 [7]，请往救之。帝敕曰："可直往捣郯，则兰陵自解。"延等以贲休城危，遂先赴之。宪逆战 [8] 而伪败退，延等因拔围入城。明日，宪大出兵合围。延等惧，遽出突走，因往攻郯。帝让之曰："间 [9] 欲先赴郯者，以其不意故耳。今既奔走，贼计已立，围岂可解乎？"延等至郯，果不能克。而董宪遂拔兰陵，杀贲休。

八月，帝如寿春，遣将军马成击李宪。九月，围舒 [10]。

1　殊礼：特别的礼遇。
2　敌国：地位平等的两个国家。
3　慰藉：抚慰，安慰。
4　临平：古县名，治所位于今河北省石家庄市辖晋州市东南。
5　椎破：击破，砸坏。
6　垂惠：即垂惠聚，古地名，位于今安徽省亳州市蒙城县西北。
7　楚：古地名，又称楚丘，位于今河南省滑县东北。
8　逆战：迎战。
9　间：间或，断断续续。
10　舒：古县名，治所位于今安徽省合肥市庐江县西南。

以侯霸为尚书令王莽末，天下乱，临淮大尹侯霸独能保全其郡。帝征霸会寿春，拜尚书令。时朝廷无故典[1]，又少旧臣，霸明习故事，收录遗文[2]，条奏前世善政法度，施行之。

冬，十月，帝还宫。

隗嚣遣马援奉书入见隗嚣使马援往观公孙述。援与述旧同里闬，相善，以为既至，当握手欢如平生。而述盛陈陛卫[3]以延援入，交拜礼毕，使出就馆[4]。更为援制都布[5]单衣、交让冠[6]，会百官于宗庙中，立旧交之位，述鸾旗旄骑[7]，警跸就车，磬折[8]而入，礼飨[9]官属甚盛，欲授援以封侯大将军位。宾客皆乐留，援晓之曰："天下雌雄未定，公孙不吐哺[10]走迎国士，与图成败，反修饰边幅[11]，如偶人形[12]，此子何足久稽[13]天下士乎？"因辞归，谓嚣曰："子阳，井底蛙耳，而妄自尊大，不如专意东方。"嚣乃使援奉书洛阳。初到，良久，中黄门引入。帝在宣德殿南庑[14]下，袒帻[15]坐迎，笑谓援曰："卿遨游二帝间，今见卿，使人大惭。"援顿首辞谢，因曰："当今之世，非但君择臣，臣亦择君矣。臣与公孙述同县，少相善。臣前至蜀，述陛戟[16]而后进臣。臣今远来，陛下何知非刺客奸人，而简易若是？"帝复笑曰："卿非刺客，顾说客耳。"援曰："天

---

1 故典：旧的规章制度。
2 遗文：前代留下的法令条文、礼乐制度。
3 陛卫：帝王御前护卫的士兵。
4 就馆：回到住的地方。
5 都布：布名，即答布，又名都致。
6 交让冠：古冠名。
7 旄骑：又称旄头，古代皇帝仪仗中担任先驱的骑兵。
8 磬折：弯腰，表示谦恭。
9 礼飨：以礼宴饮宾客。
10 吐哺：此为周公典故，为及时接待贤士，把吃到嘴里的食物先吐出来，赶紧出迎。极言殷勤待士。
11 边幅：布幅边上毛糙的地方，比喻人的仪表、衣着。
12 偶人形：木偶人。
13 久稽：长期拖延。
14 庑：堂下周围的走廊、廊屋。
15 袒帻：头包发巾而不戴冠。
16 陛戟：持戟侍卫于殿阶两侧。

下反复，盗名字者不可胜数。令见陛下恢廓 [1] 大度，同符高祖，乃知帝王自有真也。"

太傅、褒德侯卓茂卒。

十二月，帝如黎丘。遣将军朱祐围秦丰，岑彭击田戎岑彭攻秦丰三岁，斩首九万余级。丰余兵裁 [2] 千人，食且尽。帝幸黎丘，遣使招丰，丰不肯降。乃使朱祐等代岑彭围黎丘，使岑彭、傅俊南击田戎。

公孙述遣兵屯陈仓 [3]，隗嚣遣兵助冯异击破之。述遣使招嚣，嚣斩其使公孙述聚兵数十万人，积粮汉中。又造十层楼船，多刻天下牧、守印章。遣将军李育、程乌将数万众出屯陈仓，就 [4] 吕鲔，将徇三辅。冯异迎击，大破之。是时，隗嚣遣兵佐异有功，遣使上状，帝报以手书曰："将军南拒公孙之兵，北御羌、胡之乱，是以冯异西征，得以数千百人踯躅 [5] 三辅。微将军之助，则咸阳已为他人擒矣。如今子阳到汉中，三辅愿因将军兵马，鼓旗相当。傥肯如言，即智士计功割地之秋也。"其后公孙述数遣将间出，嚣辄与冯异合势，共摧挫 [6] 之。述遣使以大司空、扶安王印绶授嚣。嚣斩其使，出兵击之，以故蜀兵不复北出。

以陈俊为泰山 [7] 太守。

己丑五年（公元 29 年）

春，正月，帝还宫。

1　恢廓：宽阔，宽宏。
2　裁：通"才"，仅，方。
3　陈仓：古县名，治所位于今陕西省宝鸡市东渭水北岸。
4　就：会合。
5　踯躅：徘徊不进貌。
6　摧挫：挫折，损害。
7　泰山：古郡名，辖今山东省长清、莱芜以南，肥城以东，宁阳、平邑以北，沂源、蒙阴以西地区。

遣来歙送马援归陇右[1]隗嚣与援共卧起，问以东方事，曰："前到朝廷，上引见[2]数十，每接燕语，自夕至旦，才明勇略[3]，非人敌也。且开心见诚，无所隐伏，阔达[4]多大节，略与高帝同。经学博览，政事文辩[5]，前世无比。"嚣曰："卿谓何如高帝？"援曰："不如也。高帝无可无不可，今上好吏事，动如节度[6]，又不喜饮酒。"嚣意不怿，曰："如卿言，反复胜耶[7]？"

二月，苏茂救垂惠，马武、王霸击破之。刘纡奔佟强苏茂将五校兵救周建于垂惠。马武为茂、建所败，奔过王霸营，大呼求救。霸曰："贼兵盛，出必两败，努力而已。"乃闭营坚壁，军吏皆争之，霸曰："茂兵精锐，其众又多，吾吏士心恐，而捕虏[8]与吾相特，两军不一，此败道也。今闭营固守，示不相援，贼必乘胜轻进。捕虏无救，其战自倍[9]。如此，茂众疲劳，吾承其敝，乃可克也。"茂、建果悉出攻武，合战良久，霸军中壮士数十人断发请战，霸乃开营后，出精骑袭其背。茂、建前后受敌，败走，霸、武各归营。茂、建复聚兵挑战，霸坚卧不出，方飨士作倡乐[10]。茂雨射[11]营中，中霸前酒樽，霸安坐不动。军吏皆曰："茂前日已破，今易击也。"霸曰："不然，苏茂客兵远来，粮食不足，故数挑战，以徼[12]一时之胜。今闭营休士，所谓'不战而屈人兵'者也。"茂、建既不得战，乃引还营。其夜，周建兄子诵反，闭城拒之。建于道死，茂奔下邳，与董宪合，刘纡奔佟强。

帝如魏郡。

1　陇右：泛指陇山以西地区，相当于今天甘肃陇山、六盘山以西，黄河以东一带。古代以西为右，故名。
2　引见：皇帝接见臣下或宾客时由有关大臣引导入见。
3　才明勇略：才明，才智。勇略，勇敢和谋略。
4　阔达：豁达，气量大。
5　文辩：能文善辩。
6　节度：规则，法则。
7　反复胜耶：反而比高祖更高明。
8　捕虏：捕虏将军的省称，即捕虏将军马武。
9　其战自倍：他们的战斗力自然倍增。
10　倡乐：倡优的歌舞杂戏表演。
11　雨射：箭发如雨。
12　徼：求。

彭宠奴斩宠来降，夷其族。封奴为不义侯彭宠妻数为恶梦，又多见怪变。卜筮、望气者皆言兵当从中起。宠以子后兰卿质汉[1]归，不信之，使将兵居外，无亲于中。宠齐在便室[2]，苍头[3]子密等三人因宠卧寐，共缚着床，告外吏云："大王斋禁，皆使吏休。"伪称宠命，收缚奴婢。又以宠命呼其妻，妻入，惊曰："奴反！"奴乃捽[4]其头，击其颊。宠急呼曰："趣为诸将军办装。"于是两奴将妻入取宝物，留一奴守宠。收金玉衣物，至宠所装之，被[5]马六匹，使妻缝两缣囊[6]。昏夜后，解宠手，令作记[7]告城门将军开门。书成，斩宠及妻头置囊中，便持记驰出城，因以诣阙。明旦，合门不开，官属逾墙而入，见宠尸，惊怖。其尚书韩立等共立宠子午为王，国师韩利斩午首，诣祭遵降，夷其宗族。帝封子密为不义侯。

权德舆[8]曰：伯通[9]之叛命，子密之戕[10]君，同归于乱，罪不相蔽，宜各致于法，昭示王度。乃爵于五等，又以"不义"为名。且举以不义，莫可侯也。《春秋》书齐豹盗、三叛人名[11]之义，无乃异于是乎？

遣使迎上谷太守耿况还京师，封牟平侯。

吴汉、耿弇击富平、获索贼于平原[12]，大破之。弇遂进讨张步。

遣将军庞萌、盖延击董宪。萌反，帝自将讨之庞萌为人逊顺，帝信爱之，常称曰："可以托六尺之孤[13]、寄百里之命者，庞萌是也。"使与盖延共击董

1　质汉：到汉朝做人质。
2　齐在便室：在供休息用的便室斋戒。齐，斋戒。
3　苍头：奴仆。
4　捽：揪，抓。
5　被：疑为"备"。
6　缣囊：细绢制成的袋子。
7　作记：亲笔下命令。记，古时的一种公文。
8　权德舆：唐朝中期文学家，宰相。
9　伯通：即彭宠，字伯通。
10　戕：杀害。
11　书齐豹盗、三叛人名：把因私仇杀害卫侯兄孟絷的齐豹称为强盗，记载庶其、牟夷、射三个叛徒的名。
12　击富平、获索贼于平原：在平原郡攻打富平、获索两支贼军。富平、获索，西汉末年两支农民起义军的名称。
13　六尺之孤：未成年的孤儿。下文"百里之命"，指国家的政权。百里，指诸侯国。

宪。时诏书独下延而不及萌，萌以为延谮己，自疑，遂反袭延军，破之。与董宪连和，自号东平王，屯桃乡[1]之北。帝闻之，大怒，自将讨萌，与诸将书曰："吾常以庞萌为社稷之臣，将军得无笑其言乎？老贼当族[2]，其各厉兵马，会睢阳。"庞萌攻破彭城，将杀楚郡太守孙萌。郡吏刘平伏太守身上，号泣，请代其死，身被七创。庞萌义而舍之。太守已绝，复苏，渴，求饮，平倾创血以饮之。

　　岑彭攻拔夷陵。田戎奔蜀，彭留屯津乡[3]岑彭既拔夷陵，谋伐蜀，以夹川[4]谷少，水险难漕，留威虏将军冯骏军江州，都尉田鸿军夷陵，领军李玄军夷道[5]，自引兵还屯津乡，当荆州要会[6]，喻告诸蛮夷降者，奏封其君长。

　　夏，四月，旱、蝗。

　　窦融遣使奉书入见，诏以融为凉州牧初，窦融等闻帝威德，心欲东向，以河西隔远，未能自通，乃从隗嚣受建武[7]正朔。嚣皆假其将军印绶。嚣外顺人望，内怀异心，使辩士[8]张玄说融等曰："更始事已成，寻复亡灭，此一姓不再兴之效也。方今豪杰竞逐，雌雄未决，当各据土宇[9]，与陇、蜀合从，高可为六国，下不失尉佗。"融等召豪杰议之，其中识者皆曰："今皇帝姓名见于图书，前世谷子云、夏贺良等皆言汉有再受命之符，故刘子骏改易名字，冀应其占。及莽末，西门君惠谋立子骏，事觉被杀，出谓观者曰：'谶文不误，刘秀真汝主也。'此皆近事暴著[10]者。况今称帝者数人，而洛阳土地最广，甲兵最强，号令最明，观符命而察人事，他姓殆未能当也。"融遂决策东向，遣长史刘钧等奉书诣洛阳。先是，帝亦发使遗融书以招之，遇钧于道，即与俱还。

――――――――――

1　桃乡：指桃乡侯国，后为桃乡县，治所位于今山东省济宁市汶上县东北。
2　族：灭族。
3　津乡：古地名，位于今湖北省荆沙市荆州区东。
4　夹川：长江两岸。
5　夷道：古县名，治所位于今湖北省宜昌市辖宜都市西。
6　要会：通都要道。
7　建武：光武帝刘秀年号，存续期间为公元25至56年。
8　辩士：有口才、善辩论的人。
9　土宇：疆土，国土。
10　暴著：明显，昭著。

见帝赐融玺书曰："今益州有公孙子阳，天水有隗将军。方蜀、汉相攻，权在将军，举足左右，便有轻重。以此言之，欲相厚岂有量[1]哉？欲遂立桓、文，辅微国，当勉卒功业。欲三分鼎足，连衡合从，亦宜以时定。今之议者，必有任嚣教尉佗制七郡之计。王者有分土，无分民，自适己事而已。"因授融凉州牧。玺书至河西，河西皆惊，以为天子明见万里之外。

六月，秦丰降，斩之。

董宪、刘纡使苏茂、佼强救庞萌，帝自将击破之。秋，七月，强以众降，茂奔张步，宪、萌奔朐[2]。梁人斩纡以降。

冬，十月，帝如鲁。

耿弇拔祝阿[3]、济南、临菑。与张步战，大破之。帝劳弇军。步斩苏茂以降，齐地悉平张步闻耿弇将至，使其大将军费邑军历下[4]，又令兵屯祝阿，别于泰山、钟城[5]列营数十以待之。弇渡河，先击祝阿，拔之。故开围一角，令其众得奔归钟城。钟城人闻祝阿已溃，大恐，空壁亡去。费邑分遣弟敢守巨里[6]。弇进兵先胁巨里，严令军中趣[7]修攻具，后三日当悉力攻巨里城。阴缓生口亡归[8]，以弇期告邑。邑至日，果自将精兵三万余人来救之。弇喜，谓诸将曰："吾所以修攻具者，欲诱致[9]之耳。野兵不击，何以城为？"即分三千人守巨里，自引精兵上冈坂[10]，乘高[11]合战，大破之，临阵斩邑。既而收首级以示城中，城中凶惧[12]，费敢悉众亡归张步。弇复纵兵击诸未下者，平四十余营，遂定

1　量：计量，计算。
2　朐：古地名，位于今山东省泰安市东平县西南。
3　祝阿：古地名，位于今山东省济南市历城区西南。
4　历下：古地名，位于今山东省济南市西，因南对历山，城在山下，故名。
5　钟城：古地名，位于今山东省泰山北部。
6　巨里：古地名，位于今山东省济南市辖章丘市西。
7　趣：催促。
8　阴缓生口亡归：暗中释放几名俘虏，让他们逃回去。阴缓，暗中释放。生口，俘虏。
9　诱致：引诱使之来。
10　冈坂：较陡的山坡。
11　乘高：占据较高的地势。
12　凶惧：恐惧，惊扰不安。

济南。时张步都剧，使其弟蓝将精兵二万守西安[1]，诸郡太守合万余人守临菑，相去四十里。弇进军居二城之间。弇视西安城小而坚，且蓝兵又精，临菑名虽大而实易攻，乃敕诸校后五日会攻西安。蓝闻之，晨夜警守[2]。至期，夜半，弇敕诸将皆蓐食[3]，会明，至临菑城。护军荀梁等争之，以为攻临菑，西安必救之；攻西安，临菑不能救，不如攻西安。弇曰："不然，西安闻吾欲攻之，日夜为备，方自忧，何暇救人？临菑出不意而至，必惊扰，吾攻之，一日必拔。拔临菑，即西安孤[4]，与剧隔绝，必复亡去，所谓'击一而得二'者也。"遂攻临菑，半日拔之，入据其城。张蓝闻之，将其众亡归剧。弇乃令军中无得虏掠，须张步至乃取之，以激怒步。步闻，大笑曰："以尤来、大肜十余万众，吾皆即其营而破之，今大耿兵[5]少于彼，又皆疲劳，何足惧乎？"乃与三弟蓝、弘、寿及故大肜渠帅重异等兵号二十万，至临菑大城东攻弇。于是弇先出菑水[6]上，与重异遇。弇故示弱以盛其气，乃引归小城，陈兵于内，使都尉刘歆、泰山太守陈俊分陈于城下。步气盛，直攻弇营，与刘歆等合战。弇视歆等锋交[7]，乃自引精兵以横突步阵于东城下[8]，大破之。至暮，罢。弇明旦复勒兵出。是时，帝在鲁，闻弇为步所攻，自往救之。未至，陈俊谓弇曰："剧虏兵盛，可且闭营休士，以须上来。"弇曰："乘舆且到，臣子当击牛、醮酒[9]以待百官，反欲以贼虏遗君父耶？"乃出兵大战。自旦及昏，复大破之。弇知步困将退，豫置左右翼为伏以待之。人定时[10]，步果引去，伏兵起纵击[11]，追至钜昧[12]水上，僵尸相

1　西安：古县名，治所位于今山东省淄博市临淄区西北。
2　警守：戒备防守。
3　蓐食：早晨未起身，在床席上进餐。谓早餐时间很早。
4　即西安孤：西安立刻变得孤立起来。
5　大耿兵：耿弇的部队。
6　菑水：即济水。
7　锋交：交锋，作战。
8　以横突步阵于东城下：在东城下横冲进张步的军阵。
9　击牛、醮酒：杀牛、备酒。
10　人定时：夜深人静的时候。
11　纵击：猛烈攻击。
12　钜昧：古水名，一名巨洋水，位于今山东省潍坊市寿光县一带。

属[1]。步还剧，兄弟各分兵散去。后数日，车驾至临菑，自劳军，群臣大会。帝谓弇曰："昔韩信破历下以开基[2]，今将军攻祝阿以发迹，此皆齐之西界，功足相方[3]。将军前在南阳，建此大策，常以为落落难合[4]，有志者事竟成也！"帝进幸剧。弇复追张步。步奔平寿[5]，苏茂将万余人来救之。茂让步曰："以南阳兵精，延岑善战，而耿弇走之，大王奈何就攻[6]其营？既呼茂，不能待邪？"步曰："负负[7]，无可言者。"帝遣使告步、茂，能相斩降者，封为列侯。步遂斩茂，诣耿弇军门[8]，肉袒降。弇传诣行在所，而勒兵入据其城，罢遣步兵各归乡里。张步三弟自系所在狱，诏皆赦之，封步为安丘侯。于是，琅邪未平，上徙陈俊为琅邪太守。始入境，盗贼皆散。弇复引兵至城阳，降五校余党，齐地悉平，振旅还京师。弇为将，凡平郡四十六，屠城三百，未尝挫折焉。

　　初起太学[9]，帝还视之帝幸太学，稽式古典[10]，修明礼乐，焕然文物[11]可观矣。

　　十一月，大司徒伏湛免，以侯霸为大司徒霸闻太原闵仲叔之名而辟[12]之。既至，霸不及政事，徒劳苦而已。仲叔恨曰："始蒙嘉命[13]，且喜且惧。今见明公，喜惧皆去。以仲叔为不足问邪？不当辟也？辟而不问，是失人也。"遂辞出，投劾[14]而去。

　　十二月，卢芳入塞，掠据五郡初，五原人李兴、随昱，朔方人田飒，

1　僵尸相属：死尸相连。僵尸，死尸，尸体。
2　开基：开创基业。
3　相方：相匹敌，相当。
4　落落难合：形容事情很遥远，很难实现。后也形容为人孤僻，不易合群。
5　平寿：古县名，治所位于今山东省潍坊市西南。
6　就攻：靠近去攻击。
7　负负：惭愧惭愧，对不起对不起。
8　军门：军营的门。
9　太学：古代设在京城的最高学府。
10　稽式古典：效法古代的规范。
11　文物：礼乐制度。古代用文物明贵贱、制等级，因此用以代指礼乐制度。
12　辟：征召来授予官职。
13　嘉命：朝廷授官赐爵的诏命。
14　投劾：呈递弹劾自己的状文，古代弃官的一种方式。

代郡人石鲔、闵堪各起兵自称将军。匈奴单于遣使与兴等和亲，欲令卢芳还汉地为帝。兴等引兵至单于庭迎芳。十二月，与俱入塞，都九原县，掠有五原、朔方、云中、定襄、雁门五郡，并置守、令，与胡通兵，侵苦[1]北边。

隗嚣遣子入侍隗嚣自比西伯[2]，议欲称王。郑兴曰："昔文王三分天下有其二，尚服事[3]殷；武王八百诸侯不谋同会，犹还兵待时；高祖征伐累年，犹以沛公行师。今世无宗周[4]之祚，未有高祖之功，而欲举未可之事，昭速[5]祸患，无乃不可乎？"嚣乃止。后又广置职位，郑兴曰："夫中郎将、太中大夫、使持节官皆王者之器，非人臣所当制也。"嚣病之而止。时关中将帅数上书言蜀可击之状，帝以书示嚣，因使击蜀以效[6]其信。嚣上书，盛言三辅单弱，刘文伯在边，未宜谋蜀。帝知嚣欲持两端，不愿天下统一，于是稍绌其礼，正君臣之仪。帝以嚣与马援、来歙相善，数使歙、援奉使往来，劝令入朝，许以重爵。嚣言无功德，须四方平定，退伏闾里。帝复遣来歙说嚣遣子入侍。嚣闻刘永、彭宠皆已破灭，乃遣长子恂随歙诣阙，帝以为胡骑校尉，封镌羌侯。郑兴因恂求归葬父母，与妻子俱东。马援亦将家属随恂归洛阳。嚣将王元以为天下成败未可知，不愿专心内事，说嚣曰："今天水完富[7]，士马最强，元请以一丸泥[8]为大王东封函谷关，此万世一时也。若计不及此，且畜养士马，据险自守，以待四方之变。图王不成，其敝犹足以霸。"嚣心然元计，虽遣子入质，犹负其险厄[9]，欲专制方面[10]。申屠刚谏曰："愚闻人所归者天所与，人所畔者天所去也。本朝诚天之所福，非人力也。今玺书数到，委国归信[11]，欲与将军共同吉凶。

1　侵苦：侵害而使受苦。
2　西伯：指周文王。
3　服事：臣服听命。
4　宗周：周王朝。因周为所封诸侯国之宗主国，故称。
5　昭速：明显地招引。
6　效：献出，尽力。
7　完富：殷实，富庶。
8　一丸泥：一颗泥丸。此谓函谷关地势险要，易于防守。
9　险厄：地势险要。
10　方面：较大的行政区划。
11　委国归信：托付疆土，予以充分的信任。

布衣相与，尚有没身不负然诺之信，况于万乘者哉？今久疑若是，卒有非常之变，上负忠孝，下愧当世。愿反复[1]愚老之言。"嚣不纳，于是游士[2]、长者稍稍去之。

交趾牧邓让等遣使贡献王莽末，交趾诸郡闭境自守。岑彭素与交趾牧邓让厚善，与让书，陈国家威德。又遣偏将军屈充移檄江南，班行[3]诏命。于是让与江夏太守侯登、武陵[4]太守王堂、长沙相韩福、桂阳太守张隆、零陵太守田翕、苍梧太守杜穆、交趾太守锡光等相率遣使贡献，悉封为列侯。锡光者，汉中人，在交趾教民夷以礼义。帝复以宛人任延为九真[5]太守。延教民耕种嫁娶，故岭南华风[6]始于二守焉。

征处士周党、严光、王良至京师。党、光不屈，以良为谏议大夫党入见，伏而不谒[7]，自陈愿守所志。博士范升奏曰："伏[8]见太原周党、东海王良、山阳王成等蒙受厚恩，使者三聘，乃肯就车。及陛见[9]帝庭，党不以礼屈，伏而不谒，偃蹇骄悍[10]，同时俱逝。党等文不能演义[11]，武不能死君，钓采华名[12]，庶几三公之位。臣愿与坐云台[13]之下，考试图国[14]之道。"书奏，诏曰："自古明王圣主必有不宾之士[15]，伯夷、叔齐不食周粟，太原周党不受朕禄，亦各有志

1　反复：再三考虑。
2　游士：泛指云游四方以谋生的文人。
3　班行：颁行。
4　武陵：古郡名，辖今湖南省沅江流域以西，贵州省东部及广西龙胜各族自治县，四川省秀山土家族苗族自治县，湖北省鹤峰、来凤、长阳土家族自治县、五峰土家族自治县等地。
5　九真：古郡名，辖今越南清化、河静两省及义安省东部地区。
6　华风：汉族或中原的风俗。
7　伏而不谒：伏下身子，却不叩头拜谒。
8　伏：趴在地上，表示谦卑恭敬。
9　陛见：臣下谒见皇帝。
10　偃蹇骄悍：偃蹇，傲慢，盛气凌人。骄悍，骄横凶悍。
11　演义：阐发义理。
12　钓采华名：钓采，谋取。华名，美名。
13　云台：汉宫中高台名，汉光武帝时用作召集群臣议事之所，后借以指朝廷。
14　图国：为国谋利。
15　不宾之士：不愿出仕的隐士。

焉。其赐帛四十匹，罢之。"帝少与严光同游学，及即位，以物色[1]访之，得于齐国，累征乃至。拜谏议大夫，不肯受，去，耕钓于富春山[2]中，以寿终于家。王良后历沛郡太守、大司徒司直，在位恭俭，布被瓦器[3]，妻子不入官舍。后以病归，一岁复征。至荥阳，疾笃，不任进道[4]。过其友人，友人拒不肯见，曰："不有忠言奇谋而取大位，何其往来屑屑[5]不惮烦也？"良惭，后征不应，卒于家。

高平范氏[6]曰：非光武不能遂子陵[7]之高，非子陵不能成光武之大也。

胡氏曰：自古人君待遇臣下，其礼虽一，然严威俨恪[8]，常施于爪牙甲胄之士，以折其骄悍难使之气；柔巽谦屈[9]，常施于林壑[10]退藏之人，以厉其廉靖[11]无求之节。故能驾驭人才，表正[12]风俗。反是道者，难乎免于乱亡之祸矣。

窦融承制，以莎车王康为西域大都尉元帝之世，莎车王延尝为侍子[13]京师，慕乐[14]中国。及王莽之乱，匈奴略有西域，唯延不肯附属。常敕诸子："当世奉汉家，不可负也。"延卒，子康立。康率旁国拒匈奴，拥卫[15]故都护吏士、妻子千余口，檄书[16]河西，问中国动静。窦融乃承制立康为汉莎车建功怀德王、西域大都尉，五十五国皆属焉。

1　物色：形貌，形状。
2　富春山：古山名，位于今浙江省杭州市桐庐县西南。
3　布被瓦器：盖布缝的被子，用瓦制的器皿。形容生活检朴。
4　疾笃，不任进道：病情加重，不能再上路出发。进道，上路出发。
5　屑屑：劳瘁匆迫的样子。
6　高平范氏：即范仲淹。高平，古地名，位于今河北省石家庄市正定县高平村，范仲淹的出生地。
7　子陵：即严光，字子陵。
8　严威俨恪：严威，严肃而威重。俨恪，庄严而恭敬。
9　柔巽谦屈：柔巽，柔顺。谦屈，谦恭屈己。
10　林壑：树林和山谷。
11　廉靖：逊让谦恭。
12　表正：以身为表率而正之。
13　侍子：古代属国之王或诸侯遣子入朝陪侍天子，学习文化，所遣之子称侍子。
14　慕乐：仰慕相悦。
15　拥卫：保卫，护卫。
16　檄书：写在木简上的官方文书，用于晓谕、征召、声讨。

庚寅**六年**（公元 30 年）

春，正月，以春陵乡为章陵县，复[1]其徭役复徭役，比丰、沛。

吴汉等拔朐，斩董宪、庞萌、江淮、山东悉平吴汉等诸将还京师，置酒赏赐。帝积苦[2]兵间，以隗嚣遣子内侍，公孙述远据边陲[3]，乃谓诸将曰："且当致此两子于度外耳。"因休诸将于洛阳，分军士于河内，数腾书[4]陇、蜀，告示祸福。帝与述书曰："君非吾贼臣乱子，仓卒时人皆欲为君事耳。天下神器，不可力争，宜留三思。"署曰"公孙皇帝"。述不答。

冯异入朝异治关中，出入三岁，上林成都[5]。人有上章言异威权至重，百姓归心，号为"咸阳王"。帝以章示异。异惶惧，上书陈谢，诏报曰："将军之于国家，义为君臣，恩犹父子，何嫌何疑，而有惧意？"至是自长安入朝，帝谓公卿曰："是我起兵时主簿也，为吾披荆棘，定关中。"既罢，赐珍宝钱帛，诏曰："仓卒芜蒌亭豆粥，滹沱河麦饭，厚意久不报。"异稽首谢曰："臣闻管仲谓桓公曰：'愿君无忘射钩，臣无忘槛车[6]。'齐国赖之。臣今亦愿国家无忘河北之难，小臣不敢忘巾车之恩。"留十余日，令与妻子还西。

夏，四月，帝如长安，谒园陵。

遣耿弇等七将军从陇道伐蜀先是，公孙述骑都尉平陵荆邯说述曰："隗嚣遭遇运会[7]，割有雍州[8]，兵强士附，威加山东。遇更始政乱，复失天下，嚣不及此时推危乘胜，以争天下，而退欲为西伯之事，尊师章句[9]，宾友[10]处士，偃武息戈，卑辞事汉，喟然自以文王复出也，令汉帝释关陇[11]之忧，专精东伐。

1　复：免除。
2　积苦：积久劳苦。
3　边陲：边疆，靠近国界的地区。
4　腾书：传递书信。
5　上林成都：皇家园林上林苑成了繁华的都市。
6　愿君无忘射钩，臣无忘槛车：愿君王不要忘了我射您带钩的事，我不要忘了被装入囚车的事。
7　运会：时运际会，时势。
8　雍州：《禹贡》九州之一，包括今天陕西、宁夏全境及青海、甘肃、新疆部分地区。
9　尊师章句：尊崇并学习儒家经典。章句，诗文的章节和句子，此处代指儒家经典。
10　宾友：以宾客与友人之礼相待。
11　关陇：古地区名，指今关中和甘肃东部一带地区。

发间使，召携贰[1]，使西州豪杰咸居心于山东。若举兵天水，必至沮溃[2]。天水既定，则九分而有其八。陛下以梁州[3]之地，内奉万乘，外给三军，百姓愁困，不堪上命，将有王氏自溃之变矣。臣之愚计，以为宜及天下之望未绝，豪杰尚可招诱，急以此时发国内精兵，令田戎据江陵，临江南之会，倚巫山[4]之固，筑垒坚守，传檄吴、楚，长沙以南必随风而靡。令延岑出汉中，定三辅，天水、陇西拱手自服。如此，海内震摇，冀有大利。”述然邯言，欲悉发兵，使延岑、田戎分出两道，与汉中诸将合兵并势。蜀人及其弟光以为不宜空国千里之外，决成败于一举，固争之，述乃止。延岑、田戎亦数请兵立功，述终疑不听，唯公孙氏得任事。述之为政苛细，察于小事，如为清水令时而已。立其两子为王，食犍为、广汉各数县。或谏曰：“成败未可知，戎士[5]暴露而先王爱子，示无大志也。”述不从。由此大臣皆怨。三月，述使田戎出江关[6]，招其故众，欲以取荆州，不克。帝乃诏隗嚣，欲从天水伐蜀。嚣上言：“述性严酷，上下相患，须其罪恶孰著[7]而攻之。”帝知其终不为用，乃谋讨之。遣耿弇、盖延等七将军从陇道伐蜀，先使中郎将来歙奉玺书赐嚣谕旨。嚣犹豫不决。歙遂发愤质责[8]嚣曰：“国家以君知臧否[9]，晓废兴，故以手书畅意[10]。足下推忠诚，既遣伯春委质，而反欲用佞惑[11]之言，为族灭之计邪？”因欲前刺嚣。嚣起，入，部勒兵将杀歙。歙徐杖节就车而去，嚣使牛邯将兵围守之。嚣将王遵谏曰：“杀之无损于汉，而随以族灭。”歙为人有信义，言行不违，及往来游说，皆

1　携贰：怀有二心的人。
2　沮溃：溃败。
3　梁州：《禹贡》九州之一，包括今天陕西、四川盆地、汉中及云贵地区。
4　巫山：古山名，位于今重庆市东部，毗邻湖北，旧传山形似“巫”字，因名。或传巫咸死葬于此，名巫咸山，简称巫山。
5　戎士：将士，兵士。
6　江关：古关隘名，一名扞关，位于今重庆市奉节县东。
7　孰著：变得明显，显露出来。
8　质责：质问责备。
9　臧否：善恶，得失。
10　畅意：表达情意。
11　佞惑：谄佞媚惑。

可按覆[1]。西州士大夫皆信重[2]之，多为其言，故得免归。

五月，还宫。

隗嚣反，使其将王元据陇坻[3]，诸将与战，大败而还。

六月，并省县国[4]，减损吏员诏曰："夫张[5]官置吏，所以为民也。今百姓遭难，户口耗少，而县官吏职，所置尚繁。其令司隶、州牧各实所部，省减吏员，县国不足置长吏者并之。"于是并省四百余县，吏职减损，十置其一。

胡氏曰：按此诏六月所下，岁十二月即诏田租三十税一，如旧制。呜呼，人君意在斯民，则其见效之速如此。此孟子对齐王所以有"不能不为"之说也。

秋，九月晦，日食执金吾朱浮上疏曰："昔尧、舜之盛，犹加三考[6]。大汉之兴，亦累功效，吏皆积久，至长子孙[7]。而间者守宰[8]数见换易，迎新相代，疲劳道路。寻[9]其视事日浅，未足昭见[10]其职，既加严切[11]，人不自保，迫于举劾[12]，惧于刺讥，故争饰诈伪以希虚誉，斯所以致日月失行[13]之应也。愿陛下游意[14]于经年之外，望治于一世之后，天下幸甚！"帝采其言，自是牧、守易代[15]颇简。

冬，十二月，大司空弘免。

复田租旧制诏曰："顷者[16]师旅未解，用度不足，故行十一之税。今粮储

1　按覆：审查核实。
2　信重：信任看重。
3　陇坻：即今陕西省宝鸡、陇县与甘肃省清水、张家川诸县间的陇山，为关中西部险要之地。
4　县国：县和封国。
5　张：设置。
6　三考：古代官吏考绩之制，指经三次考核决定升降赏罚。
7　至长子孙：甚至在任上养大子孙。
8　守宰：地方长官。
9　寻：经常，时常。
10　昭见：明察。
11　严切：严峻，严厉。
12　举劾：检举弹劾。
13　日月失行：日月不能正常运行，出现日食。
14　游意：留意。
15　易代：更替，更换。
16　顷者：往昔。

差积，其令郡国收见[1]田租，三十税一，如旧制。"

隗嚣遣兵下陇[2]，冯异、祭遵击破之诸将之下陇也，帝诏耿弇军漆[3]，冯异军栒邑，祭遵军汧[4]，吴汉等还屯长安。冯异引军未至栒邑，隗嚣乘胜使王元、行巡将二万余人下陇，分遣巡取栒邑。异即驰兵欲先据之。诸将曰："虏兵盛而乘胜，不可与争锋。宜止军便地[5]，徐思方略。"异曰："虏兵临境，忸怵[6]小利，遂欲深入。若得栒邑，三辅动摇。夫攻者不足，守者有余。今先据城，以逸待劳，非所以争也。"潜[7]往，闭城，偃旗鼓。行巡不知，驰赴之。异卒击鼓建旗而出，巡军惊乱奔走，追击，大破之。祭遵亦破王元于汧。于是北地诸豪长[8]耿定等悉叛隗嚣降。

冯异击卢芳匈奴兵，破之，北地、上郡、安定皆降。

窦融遣弟上书书曰："臣幸得托先后末属[9]，累世二千石。臣复假历[10]将帅，守持一隅，故遣刘钧口陈肝胆，自以底里上露，长无纤介[11]。而玺书盛称蜀、汉二主，三分鼎足之权，任嚣、尉佗之谋，窃自痛伤。臣融虽无识，犹知利害之际，顺逆之分，岂可背真、旧之主，事奸伪之人；废忠贞之节，为倾覆之事；弃已成之基，求无冀之利？此三者，虽问狂夫，犹知去就，而臣独何以用心？谨遣弟友诣阙，口陈至诚。"友至高平[12]，会隗嚣反，道不通，乃遣司马席封间道通书[13]。帝复遣封赐[14]融、友书，所以慰藉之甚厚。融乃与隗嚣书曰："将军亲

1　见：现有的。
2　陇：古山名，位于今陕西、甘肃交界处。
3　漆：古县名，治所即今陕西省咸阳市彬县。
4　汧：古县名，治所位于今陕西省宝鸡市陇县东南。
5　便地：形势便利之地。
6　忸怵：习惯。
7　潜：秘密地。
8　诸豪长：多个豪强的首领。
9　先后末属：先皇后亲属的后人。
10　假历：暂时担任。
11　自以底里上露，长无纤介：自认为从里到外，对您丝毫没有嫌隙。纤介，嫌隙。
12　高平：古县名，治所即今宁夏回族自治区固原市原州区。
13　间道通书：从小路前去送信。
14　封赐：封赏。

遇厄会[1]之际，国家不利之时，守节不回，承事[2]本朝。融等所以欣服[3]高义，愿从役于将军者，良为此也。而忿悁[4]之间，改节易图，委成功，造难就[5]，百年累之，一朝毁之，岂不惜乎？殆执事者贪功建谋，以至于此。当今西州地势局迫[6]，民兵离散，易以辅人，难以自建。计若失路不反，闻道犹迷，不南合子阳，则北入文伯耳[7]。夫负虚交而易强御[8]，恃远救而轻近敌，未见其利也。自兵起以来，城郭皆为丘墟，生民转于沟壑。幸赖天运少还，而将军复重其难，是使积痾不得遂瘳[9]，幼孤将复流离，言之可为酸鼻。庸人且犹不忍，况仁者乎？融闻为忠甚易，得宜实难。忧人太过，以德取怨，知且以言获罪也。"嚣不纳。

隗嚣降蜀 先是，隗嚣问于班彪曰："往者周亡，战国并争，数世然后定，意者从横之事，复起于今乎？将乘运迭兴[10]，在于今日也。"彪曰："周之废兴，与汉殊异。昔周爵五等，诸侯从政，本根既微，枝叶强大，故其末流有从横之事，势数然也。汉承秦制，改立郡县，主有专己[11]之威，臣无百年之柄。至于成帝，假借外家，哀、平短祚，国嗣三绝。故王氏擅朝，能窃号位[12]。危自上起，伤不及下，是以即真之后，天下莫不引领而叹。十余年间，中外骚扰，远近俱废，假号云合[13]，咸称刘氏，不谋同辞。方今雄杰带州域[14]者，皆无六国世业[15]之资，而百姓讴吟思仰，汉必复兴，已可知矣。"嚣曰："生言周、汉之势

---

1 厄会：众灾会合，厄运。
2 承事：受事，治事。
3 欣服：悦服。
4 忿悁：怨怒，愤恨。
5 委成功，造难就：舍弃已成之功，去开创难成之业。
6 局迫：狭隘，狭窄。
7 不南合子阳，则北入文伯耳：不是向南投向公孙述，就是向北加入卢芳罢了。
8 负虚交而易强御：依靠虚假的交情而轻视敌人的强悍。
9 积痾不得遂瘳：旧病不能立即痊愈。积痾，旧病，宿疾。瘳，痊愈。
10 迭兴：交替兴起，相继兴起。迭，轮流，更换。
11 专己：独断专行。
12 号位：称号和爵位，名号。
13 云合：云集。
14 带州域：拥有州郡。
15 世业：先人的事业、功绩。

可也。至于但见愚人习识刘氏姓号之故，而谓汉复兴，疏[1]矣。昔秦失其鹿，刘季[2]逐而掎[3]之，时民复知汉乎？"彪乃为之著《王命论》以风切[4]之，曰："俗见高祖兴于布衣，不达[5]其故。至比天下于逐鹿，幸捷而得之，不知神器有命，不可以智力求也。悲夫，此世所以多乱臣贼子者也。夫饿馑流隶[6]，饥寒道路，所愿不过一金，然终转死沟壑，何则？贫穷亦有命也，况乎天子之贵，四海之富，神明之祚，可得而妄处哉？故虽遭罹[7]厄会，窃其权柄，勇如信、布，强如梁、籍，成如王莽，然卒润镬[8]伏质，烹醢分裂[9]，又况幺麽[10]尚不及数子，而欲暗奸天位者虖？英雄诚知觉寤，远览深识，审神器之有授，毋贪不可冀，则福祚[11]流于子孙，天禄[12]其永终矣。"嚣不听。马援闻隗嚣欲贰于汉，数以书责譬[13]之，嚣得书增怒。及嚣发兵反，援上书，愿听诣行在，极陈灭嚣之术。帝乃召之，援具言谋画[14]。帝因使援将突骑五千，往来游说嚣将高峻、任禹之属，下及羌豪[15]，为陈祸福，以离嚣支党[16]。援又为书与嚣将杨广，使晓劝[17]于嚣曰："援窃见四海已定，兆民同情，而季孟[18]闭拒背畔，为天下表的[19]，常惧海内切

1　疏：疏忽，粗疏。
2　刘季：即刘邦。
3　掎：用力拉住。
4　风切：讽喻切责。
5　达：理解，明白。
6　饿馑流隶：饿馑，饿死于道路。流隶，流亡他乡的微贱之民。
7　遭罹：遭遇，遭受。
8　润镬：受烹刑。
9　烹醢分裂：煮成肉汤，剁成肉酱，肢体分裂。烹醢，两种酷刑，烹是将人煮死，醢是把人剁成肉酱。
10　幺麽：微不足道的人，小人。
11　福祚：福禄，福分。
12　天禄：天赐的福禄。
13　责譬：用责备的口气晓喻对方。
14　谋画：筹谋策划。
15　羌豪：羌族的首领。
16　支党：党羽。
17　晓劝：晓谕劝说。
18　季孟：即隗嚣，字季孟。
19　表的：标的，箭靶。也比喻攻击目标。

齿，思相屠裂[1]，故遗书恋恋[2]，以致恻隐[3]之计。乃闻季孟归罪于援，而纳王游翁诌邪之说[4]，因自谓函谷以西举足可定。以今而观，竟何如邪？今国家待春卿[5]意深，宜使牛孺卿[6]与诸耆老大人共说季孟，若计画不从，真可引领而去矣。前披舆地图，见天下郡国百有六所，奈何欲以区区二邦以当诸夏百有四乎？春卿事季孟，外有君臣之义，内有朋友之道。言君臣邪，固当谏争；语朋友邪，应有切磋。岂有知其无成，而但萎腇咋舌[7]，叉手从族[7]乎？及今成计，殊尚善也，过是，欲少味矣[8]。援不得久留，愿赐急报。"广竟不答。隗嚣上疏谢曰："吏民闻大兵卒至，惊恐自救，臣嚣不能禁止。兵有大利，不敢废臣子之节，亲自追还。昔虞舜事父，大杖则走，小杖则受。臣虽不敏，敢忘斯义？今臣之事，在于本朝，赐死则死，加刑则刑。如更得洗心，死骨不朽[9]。"有司以嚣言慢，请诛其子。帝不忍，复使来歙至汧阳[10]，赐嚣书曰："今若束手，复遣恂弟归阙庭[11]者，则爵禄获全，有浩大[12]之福矣。吾年垂四十，在兵中十岁，厌浮语虚辞。即不欲，勿报。"嚣知帝审其诈，遂遣使称臣于公孙述。

辛卯**七年**（公元 31 年）

春，三月，罢郡国车骑、材官，还复民伍[13]。

1　屠裂：屠杀肢解。
2　遗书恋恋：遗书，留下书信。恋恋，依依不舍。
3　恻隐：同情，怜悯。
4　王游翁诌邪之说：王游翁，即王元，字游翁。诌邪，谄媚邪恶。
5　春卿：即隗嚣的部将杨广，字春卿。
6　牛孺卿：即牛邯。
7　萎腇咋舌，叉手从族：懦弱畏缩，不敢说话，拱手跟他一起陷入灭族之灾。萎腇，松缓，软弱。咋舌，咬住舌头，因害怕而不敢说话。
8　及今成计，殊尚善也，过是，欲少味矣：趁现在定下大计，还是很好的，过了这一步，就不同了。
9　如更得洗心，死骨不朽：如能再使我有机会洗心革面，我就是变成一堆死骨，也不会忘记。
10　汧阳：古县名，治所位于今陕西省宝鸡市千阳县西北。
11　阙庭：朝廷。
12　浩大：盛大，巨大。
13　民伍：平民的行列。

公孙述立隗嚣为朔宁王。

是月晦，日食。诏百僚各上封事，不得言"圣"太中大夫郑兴上疏曰："夫国无善政，则谪[1]见日月。要在因人之心，择人处位。今公卿大夫多举渔阳太守郭伋可大司空者，而不以时定[2]。道路流言，咸曰：'朝廷欲用功臣。'功臣用则人位谬矣。愿陛下屈己从众，以济[3]群臣让善之功。顷年[4]日食每多在晦，先时而合，皆月行疾也。日君象而月臣象，君亢急[5]则臣下促迫[6]，故月行疾。今陛下高明而群臣惶促[7]，宜留思柔克[8]之政，垂意《洪范》之法。"帝躬勤政事，颇伤严急[9]，故兴奏及之。

夏，五月，以李通为大司空。

冬，卢芳朔方、云中郡降芳以事诛其五原太守李兴兄弟，其朔方太守田飒、云中太守乔扈各举郡降，帝令领职如故。

以杜诗为南阳太守诗政治清平[10]，兴利除害，百姓便之。又修治陂池[11]，广拓土田，郡内比室殷足[12]，时人方于召信臣[13]。南阳为之语曰："前有召父，后有杜母。"

壬辰八年（公元32年）

春，遣中郎将来歙伐隗嚣，取略阳[14]，斩其守将。夏，闰四月，帝自

1　谪：指摘，责备。
2　不以时定：没有及时决定。
3　济：成就。
4　顷年：近年。
5　亢急：严峻急迫。
6　促迫：不宽容，逼迫。
7　惶促：惶恐拘谨。
8　柔克：和柔而能成事。
9　严急：严厉急躁。
10　清平：太平。
11　陂池：池沼，池塘。
12　比室殷足：比室，家家户户。殷足，殷实富足。
13　召信臣：汉元帝时大臣，字翁卿，为官视民如子，在南阳兴修水利，为民众称颂，有"召父"之称。
14　略阳：古县名，治所位于今甘肃省天水市秦安县东北。

将征嚣，窦融等率五郡兵以从。嚣众皆降。嚣奔西城[1]，吴汉引兵围之来歙将二千余人伐山开道，从番须[2]、回中径袭略阳，斩隗嚣守将金梁。嚣大惊曰："何其神也！"帝闻得略阳，甚喜，曰："略阳，嚣所依阻，心腹已坏，则制其肢体易矣。"吴汉等诸将闻歙据略阳，争驰赴之。上以为嚣失所恃，亡其要城，势必悉以精锐来攻。旷日久围而城不拔，士卒顿敝[3]，乃可乘危而进。皆追汉等还。隗嚣果使王元拒陇坻，行巡守番须口，王孟塞鸡头道[4]，牛邯军瓦亭[5]。嚣自悉其大众数万人图略阳。公孙述遣将李育、田弇助之。堑[6]山筑堤，激水灌城。来歙与将士固死坚守，矢尽，发屋[7]断木以为兵。嚣尽锐攻之，累月不能下。夏，闰四月，帝自征隗嚣。光禄勋郭宪谏曰："东方初定，车驾未可远征。"乃当车拔佩刀以断车靷[8]。帝不从，西至漆。诸将多以王师之重，不宜远入险阻，计犹豫未决。帝召马援问之。援因说隗嚣将帅有土崩之势，兵进有必破之状。又于帝前聚米为山谷，指画形势，开示[9]军众所从道径[10]，往来分析，昭然可晓。帝曰："虏在吾目中矣。"明旦，遂进军，至高平第一[11]。窦融率五郡太守及羌虏、小月氏等步、骑数万，辎重五千余辆，与大军会。是时军旅草创[12]，诸将朝会礼容多不肃。融先遣从事问会见仪。帝闻而善之，以宣告百僚，乃置酒高会，待融等以殊礼。遂进军数道上陇。使王遵以书招牛邯，下之，拜邯太中大夫。于是嚣大将十三人、属县十六、众十余万皆降。嚣将妻

1　西城：古县名，治所位于今陕西省安康市西北。
2　番须：古地名，即番须口，位于今陕西省宝鸡市陇县西北。
3　顿敝：困顿败坏。
4　鸡头道：古道路名，由今宁夏泾源县香水河谷翻越大关山到陇山以西。
5　瓦亭：古关隘名，又称东瓦亭关，位于今宁夏回族自治区固原市东南。
6　堑：挖掘。
7　发屋：拆掉房子。
8　车靷：引车前行的革带。
9　开示：指明，指示。
10　道径：道路。
11　高平第一：高平县，即今宁夏固原市原州区，因其城险固，号称"第一城"。
12　草创：创建。

子奔西城从杨广，而田弇、李育保上邽[1]。略阳围解。帝劳赐来歙，班坐绝席[2]，在诸将之右，赐歙妻缣千匹。进幸上邽，诏告隗嚣曰："若束手自诣，父子相见，保无他也。若遂欲为黥布者，亦自任[3]也。"嚣终不降，于是诛其子恂。使吴汉、岑彭围西城，耿弇、盖延围上邽。以四县封窦融为安丰侯，弟友为显亲侯，及五郡太守皆封列侯，遣西还所镇。融以久专方面，惧不自安，数上书求代[4]。诏曰："吾与将军如左右手耳，数执谦退，何不晓人意！勉循[5]士民，无擅离部曲。"

颍川盗起。秋，九月，帝还宫六日，自将讨平之颍川盗群起，寇没[6]属县，河东守兵亦叛，京师骚动。帝闻之曰："吾悔不用郭子横[7]之言。"秋，八月，帝自上邽晨夜东驰，赐岑彭等书曰："两城若下，便可将兵南击蜀虏。人苦不知足，既平陇，复望蜀。每一发兵，头须为白。"九月乙卯[8]，车驾还宫。帝谓执金吾寇恂曰："颍川迫近京师，当以时定。惟念独卿能平之耳，从九卿复出以忧国可也[9]！"对曰："颍川闻陛下有事陇、蜀，故狂狡[10]乘间相诖误耳。如闻乘舆南向，贼必惶怖归死，臣愿执锐前驱。"帝从之。庚申[11]，车驾南征，颍川盗贼悉降。寇恂竟不拜郡[12]，百姓遮道曰："愿从陛下复借寇君一年。"乃留恂长社[13]，镇抚吏民，受纳余降。东郡、济阴盗贼亦起，帝遣李通、王常击之。以东光侯耿纯尝为东郡太守，威信著于卫地，遣使拜太中大夫，使与大兵会东

1　上邽：古县名，治所即今甘肃省天水市。
2　班坐绝席：把席位单独设在将领们的上首。绝席，与他人不同席，独坐一席，以示尊显。
3　自任：自己承受。
4　求代：请求委派别人接替自己的职务。
5　勉循：劝勉安抚。
6　寇没：攻陷，攻占。
7　郭子横：即郭宪，字子横。
8　乙卯：此处指初一日。
9　从九卿复出以忧国可也：请你以九卿的身分，再次出征为国解忧吧。
10　狂狡：狂妄狡诈之徒。
11　庚申：此处指初六日。
12　拜郡：任命为郡守。
13　长社：古县名，治所位于今河南省许昌市辖长葛市东。本名长葛邑，相传后因社庙树木猛长，改名长社。

郡。东郡闻纯入界，盗贼九千余人皆诣纯降，大兵不战而还。玺书复以纯为东郡太守。戊寅[1]，车驾还自颍川。

　　冬，公孙述遣兵救隗嚣，吴汉引兵下陇杨广死，隗嚣穷困。初，帝敕吴汉曰："诸郡甲卒但坐费粮食，若有逃亡，则沮败众心，宜悉罢之。"汉等贪并力攻嚣，遂不能遣，粮食日少，吏士疲役[2]，逃亡者多。岑彭壅谷水灌西城，城未没丈余。会王元、行巡、周宗将蜀兵五千余乘高卒至[3]，鼓噪大呼曰："百万之众方至！"汉军大惊，未及成阵，元等决围[4]殊死战，遂得入城，迎嚣归冀[5]。吴汉军食尽，乃烧辎重，引兵下陇，盖延、耿弇亦相随而退。嚣出兵尾击[6]诸营，岑彭为后拒[7]，诸将乃得全军东归，唯祭遵屯汧不退。吴汉等复屯长安，岑彭还津乡。于是安定、北地、天水、陇西复反为嚣。校尉太原温序为嚣将苟宇所获，宇欲降之，序大怒，叱宇等曰："虏何敢迫胁[8]汉将？"因以节楇杀[9]数人。宇众争欲杀之，宇止之曰："此义士，死节，可赐以剑。"序受剑，衔须于口，顾左右曰："既为贼所杀，无令须污土。"遂伏剑而死。从事王忠持其丧归洛阳，诏赐以冢地[10]，拜三子为郎。

　　大水。

癸巳**九年**（公元 33 年）

　　春，正月，征虏将军、颍阳侯祭遵卒于军。诏冯异领其营遵为人廉

1　戊寅：此处指二十四日。
2　疲役：疲于所役。
3　乘高卒至：从高处突然到来。
4　决围：突围。
5　冀：古县名，治所位于今甘肃省天水市甘谷县东。
6　尾击：紧跟在后面追击。
7　后拒：居后以抗击敌人的部队。
8　迫胁：胁迫，逼迫。
9　以节楇杀：用节击杀。节，符节，古代使者所持以作凭证。楇，击。
10　冢地：墓地。

约[1]小心，克己奉公[2]，赏赐尽与士卒。约束严整[3]，所在吏民不知有军。取士皆用儒术，对酒设乐，必雅歌投壶[4]。临终，遗戒[5]薄葬。问以家事，终无所言。帝潸悼[6]之尤甚，遵丧至河南，车驾[7]素服临之，望哭哀恸，亲祠以太牢。诏大长秋[8]、谒者、河南尹护丧事，大司农给费。至葬，车驾临其坟，存见[9]夫人、室家[10]。其后朝会，帝每叹曰："安得忧国奉公如祭征虏者乎？"卫尉铫期曰："陛下至仁，哀念祭遵不已，群臣各怀惭惧。"帝乃止。

隗嚣死，诸将立其子纯嚣病且饿，餐糗糒[11]，恚愤[12]而卒。王元、周宗立嚣少子纯为王，总兵[13]据冀。公孙述遣将赵匡、田弇助纯。帝使冯异击之。

公孙述遣兵陷夷陵，据荆门[14]述遣其翼江王田戎、大司徒任满、南郡太守程泛将数万人下江关，击破冯骏等军，遂拔巫[15]及夷道、夷陵，因据荆门、虎牙[16]，横江水起浮桥、关楼[17]，立攒柱[18]以绝水道，结营跨山以塞陆路，拒汉兵。

夏，六月，吴汉等击卢芳，匈奴救之，汉等不利吴汉率王常等四将军兵五万余人，击卢芳将贾览、闵堪于高柳[19]，匈奴救之，汉兵不利。于是匈奴

1　廉约：廉洁俭约。
2　克己奉公：严格约束自己，为集体的利益而努力。
3　严整：严肃整齐。
4　雅歌投壶：伴以雅乐唱诗歌并进行投壶游戏，后常指武将之儒雅行为。投壶，古代士大夫宴饮时做的一种投掷游戏，也是一种礼仪。
5　遗戒：遗嘱。
6　潸悼：怜恤伤悼。
7　车驾：帝王所乘的车，亦用为帝王的代称。
8　大长秋：古官名，皇后近侍，多由宦官充任，宣达皇后旨意，领受皇帝诏命。
9　存见：探望慰问。
10　室家：泛指家庭或家庭中的人，如父母、兄弟、妻子等。
11　糗糒：干粮。
12　恚愤：愤怒。
13　总兵：统领军队。
14　荆门：古地名，位于今湖北省宜昌市辖宜都市西北长江边。
15　巫：古地名，位于今重庆市巫山县一带。
16　虎牙：古关名，位于今湖北省荆门市南。
17　浮桥、关楼：浮桥，在并列的船、浮箱或绳索上面铺木板而成的桥。关楼，城上供瞭望用的小楼。
18　攒柱：密集的柱桩。
19　高柳：古县名，治所位于今山西省大同市阳高县西北。

转盛，钞暴[1]日增。诏朱祜屯常山[2]，王常屯涿郡，破奸将军侯进屯渔阳，以讨虏将军王霸为上谷太守，以备匈奴。

　　遣来歙、马援护诸将冯异等屯长安帝使来歙悉监护诸将屯长安，太中大夫马援为之副。歙上书曰："公孙述以陇西、天水为藩蔽，故得延命假息[3]。今二郡平荡[4]，则述智计穷矣。宜益选兵马，储积资粮[5]。今西州新破，兵人疲馑[6]，若招以财谷，则其众可集。臣知国家所给非一，用度不足，然有不得已也。"帝然之。于是诏于汧积谷六万斛。

　　秋，八月，歙率异等讨隗纯于天水。

　　以牛邯为护羌校尉诸羌自王莽末入居塞内，金城属县多为所有。隗嚣不能讨，因就慰纳[7]，发其众与汉相拒。司徒掾班彪上言："今凉州部皆有降羌。羌胡被发左衽[8]，而与汉人杂处，习俗既异，言语不通，数为小吏黠人[9]所见侵夺，穷恚无聊[10]，故致反叛。夫蛮夷寇乱，皆为此也。旧制，益州部置蛮夷骑都尉，幽州部置领乌桓校尉，凉州部置护羌校尉，皆持节领护，治其怨结[11]，岁时巡行，问所疾苦。又数遣使译[12]，通导[13]动静，使塞外羌夷为吏耳目，州郡因此可得警备。今宜复如旧制，以明威防[14]。"帝从之。以牛邯为护羌校尉。

　　封阴就为宣恩侯盗杀阴贵人母邓氏及弟䜣。帝甚伤之，封贵人弟就为宣

1　钞暴：抄掠骚扰。
2　常山：古郡名，辖今河北唐河以南，曲阳、栾城、赵县以西（正定、石家庄除外），内丘以北地。
3　假息：暂时休息，苟延残喘。
4　平荡：扫荡平定。
5　资粮：泛指钱粮。
6　疲馑：疲乏而又饥饿。馑，饥饿。
7　慰纳：安抚招纳。
8　被发左衽：古代中原地区以外少数民族的装束。被发，散发不作髻。左衽，衣襟向左掩。
9　黠人：狡黠之人。
10　穷恚无聊：穷恚，窘困怨愤。无聊，贫穷无依。
11　怨结：怨气郁结。
12　使译：翻译并传话的信使。
13　通导：联络引导。
14　以明威防：以示威严，并加强防备。

恩侯。复召就兄侍中兴，欲封之，置印绶于前。兴固让曰："臣未有先登陷阵[1]
之功，而一家数人并蒙爵土[2]，今天下触望，诚所不愿。"帝嘉之，不夺其志。
贵人问其故，兴曰："夫外戚家苦不知谦退，嫁女欲配侯王，娶妇盱睨[3]公主，
愚心实不安也。富贵有极，人当知足，夸奢益为观听所讥[4]。"贵人感其言，深
自降挹[5]，卒不为宗亲求位。

甲午十年（公元34年）

　　春，正月，吴汉等击卢芳将贾览，破走[6]之。

　　夏，征西大将军、夏阳侯冯异卒于军。

　　秋，八月，帝如长安，遂至汧。**隗嚣将高峻降**初，隗嚣将高峻拥兵据
高平第一，建威大将军耿弇等围之，一岁不拔。帝自将征之，寇恂谏曰："长
安道里居中，应接[7]近便，安定、陇西必怀震惧。此从容一处，可以制四方也。
今士马疲倦，方履险阻，非万乘之固也。前年颍川，可为至戒。"帝不从，进
幸汧。遣寇恂往降之。恂至第一，峻遣军师皇甫文出谒，辞、礼不屈。恂怒，
将诛之。诸将谏曰："高峻精兵万人，率多强弩[8]，西遮陇道，连年不下。今欲
降之，而反戮其使，无乃不可乎？"恂不应，遂斩之，遣其副归告峻曰："军
师无礼，已戮之矣。欲降，急降；不欲，固守！"峻惶恐，即日开城门。诸
将皆贺，因曰："敢问杀其使而降其城，何也？"恂曰："皇甫文，峻之腹心，
其所取计者也。今来，辞意不屈，必无降心。全之，则文得其计；杀之，则峻
亡其胆。是以降耳。"诸将皆曰："非所及也。"

1　先登陷阵：先登，率军打头阵。陷阵，攻破敌阵。
2　爵土：官爵和封地。
3　盱睨：眼睛盯住，看着。
4　夸奢益为观听所讥：夸耀奢侈更会增加世人的指责。观听，舆论。
5　降挹：谦退损抑。
6　破走：击败赶走。
7　应接：接应，支援。
8　强弩：强劲的弓，硬弓。

冬，十月，来歙等攻破落门[1]，隗纯降，王元奔蜀。陇右悉平徙诸隗于京师以东。后隗纯与宾客亡入胡，至武威，捕得，诛之。

先零羌寇金城，来歙击破之于是开仓廪[2]以赈饥乏，陇右遂安，而凉州通焉。

帝还宫。

乙未十一年（公元35年）

春，三月，遣吴汉等将兵会岑彭伐蜀，破其浮桥，遂入江关岑彭屯津乡，数攻田戎等，不克。帝遣吴汉率诛虏将军刘隆等三将，发荆州兵凡六万余人、骑五千匹，与彭会荆门。彭装战船数十艘，吴汉以诸郡棹卒[3]多费粮谷，欲罢之。彭以为蜀兵盛，不可遣，上书言状。帝报彭曰："大司马习用步、骑，不晓水战。荆门之事，一由征南公[4]为重而已。"闰月，岑彭令军中募[5]攻浮桥，先登者上赏，于是偏将军鲁奇应募而前。时东风狂急，鲁奇船逆流而上，直冲浮桥，而攒柱有反杷钩，奇船不得去。奇等乘势殊死战，因飞炬[6]焚之，风怒火盛，桥、楼崩烧。岑彭悉军顺风并进，所向无前，蜀兵大乱，溺死者数千人，斩任满，生获程泛，而田戎走保江州。彭上刘隆为南郡太守，自率辅威将军臧宫、骁骑将军刘歆长驱入江关。令军中无得虏掠，所过百姓皆奉牛酒迎劳，彭复让，不受。百姓大喜，争开门降。诏彭守[7]益州牧，所下郡辄行太守事，彭若出界，即以太守号付后将军[8]。选官属守州中长吏。彭到江州，以其城固粮多，难卒拔，留冯骏守之，自引兵乘利直指垫江[9]，攻破平曲[10]，收其米数

---

1 落门：古村落名，又名雒门，位于今甘肃省天水市武山县东洛门镇。
2 仓廪：储藏米谷之所。
3 棹卒：操棹行船的兵士。
4 征南公：即岑彭，此前受封征南大将军。
5 募：招募，征召。
6 飞炬：投掷火炬。
7 守：担任，掌管。
8 后将军：后面接手防务的将军。
9 垫江：古县名，治所即今重庆市合川区。
10 平曲：古地名，位于今重庆市合川区东。

十万石。吴汉留夷陵，装露桡[1]继进。

夏，先零羌反，以马援为陇西太守，击破之。

公孙述遣王元拒河池[2]。六月，诸将击破之。述使盗杀监护使者来歙，诏以将军马成代之公孙述以王元为将军，使与领军[3]环安拒河池。六月，来歙与盖延等进攻元、安，大破之，遂克下辨[4]，乘胜遂进。蜀人大惧，使刺客刺歙，未殊[5]，驰召盖延。延见歙，因伏悲哀，不能仰视。歙叱延曰："虎牙[6]何敢然？今使者中刺客，无以报国，故呼巨卿[7]，欲相属以军事，而反效儿女子涕泣乎？刃虽在身，不能勒兵斩公邪？"延收泪强起，受所诫。歙自书表曰："臣夜人定后，为何人[8]所贼伤[9]，中臣要害。臣不敢自惜，诚恨奉职不称，以为朝廷羞。夫理国以得贤为本，太中大夫段襄，骨鲠[10]可任，愿陛下裁察[11]。又臣兄弟不肖，终恐被罪[12]，陛下哀怜，数赐教督[13]。"投笔抽刃而绝。帝闻大惊，省书揽涕[14]。以扬武将军马成守中郎将代之。歙丧还洛阳，乘舆缟素临吊，送葬。

帝自将征蜀。

秋，七月，次[15]长安。

岑彭及将军臧宫大破蜀兵，延岑走，王元以其众降公孙述使其将延

1　露桡：一种战船，露楫在外，人在船中。
2　河池：古县名，位于今甘肃省陇南市徽县西北。
3　领军：古官名，统领禁卫军。原多认为此为汉末曹操始置官职，而此处早于曹操时期，存疑。
4　下辨：古县名，治所位于今甘肃省陇南市成县西北。
5　未殊：未断气，没死。
6　虎牙：即盖延，此时任虎牙将军。
7　巨卿：即盖延，字巨卿。
8　何人：不知道什么人，某人。
9　贼伤：伤害，残杀。
10　骨鲠：耿直。
11　裁察：裁断审察。
12　被罪：因罪而受惩治。
13　教督：教导督促。
14　省书揽涕：一面看奏章，一面流眼泪。
15　次：临时驻扎和住宿。

岑、吕鲔、王元、公孙恢悉兵拒广汉及资中[1]，又遣将侯丹率二万余人拒黄石[2]。岑彭使臧宫将降卒五万，从涪水[3]上平曲，拒延岑，自分兵浮江下还江州，溯都江而上[4]，袭击侯丹，大破之。因晨夜倍道兼行[5]二千余里，径拔武阳[6]。使精骑驰击广都[7]，去成都数十里，势若风雨，所至皆奔散。初，述闻汉兵在平曲，故遣大兵逆之。及彭至武阳，绕出延岑军后，蜀地震骇。述大惊，以杖击地曰："是何神也！"延岑盛兵于沅水[8]。臧宫众多食少，转输不至，降者皆欲散畔[9]，郡邑复更保聚[10]，观望成败。宫欲引还[11]，恐为所反。会帝遣谒者将兵诣岑彭，有马七百匹，宫矫制取以自益，晨夜进兵，多张旗帜，登山鼓噪，右步左骑，挟船而引，呼声动山谷。岑不意汉兵卒至，登山望之，大震恐。宫因纵击，大破之，斩首溺死者万余人，水为之浊。延岑奔成都，其众悉降。军至阳乡[12]，王元举众降。帝与公孙述书，陈言祸福，示以丹青之信。述省书叹息，以示所亲。太常常少、光禄勋张隆皆劝述降。述曰："废兴，命也，岂有降天子哉？"左右莫敢复言。少、隆皆以忧死。

帝还宫。

冬，十月，公孙述使盗刺杀征南大将军、舞阴侯岑彭冬，十月，公孙述使刺客诈为亡奴[13]降岑彭，夜，刺杀彭。太中大夫、监军郑兴领其营，以俟吴汉至而授之。彭持军整齐，秋毫无犯。邛谷王任贵闻彭威信，数千里遣使

1　资中：古县名，治所即今四川省资阳市。
2　黄石：古县名，治所位于今甘肃省平凉市西北、宁夏固原市东南一带。
3　涪水：乌江的古称。
4　溯都江而上：顺着岷江逆流而上。溯，逆着水流的方向走。都江，即今四川中部之岷江。
5　倍道兼行：每天加倍行进，一天走两天的路程。形容加速急行。
6　武阳：古县名，位于今四川省眉山市彭山区东北。
7　广都：古县名，治所位于今四川省成都市双流区东，为战国时蜀之三都之一。
8　沅水：古水名，即今湖南省沅江。
9　散畔：离散背叛。
10　保聚：聚众守卫，或聚集使不离散。
11　引还：率军退回。
12　阳乡：《汉书·臧宫传》作"平阳乡"，此逸"平"字。古地名，位于今四川省绵阳市三台县西北。
13　亡奴：逃亡的奴仆。

迎降。会彭已被害，帝尽以任贵所献赐彭妻子。蜀人为立庙祠之。

马成等破河池，平武都，遂与马援击破先零羌先零诸羌数万人，屯聚寇钞[1]，拒浩亹隘[2]。成与马援深入讨击[3]，大破之，徙降羌置天水、陇西、扶风。是时，朝臣以金城破羌[4]之西，途远多寇，议欲弃之。马援上书言："破羌以西，城多完牢[5]，易可依固[6]。其田土肥壤，灌溉流通。如今羌在湟中，则为害不休，不可弃也。"帝从之。民归者三千余口，援为置长吏，缮城郭，起坞候[7]，开沟洫，劝以耕牧，郡中乐业。又招抚塞外氐、羌，皆来降附[8]。援奏复其侯王君长，帝悉从之，乃罢马成军。

以郭伋为并州牧郭伋为并州牧，过京师，帝问以得失，伋曰："选补众职，当简[9]天下贤俊，不宜专用南阳人。"是时在位多乡曲故旧[10]，故伋言及之。

丙申十二年（公元36年）

春，正月，吴汉大破蜀兵，遂拔广都吴汉破公孙述将魏党、公孙永于鱼涪津[11]，遂围武阳。述遣子婿[12]史兴救之，汉迎击，破之，因入犍为界，诸县皆城守。诏汉直取广都，据其腹心[13]。汉乃进军攻广都，拔之，遣轻骑烧成都市桥[14]。公孙述将帅恐惧，日夜离叛，述虽诛灭其家，犹不能禁。帝必欲降之，又

1　寇钞：劫掠。
2　浩亹隘：古关隘名，位于今甘肃省兰州市永登县西南。
3　讨击：讨伐攻击。
4　金城破羌：金城，古郡名，详见上文。破羌，古县名，治所位于今青海省海东市乐都区东南。
5　完牢：坚固。
6　易可依固：容易坚守。
7　坞候：亦作"坞堠"，防御用的土堡，土障。
8　降附：投降归附。
9　简：选择。
10　乡曲故旧：光武帝的同乡和旧识。
11　鱼涪津：古渡口名，位于今四川省乐山市北岷江边。
12　子婿：女婿。
13　腹心：比喻近中心的重要地区。
14　市桥：古桥名，亦名冲星桥，位于今四川省成都市西南文庙西街附近。

下诏谕述曰："勿以来歙、岑彭受害自疑,今以时自诣,则宗族完全[1]。诏书手记,不可数得。"述终无降意。

秋,七月,将军冯骏拔江州,获田戎。

吴汉进攻成都。九月,入其郛[2]。臧宫拔绵竹,引兵与汉会帝戒吴汉曰:"成都十万众,不可轻也。但坚据广都,待其来攻,勿与争锋。若不敢来,公转营[3]迫之,须其力疲乃可击也。"汉乘利,遂自将步、骑二万进逼成都。去城十余里,阻江北营[4],作浮桥,使副将武威将军刘尚将万余人屯于江南,为营相去二十余里。帝闻之,大惊,让汉曰:"比[5]敕公千条万端,何意临事勃乱[6]?既轻敌深入,又与尚别营,事有缓急,不复相及。贼若出兵缀公,以大众攻尚,尚破,公即败矣。幸无他者,急引兵还广都。"诏书未到,九月,述果使其大司徒谢丰、执金吾袁吉将众十许[7]万,分为二十余营,出攻汉,使别将将万余人劫刘尚,令不得相救。汉与大战一日,兵败,走入壁,丰因围之。汉乃召诸将厉[8]之曰:"吾与诸君逾越险阻,转战千里,遂深入敌地,至其城下。而今与刘尚二处受围,势既不接,其祸难量。欲潜师就尚于江南,并兵御之。若能同心一力,人自为战[9],大功可立。如其不然,败必无余。成败之机,在此一举。"诸将皆曰:"诺。"于是飨士秣马[10],闭营三日不出。乃多树幡旗[11],使烟火不绝。夜,衔枚引兵与刘尚合军。丰等不觉,明日,乃分兵拒水北,自将攻江南。汉悉兵迎战,遂大破之,斩丰、吉。于是引还广都,留刘尚拒述,具以状上,而深自谴责。帝报曰:"公还广都,甚得其宜,述必不敢略[12]尚而击

---

1 今以时自诣,则宗族完全:现在及时自己投降,那么家族就可以保全。
2 郛:城外面围着的大城。
3 转营:转移军营。
4 阻江北营:隔江在北岸扎营。
5 比:近来。
6 勃乱:违背事理,举止错乱。勃,通"悖"。
7 许:表示大约的数量。
8 厉:激励。
9 人自为战:人人能独立地战斗。为战,作战。
10 秣马:喂马。
11 幡旗:旗帜。
12 略:忽略。

公也。若先攻尚，公从广都五十里悉步、骑赴之，适当值其危困，破之必矣。"
自是汉与述战于广都、成都之间，八战八克，遂军于其郭[1]中。臧宫拔绵竹，
破涪城[2]，斩公孙恢。复攻拔繁、郫[3]，与吴汉会于成都。

大司空通罢通欲避权[4]，乞骸骨。积二岁，帝乃听[5]上印绶，以特进奉朝请。

冬，十一月，公孙述引兵出战，吴汉击杀之。延岑以成都降，蜀地
悉平公孙述困急[6]，谓延岑曰："事当奈何？"岑曰："男儿当死中求生，可坐
穷乎？财物易聚耳，不宜有爱。"述乃悉散金帛，募敢死士五千余人以配[7]岑。
岑袭击破吴汉军，汉堕水，缘[8]马尾得出。汉军余七日粮，阴具船，欲遁去。
蜀郡太守张堪闻之，驰往见汉，说述必败，不宜退师之策。汉从之。冬，十一
月，臧宫军咸阳门[9]。述自将数万人攻汉，使延岑拒宫。大战，岑三合三胜，自
旦至日中，军士不得食，并疲。汉因使护军高午、唐邯将锐卒数万击之，述兵
大乱，高午奔陈[10]刺述，洞胸堕马，左右舆[11]入城。述以兵属延岑，其夜，死。
明旦，延岑以城降。吴汉夷[12]述妻子，尽灭公孙氏，并族[13]延岑，遂放兵大掠，
焚述宫室。帝闻之，怒，以谴汉。又让刘尚曰："城降三日，吏民从服[14]，一旦
放兵纵火，闻之可为酸鼻。尚，宗室子孙，尝更吏职[15]，何忍行此？良失斩将吊
民[16]之义也。"初，述征广汉李业为博士，业固称疾不起。述羞不能致，使大鸿

1　郭：外城。
2　涪城：古县名，治所位于今四川省绵阳市东涪江东岸。
3　繁、郫：繁，古县名，治所位于今四川省成都市辖彭州市西北。郫，古县名，治所位于
　　今四川省成都市郫都区北。
4　避权：躲避权贵。
5　听：听凭，任凭。
6　困急：困难危急。
7　配：分给，配给。
8　缘：攀援。
9　咸阳门：古成都城门之一，位于今四川省成都市旧城区北。
10　奔陈：直奔阵前。陈，通"阵"。
11　舆：共同抬。
12　夷：铲除，消灭。
13　族：灭族。
14　从服：归附，顺服。
15　尝更吏职：曾经当过官吏。
16　斩将吊民：斩杀敌将，拯救百姓。

庐尹融奉诏命以劫[1]业，若起则受公侯之位，不起赐以毒酒。融譬旨[2]曰："方今天下分崩，孰知是非，而以区区之身试于不测之渊乎？朝廷贪慕名德[3]，旷官缺位，于今七年。四时珍御[4]，不以忘君。宜上奉知己，下为子孙，身名俱全，不亦优乎？"业乃叹曰："古人危邦不入，乱邦不居，为此故也。君子见危授命[5]，乃诱以高位重饵[6]乎？"融曰："宜呼室家计之。"业曰："丈夫断之于心久矣，何妻子之为？"遂饮毒而死。述耻有杀贤之名，遣使吊祠[7]，赙赠[8]百匹。业子翚逃，辞不受。又聘巴郡谯玄，玄不诣，亦遣使者以毒药劫之。太守自诣玄庐，劝之行，玄曰："保志全高，死亦奚恨？"遂受毒药。玄子瑛泣血叩头于太守，愿奉家钱千万以赎父死，太守为请，述许之。述又征蜀郡王皓、王嘉，恐其不至，先系[9]其妻子。使者谓嘉曰："速装[10]，妻子可全。"对曰："犬马犹识主，况于人乎？"王皓先自刭，以首付使者。述怒，遂诛皓家属。王嘉闻而叹曰："后之哉！"乃对使者伏剑而死。犍为费贻不肯仕述，漆身为癞[11]，佯狂以避之。同郡任永、冯信皆托青盲[12]以辞征命[13]。帝既平蜀，诏赠常少为太常，张隆为光禄勋。谯玄已卒，祠以中牢[14]，敕所在还其家钱，而表李业之闾[15]。征费贻、任永、冯信，会永、信病卒，独贻仕至合浦太守。上以述将程乌、李育有才干，皆擢用之。于是西土[16]皆悦，莫不归心焉。

---

1 劫：威逼，挟制。
2 譬旨：晓谕以天子旨意。
3 名德：有名望德行的人。
4 珍御：供御用的珍贵食物。
5 见危授命：在危急关头勇于献出自己的生命。授命，献出生命。
6 重饵：贵重的食饵，比喻厚禄。
7 吊祠：吊祭。
8 赙赠：赠送丧家以财物。
9 系：束缚，捆绑。
10 速装：迅速料理行装。
11 漆身为癞：全身涂满漆，成为癞疮。
12 青盲：眼科疾病，俗称青光眼。
13 征命：征召的命令。
14 中牢：猪、羊二牲。
15 表李业之闾：在李业家所居住的里门刻石，表彰他的节操。表，设立标记进行表彰。
16 西土：指蜀地。

参狼羌[1]寇武都，马援击破之是岁，参狼羌与诸种[2]寇武都，陇西太守马援击破之，降者万余人，于是陇右清静。援务开恩信，宽以待下，任吏以职，但总大体，而宾客故人日满其门。诸曹时白外事，援辄曰："此丞掾[3]之任，何足相烦？颇哀老子[4]，使得遨游，若大姓侵小民，黠吏[5]不从令，此乃太守事耳。"旁县尝有报仇者，吏民惊言羌反，百姓奔入城。狄道长[6]诣门，请闭城发兵。援时与宾客饮，大笑曰："虏何敢复犯我？晓狄道长，归守寺舍[7]。良怖急者[8]，可床下伏。"后稍定，郡中服之。

诏边吏料敌[9]战守，不拘以逗留法[10]。

卢芳与匈奴、乌桓连兵寇边。遣将军杜茂将兵筑亭障以备之茂治飞狐道[11]，筑亭障，修烽燧[12]，凡与匈奴、乌桓大小数十百战，终不能克。

窦融及五郡太守入朝，以融为冀州牧上诏窦融与五郡太守入朝。融等奉诏而行，官属宾客相随，驾乘千余辆。既至，诣城门，上印绶。诏遣使者还侯印绶，引见，赏赐恩宠，倾动京师。寻拜融冀州牧。又以梁统为太中大夫，姑臧长[13]孔奋为武都郡丞。姑臧在河西最为富饶，天下未定，士多不修检操[14]。奋在职四年，力行清洁[15]，为众人所笑，以为身处脂膏[16]不能自润。及从融入朝，

1　参狼羌：古羌人的一支，主要分布于今甘肃省南部武都地区，尤其是白龙江一带。白龙江古称羌水，以其上源有参狼谷而得名。
2　诸种：各个种族。
3　丞掾：属官的泛称。
4　颇哀老子：多可怜可怜我这老头子。
5　黠吏：奸猾之吏。
6　狄道长：狄道的县长。狄道，古县名，治所即今甘肃省定西市临洮县，因在狄人所居地置，因名。
7　寺舍：官舍。
8　良怖急者：确实害怕得厉害。良，确实，果然。
9　料敌：估量、判断敌情。
10　逗留法：汉法，军行逗留、畏懦者斩。
11　飞狐道：古道路名，为飞狐口谷道之延长线，位于今河北省蔚县东至山西省大同市间。
12　烽燧：即烽火。古代边防报警的两种信号，白天放烟叫烽，夜间举火叫燧。
13　姑臧长：姑臧县的县长。姑臧，古县名，治所即今甘肃省武威市，因境内姑臧山得名。
14　检操：节操，操守。
15　清洁：清廉，廉洁。
16　脂膏：形容富庶之地。

诸守、令财货连毂[1]，弥竟[2]川泽，唯奋无资，单车就道，帝以是赏之。

雍奴侯寇恂卒。

丁酉十三年（公元37年）

春，正月，大司徒霸卒。

诏太官勿受郡国异味[3]诏曰："郡国献异味，其令太官勿复受。远方口实[4]所以荐宗庙，自如旧制。"时异国有献名马者，日行千里；又进宝剑，价值百金。诏以剑赐骑士，马驾鼓车[5]。上雅不喜听音乐，手不持珠玉。尝出猎，车驾夜还，上东门候[6]郅恽拒关不开。上令从者见面于门间，恽曰："火明辽远[7]。"遂不受诏。上乃回，从东中门入。明日，恽上书谏曰："陛下远猎山林，夜以继昼，如社稷、宗庙何？"书奏，赐恽布百匹，贬东中门候为参封尉。

卢芳奔匈奴卢芳攻云中，久不下。其将随昱留守九原，欲胁芳来降。芳知之，与十余骑亡入匈奴，其众尽归随昱，昱乃诣阙降。诏拜昱五原太守，封镌胡侯。

诏诸王皆降为公侯朱祜奏："古者人臣受封，不加王爵。"诏长沙王兴、真定王得、河间王邵、中山王茂皆降爵为侯。赵王良为赵公，太原王章为齐公，鲁王兴为鲁公。是时，宗室及绝国封侯者凡一百三十七人。

以绍嘉公孔安为宋公，承休公姬常为卫公。

以韩歆为大司徒。

夏，四月，吴汉军还。大飨将士，诸功臣皆增邑更封吴汉自蜀振旅而还。夏，四月，至京师。于是大飨将士，功臣增邑更封凡三百六十五人，其

1　连毂：一车接一车，形容车辆众多。
2　弥竟：布满。
3　异味：难得的美味。
4　口实：入口的食物。李贤引《汉官仪》："口实，膳羞之事也。"
5　鼓车：载鼓之车，古代皇帝外出时的仪仗之一。
6　上东门候：负责上东门的官员。上东门，京城洛阳东面靠北的城门。
7　火明辽远：灯火太远，意指看不清是谁。

外戚恩泽封者四十五人。定封邓禹为高密侯，食四县；李通为固始侯，贾复为胶东侯，食六县。余各有差。已殁者益封其子孙，或更封支庶[1]。帝在兵间久，厌武事，且知天下疲耗[2]，思乐息肩[3]。自陇、蜀平后，非警急，未尝复言军旅。皇太子尝问攻战之事，帝曰："昔卫灵公问阵，孔子不对。此非尔所及。"邓禹、贾复知帝偃干戈、修文德[4]，不欲功臣拥众京师，乃去甲兵，敦[5]儒学。帝思念，欲完功臣爵土，不令以吏职为过，遂罢左右将军官。耿弇等亦上大将军印绶，皆以列侯就第，加位特进，奉朝请。邓禹内行淳备[6]，有子十三人，各使守一艺，修整闺门，教养子孙，皆可以为后世法，资用国邑，不修产利[7]。贾复为人刚毅方直[8]，多大节，既还私第，阖门养威重[9]。朱祜等荐复宜为宰相，帝方以吏事责三公，故功臣并不用。是时列侯唯高密、固始、胶东三侯与公卿参议国家大事，恩遇[10]甚厚。帝虽制御[11]功臣，而每能回容[12]，宥其小失。远方贡珍甘[13]，必先遍赐诸侯，而太官无余，故皆保其福禄，无诛谴[14]者。

胡氏曰：邓禹、贾复、寇恂、朱祜、祭遵、卓茂之徒，皆公辅[15]之器，宜为宰相，平章大论[16]，乃一切待以功臣，不复任使，虽有经国远猷[17]，岂敢自陈耶？

以窦融为大司空融自以非旧臣，一旦入朝，在功臣之右，每召会进见，

1　支庶：嫡子以外的旁支。
2　疲耗：困顿耗损。
3　息肩：休养生息。
4　偃干戈、修文德：放下武器，用礼乐教化进行统治。偃，停止，停息。
5　敦：推崇，崇尚。
6　内行淳备：内行，平日家居的操行。淳备，纯美无缺。
7　资用国邑，不修产利：家里的开支取自封地的收入，不从其他产业营利。
8　方直：人品端方正直。
9　阖门养威重：关起门来修身养性。阖门，关门。
10　恩遇：帝王的知遇，也泛指受人的恩惠和知遇。
11　制御：控制，防备。
12　回容：曲法宽容。
13　珍甘：珍贵甘美的食物。
14　诛谴：诛杀贬谪。
15　公辅：三公、四辅，均为天子之佐，也借指宰相一类的大臣。
16　平章大论：平章，商议处理。大论，正大的议论。
17　经国远猷：经国，治理国家。远猷，长远的打算，远大的谋略。

容貌辞气[1]卑恭已甚，帝愈亲厚之。融小心，久不自安，数辞爵位，上疏曰："臣融有子，朝夕教导以经艺[2]，不令观天文，见谶记[3]，欲令恭肃[4]畏事，恂恂[5]守道，不愿其有才能，况当传以连城广土，享故诸侯王国哉[6]？"帝不许，诏勿得复言。

五月，匈奴寇河东。

戊戌**十四年**（公元 38 年）

莎车、鄯善遣使奉献。请置都护，不许莎车王贤、鄯善王安皆遣使奉献。西域苦匈奴重敛[7]，皆愿属汉，复置都护。上以中国新定，不许。

太中大夫梁统请更定律令，不报统上疏曰："臣窃见元帝轻殊死刑[8]三十四事，哀帝轻殊死刑八十一事，其四十二事手杀人[9]者，减死一等。自后著为常准[10]，故人轻犯法，吏易杀人。臣闻刑罚在衷，无取于轻[11]。高帝受命，约令定律，诚得其宜。文帝唯除省肉刑、相坐之法。至哀、平继体，即位日浅，听断尚寡。丞相王嘉轻为穿凿[12]，亏除[13]先帝旧约成律数年之间百有余事，或不便于理，或不厌民心[14]，谨表其尤害于体者，傅奏于左[15]。愿陛下宣诏有司，详择其善，定不易之典。"事下公卿。光禄勋杜林奏曰："大汉初兴，蠲除苛政，

1　辞气：言辞，谈吐。
2　经艺：经学。
3　谶记：记载预言的书。
4　恭肃：谦恭肃穆。
5　恂恂：诚实谦恭的样子。
6　况当传以连城广土，享故诸侯王国哉：何况竟要把几个城市的广大土地传给他，让他继承诸侯王国呢。
7　重敛：苛税。
8　殊死刑：斩首的死刑。殊，斩首，断其首身而死。
9　手杀人：亲手杀人。
10　常准：定法，原则。
11　刑罚在衷，无取于轻：设置刑罚在于适中，不能偏轻。
12　穿凿：非常牵强地解释。
13　亏除：减免。
14　不厌民心：不得民心。厌，满足。
15　表其尤害于体者，傅奏于左：把其中为害最严重的，附在后边，向您陈奏。古文由右至左读，因此"左"即为后。

海内欢欣。及至其后，渐以滋章[1]。果桃菜茹[2]之馈，集以成赃。小事无妨于义，以为大戮。至于法不能禁，令不能止，上下相遁[3]，为弊弥深。臣愚以为宜如旧制。"统复上言曰："臣之所奏，非曰严刑。经曰：'爰制百姓，于刑之衷[4]。'衷之为言，不轻不重之谓也。自高祖至于孝宣，海内称治。至初元、建平[5]而盗贼浸多，皆刑罚不衷，愚人易犯之所致也。由此观之，则刑轻之作，反生大患。惠加奸轨，而害及良善也。"事寝不报。

己亥十五年（公元39年）

春，正月，免大司徒歆归田里。歆自杀韩歆好直言无隐，帝每不能容。歆于上前证岁将饥凶，指天画地，言甚刚切[6]，故坐免归田里。帝犹不释，复遣使宣诏责之，歆及子婴皆自杀。歆素有重名[7]，死非其罪，众多不厌[8]。帝乃追赐钱谷，以成礼[9]葬之。

司马公曰：切直之言，非人臣之利，乃国家之福。是以人君夙夜求之，唯惧弗得闻。惜乎，以光武之世而韩歆用直谏死，岂不为仁明[10]之累哉？

有星孛于昴[11]。

以欧阳歙为大司徒。

二月，徙边郡吏民避匈奴匈奴寇钞日盛，州郡不能禁。二月，遣吴汉率马成、马武等北击匈奴，徙雁门、代郡、上谷吏民六万余口置居庸[12]、常山关[13]

1　滋章：森严酷烈。
2　菜茹：菜蔬。
3　上下相遁：上下互相掩护逃避。
4　爰制百姓，于刑之衷：治理百姓，刑法要适中。
5　初元、建平：汉元帝的第一个年号和汉哀帝的第一个年号，用以代指汉元帝、汉哀帝。
6　刚切：刚直恳切。
7　重名：盛名，很高的名望。
8　不厌：不服。
9　成礼：规定的礼仪。
10　仁明：仁爱明察。
11　昴：古星宿名，二十八宿之一，西方白虎七宿的第四宿，有星四颗。
12　居庸：长城著名关塞之一，位于今北京市昌平区西北。
13　常山关：古关隘名，又名鸿上关，即今河北省保定市唐县西北、太行山东麓的倒马关。

以东，以避胡寇。匈奴左部遂复转居塞内，朝廷患之，增缘边[1]兵，郡数千人。

夏，四月，追谥兄缜为齐武公帝感缜功业不就，抚育二子章、兴，恩爱甚笃。以其少贵，欲令亲吏事，使章试守平阴令，兴缑氏令。其后章迁梁郡太守，兴迁弘农太守。

诏州郡检核[2]垦田户口帝以天下垦田多不以实自占，又户口、年纪互有增减，乃诏下州郡检核。于是刺史、太守多为诈巧，苟以度田[3]为名，聚民田中，并度庐屋、里落[4]，民遮道啼呼。或优饶豪右，侵刻羸弱[5]。时诸郡各遣使奏事，帝见陈留吏[6]牍上有书，视之，云："颍川、弘农可问，河南、南阳不可问。"帝诘吏由趣[7]，抵言[8]："于长寿街上得之。"帝怒。时东海公阳年十二，在幄[9]后言曰："吏受郡敕，当欲以垦田相方耳[10]。"帝曰："即如此，何故言河南、南阳不可问？"对曰："河南帝城，多近臣；南阳帝乡，多近亲。田宅逾制，不可为准。"帝令虎贲将诘问吏，吏乃实首服[11]，如东海公对。上犹是益奇爱[12]阳。遣谒者考实[13]二千石长吏阿枉[14]不平者。

冬，十一月，大司徒歆有罪，下狱死歆坐前为汝南太守，度田不实，赃罪[15]千万，下狱。歆世授《尚书》，八世为博士，诸生守阙为歆求哀者千余

1　缘边：沿边，边境。
2　检核：检查核对。
3　度田：丈量土地。度，衡量，计算。
4　里落：村落，里巷。
5　优饶豪右，侵刻羸弱：优待豪强，侵害苛待贫弱的百姓。优饶，宽容，优待。侵刻，侵害，剥夺。
6　陈留吏：陈留郡的官员。陈留，古郡名，辖今河南省开封市及尉氏县以东，宁陵县以西，延津、长垣县以南，杞县、睢县以北地。
7　诘吏由趣：责问陈留郡的官吏这行字的来源和意图是什么。由趣，来源和意向。
8　抵言：谎称。
9　幄：帐幕。
10　吏受郡敕，当欲以垦田相方耳：那是官吏接受郡守下的指令，将要同其他郡丈量土地的情况作比较。
11　实首服：据实坦白服罪。首服，坦白服罪。
12　奇爱：特别喜爱。
13　考实：考按实情。
14　阿枉：偏私不公正。
15　赃罪：贪污受贿罪。

人，至有自髡剔¹者。平原礼震，年十七，求代歆死。帝竟不赦，歆死狱中。

以戴涉为大司徒。

卢芳复入，居高柳。

遣马成缮治障塞²。以张堪为渔阳太守骠骑大将军杜茂坐使军吏杀人，免。使扬武将军马成代茂缮治障塞，十里一堠³，以备匈奴。使骑都尉张堪领杜茂营，击破匈奴于高柳。拜堪渔阳太守。堪视事八年，匈奴不敢犯塞，劝民耕稼⁴，以致殷富。

庚子十六年（公元40年）

春，二月，交趾女子征侧、征贰反交趾麊泠县⁵雒将女子征侧甚雄勇⁶，交趾太守苏定以法绳之。征侧忿怨，与妹征贰反。九真、日南⁷、合浦蛮俚⁸皆应之，凡略六十五城，自立为王，都麊泠。交趾刺史及诸太守仅得自守。

三月晦，日食。

秋，九月，河南尹、诸郡守十余人皆有罪，下狱死皆坐度田不实。后上从容谓虎贲中郎将⁹马援曰：“吾甚恨前杀守、相多也。”对曰：“死得其罪，何多之有？但死者既往，不可复生也。”上大笑。

群盗起。冬，十月，诏许相斩除罪¹⁰，遂皆解散郡国群盗处处并起，郡县追讨，到则解散，去复屯结¹¹。冬，十月，遣使者下郡国，听群盗自相纠擿¹²，

1　髡剔：剃去头发。
2　缮治障塞：缮治，整理，修补。障塞，边塞险要处防御用的城堡。
3　堠：古代瞭望敌情的土堡。
4　耕稼：泛指种庄稼。
5　麊泠县：古县名，治所位于今越南永富省安朗县西夏雷村。
6　雄勇：勇猛威武。
7　日南：古郡名，辖今越南中部北起横山、南抵大岭地区。
8　蛮俚：古代少数民族蛮人的别称。
9　虎贲中郎将：古官名，光禄勋属官，掌虎贲宿卫，战时领兵征伐。
10　相斩除罪：互相检举斩杀，以免除自身的罪过。
11　屯结：聚集，集结。
12　纠擿：纠举揭发。

五人共斩一人者，除其罪。吏虽逗遛[1]、回避、故纵[2]者，皆勿问，听以擒讨[3]为效。其牧、守、令、长坐界内有盗贼而不收捕者，又以畏愞捐城委守者[4]，皆不以为负[5]，但取获贼多少为殿最，唯蔽匿[6]者乃罪之。于是更相追捕，贼并解散，徙其魁帅[7]于他郡，赋田受禀[8]，使安生业，自是牛马放牧不收，邑门不闭。

卢芳降，立以为代王卢芳与闵堪使使请降，帝立芳为代王，堪为代相，赐缯[9]二万匹，因使和集匈奴。初，匈奴闻汉购求芳，贪得财帛，故遣芳还降。既而芳以自归为功，不称匈奴所遣，单于复耻言其计，故赏遂不行。由是大恨，入寇尤深。芳入朝，南及昌平，有诏止，令更朝明岁[10]。

复行五铢钱马援奏宜如旧铸五铢钱，上从之，天下赖其便。

辛丑十七年（公元41年）

春，正月，以赵熹为平原太守初，怀县大姓[11]李子春二孙杀人，怀令赵熹穷治其奸，二孙自杀，收系子春。京师贵戚为请者数十，熹终不听。赵孝公良病，上临视之，问所欲言，良曰："素与李子春厚，今犯罪，怀令赵熹欲杀之，愿乞其命。"帝曰："吏奉法律，不可枉也。更道他所欲。"良无复言。既薨，上追思良，乃贳出子春，迁熹为平原太守。

二月晦，日食。

冬，十月，废皇后郭氏，立贵人阴氏为皇后郭后宠衰，数怀怨怼，上

1　逗遛：延误，耽误。
2　故纵：知人犯法而不检举，或故意开脱其罪。
3　擒讨：擒获处治。
4　以畏愞捐城委守者：因为畏惧、懦弱弃城，放弃职责的官员。
5　不以为负：不予处罚，不让他们承担责任。
6　蔽匿：隐藏，隐瞒。
7　魁帅：主将，首领，常含贬义。
8　赋田受禀：给他们土地，供应粮食。
9　缯：古代丝织品的总称。
10　更朝明岁：改为明年朝见。
11　怀县大姓：怀县，古县名，治所位于今河南省焦作市武陟县西南。大姓，世家大族。

怒之。废后，立贵人阴氏为皇后。诏曰："异常之事，非国休福[1]，不得上寿称庆。"郅恽言于帝曰："臣闻夫妇之好，父不能得之于子，况臣能得之于君乎？是臣所不敢言。虽然，愿陛下念其不可，勿乱大伦[2]，使天下有议社稷者。"帝曰："恽善恕己量主[3]，知我必不有所左右而轻天下也。"

　　进右翊公辅为中山王。

　　帝如章陵[4]帝幸章陵，修园庙，祠旧宅，观田庐，置酒作乐，赏赐。时宗室诸母因酺悦[5]相与语曰："文叔少时谨信，与人不款曲[6]，唯直柔[7]耳，今乃能如此。"帝闻之，大笑曰："吾治天下，亦欲以柔道[8]行之。"

　　十二月，还宫。

　　以莎车王贤为汉大将军是岁，莎车王贤复遣使奉献，请都护。帝赐贤西域都护印绶及车旗、黄金、锦绣。敦煌太守裴遵上言："夷狄不可假以大权，又令诸国失望。"诏书收还都护印绶，更赐贤以汉大将军印绶。其使不肯易，遵迫夺之。贤犹是始恨，而犹诈称大都护，移书诸国，悉服属焉。

　　以马援为伏波将军，讨交趾征侧等寇乱连年，诏长沙[9]、合浦、交趾具车船，修道桥，通障溪[10]，储粮谷。拜马援为伏波将军，以扶乐侯刘隆为副，南击交趾。

壬寅十八年（公元 42 年）

　　春，二月，蜀郡守将史歆反，遣吴汉等讨之。

1　休福：吉庆，福瑞。
2　大伦：伦常大道，关于君臣、父子关系的行为准则。
3　恕己量主：以自己的仁爱之心揣度主上的想法。
4　章陵：古县名，治所位于今湖北省襄阳市辖枣阳市南。《后汉书·城阳恭王祉传》："初，建武二年，以皇祖、皇考墓为昌陵，置陵令守视，后改为章陵。"
5　酺悦：畅快喜悦。
6　款曲：殷勤应酬。
7　直柔：坦率温和。
8　柔道：温和安抚的治术或谋略。
9　长沙：古郡名，辖今湖南省邵阳市以北的资水流域、衡阳市以北的湘江流域和湖北省通城县地。
10　障溪：阻塞的河道。

三月，帝如河东，祠后土。

马援与征侧、征贰战，大破之援缘[1]海而进，随山刊道[2]千余里，至浪泊[3]上，与征侧等战，大破之，追至禁溪[4]，贼遂散走。

夏，四月，帝还宫。

五月，旱。

卢芳复反，奔匈奴芳自昌平还，内自疑惧，遂复反。匈奴遣数百骑迎芳出塞，芳留匈奴中，病死。

秋，七月，吴汉拔成都，诛史歆。

罢州牧，置刺史。

癸卯**十九年**（公元43年）

春，正月，尊孝宣皇帝庙为中宗，始祠元帝以上于太庙，成帝以下于长安，徙四亲庙于章陵五官中郎将[5]张纯与太仆朱浮奏议：“礼，为人子，事大宗，降其私亲。当除今亲庙四，以先帝四庙代之。”大司徒涉等奏：“立元、成、哀、平四庙。”上自以昭穆[6]次第，当为元帝后。遂追尊宣帝曰中宗。始祠昭帝、元帝于太庙，成帝、哀帝、平帝于长安，舂陵节侯以下于章陵。其长安、章陵皆太守、令、长侍祠[7]。

胡氏曰：王莽篡时，汉祚既绝，光武扫平祸乱，奋然崛起，虽祖高祖而帝四亲，非与哀朝[8]尊崇藩统同事，于义未有大不可者。一闻纯等建议，断然从

1　缘：沿着。
2　刊道：开辟道路。
3　浪泊：古湖泊名，即今越南河内市西北、东英县西南之西湖。
4　禁溪：古地名，位于今越南永福省安乐县境内，《通鉴》胡注谓《水经注》及《越志》皆作“金溪”。
5　五官中郎将：古官名，隶光禄勋，部分侍郎、郎中亦归其统率，职掌宿卫殿门，出充车骑。
6　昭穆：宗庙或宗庙中神主的排列次序，始祖居中，以下父子（祖、父）递为昭穆，左为昭，右为穆。
7　侍祠：陪从祭祀。
8　哀朝：汉哀帝在位时。

之，章陵四祠，蔑[1]有异等。寡恩之谮，不闻于当年；失礼之议，不生于后代。以是较之，宣、哀过举[2]益明。而礼所载，为人后者为其父母降而不得祭，岂可违而不守哉？

马援斩征侧、征贰进击余党都阳等，降之，峤南[3]悉平。援与越人申明旧制以约束之，自后骆越[4]奉行马将军故事。

妖贼[5]单臣等据原武[6]。夏，四月，臧宫破斩之妖贼单臣、傅镇等相聚入原武城，自称将军。诏太中大夫臧宫将兵围之，数攻不下。帝召公卿、诸侯王问方略，皆曰："宜重其购赏。"东海王阳独曰："妖巫相劫，势无久立，其中必有悔欲亡者，但外围急，不得走耳。宜小挺缓[7]，令得逃亡。逃亡，则一亭长足以擒矣。"帝然之，即敕宫撤围缓贼，贼众分散。遂拔原武，斩臣、镇等。

六月，废皇太子强为东海王，立东海王阳为皇太子，改名庄郭后既废，太子强意不自安。郅恽说太子曰："久处疑位，上违孝道，下近危殆，不如辞位以奉养母氏。"太子从之，数因左右及诸王陈其恳诚，愿备藩国[8]。上不忍，迟回[9]者数岁。六月戊申[10]，诏曰："《春秋》之义，立子以贵。东海王阳，皇后之子，宜承大统[11]。皇太子强，崇执谦退[12]，愿备藩国，父子之情，重久违之[13]。其封强为东海王，立阳为皇太子，改名庄。"

1　蔑：无，没有。
2　过举：错误的行为。
3　峤南：指岭南地区，大致相当于今天广东、广西、海南三省区及越南北部。
4　骆越：百越部落的一支，传说是炎帝神农氏后裔，分布于今广东西部，广西、海南与越南北部一带。
5　妖贼：以妖言惑众倡乱的人。
6　原武：古县名，治所即今河南省新乡市原阳县。
7　挺缓：宽缓，缓解。
8　愿备藩国：愿意退居藩国之位。
9　迟回：迟疑，犹豫。
10　戊申：此处指二十六日。
11　大统：帝位。
12　崇执谦退：执意要求谦让。
13　重久违之：难以长久违背他的愿望。

袁宏[1]曰：夫建太子，所以重宗统[2]，一民心也。非有大恶于天下，不可移也。世祖中兴汉业，宜遵正道以为后世法。今太子之德未亏于外，内宠[3]既多，嫡子迁位，可谓失矣。然东海归藩，谦恭之心弥亮，明帝承统，友于[4]之情愈笃。虽长幼易位，兴废不同，父子兄弟至性无间。夫以三代之道处之，亦何以过乎？

胡氏曰：《春秋》之义，立子以长不以功，以德不以贵，无立子以贵之说也。借如[5]立贵者，强非后子乎？盖不得于义，故不得于言。曰："《春秋》之义，立子以贵。东海王阳，皇后之子，宜承大统。"则是得失之分，不待辨而自明矣。

帝以太子舅阴识守执金吾，阴兴为卫尉，皆辅导太子。识性忠厚，入虽极言正议，及与宾客语，未尝及国事。帝敬重之。兴虽礼贤好施，而门无游侠，与同郡张宗、上谷鲜于褒不相好，知其有用，犹称所长而达[6]之。友人张泛、杜禽，与兴厚善，以为华而少实，但私之以财，终不为言，是以世称其忠。后帝欲以兴为大司徒，兴固让曰："臣不敢惜身，诚亏损盛德，不可苟冒[7]。"帝遂听之。以沛国桓荣为议郎，使授太子经。车驾幸太学，会诸博士论难于前。荣辨明经义，每以礼让相厌[8]，不以辞长[9]胜人，儒者莫之及。又诏诸儒生雅歌击磬[10]，尽日[11]乃罢。帝使左中郎将[12]钟兴授皇太子及宗室诸侯《春秋》，赐兴爵关内侯。兴辞以无功，帝曰："生教训太子及诸王侯，非大功邪？"兴曰："臣师少府丁恭。"于是复封恭，而兴遂固辞不受。

---

1 袁宏：东晋史学家，因为不满当时已出的几种《后汉书》，编著了《后汉纪》。
2 宗统：宗族系统。
3 内宠：帝王宠爱的人。
4 友于：语出《尚书·君陈》："惟孝友于兄弟。"后割裂用典，以"友于"代指兄弟。
5 借如：假如，如果。
6 达：荐举。
7 苟冒：贪求。
8 厌：压制。
9 辞长：言辞锋利。
10 雅歌击磬：雅歌，伴以雅乐唱诗歌。击磬，演奏乐器。
11 尽日：终日，整天。
12 左中郎将：古官名，隶光禄勋，与五官、右中郎将分领中郎，更直宿卫，协助光禄勋考核管理郎官、谒者、从官。

赐洛阳令董宣钱三十万陈留董宣为洛阳令。湖阳公主苍头白日杀人，因匿主家，吏不能得。及主出行，以奴骖乘。宣候之，驻车叩马[1]，以刀画地，大言[2]数主之失，叱奴下车，因格杀之。主即还宫诉帝。帝大怒，召宣，欲箠杀[3]之。宣叩头曰："愿乞一言而死。"帝曰："欲何言？"宣曰："陛下圣德中兴，而纵奴杀人，将何以治天下乎？臣不须箠，请自杀。"即以头击楹[4]，流血被面[5]。帝令小黄门[6]持之，使宣叩头谢主，宣不从；强使顿[7]之，宣两手据[8]地，终不肯俯。主曰："文叔为白衣[9]时，藏亡匿死，吏不敢至门，今为天子，威不能行一令乎？"帝笑曰："天子不与白衣同！"因敕："强项[10]，令出！"赐钱三十万，宣悉以班诸吏。由是能搏击[11]豪强，京师莫不震栗[12]。

秋，九月，帝如南顿，赐复二岁上幸南阳，进幸汝南南顿县舍，置酒会，赐吏民，复南顿田租一岁。父老前叩头言："愿赐复十年。"帝曰："天下重器，常恐不任[13]，日复一日，安敢远期十岁乎？"吏民又言："陛下实惜之，何言谦也？"帝大笑，复增一岁。

甲辰二十年（公元44年）

春，二月，还宫。

夏，四月，大司徒涉下狱死。大司空融坐免[14]戴涉坐入故太仓令奚涉

1　叩马：勒住马。叩，通"扣"。
2　大言：高声地说。
3　箠杀：用棍棒打死。箠，用棍子打，杖刑。
4　楹：厅堂前部的柱子。
5　被面：满面。
6　小黄门：古宦官名，位次中常侍，高于中黄门，侍从皇帝左右，收受尚书奏事，传宣帝命，掌宫廷内外、皇帝与后宫之间的联络。
7　顿：叩头，磕头。
8　据：按着。
9　白衣：古代平民服，因借指平民，亦指无功名或无官职的士人。
10　强项：不肯低头。
11　搏击：惩处打击，弹劾。
12　震栗：恐惧颤抖。
13　任：担当，负担。
14　坐免：因事或因罪免职。

罪[1]，下狱死。帝以三公连职[2]，策免窦融。

五月，大司马、广平侯吴汉卒汉病笃，车驾亲临，问所欲言，对曰："臣愚，无所知识[3]，愿陛下慎无赦[4]而已。"及薨，诏送葬如大将军霍光故事。汉性强力，每从征伐，帝未安，常侧足而立[5]。诸将见战阵不利，或多惶惧，失其常度。汉意气自若，方整厉[6]器械，激扬吏士。帝时遣人观大司马何为，还言方修战攻之具，乃叹曰："吴公差强人意[7]，隐若一敌国矣。"每当出师，朝受诏，夕则引道[8]，初无办严[9]之日。及在朝廷，斤斤谨质[10]，形于体貌。汉尝出征，妻子在后买田宅。汉还，让之曰："军师在外，吏士不足，何多买田宅乎？"遂尽以分与昆弟、外家。故能任职，以功名终。

匈奴寇上党、天水、扶风。

六月，以蔡茂为大司徒，朱浮为大司空太子太傅张湛，自郭后之废，称疾不朝。帝强起之，欲以为司徒。湛辞疾笃，不能复任朝事，遂罢之，而用茂、浮。

徙中山王辅为沛王。

以郭况为大鸿胪帝数幸况第，赏赐金帛，丰盛莫比[11]，京师号况家为"金穴"。

冬，十二月，遣马援屯襄国马援自交趾还，平陵孟冀迎劳之。援曰："方今匈奴、乌桓尚扰北边，欲自请击之。男儿要当死于边野[12]，以马革裹尸[13]

1　坐入故太仓令奚涉罪：被指控陷害前太仓令奚涉。
2　连职：一起供职，共事。
3　知识：了解，辨识。
4　慎无赦：慎重，不要轻易宽免罪罚。
5　侧足而立：形容有所畏惧，不敢正立。
6　整厉：整饬磨砺。
7　差强人意：尚能令人满意，意谓还能振奋人们的意志。
8　引道：起程，上路。
9　办严：置办行装。
10　斤斤谨质：斤斤，小心谨慎。谨质，严谨质朴。
11　莫比：无比。
12　边野：边地。
13　马革裹尸：用马皮把尸体包起来，形容在战场上壮烈牺牲。马革，马皮。

还葬耳，何能卧床上，在儿女子手中邪？"冀曰："谅[1]！为烈士当如是矣。"
十二月，匈奴再寇天水、扶风、上党。援自请击，帝许之，使出屯襄国，诏百
官祖道。援谓黄门郎梁松、窦固曰："凡人富贵，当使可复贱也。如卿等欲不
可复贱，居高坚自持[2]。勉思鄙言。"

乙巳二十一年（公元45年）

春，正月，乌桓与匈奴、鲜卑连兵入寇代郡以东尤被乌桓之害，其居
止[3]近塞，朝发穹庐[4]，暮至城郭，五郡民庶[5]，家受其辜。至于郡县损坏，百姓流
亡，边陲萧条，无复人迹。秋，八月，帝遣马援与诸谒者分筑堡塞[6]，稍兴，立
郡县，或空置太守、令、长，招还人民。乌桓居上谷塞外白山[7]者最为强富，
援将三千骑击之，无功而还。

鲜卑寇辽东，太守祭肜击走之鲜卑万余骑寇辽东，太守祭肜率数千人
迎击之，自被甲陷阵[8]。虏大奔，投水死者过半，遂穷追出塞。虏急，皆弃兵裸
身散走。是后鲜卑震怖，畏肜，不敢复窥塞。

冬，匈奴寇上谷、中山。

西域十八国遣子入侍，请都护，不许莎车王贤浸以骄横，欲兼并西
域，数攻诸国，诸国愁惧[9]。车师前王、鄯善、焉耆等十八国俱遣子入侍，愿得
都护。帝以中国初定，北边未服，皆还其侍子，厚赏赐之。诸国闻都护不出，
而侍子皆还，大忧恐。乃与敦煌太守檄，愿留侍子以示莎车，言侍子见留，都
护寻至，冀且息其兵。裴遵以状闻，帝许之。

1　谅：诚实，信实。此处意为确实是这样。
2　居高坚自持：身居高位，要坚定地自我克制。自持，自我克制。
3　居止：住所。
4　穹庐：古代游牧民族居住的毡帐。
5　民庶：庶民，百姓。
6　堡塞：堡垒要塞。
7　白山：即白庙儿山，古山名，位于今河北省张家口市沽源县南。
8　自被甲陷阵：亲自身穿盔甲上阵冲杀。被甲，披上盔甲。
9　愁惧：忧愁恐惧。

丙午二十二年（公元46年）

春，闰正月，帝如长安，祠高庙，上陵[1]。

二月，还宫。

夏，五月晦，日食。

秋，九月，地震。

冬，大司空浮免，以杜林为大司空。

以刘昆为光禄勋 初，昆为江陵令，县有火灾，昆向火叩头，火寻灭。后为弘农太守，虎皆负子渡河。帝闻而异之，征昆代林[2]为光禄勋。帝问昆曰："前在江陵，反风灭火，后守弘农，虎北渡河，行何德政而致是事？"对曰："偶然耳。"左右皆笑，帝叹曰："此乃长者之言也。"顾[3]命书诸策。

青州蝗。

匈奴单于舆死，子蒲奴立，求和亲，许之 匈奴中连年旱、蝗，赤地[4]数千里，人畜饥疫，死耗太半。单于畏汉乘其敝，乃遣使诣渔阳求和亲，帝遣中郎将李茂报命[5]。

诏罢边郡亭候[6]，招降乌桓 乌桓乘匈奴之弱击破之，匈奴北徙数千里，幕[7]南地空。诏罢诸边郡亭候吏卒，以币帛[8]招降乌桓。

西域复请都护，不许，遂附于匈奴 西域诸国侍子久留敦煌，皆愁思亡归。莎车王贤知都护不出，击破鄯善，攻杀龟兹王。鄯善王安上书："愿复遣子入侍，更请都护。都护不出，诚迫于匈奴。"帝报曰："今使者大兵未能得出，如诸国力不从心，东西南北自在也。"于是鄯善、车师复附匈奴。

1　上陵：帝王到祖先陵墓进行祭祀。
2　林：指杜林。
3　顾：回头。
4　赤地：旱灾或虫灾严重时，寸草不生的土地。赤，空。
5　报命：报聘，派使臣回访他国。
6　亭候：亦作"亭堠"，古代边境上用以瞭望和监视敌情的岗亭、土堡。
7　幕：通"漠"，沙漠。
8　币帛：泛指财物。

　　班固曰：孝武之世，图制匈奴，患其兼从西国[1]，结党南羌，乃表河曲[2]列四郡，开玉门，通西域，以断匈奴右臂。隔绝南羌、月氏，单于失援，由是远遁，而幕南无王庭矣。然通西域，近有龙堆[3]，远则葱岭、身热、头痛、悬度[4]之厄，淮南[5]、杜钦、扬雄之论，皆以为此天地所以界别区域，绝外内也。西域诸国各有君长，兵众分弱，无所统一，虽属匈奴，不相亲附。匈奴能得其马畜、旃罽[6]而不能统率，与之进退。与汉隔绝，道里又远，得之不为益，弃之不为损，盛德在我，无取于彼。故自建武以来，西域思汉威德，咸乐内属，数遣使置质[7]于汉，愿请都护。圣上远览古今，因时之宜，辞而未许。虽大禹之序[8]西戎，周公之让白雉[9]，太宗之却走马[10]，义兼之矣。

丁未二十三年（公元47年）

　　夏，五月，大司徒茂卒。

　　秋，八月，大司空林卒。

　　以王况为大司徒。

　　冬，十月，以张纯为大司空。

　　武陵蛮反，遣将军刘尚击之，败没尚溯沅水入武溪[11]击之。尚轻敌深入，蛮乘险邀之，尚一军悉没。

1　兼从西国：兼从，吞并。西国，西域诸国。
2　表河曲：表，标出，标明。河曲，黄河迂曲的地方。
3　龙堆：又称白龙堆，即今库姆塔格沙漠，位于今新疆罗布泊以东至甘肃敦煌间。
4　身热、头痛、悬度：古地名，均为古西域险要的地方。
5　淮南：指淮南王刘安。
6　旃罽：毡、毯一类的毛织品。
7　置质：派遣人质作担保，以示信守盟约或臣服。
8　序：依次序排列。
9　周公之让白雉：周公辅佐周成王，实行了周文王的仁政，天下太平，各国进献贡品，越裳经过多次辗转翻译来献白雉，成王送给周公，周公又把白雉供奉在文王的庙里。
10　太宗之却走马：汉文帝不接受千里马。事见前文。太宗，即汉文帝。
11　武溪：古水名，即今湖南省湘西土家族苗族自治州泸溪县境内武水，沅江支流。

鬲侯朱祜卒祜为人质直[1]，尚儒学，为将多受降，以克定[2]城邑为本，不存[3]首级之功。

戊申二十四年（公元48年）

春，正月，匈奴南边八部立日逐王比为南单于，款塞内附[4]初，匈奴单于舆弟右谷蠡王知牙师以次[5]当为左贤王，左贤王次即当为单于。单于欲传其子，遂杀知牙师。乌珠留单于有子曰比，为右薁鞬日逐王，领南边八部。比见知牙师死，出怨言曰："以兄弟言之，右谷蠡王次当立；以子言之，我前单于长子，我当立！"遂内怀猜惧，庭会稀阔[6]。单于疑之，乃遣两骨都侯[7]监领比所部兵。及单于蒲奴立，比益恨望[8]，密遣汉人郭衡奉匈奴地图诣西河[9]太守，求内附。两骨都侯颇觉其意，劝单于诛比。比弟渐将王在单于帐下，闻之，驰以报比。比遂聚八部兵四五万人，待两骨都侯还，欲杀之。骨都侯且到，知其谋，亡去。单于遣万骑击之，见比众盛，不敢进而还。八部大人共议立比为呼韩邪单于，款五原塞，愿永为藩蔽，捍御北虏[10]。事下公卿，议者皆以为："天下初定，中国空虚，不可许。"五官中郎将耿国独以为宜如孝宣故事，受之，令东捍鲜卑，北拒匈奴，率厉[11]四夷，完复[12]边郡。帝从之。于是分为南北匈奴。

秋，七月，遣马援征武陵蛮武陵蛮寇临沅[13]。遣谒者李嵩、中山太守马成

1　质直：朴实正直。
2　克定：攻克平定。
3　存：关心。
4　内附：归附朝廷。
5　以次：按照顺序。次，顺序。
6　内怀猜惧，庭会稀阔：心怀猜忌恐惧，很少去单于王庭朝会。庭会，朝会。稀阔，稀疏。
7　骨都侯：古匈奴官名，分左、右，由异姓贵族担任，位在谷蠡王之下，是单于的辅政近臣。
8　恨望：怨望，怨恨。
9　西河：古郡名，辖今内蒙古伊克昭盟东部、山西省吕梁山、芦芽山以西，石楼以北及陕西省宜川以北黄河沿岸地带。
10　捍御北虏：抵御北方的敌人。捍御，防御。
11　率厉：率领督促。
12　完复：恢复，复原。
13　临沅：古县名，治今湖南省常德市西，以南临沅水得名。

讨之，不克。马援请行，帝潜其老，未许。援曰："臣尚能被甲上马。"帝令
试之。援据鞍顾盼[1]，以示可用。帝笑曰："矍铄[2]哉是翁！"遂遣率中郎将马武、
耿舒等将四万余人征五溪[3]。援谓友人杜愔曰："吾受厚恩，年迫日索[4]，常恐不
得死国事，今获所愿，甘心瞑目。但畏长者家儿或在左右与从事，殊难得调，
介介独恶是耳[5]！"

　　冬，十月，匈奴南单于遣使入贡南单于奉藩称臣。上以问朗陵侯臧宫，
宫曰："匈奴饥疫分争，臣愿得五千骑以立功。"帝笑曰："常胜之家，难与虑[6]
敌，吾方自思之。"

己酉二十五年（公元49年）

　　春，正月，貊人、鲜卑、乌桓并入朝贡[7]辽东徼外[8]貊人寇边，太守祭
肜招降之。肜又以财利抚纳[9]鲜卑大都护偏何，使招致异种[10]，络绎[11]款塞。肜曰：
"审欲立功，当归击匈奴，斩送头首，乃信耳。"偏何等即击斩匈奴，持头诣
郡。其后相攻，辄送首级，受赏赐。自是匈奴衰弱，边无寇警[12]，鲜卑、乌桓并
入朝贡。肜为人质厚重毅[13]，抚夷狄以恩信，故皆畏而爱之，得其死力。

　　南单于击北单于，破之，来请使者监护[14]南单于遣其弟左贤王莫将兵万

1　顾盼：环视，左顾右盼。
2　矍铄：形容老人目光炯炯，精神健旺。
3　五溪：东汉时对湖南省怀化市沅陵县以西沅江五条支流的总称。
4　年迫日索：年事已高，去日无多。日索，时日无处求取。
5　但畏长者家儿或在左右与从事，殊难得调，介介独恶是耳：只是顾虑那些权贵子弟，他
　　们或者近在天子左右，或者随从办事，很难调动，我唯独有此心病。介介，形容有心事，
　　不能忘怀。
6　虑：思虑，谋划。
7　朝贡：藩属国或外国使臣入朝，贡献地方特产。
8　徼外：塞外，边外。
9　抚纳：安抚招纳。
10　异种：同一种族中的其他部落。
11　络绎：连续不断，往来不绝。
12　寇警：敌军入侵的警报。
13　质厚重毅：质厚，质朴敦厚。重毅，庄重坚毅。
14　监护：监督，监察保护。

余人击北单于弟薁鞬左贤王，生获之。北单于震怖，却地千余里。南单于复遣使诣阙贡献，求使者监护，遣侍子，修旧约。

三月晦，日食。

夏，新息侯马援卒于军。诏收其印绶马援军至临乡[1]，击破蛮兵。初，援尝有疾，虎贲中郎将梁松来候之，独拜床下，援不答。松意不平。诸子问曰："梁伯孙，帝婿，贵重朝廷，公卿以下莫不惮之，大人奈何独不为礼？"援曰："我乃松父友也，虽贵，何得失其序乎？"援兄子严、敦并喜讥议[2]，通轻侠[3]。援前在交趾，还书[4]诫之曰："吾欲汝曹[5]闻人过失，如闻父母之名，耳可得闻，口不可得言也。好议论人长短，妄是非政法[6]，此吾所大恶。宁死，不愿闻子孙有此行也。龙伯高敦厚周慎[7]，口无择言[8]，谦约节俭，廉公[9]有威，吾爱之重之，愿汝曹效之。杜季良豪侠好义，忧人之忧，乐人之乐，父丧致客[10]，数郡毕至，吾爱之重之，不愿汝曹效也。效伯高不得，犹为谨敕[11]之士，所谓'刻鹄不成尚类鹜[12]'者也；效季良不得，陷为天下轻薄子[13]，所谓'画虎不成反类狗'者也。"伯高者，山都长[14]龙述也。季良者，越骑司马[15]杜保也。会保仇人上书，讼："保为行浮薄[16]，乱群惑众，伏波将军万里还书以诫兄子，而梁松、窦固与之交结。"帝召松、固，以讼书[17]及援诫书示之，松、固叩头流血，而得不罪。

1　临乡：古地名，位于今湖南省常德市西南。
2　讥议：讥评非议。
3　通轻侠：通，结交。轻侠，轻生重义而勇于急人之难的人。
4　还书：致信。
5　汝曹：你们。
6　政法：法度，法规。
7　周慎：周密谨慎。
8　口无择言：说出来的话都很有道理，讲话时无需斟酌。
9　廉公：清廉公正。
10　致客：请客人来吊丧。
11　谨敕：谨慎自饬，约束自己的言行。
12　刻鹄不成尚类鹜：雕刻鸿鹄这样飞得高远的鸟不成，至少还可以雕得像一只野鸭子。
13　轻薄子：纨绔子弟。
14　山都长：山都县的县长。山都，古县名，治所位于今湖北省襄阳市襄州区西北。
15　越骑司马：古官名，越骑校尉属官，掌领越骑宿卫兵。
16　浮薄：轻薄，不朴实。
17　讼书：诉状。

诏免保官，擢拜龙述为零陵太守。松由是恨援。及援讨武陵蛮，军次下隽[1]，有两道可入，从壶头[2]则路近而水险，从充[3]则途夷[4]而运远。耿舒欲从充道，援以为弃日[5]费粮，不如进壶头，搤其咽喉，充贼自破。以事上之，帝从援策。进营壶头，贼乘高守隘[6]，水疾，船不得上。会暑甚，士卒多疫死，援亦中病，乃穿岸为室以避炎气[7]。贼每升险[8]鼓噪，援辄曳足[9]以观之，左右哀其壮，莫不为之流涕。耿舒与兄好畤侯弇书曰："前舒上书当先击充，粮虽难进，而兵马得用，军人数万，争欲先奋。今壶头竟不得进，大众怫郁行死[10]，诚可痛惜！前到临乡，贼无故自致，若夜击之，即可殄灭。伏波类西域贾胡[11]，到一处辄止，以是失利。今果疫疾[12]，皆如舒言。"弇得书奏之，帝乃使梁松乘驿[13]责问援，因代监军。会援卒，松因是构陷[14]援。帝大怒，追收援新息侯印绶。初，援在交趾，常饵薏苡实[15]，能轻身，胜瘴气。军还，载之一车。及卒后，有上书谮之者，以为昔所载还皆明珠文犀[16]。帝益怒。援妻孥[17]惶惧，与严草索相连[18]，诣阙请罪。帝乃出松书以示之，方知所坐，上书诉冤。前云阳令朱勃诣阙上书曰："窃见故伏波将军马援，间者南讨，立陷临乡，师已有业[19]，未竟而死。吏士虽疫，援不

1　下隽：古县名，治所位于今湖北省咸宁市通城县西北，因隽水得名。
2　壶头：古山名，位于今湖北省咸宁市崇阳县北。
3　充：古县名，治所即今湖北省张家界市桑植县。
4　夷：平。
5　弃日：耗费时日。
6　守隘：把守关隘。
7　炎气：暑气。
8　升险：登上险要处。
9　曳足：坐或站时用脚在地上拖来拖去。
10　怫郁行死：忧愁抑郁，即将病死。怫郁，忧郁，心情不舒畅。
11　贾胡：经商的胡人。
12　疫疾：疫病流行。
13　乘驿：乘坐驿车。
14　构陷：罗织罪名加以陷害。
15　饵薏苡实：服食薏苡仁。薏苡，一年生或多年生草本植物，茎直立，叶线状披针形，果卵形，淡褐色。
16　文犀：有纹理的犀角。
17　妻孥：妻子和儿女。
18　与严草索相连：和马严用草绳捆绑在一起。马严，马援的侄子。
19　有业：建立了功业。

独存。惟援得事朝廷二十二年，北出塞漠，南渡江海，触冒害气[1]，僵死军事[2]，名灭爵绝，国土不传，海内不知其过，众庶未闻其毁。家属杜门，葬不归墓，怨隙并兴，宗亲怖栗[3]，死者不能自列[4]，生者莫为之讼，臣窃伤之。愿下公卿，平援功罪，宜绝宜续，以厌[5]海内之望。"帝意稍解。

胡氏曰：梁松坐马援书，叩头流血，帝所亲见也，而使之乘驿责援，代监其军。援请营壶头，耿舒请从充道，两事俱上，帝从援策。寻复听舒，咎援失利，诬陷之言，又自松口。帝平日料敌制胜，明见万里之外，乃于此举屡失事宜，得非春秋既高，智有所困耶？不然，有臣如援而不保令终[6]，其为君德之累岂小哉？

冬，十月，监军谒者宗均矫制告谕群蛮，降之谒者宗均监援军。援既卒，军士疫死者大半，蛮亦饥困。均乃与诸将议曰："今道远士病，不可以战，欲权[7]承制降之，何如？"诸将莫敢应。均曰："夫忠臣出境，有可以安国家，专之可也。"乃矫制调伏波司马吕种守沅陵长[8]，命种奉诏书入虏营，告以恩信，因勒兵随其后。蛮夷震怖。冬十月，共斩其大帅而降。于是均入贼营，散其众，遣归本郡，为置长吏而还，群蛮遂平。均未至，先自劾矫制之罪。上嘉其功，迎，赐以金帛。

辽西乌桓内属，置校尉以领之是岁，辽西乌桓大人郝旦等率众内属，诏封乌桓渠帅为侯王君长者八十一人，使居塞内，布于缘边诸郡，令招来种人，给其衣食，遂为汉侦候[9]，助击匈奴、鲜卑。时司徒掾班彪上言："乌桓天

1　触冒害气：触冒，冒着，接触。害气，邪气，有害之气。
2　僵死军事：在战事中倒地而亡。僵死，倒地死亡。
3　怖栗：害怕得发抖。
4　自列：自陈，自白。
5　厌：满足。
6　令终：保持善名而死。
7　权：权宜，变通。
8　沅陵长：沅陵县的县长。沅陵县，古县名，治所位于今湖南省怀化市沅陵县南沅水南岸。
9　侦候：侦察。

性轻黠[1]，好为寇贼，若久放纵而无总领者，必复掠居人[2]。但委主降掾吏[3]，恐非所能制。臣愚以为宜复置乌桓校尉，诚有益于附集[4]，省国家之边虑[5]。"帝从之。于是始复置校尉于上谷宁城[6]，开营府[7]，并领鲜卑赏赐、质子，岁时互市[8]焉。

庚戌二十六年（公元50年）

春，正月，诏增百官俸千石以上，减于西京[9]旧制；六百石以下，增于旧秩。

初作寿陵[10]帝曰："古者帝王之葬，皆陶人瓦器，木车茅马，使后世之人不知其处。太宗识终始之义，景帝能述遵[11]孝道，遭天下反复，而霸陵独完，受其福，岂不美哉？今所置地不过二三顷，无为山陵陂池，裁[12]令流水而已。使迭兴之后，与丘陇[13]同体。"

胡氏曰：光武幸南阳，宗戚[14]丐[15]复十年。帝曰："天下至重，日复一日，敢望许久邪？"及寿陵初作，即有迭兴之念，此皆理所必至，而人所讳言者。明达如是，宜其永终天禄[16]，享国久长也。

立南单于庭，置使匈奴中郎将以领之遣中郎将段郴、副校尉王郁使南匈奴，立其庭，去五原西部塞八十里。诏听南单于入居云中，始置使匈奴中郎将，将兵卫护之。

1　轻黠：轻锐狡黠。
2　居人：居民。
3　主降掾吏：主持受降的低级官员。
4　附集：依附聚集。
5　边虑：对边境安宁的担心。
6　宁城：古地名，位于今河北省张家口市万全县一带。
7　营府：武将的府邸。
8　互市：国与国之间或不同民族之间的通商贸易。
9　西京：汉朝都城在长安时，即西汉。
10　寿陵：帝、后生前预筑的陵墓。
11　述遵：遵循。
12　裁：通"才"，仅，只。
13　丘陇：坟墓。
14　宗戚：泛称皇室亲族。
15　丐：乞求。
16　永终天禄：永远享有上天赐予的福禄。

秋，南单于遣子入侍诏赐单于冠带、玺绶、军马、金帛、甲兵、什器[1]。又转河东米糒、牛羊以赡给[2]之。令中郎将将弛刑[3]五十人，随单于所处，参辞讼，察动静。单于岁尽辄遣奉奏，送侍子入朝。汉遣谒者送前侍子还单于庭，赐单于及阏氏、左右贤王以下缯彩[4]合万匹，岁以为常。于是云中、五原、朔方、北地、定襄、雁门、上谷、代八郡民归于本土。遣谒者分将弛刑，补治城郭，发遣边民在中国者布还[5]诸县，皆赐以装钱[6]，转给粮食。时城郭丘墟，扫地更为[7]，上乃悔前徙之。

冬，徙南单于居西河美稷[8]冬，南匈奴五骨都侯子复将其众三千人归南部，北单于使骑追击，悉获其众。南单于遣兵拒之，逆战不利。于是复诏单于徙居西河美稷，因使段彬、王郁留西河拥护之，令西河长史岁将骑二千、弛刑五百人助中郎将卫护单于，冬屯夏罢，自后以为常。南单于既居西河，亦列置诸部王，助汉捍戍[9]北地、朔方、五原、云中、定襄、雁门、代郡，皆领部众[10]，为郡县侦逻[11]耳目。北单于惶恐，颇还所略汉民以示善意，钞兵[12]每到南部下，还过亭候，辄谢曰："自击亡虏[13]莫韇日逐耳，非敢犯汉民也。"

辛亥二十七年（公元 51 年）

夏，大司徒况卒。

五月，诏三公去"大"名，改司马曰太尉。

1　什器：人们在日常生活中使用的各种器具。
2　赡给：周济救助。
3　弛刑：解除枷锁的刑徒。
4　缯彩：彩色缯帛。
5　布还：分头回到。
6　装钱：置办行装的费用。
7　扫地更为：需要清除瓦砾，重新建设。
8　美稷：古县名，治所位于今内蒙古自治区鄂尔多斯市准格尔旗西北纳林村古城。
9　捍戍：守卫。
10　部众：部下兵众，部族兵众。
11　侦逻：侦察巡逻。
12　钞兵：抢掠的士兵。
13　亡虏：逃亡的罪人。

以赵憙为太尉，冯勤为司徒。

北匈奴求和亲，不许北匈奴遣使诣武威求和亲，帝召公卿廷议[1]，不决。皇太子言曰："南单于新附，北虏惧于见伐，故倾耳而听，争欲归义[2]耳。今未能出兵而反交通北虏，臣恐南单于将有二心，北虏降者且不复来矣。"帝然之，告武威太守勿受其使。臧宫、马武上书曰："虏今人畜疫死，旱蝗赤地，疲困乏力，不当中国一郡，万里死命[3]，悬在陛下。岂宜固守文德而堕武事乎？今命将临塞，厚悬购赏，谕告高句骊、乌桓、鲜卑攻其左，发河西四郡、天水、陇西羌胡击其右，如此，北虏之灭，不过数年。"诏报曰："今国无善政，灾变不息，百姓惊惶[4]，人不自保，而复欲远事边外乎？孔子曰：'吾恐季孙之忧不在颛臾[5]。'且北狄尚强，而屯兵警备[6]，传闻之事，恒[7]多失实。诚能举天下之半以灭大寇，岂非至愿[8]？苟非其时，不如息民。"自是诸将莫敢言兵事者。

寿张侯樊宏卒宏为人谦柔畏慎[9]，每当朝会，辄迎期[10]先到，俯伏[11]待事。所上便宜[12]，手自书写，毁削草本[13]。公朝访逮，不敢众对[14]。宗族染其化，未尝犯法。帝甚重之。及病困，遗令薄葬，一无所用。以为棺柩[15]一藏，不宜复见，如有腐败，伤孝子之心，使与夫人同坟异藏。帝善其令，以书示百官，因曰："今不顺寿张侯意，无以彰其德。且吾万岁之后，欲以为式[16]。"

1　廷议：在朝廷上商议或发表议论。
2　归义：归附正义。
3　死命：生死。
4　惊惶：惊慌，震惊惶恐。
5　吾恐季孙之忧不在颛臾：我恐怕季孙家的祸患不是外部之敌颛臾，而在内部。
6　警备：警戒防备。
7　恒：经常，常常。
8　至愿：最大的愿望。
9　谦柔畏慎：谦柔，谦虚平和。畏慎，戒惕谨慎。
10　迎期：在时辰到来之前。
11　俯伏：俯首伏地，多表示恐惧、屈服或极端崇敬。
12　便宜：有利国家、合乎时宜之事。
13　草本：文稿的底本。
14　公朝访逮，不敢众对：朝会时皇上有所询问，他不敢当众回答。访逮，问及。
15　棺柩：装有尸体的棺材。
16　式：榜样，楷模。

壬子二十八年（公元 52 年）

春，以鲁益东海[1] 徙鲁王兴为北海王，以鲁益东海。帝以东海王强去就[2] 有礼，故优以大封[3]，食二十九县，赐虎贲旄头，设钟虞之乐，拟于乘舆[4]。

延平陈氏曰：爱其有礼而以僭礼赏之，过矣。

夏，六月，沛太后郭氏薨。

秋，八月，遣诸王就国先是，上问赵憙以久长之计。憙请遣诸王就国。上遂遣鲁王兴、齐王石就国。初，马援兄子婿王磐，平阿侯仁之子也。王莽败，磐拥富赀[5] 为游侠，有名江淮间。游京师，与诸贵戚友善。援谓姊子曹训曰："王氏，废姓[6] 也，子石当屏居自守，而反游京师长者，用气自行[7]，多所陵折[8]，其败必也。"后岁余，磐坐事死。磐子肃复出入王侯邸第。时禁罔尚疏，诸王皆在京师，竞修名誉，招游士。援因谓司马吕种曰："建武之元[9]，名为天下重开，自今以往，海内日当安耳。但忧国家诸子并壮而旧防[10] 未立，若多通宾客，则大狱起矣。卿曹戒慎之！"至是，有上书告肃等受诛之家，为诸王宾客，虑因事生乱。会更始子[11] 寿光侯鲤得幸于沛王，怨刘盆子，结客[12] 杀故式侯恭。帝怒，沛王坐系诏狱，三日乃得出。因诏郡县收捕诸王宾客，更相牵引[13]，死者以千数。吕种亦与其祸，临命[14] 叹曰："马将军神人也。"秋，八月戊寅[15]，东海王

1　以鲁益东海：将鲁国并入东海国。
2　去就：举止行动。
3　优以大封：封赏给众多的土地、田宅。
4　赐虎贲旄头，设钟虞之乐，拟于乘舆：赐予虎贲武士、骑兵仪仗，以木架钟磬设礼乐，同帝王相仿。
5　富赀：大量的钱财。
6　废姓：败落之家。
7　用气自行：意气用事。
8　陵折：欺凌，折辱。
9　元：始，开端。
10　旧防：旧有的禁忌。
11　更始子：更始帝刘玄的儿子。
12　结客：结交宾客。
13　牵引：株连，连累。
14　临命：人将死之时。
15　戊寅：此指十九日。

强、沛王辅、楚王英、济南王康、淮南王延始就国。

以张佚为太子太傅，桓荣为少傅上大会群臣，问谁可傅太子者。群臣承望[1]上意，皆言太子舅、执金吾、原鹿侯阴识可。博士张佚正色曰："今陛下立太子，为阴氏乎，为天下乎？即为阴氏，则阴侯可；为天下，则固宜用天下之贤才。"帝称善，曰："欲置傅者，以辅太子也。今博士不难正朕，况太子乎？"即拜佚为太子太傅，以博士桓荣为少傅，赐以辎车乘马。荣大会诸生，陈其车马印绶，曰："今日所蒙，稽古之力也，可不勉哉？"

北匈奴乞和亲，许之北匈奴遣使贡马及裘，更乞和亲，并请音乐，又求率西域诸国胡客[2]俱献见[3]。帝下三府[4]议酬答之宜，司徒掾班彪曰："臣闻孝宣帝敕边守尉曰：'匈奴大国，多变诈，交接[5]得其情，则却敌折冲；应对入其数[6]，则反为轻欺。'今北匈奴见南单于来附，惧谋其国，故数乞和亲。又远驱牛马与汉合市[7]，重遣名王，多所贡献，斯皆外示富强以相欺诞[8]也。臣见其献益重，知其国益虚；归亲[9]愈数，为惧愈多。然今既未获助南，则亦不宜绝北，羁縻之义，礼无不答。谓可颇加赏赐，略与所献相当，报答之辞，令必有适[10]。今立稿草[11]并上，曰：'单于不忘汉恩，追念先祖旧约，欲求和亲，以辅身安国，计议甚高，为单于嘉之。往者匈奴数有乖乱，呼韩邪、郅支自相仇隙[12]，并蒙孝宣皇帝垂恩救护[13]，故各遣侍子，称藩保塞。其后郅支忿戾[14]，自绝皇泽，而呼韩附亲，忠孝弥

1　承望：迎合，逢迎。
2　胡客：来自胡地的客人，旅居中原的胡人。
3　献见：进贡晋见。
4　三府：汉制，三公皆可开府，因称三公为"三府"。
5　交接：结交，交往。
6　数：策略，权术。
7　合市：互市，聚集贸易。
8　欺诞：虚夸骗人。
9　归亲：亲近。
10　报答之辞，令必有适：回信之辞，必须恰当。
11　稿草：草稿，初步写出的文稿。
12　仇隙：怨恨。
13　救护：救助保护。
14　忿戾：蛮横无理，动辄发怒。

著。及汉灭郅支，遂保国传嗣，子孙相继。今南单于携众向南，款塞归命，自以呼韩嫡长，次第当立，而侵夺失职，猜疑相背，数请兵将，归扫北庭，策谋纷纭，无所不至。惟念斯言不可独听，又以北单于比年贡献，欲修和亲，故拒而未许，将以成单于忠孝之义。汉秉威信，总率[1]万国，日月所照，皆为臣妾，殊俗百蛮，义无亲疏，服顺者褒赏，畔逆者诛罚，善恶之效，呼韩、郅支是也。今单于欲修和亲，款诚[2]已达，何嫌[3]而欲率西域诸国俱来献见？西域国属匈奴与属汉何异？单于数连兵乱，国内虚耗，贡物裁以通礼[4]，何必献马、裘？今赍杂缯[5]五百匹，弓鞬韥丸[6]一，矢四发，遗单于。又赐献马左骨都侯、右谷蠡王杂缯各四百匹，斩马剑各一。单于前言先帝时所赐呼韩邪竽、瑟、空侯[7]皆败，愿复裁赐[8]。念单于国尚未安，方厉武节[9]，以战攻为务，竽、瑟之用，不如良弓利剑，故未以赍。朕不爱小物，于单于便宜所欲，遣驿[10]以闻。'"帝悉纳，从之。

癸丑二十九年（公元53年）

春，二月朔，日食。

甲寅三十年（公元54年）

春，二月，帝东巡群臣上言："即位三十年，宜封禅泰山。"诏曰："即位三十年，百姓怨气满腹，吾谁欺，欺天乎？曾谓泰山不如林放[11]乎？何事污

1　总率：统率，统领。
2　款诚：忠诚，真诚。
3　何嫌：还有什么嫌疑顾虑。
4　通礼：传递礼意。
5　杂缯：杂色的缯帛。
6　弓鞬韥丸：弓鞬，盛弓箭的器具。韥丸，箭筒。
7　竽、瑟、空侯：三种乐器名。
8　裁赐：酌量赐予。
9　方厉武节：正在秣马厉兵，推崇武功。
10　遣驿：派遣信使。
11　林放：孔子同时代的先贤，以知礼著称。

七十二代之编录[1]？若郡县远遣吏上寿，盛称虚美，必髡，令屯田。"于是群臣不敢复言。

闰月，还宫。

有星孛于紫宫[2]。

夏，大水。

胶东侯贾复卒复从征伐，未尝丧败，数与诸将溃围解急。帝以复敢深入，希令远征，而壮其勇节，常自从之，故少方面[3]之勋。诸将每论功伐，复未尝有言。帝辄曰："贾君之功，我自知之。"

乙卯三十一年（公元 55 年）

夏，五月，大水。

晦，日食。

蝗。

丙辰建武中元元年（公元 56 年）

春，正月，以第五伦为会稽太守京兆掾第五伦领长安市[4]，公平廉介[5]，市无奸枉[6]。每读诏书，叹息曰："此圣主也，一见决矣[7]。"后补淮阳王医工长。王入朝，伦随官属得会见。帝问以政事，伦因此酬对[8]，帝大悦。明日，复特召入，与语至夕。以伦为扶夷长[9]，未到官，追拜会稽太守。为政清而有惠[10]，百姓

1　何事污七十二代之编录：为什么事要玷污记载七十二位封禅贤君的史册。
2　紫宫：古星官名，即紫微垣。
3　方面：独当一面。
4　市：市场。
5　廉介：清廉耿介。
6　奸枉：奸诈不正。
7　一见决矣：见一面就能决定大事，意即自己能受到重用。
8　酬对：应对，应答。
9　扶夷长：扶夷县的县长。扶夷县，古县名，治所位于今湖南省邵阳市新宁县东。
10　清而有惠：清明廉正，施惠于民。

爱之。

二月，帝东巡，封泰山，禅梁阴[1]上读《河图会昌符》曰："赤刘之九，会命岱宗[2]。"上感此文，乃诏虎贲中郎将梁松等按索[3]《河》《洛》谶文，言九世当封禅者凡三十六事。于是张纯等复奏请封禅，上乃许焉。诏有司求元封[4]故事，当用方石再累，玉检金泥[5]。上以石功难就，欲因孝武故封石，置玉牒其中。梁松争，以为不可。乃命石工取完青石，无必五色[6]。丁卯，车驾东巡。二月己卯，幸鲁，进幸泰山。辛卯，晨，燎，祭天于泰山下南方，群神皆从，用乐如南郊。事毕，至食时[7]，天子御辇[8]登山。日中后，到山上，更衣。晡时[9]，升坛北面，尚书令奉玉牒、检[10]，天子以寸二分玺亲封之。讫，太常命骑[11]二千余人发坛上方石，尚书令藏玉牒已，复石覆讫[12]，尚书令以五寸印封石检[13]。事毕，天子再拜。群臣称万岁，乃复道[14]下。夜半后，上乃到山下，百官明旦乃讫。甲午，禅祭地于梁阴，以高后配，山川群神从，如元始[15]中北郊故事。

胡氏曰：七十二君之编录，《诗》《书》《礼》《典略》不经见[16]，审有是事，乃天下国家之盛举。尧、舜、禹、汤、周武、成、康、昭、宣皆身致太平，安

1　梁阴：即梁父山，古山名，位于今山东省新泰市境内的徂徕山东。
2　岱宗：泰山的别称。
3　按索：考证。
4　元封：汉武帝的第六个年号，存续时间为公元前110至前105年，武帝于此间行封禅之事。
5　方石再累，玉检金泥：可以对合的巨型方石、玉制封检以及用水银和黄金制成的封泥。
6　取完青石，无必五色：采用完整的青石刻制，不一定五色俱备。
7　食时：十二时之一，即辰时，上午七点至九点。
8　御辇：皇帝乘坐的车子。
9　晡时：十二时之一，即申时，下午三点至五点。
10　检：玉牒书的的封签。
11　骑：驾驭车马的骑士。
12　复石覆讫：再将方石复位完毕。
13　石检：古代封禅时，置于封禅坛方石旁用以封闭玉检的石条。
14　复道：悬崖间有上下两重通道，称复道。
15　元始：汉平帝刘衎年号，存续时间为公元1至5年。
16　经见：从经典中见到。

得阙而弗讲？故前世论登封[1]者，莫善于许懋[2]。惜乎世祖[3]之臣，智不及此，陷其君于过举而不得闻也。

延平陈氏曰：三十年群臣请封禅，诏引欺天、林放之语以止之。然而信圣人之言，不如信图谶之笃也。

三月，司空纯卒。

夏，四月，帝还宫。

赦，改元。

六月，以冯鲂为司空。

司徒勤卒。

京师醴泉[4]出，赤草[5]生，郡国言甘露降群臣奏言："灵物仍[6]降，宜令太史撰集[7]，以传来世。"帝不纳。常自谦无德，每郡国所上，辄抑而不当[8]，故史官罕得记焉。

秋，蝗。

冬，十月，以李䜣为司徒。

尊薄太后曰高皇后，迁吕太后主于园[9]。薄后配食地祇[10]，吕后四时上祭[11]。

十一月晦，日食。

起明堂、灵台、辟雍，宣布图谶于天下初，上以《赤伏符》即帝位，

1　登封：登山封禅。
2　许懋：南朝时人，梁武帝征集儒生草拟封禅仪，懋独以为不可。帝见其议，嘉纳之，由是遂停。
3　世祖：即汉光武帝刘秀，其庙号为世祖。
4　醴泉：甘甜的泉水。
5　赤草：古代亦称朱草，一种红色的草，可作染料，方士附会为瑞草。
6　仍：延续不断。
7　撰集：编集。
8　不当：不敢当。
9　园：墓园。
10　配食地祇：配食，祔祭，配享。地祇，土地神。
11　上祭：致祭，奠祭。

由是信用谶文，多以决定嫌疑[1]。给事中桓谭上疏谏曰："凡人忽于见事而贵于异闻。观先王之所纪述[2]，咸以仁义正道为本，非有奇怪虚诞[3]之事。盖天道性命，圣人所难言也，自子贡以下，不得而闻，况后世浅儒，能通之乎？今诸巧慧小才、伎数[4]之人，增益《图》《书》，矫称谶记，以欺惑贪邪[5]，诖误人主，焉可不抑远[6]之哉？臣谭伏闻陛下穷折[7]方士黄白之术[8]，甚为明矣。而乃欲听纳[9]谶记，又何误也？其事虽有时合，譬犹卜数只偶[10]之类。陛下宜垂明听，发圣意，屏群小之曲说，述五经之正义。"疏奏，帝不悦。会议灵台所处，帝谓谭曰："吾欲以谶决之。"谭默然，良久曰："臣不读谶。"帝问其故，谭复极言谶之非经[11]。帝大怒曰："桓谭非圣无法[12]，将下，斩之。"谭叩头流血，良久，乃得解。出为六安郡丞[13]，道病，卒。

范晔[14]曰：桓谭以不善谶[15]流亡，郑兴以逊辞仅免[16]。贾逵能附会文致[17]，最差贵显[18]。世主以此论学，悲哉！

南单于比死，弟莫立帝遣使赍玺书拜授玺绶，赐以衣冠及缯彩，是后遂以为常。

1　嫌疑：疑惑难辨的事理。
2　纪述：记载叙述。纪，通"记"。
3　虚诞：荒诞无稽。
4　伎数：方技数术。李贤注："伎谓方伎，医方之家也。数谓数术，明堂、羲和、史、卜之官也。"
5　欺惑贪邪：欺惑，欺骗迷惑。贪邪，贪婪奸邪的人。
6　抑远：抑制感情，与之疏远。
7　穷折：竭力斥责。
8　黄白之术：方士烧炼丹药、点化金银的法术。黄白，黄金白银。
9　听纳：听从采纳。
10　卜数只偶：屡次占卜，偶然应验。卜，占卜。只，仅。偶，偶然。
11　经：正常，常道。
12　非圣无法：诋毁圣人之道，无视法纪。
13　六安郡丞：六安，古郡名，辖今安徽省淮河以南，六安市、霍邱县以东和河南省固始县地。郡丞，郡守的副贰。
14　范晔：南朝史学家，著有《后汉书》。
15　善谶：赞许谶文。善，赞许。
16　郑兴以逊辞仅免：郑兴也反对符谶，但由于言辞恭顺，仅免一死。郑兴，两汉之交经学家。
17　贾逵能附会文致：贾逵能对符谶附会演绎。贾逵，两汉之交经学家，和郑兴合称"郑贾"。
18　最差贵显：最为显贵。

丁巳二年（公元 57 年）

春，正月，初立北郊，祀后土。

二月，帝崩帝崩于南宫前殿，年六十二。帝每旦视朝，日仄[1]乃罢，数引公卿、郎将讲论经理[2]，夜分[3]乃寐。皇太子见帝勤劳不怠，承间谏曰："陛下有禹、汤之明，而失黄老养性之福，愿颐爱[4]精神，优游[5]自宁。"帝曰："我自乐此，不为疲也。"虽以征伐济大业，及天下既定，乃退功臣而进文吏，明慎[6]政体，总揽权纲，量时度力，举无过事，故能恢复前烈[7]，身致太平。太尉赵憙典丧事。时经王莽之乱，旧典不存。皇太子与诸王杂坐同席，藩国官属出入宫省[8]，与百僚无别。憙正色，横剑殿阶，扶下诸王，以明尊卑。奏遣谒者将护[9]官属分止他县，诸王并令就邸，唯朝晡入临[10]。整礼仪，严门卫，内外肃然。山阳王荆哭临不哀，而作飞书[11]，令苍头诈称大鸿胪郭况书与东海王强，言其无罪被废，及郭后黜辱[12]，劝令东归举兵以取天下。且曰："高祖起亭长，陛下兴白水[13]，何况于王，陛下长子，故副主[14]哉？当为秋霜，无为槛羊[15]。人主崩亡，闾阎[16]之伍尚为盗贼，欲有所望，何况王邪？"强得书惶怖，即执其使，封书上之。明帝以荆母弟，秘其事，遣荆出止河南宫。

太子庄即位，尊皇后曰皇太后。

1　日仄：太阳偏西。
2　经理：经书的义理。
3　夜分：夜半。
4　颐爱：保养爱护。
5　优游：生活悠闲。
6　明慎：明察审慎。
7　前烈：前人的功业。烈，功业。
8　宫省：设在皇宫内的官署。
9　将护：卫护。
10　朝晡入临：朝晡，朝时至晡时，即辰时至申时。入临，进门哭吊。临，哭。
11　飞书：紧急的文书。
12　黜辱：贬斥受辱。
13　白水：古水名，即今湖北省襄阳市辖枣阳市南白水河。
14　副主：储君。
15　当为秋霜，无为槛羊：应当做秋天寒霜，肃杀万物，莫做圈栏之羊，受人宰割。
16　闾阎：借指平民。

三月，葬原陵[1]。

夏，四月，以邓禹为太傅，东平王苍为骠骑将军诏曰："方今上无天子，下无方伯，若涉渊水而无舟楫。夫万乘至重而壮者虑轻[2]，实赖有德左右小子。高密侯禹，元功之首；东平王苍，宽博[3]有谋。其以禹为太傅，苍为骠骑将军。"苍恳辞，帝不许。又诏骠骑将军置长史、掾史员四十人，位在三公上。苍尝荐西曹掾[4]吴良，帝曰："荐贤助国，宰相之职也。萧何举韩信，设坛而拜，不复考试[5]，今以良为议郎。"

烧当羌[6]反，遣兵击之，败没。冬，复遣马武等讨之初，烧当羌豪滇良击破先零，夺居其地。滇良卒，子滇吾与弟滇岸率众寇陇西，败太守刘盱于允街[7]，于是守塞诸羌皆叛。诏谒者张鸿领诸郡兵击之，战于允吾[8]，鸿军败没。冬，十一月，复遣中郎将窦固监捕虏将军马武等二将军四万人讨之。

戊午**显宗孝明皇帝永平元年**（公元 58 年）

春，正月，**朝原陵**帝率公卿以下朝于原陵，如元会仪[9]。乘舆拜神坐[10]，退，坐东厢，侍卫官皆在神坐后，太官上食，太常奏乐。郡国上计吏以次前，当神轩[11]占其郡谷价及民所疾苦。是后遂以为常。

胡氏曰：送死之礼，即远而无退，至于墓，则终事尽矣。人子孝思不忘，

1　原陵：东汉光武帝刘秀陵墓，位于今河南省洛阳市孟津县东北。
2　虑轻：思虑轻率。
3　宽博：心胸开阔，能容人。
4　西曹掾：古官名。汉制，丞相、太尉属吏分曹治事，有西曹，吏员正者称掾，副者称属。
5　考试：考察，考核。
6　烧当羌：古羌人一支，以战国时羌人首领无弋爰剑的十八世孙烧当为名，居于今青海省海南藏族自治州贵德县一带。
7　允街：古县名，治所位于今甘肃省兰州市西北，湟水北岸。
8　允吾：古县名，治所位于今青海省海东市民和回族土族自治县南。
9　元会仪：汉代诸侯王、列侯、百官等甚至包括外国使臣来朝朝贺的礼仪，包括郡国向朝廷朝贺、供奉本国或郡的财物、上计郡国事物等。
10　神坐：神主牌位。
11　神轩：供奉光武帝牌位的房子。轩，房屋。

则专精乎庙享[1]而已矣。盖墓藏体魄而致生之，是不智也；庙以宅神而致死之，是不仁也。此圣人制礼，明乎幽明之故，仁智合而义礼尽也。既已送形而往安乎地下，迎精而反主于庙中，而又致隆于陵园，如元会仪，上食、奏乐，郡国奏计[2]，言民疾苦，是反易陵庙[3]之礼，以体魄为有知，虚庙祏[4]而不重设，复奉庙中之主而祭于陵所，皆违礼也。明帝此举，盖生于原庙。蔡邕不折衷[5]以圣人之制，而直论其情，情岂有既[6]哉？使明帝移此情于四时太庙之祭，簠簋笾豆[7]，尊彝鼎俎[8]，惟礼之循，而兢兢业业，监于光武成宪[9]，损益修明之，期乎至治，其为孝也何以加诸？

夏，五月，太傅、高密侯邓禹卒谥曰元。

东海王强卒东海王强病，上遣使者、太医乘驿视疾，络绎不绝。诏沛王辅等诣鲁省疾[10]。戊寅[11]，强薨。临终，上疏谢恩，言："身既夭命[12]，孤弱[13]复为皇太后、陛下忧虑，诚悲诚惭！息政，小人[14]也，猥当袭臣后，必非所以全利之也[15]，愿还东海郡。今天下新罹大忧，惟陛下加供养皇太后，数进御餐。臣强困劣[16]，言不能尽意，愿并谢诸王，不意[17]永不复相见也。"帝览书悲恸[18]，从太后出，

1　庙享：太庙之祭。享，祭祀。
2　奏计：向朝廷报送计簿。
3　陵庙：帝王的陵墓和宗庙。
4　庙祏：宗庙中所藏神主的石匣。
5　折衷：取正，用为判断事物的准则。
6　既：完毕，完了。
7　簠簋笾豆：簠簋，两种盛黍稷稻粱的礼器。笾豆，祭祀及宴会时常用的礼器，竹制为笾，木制为豆。
8　尊彝鼎俎：尊彝，两种酒器名。鼎俎，祭祀、燕飨时陈置牲体或其他食物的礼器。
9　监于光武成宪：借鉴光武帝行之有效的原有法制。成宪，原有的法律、规章制度。
10　省疾：探病。
11　戊寅：此指二十二日。
12　夭命：短命。
13　孤弱：孤儿寡妇。
14　小人：小孩子。
15　猥当袭臣后，必非所以全利之也：本当勉强继承我的爵位和封土，但这必定不是保护他的万全之计。
16　困劣：虚弱。
17　不意：不料，没想到。
18　悲恸：悲伤痛哭，非常悲哀。

幸津门亭[1]发哀，使大司空持节护丧事，赠送以殊礼。诏楚王英等及京师亲戚皆会葬。帝追惟[2]强深执谦俭[3]，不欲厚葬以违其意，于是特诏遣送之物务从约省，衣足敛形，茅车瓦器，物减于制[4]，以彰王卓尔独行之志。将作大匠留起陵庙[5]。

秋，七月，马武等击羌，破之。

祭肜击乌桓，大破之。罢缘边屯兵辽东太守祭肜使偏何讨赤山[6]乌桓，大破之，斩其魁帅。塞外震詟[7]，西自武威，东尽玄菟，皆来内附，野无风尘，乃悉罢缘边屯兵。

好畤侯耿弇卒。

己未二年（公元 59 年）

春，正月，宗祀[8]光武皇帝于明堂，始服冠冕玉佩，登灵台，望云物[9]。

三月，临辟雍，行大射礼[10]。

冬，十月，行养老礼[11]上幸辟雍，初行养老礼。以李躬为三老，桓荣为五更[12]。三老服都纻[13]大袍，冠进贤[14]，扶玉杖。乘舆到辟雍礼殿，御坐东厢，遣使者安车迎三老、五更于太学讲堂，天子迎于门屏[15]，交礼[16]。道自阼阶[17]，三老升自

1　津门亭：洛阳津门所设之亭。
2　追惟：追忆，回想。
3　谦俭：谦逊俭约。
4　衣足敛形，茅车瓦器，物减于制：寿衣足以包住身体即可，要用茅草之车，陶瓦之器，物品少于通常的标准。
5　留起陵庙：留在东海国兴建陵墓和宗庙。
6　赤山：古山名，位于今内蒙古赤峰市巴林左旗北，乌力吉木伦河的发源地。
7　震詟：震惊畏惧。
8　宗祀：对祖宗的祭祀。
9　望云物：远望云气，以察吉凶。
10　大射礼：天子、诸侯祭祀前选择参加祭祀人而举行的礼仪。
11　养老礼：对年高德劭的老者按时飨以酒食而敬礼之的礼节。
12　五更：年老致仕而有经验的乡里耆老。
13　都纻：精美的苎麻布。
14　进贤：古冠名，儒者朝见皇帝时所戴的礼帽。《后汉书·舆服志下》："进贤冠，古缁布冠也。"
15　门屏：门与屏之间。屏，宫殿当门的小墙。
16　交礼：相对而拜。
17　阼阶：东阶。古时宾主相见，主人自东阶上。下文"宾阶"即为西阶。

宾阶。至阶，天子揖如礼。三老升，东面，三公设几，九卿正履[1]，天子亲袒割牲，执酱而馈，执爵而酳，祝鲠在前，祝饐在后[2]。五更南面，三公进供，礼亦如之。礼毕，引桓荣及弟子升堂，上自为下说，诸儒执经问难于前，冠带搢绅之人[3]圜桥门[4]而观听者，盖亿万计。于是下诏赐荣爵关内侯。三老、五更皆以二千石禄养终厥[5]身。赐天下三老酒人一石，肉四十斤。上自为太子受《尚书》于桓荣，及即帝位，犹尊荣以师礼。尝幸太常府，令荣坐东面，设几杖，会百官及荣门生数百人，上亲自执业[6]。诸生或避位发难[7]，上谦曰："太师在是。"既罢，悉以太官供具赐太常家。荣每疾病，帝辄遣使者存问，太官、太医相望于道。及笃，上疏谢恩，让还爵土。帝幸其家问起居，入街下车，拥经[8]而前，抚荣垂涕，赐以床茵[9]、帷帐、刀剑、衣被，良久乃去。自是诸侯、将军、大夫问疾者，不敢复乘车到门，皆拜床下。荣卒，帝亲自变服临丧送葬，赐冢茔[10]于首山之阳。子郁当嗣，让其兄子泛。帝不许，郁乃受封，而悉以租入[11]与之。帝以郁为侍中。

胡氏曰：观显宗事师之意，多仪及物，数千百年，鲜有其俪[12]，可谓人主之高致[13]盛节也。惜乎桓荣授经专门章句，不知仲尼修身治天下之微旨大义，故其君之德业[14]如是而止。若使子思、孟子之徒，遭遇此时，得行所学，则二帝

1　正履：将鞋子摆正。
2　亲袒割牲，执酱而馈，执爵而酳，祝鲠在前，祝饐在后：亲自卷起衣袖切割祭肉，捧上酱汁请三老食用，手执盛酒之爵向三老献酒。先祝进餐不梗，后祝咽食不噎。馈，进食于人。酳，食毕以酒漱口。
3　冠带搢绅之人：指官员士绅。搢绅，插笏于绅。绅，古代仕宦者和儒者围于腰际的大带。
4　圜桥门：圜，围绕。桥门，桁架桥每端的头两个主要桁架之间的空间。古代太学周围环水，有四门，以桥通，故名。
5　厥：他的，他们的。
6　执业：捧书求教。
7　避位发难：避位，离位起立，表示敬意。发难，问难，提出质问责难。
8　拥经：怀抱经书。
9　床茵：床褥。
10　冢茔：墓地。
11　租入：租税收入。
12　俪：并列。
13　高致：崇高的人品或情趣。
14　德业：德行与功业。

可三，而三王可四也必矣。

中山王焉就国 上以中山王焉郭太后少子，太后犹爱之，故独留京师，至是始与诸王俱就国，赐以虎贲、官骑[1]，恩宠尤厚，独得往来京师。帝礼待阴、郭，每事必均，数受赏赐，恩宠俱渥[2]。

帝如长安。

十一月，遣使以中牢祠萧何、霍光。帝过，式其墓。是月，还宫。

庚申三年（公元60年）

春，二月，太尉憙、司徒䜣免。以郭丹为司徒，虞延为太尉。

立贵人马氏为皇后，子炟为皇太子 后，援之女也，光武时，以选入太子宫，能奉承[3]阴后，傍接[4]同列，礼则修备[5]，上下安之，遂见宠异[6]。及帝即位，为贵人。时后前母[7]姊女贾氏亦以选入，生皇子炟。帝以后无子，命养之，谓曰："人未必当自生子，但患爱养[8]不至耳。"后于是尽心抚育，劳悴[9]过于所生。太子亦孝，性淳笃[10]，母子慈爱，始终无纤介之间。后常以皇嗣未广，荐达[11]左右，若恐不及。后宫有进见者，每加慰纳。若数所宠引[12]，辄增隆遇[13]。及有司奏立长秋宫[14]，帝未有所言，皇太后曰："马贵人德冠后宫，即其人也。"后既正

---

1 虎贲、官骑：虎贲，勇士。官骑，皇家的骑兵。
2 渥：深厚。
3 奉承：侍奉。
4 傍接：广为交接、应酬。
5 礼则修备：礼数周全。礼则，礼仪的准则，礼法。
6 宠异：帝王给以特殊的尊崇或宠爱。
7 前母：继室所生的子女对父亲前妻的称呼。
8 爱养：爱护养育。
9 劳悴：辛苦劳累。
10 淳笃：质朴厚重。
11 荐达：推荐引进。
12 宠引：引荐姬妾女宠。
13 隆遇：优厚的待遇，多指皇帝的宠幸。
14 长秋宫：汉宫殿名，高帝居之，后为皇后所居，因用为皇后的代称。

位[1]宫闱，愈自谦肃[2]，好读书。常衣大练[3]，裙不加缘。朔、望诸姬、主朝请，望见后袍衣疏粗，以为绮縠，就视，乃笑。后曰："此缯特宜染色，故用之耳。"群臣奏事有难平者，帝数以试后，后辄分解趣理[4]，各得其情，然未尝以家私[5]干政事。帝由是宠敬[6]，始终无衰焉。

图画[7]中兴功臣于云台　帝思中兴功臣，乃图二十八将于南宫云台，以邓禹为首，次马成、吴汉、王梁、贾复、陈俊、耿弇、杜茂、寇恂、傅俊、岑彭、坚镡、冯异、王霸、朱祜、任光、祭遵、李忠、景丹、万修、盖延、邳彤、铫期、刘植、耿纯、臧宫、马武、刘隆。又益以王常、李通、窦融、卓茂，合三十二人。马援以椒房之亲，独不与焉。

夏，六月，有星孛于天船[8]北。

大起北宫，既而罢之　时天旱，尚书仆射钟离意诣阙，免冠上疏曰："昔成汤遭旱，以六事自责。窃见北宫大作，民失农时。自古非苦宫室小狭，但患民不安宁，宜且罢止，以应天心。"帝策诏报曰："汤引六事，咎在一人，其冠履[9]，勿谢！"又敕大匠[10]止作诸宫，减省不急。诏因谢公卿百僚，遂应时澍雨[11]。帝性褊察[12]，好以耳目隐发[13]为明，公卿大臣数被诋毁，近臣尚书以下至见提曳[14]。常以事怒郎药崧，以杖撞之。崧走入床下，帝怒甚，疾言曰："郎出！"崧乃曰："天子穆穆[15]，诸侯皇皇，未闻人君，自起撞郎。"帝乃赦之。是时朝廷莫不

1　正位：正式登位、就职。
2　谦肃：谦恭庄敬。
3　大练：粗帛。
4　分解趣理：分析推理。
5　家私：家庭私事，家务。
6　宠敬：宠爱敬重。
7　图画：绘画。
8　天船：古代星官名，属于二十八宿中的胃宿，意为"天上的船"。
9　其冠履：你可以戴上官帽，穿上鞋。对应上文"免冠"。
10　大匠："将作大匠"的别称。
11　澍雨：大雨，暴雨。
12　褊察：心胸狭窄而苛察。
13　隐发：揭发隐私。
14　提曳：殴打。
15　穆穆：端庄恭敬。下文"皇皇"，美盛貌，庄肃貌。

悚栗[1]，争为严切以避诛责[2]，唯钟离意独敢谏争，数封还诏书，臣下过失，辄救解之。会连有变异，上疏曰："陛下畏敬鬼神，忧恤黎元[3]，而天气未和，寒暑违节者，咎在群臣不能宣化[4]治职，而以苛刻为俗，百官无相亲之心，吏民无雍雍[5]之志，至于感逆[6]和气，以致天灾。百姓可以德胜，难以力服。《鹿鸣》[7]之诗必言燕乐者，以人神之心洽，然后天气和也。愿陛下垂圣德，缓刑罚，顺时气[8]以调阴阳。"帝虽不能时用，然知其至诚，终爱厚之。

秋，八月晦，日食诏曰："昔楚庄无灾，以致戒惧；鲁哀祸大，天不降谴[9]。今之动变[10]，傥尚可救，有司勉思厥职，以匡无德[11]！"

冬，十月，帝奉皇太后如章陵车驾从皇太后幸章陵。荆州刺史郭贺，官有殊政[12]，上赐以三公之服，黼黻冕旒[13]，敕行部去襜帷[14]，使百姓见其容服[15]，以彰有德。

大水。

辛酉四年（公元61年）

春，帝如河内，不至而还帝近出观览城第[16]，欲遂校猎河内。东平王苍上

1　悚栗：恐惧战栗。
2　诛责：惩罚，责罚。
3　忧恤黎元：忧恤，忧虑体恤。黎元，百姓，民众。
4　宣化：传布君命，教化百姓。
5　雍雍：和洽貌，和乐貌。
6　感逆：触犯，冒犯。
7　《鹿鸣》：古代宴群臣嘉宾所用的乐歌，源于《诗·小雅·鹿鸣》。
8　时气：气运。
9　楚庄无灾，以致戒惧；鲁哀祸大，天不降谴：楚庄王因本国无灾生怕上天遗忘了自己，以致生出警戒恐惧之心；鲁哀公昏庸乱政，但因无可挽救，上天也没有降下灾异进行谴责。
10　动变：变动，变异。
11　无德：无德行之人，明帝谦称自己。
12　殊政：突出的政绩。
13　黼黻冕旒：黼黻，礼服上绣有黑白相间的斧形花纹和黑青相间的双"己"形花纹。冕旒，古代大夫以上的礼冠，顶有延，前有玉串，天子之冕十二条玉串，诸侯九，上大夫七，下大夫五。
14　行部去襜帷：巡行所部时除去车前的帘帐。襜帷，车上四周的帷帐。
15　容服：仪容服饰。
16　城第：城内住宅，也泛指市容。

书谏，帝览奏即还官。

冬，十月，司徒丹、司空鲂免。以范迁为司徒，伏恭为司空。

陵乡侯梁松下狱死松坐怨望、县飞书[1]诽谤，下狱死。初，上为太子，太中大夫郑兴子众以通经[2]知名，太子及山阳王荆因梁松以缣帛[3]请之，众曰："太子储君，无外交[4]之义。汉有旧防，藩王不宜私通宾客。"松曰："长者意，不可逆。"众曰："犯禁触罪，不如守正而死。"遂不往。及松败，宾客多坐之，唯众不染于辞。

于阗攻莎车王贤，杀之莎车王贤以兵威逼夺于阗、大宛、妫塞[5]王国，使其将守之。于阗人杀其将君德，立大人休莫霸为王。贤率诸国兵击之，大为休莫霸所败，脱身走还。休莫霸进围莎车，中流矢死。于阗人复立其兄子广德为王。广德父先拘在莎车，贤乃归其父，以女妻之，与之和亲。是岁，于阗王广德将诸国兵攻莎车，诱莎车王贤，杀之，并其国。匈奴发诸国兵围于阗，广德请降。匈奴立贤质子不居征为莎车王，广德又攻杀之，更立弟齐黎为莎车王。

壬戌**五年**（公元62年）

春，二月，骠骑将军苍罢归藩[6]东平王苍自以至亲辅政，声望日重，意不自安，前后累上疏称："自汉兴以来，宗室子弟无得在公卿位者，乞上骠骑将军印绶，退就藩国。"辞甚恳切。至是帝乃许苍还国，而不听上将军印绶。以骠骑长史为东平太傅，掾为中大夫，令史为王家郎[7]。

---

1 县飞书：悬挂匿名信。县，通“悬”。飞书，匿名信。
2 通经：通晓经学。
3 缣帛：绢类的丝织物，古代多用作赏赐酬谢之物，亦用作货币。
4 外交：与朝臣交往、勾结。
5 妫塞：古西域国名，位于今塔吉克斯坦、阿富汗、乌兹别克斯坦、土库曼斯坦等国境内的阿姆河流域。
6 归藩：回到封地。
7 王家郎：古官名，汉朝诸侯王国郎官，掌宿卫。

冬，十月，帝如邺。是月，还宫。

十一月，北匈奴寇五原、云中，南单于击却之。

十二月，安丰侯窦融卒融年老，子孙纵诞[1]，多不法。长子穆尚内黄公主，矫称阴太后诏，令六安侯刘盱去妇[2]，以女妻之。盱妇家上书言状，帝大怒，尽免穆等官。诸窦为郎、吏者，皆将家属归故郡，独留融京师。融寻薨。后数岁，穆等复坐事[3]，与子勋、宣皆下狱死。久之，诏还融夫人与小孙一人居洛阳。

癸亥**六年**（公元63年）

春，二月，王雒山[4]出宝鼎。诏禁章奏浮词[5]诏曰："祥瑞之降，以应有德。方今政化多僻[6]，何以致兹？《易》曰：'鼎象三公。'岂公卿奉职得其理邪？其赐三公帛五十匹，九卿、二千石半之。先帝诏书禁人上事言'圣'，而间者章奏颇多浮词。自今若有过称虚誉[7]，尚书皆宜抑而不省，示不为谄子蚩[8]也。"

甲子**七年**（公元64年）

春，正月，皇太后阴氏崩。二月，葬光烈皇后。

北单于求合市，许之北匈奴犹盛，数寇边，遣使求合市。上冀其交通，不复为寇，许之。

以宗均为尚书令初，均为九江[9]守，五日一听事，悉省掾史，闭督邮[10]府

1　纵诞：恣肆放诞。
2　去妇：休妻。
3　坐事：因事获罪。
4　王雒山：古山名，《通鉴释文》曰："在庐江郡。"
5　章奏浮词：章奏，臣僚呈报皇帝的文书。浮词，虚饰浮夸的言词。
6　政化多僻：政治和教化中多邪僻。政化，政治和教化。
7　过称虚誉：过称，过誉。虚誉，不实的赞扬。
8　不为谄子蚩：不被谄媚者讥笑。谄子，逢迎拍马的人。蚩，通"嗤"，讥笑。
9　九江：古郡名，辖今安徽省淮河以南，瓦埠湖以东，巢湖以北地区。
10　督邮：古官名，督邮书掾、督邮曹掾的简称，汉代各郡的重要属吏，代表太守督察县、乡，宣达政令兼司法等。每郡分若干部，每部设一督邮。

内，属县无事，百姓安业。九江旧多虎暴，常募设槛阱[1]，而犹多伤害。均下记[2]属县曰："夫江淮之有猛兽，犹北土之有鸡豚[3]也。今为民害，咎在残吏[4]，而劳勤张捕[5]，非忧恤之本也。其务退奸贪[6]，思进忠善，可一去槛阱，除削课制[7]。"其后无复虎患。帝闻均名，故任以枢机。均谓人曰："国家喜文法、廉吏，以为足止奸也。然文吏习为欺谩[8]，而廉吏清在一己，无益百姓流亡、盗贼为害也。均欲叩首争之，时未可改也，久将自苦之，乃可言耳。"未及言，会迁司隶校尉。后上闻其言，追善之。

乙丑八年（公元65年）

春，正月，司徒迁卒。以虞延为司徒。

以吴棠为度辽将军[9]初，大司农耿国上言："宜置度辽将军屯五原，以防南匈奴逃亡。"朝廷不从。南匈奴须卜骨都侯等知汉与北虏交使，内怀嫌怨[10]，欲畔，密使人诣北虏，令遣兵迎之。郑众出塞，疑有异。伺候[11]，果得须卜使人。乃上言："宜更置大将，以防二虏交通。"由是始置度辽营，以中郎将吴棠行度辽将军事，将黎阳虎牙营士屯五原曼柏[12]。

秋，大水郡国十四大水。

冬，十月，诏听有罪亡命者赎募死罪系囚[13]诣度辽营。有罪亡命者令赎，

1　槛阱：捕捉野兽的机具和陷坑。
2　下记：古代上级给下级下达的文书。
3　鸡豚：鸡和猪，古时农家所养禽畜。
4　残吏：残虐百姓的官吏。
5　劳勤张捕：劳勤，勤劳。张捕，张网捕捉。
6　奸贪：邪恶贪贿。
7　课制：赋税。
8　欺谩：欺诳。
9　度辽将军：古官名，与使匈奴中郎将、护羌校尉、护乌桓校尉等同掌西北边防及匈奴、鲜卑、乌桓、西羌诸部事。
10　嫌怨：怨恨，仇怨。
11　伺候：侦察，窥伺。
12　曼柏：古县名，治所位于今内蒙古鄂尔多斯市达拉特旗东南。
13　系囚：拘押在狱中的囚犯。

各有差。楚王英奉黄缣白纨[1]诣国相[2]曰："托在藩辅[3]，过恶累积，欢喜大恩，奉送缣帛，以赎愆罪[4]。"国相以闻。诏报曰："楚王诵黄老之微言，尚浮屠之仁慈，洁齐三月[5]，与神为誓，何嫌何疑，当有悔吝[6]。其还赎，以助伊蒲塞、桑门之盛馔[7]。"初，帝闻西域有神，其名曰佛，因遣使之天竺求其道，得其书及沙门[8]以来。其书大抵以虚无为宗，贵慈悲不杀。以为人死精神不灭，随复受形。生时所行善恶，皆有报应，故所贵修练精神，以至为佛。善为宏阔胜大[9]之言，以劝诱愚俗[10]。精于其道者，号曰沙门。于是中国始传其术，图其形像，而王公贵人，独楚王英最先好之。

是月晦，日食，既。诏群司极言，复以示百官诏群司勉修职事，极言无讳。于是在位者皆上封事，各言得失。帝览章，深自引咎，以所上班示[11]百官。诏曰："群僚所言，皆朕之过。民冤不能理，吏黠不能禁，而轻用民力，缮修宫宇，出入无节，喜怒过差。永览前戒，竦然兢惧[12]，徒恐德薄，久而致怠耳。"

以郑众为军司马[13]初，郑众为越骑司马，使北匈奴。单于欲令众拜，众不为屈。单于围守[14]，闭之，不与水火。众拔刀自誓，单于恐而止，乃更发使，随众还京师。然虽遣使入贡，而寇钞不息，边城昼闭。帝议遣使报其使者，郑众

1　黄缣白纨：黄缣，黄色细绢。白纨，素色薄绸。
2　国相：古时的辅政大臣。
3　藩辅：喻指藩国、藩镇。
4　愆罪：罪过，罪恶。
5　尚浮屠之仁慈，洁齐三月：崇尚佛家的仁爱慈悲，斋戒三个月。浮屠，佛陀，佛。洁齐，斋戒。
6　悔吝：悔恨。
7　以助伊蒲塞、桑门之盛馔：赞助他以美食款待佛门弟子。伊蒲塞，在家受戒的男佛教徒。桑门，沙门。
8　沙门：出家的佛教徒总称。
9　宏阔胜大：宏阔，宏伟辽阔。胜大，盛大。
10　愚俗：世俗。
11　班示：颁布出来，使人知道。
12　竦然兢惧：竦然，惊惧貌。兢惧，戒慎恐惧，惶恐。
13　军司马：古官名，位在部校尉、校尉、将兵长史之下，掌领兵。大将军辖营五部，每部置部校尉一人，军司马一人。
14　围守：包围坚守。

上疏谏曰："臣闻北单于所以要致[1]汉使者，欲以离南单于之众，坚三十六国之心也。又常扬汉和亲，夸示[2]邻敌，令西域欲归化者局足[3]狐疑，怀土[4]之人绝望中国耳。汉使既到，便偃蹇[5]自信。若复遣之，虏必自谓得谋，其群臣驳议者不敢复言。如是南庭动摇，乌桓有离心矣。南单于久居汉地，具知形势，万分离析[6]，旋为边害。今幸有度辽之众扬威北垂[7]，虽勿报答，不敢为患。"帝不从，复遣众。众因上言："臣前奉使，不为匈奴拜，单于恚恨，遣兵围臣。今复衔命，必见陵折，臣诚不忍持大汉节对毡裘[8]独拜。如令匈奴遂能服臣，将有损大汉之强。"帝不听。众不得已，既行，在路连上书固争之。诏切责众，追还，系廷尉。会赦，归家。其后帝见匈奴来者，闻众与单于争礼之状，乃复召众为军司马。

丙寅九年（公元66年）

夏，四月，诏司隶、刺史，岁考长吏殿最以闻诏司隶校尉、部刺史岁上墨绶长吏视事三岁以上、治状尤异者各一人与计偕上[9]，及尤不治者亦以闻。

大有年[10]。

匈奴遣子入学帝崇尚儒学，自皇太子、诸王侯及大臣子弟、功臣子孙，莫不受经[11]。又为外戚樊氏、郭氏、阴氏、马氏诸子立学于南宫，号"四姓小

1　要致：邀请招致。
2　夸示：向人夸耀。
3　局足：举足。
4　怀土：安于所处之地。
5　偃蹇：骄横，傲慢。
6　万分离析，旋为边害：万一同汉朝分裂，即刻便成为边境的祸患。
7　北垂：北方边境地区。
8　毡裘：古代北方民族用毛制的衣服，借以指代北方民族。
9　岁上墨绶长吏视事三岁以上、治状尤异者各一人与计偕上：从任职三年以上、考绩最优异的县令以上官员中选拔一人上报，让此人随同呈送年终考绩的官员一起进京。墨绶，结在印纽上的黑色丝带。《汉书·百官公卿表上》："县令、长，皆秦官，掌治其县。万户以上为令，秩千石至六百石；减万户为长，秩五百石至三百石……秩比六百石以上，皆铜印黑绶。"
10　有年：丰年。
11　受经：汉儒重师法，研习经学，师徒相传，从师学经，称受经。

侯"。置五经师，搜选高能¹以授其业。自期门、羽林之士，悉令通《孝经》章句。匈奴亦遣子入学。

丁卯**十年**（公元 67 年）

春，二月，广陵王荆有罪，自杀，国除先是，广陵王荆复呼相士谓曰："我貌类先帝，先帝三十得天下，我今亦三十，可起兵未？"相者诣吏告之，荆惶恐，自系狱，帝加恩，不考极²其事，诏不得臣属³吏民，唯食租如故，使相、中尉谨宿卫之。荆又使巫祭祀、祝诅。诏长水校尉⁴樊鯈等杂治其狱，事竟，奏请诛荆。帝怒曰："诸卿以我弟故，欲诛之。即我子，卿等敢尔邪？"鯈对曰："天下者，高帝天下，非陛下之天下也。《春秋》之义，君亲无将⁵，将而必诛。臣等以荆属托母弟，陛下留圣心，加恻隐，故敢请耳。如令陛下子，臣等专诛⁶而已。"帝叹息。是岁二月，自杀，国除。

夏，闰四月，帝如南阳上幸南阳，召校官⁷弟子作雅乐，奏《鹿鸣》，帝自御埙篪⁸和之，以娱嘉宾。

冬，十二月，还宫。

以丁鸿为侍中初，陵阳侯丁綝卒，子鸿当袭封，上书称病，让国于弟盛，不报。既葬，乃挂衰绖于冢庐⁹而逃去。友人九江鲍骏遇鸿于东海，让之曰："昔伯夷、吴札乱世权行¹⁰，故得申其志耳。今子以兄弟私恩而绝不灭之基，可乎？"鸿感悟垂涕，乃还就国。鲍骏因上书荐鸿经学至行¹¹，上征鸿为侍中。

1　高能：某些方面有能力且能力极高。
2　考极：穷究。
3　臣属：以臣自属。谓自辟其官，自役其民。
4　长水校尉：古官名，北军五校尉之一，隶北军中候，掌宿卫禁兵。
5　无将：勿存叛逆篡弑之心。
6　专诛：不请命而诛杀。
7　校官：古官名，掌管学校的官员。
8　埙篪：埙、篪皆古代乐器，二者合奏时声音相应和。
9　冢庐：墓旁守丧者住的小草房。
10　权行：审时度势，变通而行。
11　至行：卓绝的品行。

戊寅十一年（公元68年）

春，正月，东平王苍来朝苍与诸王俱来朝，月余，还国。帝临送归宫，凄然怀思[1]，乃遣使手诏赐东平国中傅[2]曰："辞别之后，独坐不乐，因就车归，伏轼而吟，瞻望永怀[3]，实劳我心。诵及《采菽》[4]，以增叹息。日者问东平王：'处家何等最乐？'王言：'为善最乐。'其言甚大，副是要腹[5]矣。今送列侯印十九枚，诸王子年五岁以上能趋拜[6]者皆令带之。"

己巳十二年（公元69年）

春，哀牢[7]内附哀牢王柳貌率其民五万余户内附，以其地置哀牢、博南二县。

夏，四月，修汴渠[8]堤初，平帝时河、汴[9]决坏，久而不修。建武十年，光武欲修之，浚仪[10]令乐俊上言，民新被兵革，未宜兴役，乃止。其后汴渠东侵，日月弥[11]广，兖、豫百姓怨叹。会有荐乐浪王景能治水者。夏，四月，诏发卒数十万，遣景与将作谒者[12]王吴修汴渠堤。自荥阳东至千乘海口千余里，十里立一水门，令更相洄注[13]，无复溃漏之患。虽简省役费，终犹以百亿计焉。

秋，七月，司空恭罢，以牟融为司空。

1　怀思：怀念，思念。
2　国中傅：古官名，王国之傅，掌导王以善，且有监督作用。
3　瞻望永怀：瞻望，往远处或高处看。永怀，抒发情怀。
4　《采菽》：即《诗经·小雅·采菽》，讲的是诸侯朝见周王，周王给予各种赏赐，并祝福他们。
5　副是要腹：正与他的腰围肚量相称。
6　趋拜：趋走拜谒，亦泛指请安、问候时所行礼节。
7　哀牢：古国名，由澜沧江、怒江中上游地区的傣族部落小国以勐掌（意为象国，汉译"乘象国"）为中心组建的联盟国家。
8　汴渠：古代沟通黄河和淮河的骨干运河。
9　汴：古水名，古称卞水，指今河南省郑州市辖荥阳市西南索河。
10　浚仪：古县名，治所位于今河南省开封市。
11　弥：更加。
12　将作谒者：掌管修建事宜的天子近侍。
13　洄注：水流回旋灌注。

庚午**十三年**（公元 70 年）

夏，四月，汴渠成河、汴分流，复其旧迹。

冬，十月晦，日食。

十一月，楚王英有罪，废，徙丹阳[1]楚王英与方士作金龟玉鹤，刻文字为符瑞。男子燕广告英与渔阳王平、颜忠等造作图书[2]，有逆谋。事下按验。有司奏英大逆不道，请诛之。帝以亲亲[3]不忍。十一月，废英，徙丹阳泾县[4]，赐汤沐邑五百户。男女为侯、主者，食邑如故。许太后勿上玺绶，留住楚宫。

辛未**十四年**（公元 71 年）

春，三月，司徒延有罪，自杀先是，有私以英谋告司徒虞延者，延以英藩戚[5]至亲，不然其言。及英事觉，诏书切让[6]延，延自杀。

夏，四月，以邢穆为司徒。

故楚王英自杀楚王英至丹阳，自杀。诏以诸侯礼葬于泾。封燕广为折奸侯。是时，穷治楚狱，遂至累年。其辞语相连，自京师亲戚、诸侯，州郡豪杰及考案吏[7]，阿附坐死、徙者以千数，而系狱者尚数千人。英阴疏[8]天下名士，上得其录，有吴郡[9]太守尹兴名，乃征兴及掾史五百余人诣廷尉就考[10]。诸吏不胜掠治[11]，死者大半，唯门下掾陆续、主簿梁宏、功曹史驷勋备受五毒[12]，肌肉消

1　丹阳：古郡名，以境内丹阳县得名，辖今安徽省长江以南、江苏省大茅山及浙江省天目山脉以西和新安江支流武强溪以北地区。
2　造作图书：造作，伪造。图书，古代方士或儒生编造的帝王受命征验一类的书，多为隐语、预言。
3　亲亲：亲属，至亲。
4　泾县：古县名，治所位于今安徽省宣城市泾县西，青弋江西岸，以泾水为名。
5　藩戚：天子亲戚中封为侯王或出任一方重臣的人。
6　切让：严厉责备。
7　考案吏：负责审案的官员。
8　阴疏：暗中记录。
9　吴郡：古郡名，辖今江苏省长江以南，大茅山以东，上海市，浙江省长兴县、湖州市、天目山以东，与建德市以下的钱塘江两岸。
10　就考：受审。
11　掠治：拷打讯问。
12　五毒：古代的五种酷刑。

烂[1]，终无异辞。续母自吴来洛阳，作食以馈[2]。续虽见考[3]，辞色未尝变，而对食悲泣不自胜。治狱者问其故，续曰："母来不得见，故悲耳。"问："何以知之？"续曰："母截肉未尝不方，断葱以寸为度，故知之。"使者以状闻，上乃赦兴等，禁锢终身。颜忠、王平辞引[4]隧乡侯耿建、朗陵侯臧信、濩泽侯邓鲤、曲成侯刘建。建等辞未尝与忠、平相见。是时，上怒甚，吏皆惶恐，诸所连及，率一切陷入，无敢以情恕者。侍御史寒朗心伤其冤，试以建等物色[5]，独问忠、平，而二人错愕，不能对。朗知其诈，乃上言："建等无奸，专为忠、平所诬。疑天下无辜，类多如此。"帝曰："即如是，忠、平何故引之？"对曰："忠、平自知所犯不道，故多虚引[6]，冀以自明。"帝曰："即如是，何不早奏？"对曰："臣恐海内别有发其奸者。"帝怒曰："吏持两端[7]！"促提下捶之[8]。左右方引去，朗曰："愿一言而死。"帝曰："谁与共为章？"对曰："臣独作之。"上曰："何以不与三府议？"对曰："臣自知当必族灭，不敢多污染[9]人。"上曰："何故族灭？"对曰："臣考事一年，不能穷尽奸状，反为罪人讼冤[10]，故知当族灭。然臣所以言者，诚冀陛下一觉寤而已。臣见考囚在事[11]者咸共言，妖恶大故，臣子所宜同疾[12]，今出之不如入之，可无后责。是以考一连十，考十连百。又公卿朝会，陛下问以得失，皆长跪言：'旧制，大罪祸及九族。陛下大恩，裁止于身，天下幸甚。'及其归舍，口虽不言，而仰屋窃叹，莫不知其多

1　消烂：糜烂，腐烂。
2　馈：送。
3　考：拷打。
4　引：牵连。
5　物色：物品，用品。
6　虚引：毫无事实根据地乱加攀扯。
7　吏持两端：审案官员骑墙滑头。
8　促提下捶之：催人把寒朗拉下去用棍棒打。
9　污染：牵连，连累。
10　讼冤：申辩冤屈。
11　在事：居官任事。
12　考囚在事者，咸共言，妖恶大故，臣子所宜同疾：审问囚犯的官员，众口一词地说臣子对叛逆大罪应同仇敌忾。

冤，无敢牾[1]陛下言者。臣今所陈，诚死无悔。"帝意解，诏遣朗出。后二日，车驾自幸洛阳狱录[2]囚徒，理出千余人。时天旱，即下雨。马后亦以楚狱多滥，乘间为帝言之。帝恻然[3]感悟，夜起彷徨，由是多所降宥[4]。任城[5]令袁安迁楚郡太守，到郡不入府，先往按楚王英狱事，理其无明验[6]者，条上[7]出之。府丞、掾史皆叩头争，以为阿附反虏，法与同罪，不可。安曰："如有不合，太守自当坐之，不以相及也。"遂分别具奏。帝感悟，即报许[8]，得出者四百余家。

初作寿陵初作寿陵，制裁[9]令流水而已，无得起坟。万年之后，扫地而祭，杅水脯糒[10]而已。过百日，唯四时设奠。置吏卒数人，供给洒扫。敢有所兴作者，以擅议宗庙法从事。

壬申十五年（公元 72 年）

春，二月，帝东巡，耕于下邳。三月，至鲁，诣孔子宅幸孔子宅，亲御讲堂，命皇太子、诸王说经。

夏，四月，封子六人为王封皇子恭为巨鹿王，党为乐成王，衍为下邳王，畅为汝南王，昞为常山王，长为济阴王。帝亲定其封域，裁令半楚、淮阳[11]。马后曰："诸子食数县，于制不已俭乎？"帝曰："我子岂宜与先帝子等？岁给二千万足矣。"

冬，遣都尉耿秉、窦固将兵屯凉州谒者仆射耿秉数上言请击匈奴，上

---

1 牾：逆。
2 录：审讯。
3 恻然：悲伤的样子。
4 降宥：减罪宽宥。
5 任城：古县名，治所位于今山东省济宁市东南。
6 明验：明显的证据。
7 条上：备文向上陈述。
8 报许：回复批准。
9 制裁：格局，构制。
10 杅水脯糒：杅水，杯水。脯糒，干肉和干粮。
11 帝亲定其封域，裁令半楚、淮阳：明帝亲自划定封国疆域，使各封国的面积只有楚国、淮阳国的一半大小。封域，疆域，领地。

以显亲侯窦固尝从其世父[1]融在河西，明习边事，乃使秉、固与太仆祭肜、虎贲中郎将马廖、下博侯刘张、好畤侯耿忠等共议之。耿秉曰："昔者匈奴并左衽之属[2]，故不可得而制。孝武既得河西四郡及居延、朔方，羌、胡分离，唯有西域，俄[3]复内属。故呼韩邪单于请事款塞，其势易乘[4]也。今有南单于，形势相似。然西域尚未内属，北虏未有衅作[5]。臣愚以为当先击白山[6]，得伊吾，破车师，通使乌孙诸国，以断其右臂。伊吾亦有匈奴南呼衍一部，破此，复为折其左角，然后匈奴可击也。"上善其言。议者或以为："今兵出白山，匈奴必并兵相助，又当分其东，以离其众。"上从之。十二月，以秉为驸马都尉，固为奉车都尉，以骑都尉秦彭为秉副，耿忠为固副，皆置从事、司马，出屯凉州。

癸酉十六年（公元73年）

春，二月，遣太仆祭肜及窦固等伐北匈奴。固取伊吾卢[7]地，肜不见虏而还，下狱，免，卒遣肜与度辽将军吴棠将河东、西河、羌、胡及南单于兵万一千骑出高阙塞[8]，窦固、耿忠率酒泉、敦煌、张掖甲卒及卢水羌、胡万二千骑出酒泉塞，耿秉、秦彭率武威、陇西、天水募士及羌、胡万骑出张掖居延塞，骑都尉来苗、护乌桓校尉文穆将太原、雁门、代郡、上谷、渔阳、右北平、定襄郡兵及乌桓、鲜卑万一千骑出平城塞，伐北匈奴。窦固、耿忠至天山[9]击呼衍王，斩首千余级。追至蒲类海[10]，取伊吾卢地，置宜禾都尉，留吏士

1　世父：伯父。
2　左衽之属：蛮夷之人。左衽，衣襟向左，古代某些少数民族的服装。
3　俄：短暂的时间，很快。
4　乘：驾驭。
5　衅作：挑衅作乱。
6　白山：古山名，亦名阿羯山、阿羯田山，位于今新疆阿克苏地区库车县北，为天山支脉。
7　伊吾卢：古地名，简称伊吾，即今新疆维吾尔自治区哈密市，本为匈奴呼衍王庭。
8　高阙塞：古要塞名，位于今内蒙古巴彦淖尔市乌拉特后旗呼和温都尔镇向西的达巴图音苏木，夹在东侧的达巴图沟和西侧的查干沟台地的断崖上。
9　天山：即今新疆维吾尔自治区境内天山。
10　蒲类海：古湖名，即位于今新疆哈密市巴里坤哈萨克自治县西北的巴里坤湖。

屯田伊吾卢城。耿秉、秦彭击匈林王，绝幕[1]六百余里，至三木楼山[2]而还。来苗、文穆至匈河[3]水上，虏皆奔走，无所获。祭肜与南匈奴左贤王信不相得，出高阙塞九百余里，得小山，信妄以为涿邪山[4]，不见虏而还。肜与吴棠坐逗留畏懦[5]，下狱，免。肜自恨无功，出狱数日，欧血死。帝雅重[6]肜，方更任用，闻之大惊，嗟叹良久。乌桓、鲜卑每朝贺京师，常过肜冢拜谒，仰天号泣。辽东吏民为立祠，四时奉祭焉。窦固独有功，加位特进。

西域诸国遣子入侍 窦固使假司马班超与从事郭恂俱使西域。超行到鄯善，鄯善王广奉超礼敬[7]甚备，后忽更疏懈[8]。超谓其官属曰："宁[9]觉广礼意薄乎？"官属曰："胡人不能常久，无他故也。"超曰："此必虏使来，狐疑，未知所从故也。明者睹未萌，况已著邪？"乃召侍胡[10]，诈之曰："匈奴使来数日，今安在乎？"侍胡惶恐曰："到已三日，去此三十里。"超乃闭[11]侍胡，悉会其吏士三十六人，与共饮，酒酣，因激怒之曰："卿曹与我俱在绝域，今虏使到才数日，而王广礼敬即废。如今鄯善收吾属送匈奴，骸骨长为豺狼食矣，为之奈何？"官属皆曰："今在危亡之地，死生从司马。"超曰："不入虎穴，不得虎子。当今之计，独有因夜以火攻虏，使彼不知我多少，必大震怖[12]，可殄[13]尽也。灭此虏，则鄯善破胆，功成事立矣。"众曰："当与从事议之。"超怒曰："吉凶决于今日，从事文俗[14]吏，闻此必恐而谋泄，死无所名，非壮士也。"众

1　绝幕：横渡沙漠。
2　三木楼山：古山名，即今蒙古国巴彦洪戈尔省戈壁阿尔泰山脉之一。
3　匈河：古水名，又称匈奴河，即位于今蒙古国巴彦洪戈尔省之拜达里格河。
4　涿邪山：古山名，即今蒙古国戈壁阿尔泰东南额德伦金山脉。
5　畏懦：胆怯软弱。
6　雅重：甚为器重，甚为敬重。雅，副词，表示程度很深。
7　礼敬：以合于礼仪的举动表示尊崇。
8　疏懈：疏忽松懈。
9　宁：难道。
10　侍胡：接待、伺候汉使的胡人。
11　闭：关起来。
12　震怖：惊恐，使惊恐。
13　殄：消灭。
14　文俗：拘守礼法而安于习俗。

曰："善！"初夜[1]，超遂将吏士往奔虏营，会天大风，超令十人持鼓藏虏舍后，约曰："见火燃，皆当鸣鼓大呼！"余人悉持兵弩，夹门而伏。超乃顺风纵火，前后鼓噪，虏众惊乱，超手格[2]杀三人，吏兵斩其使及从士三十余级，余众百许人悉烧死。明日乃还，告郭恂，恂大惊。既而色动[3]，超知其意，举手曰："掾虽不行，班超何心独擅之乎[4]？"恂乃悦。超于是召鄯善王广，以虏使首示之，一国震怖。超告以汉威德，自今以后，勿复与北虏通。广叩头愿属汉，无二心，遂纳子为质。还，白窦固。固大喜，具上超功效[5]，并求更选使使西域。帝曰："吏如班超，何故不遣，而更选乎？今以超为军司马，令遂[6]前功。"固复使超使于阗，欲益其兵。超愿但将本所从三十六人，曰："于阗国大而远，今将数百人，无益于强。如有不虞，多益为累耳。"是时于阗王广德雄张[7]南道，而匈奴遣使监护其国。超既至于阗，广德礼意[8]甚疏。且其俗信巫，巫言："神怒，何故欲向汉？汉使有骍马[9]，急求取以祠我！"广德乃遣国相私来比就超请马。超密知其状，报许之，而令巫自来取马。有顷，巫至，超即斩其首。收私来比，鞭笞[10]数百。以巫首送广德，因责让之。广德素闻超在鄯善诛灭虏使，大惶恐，即杀匈奴使者而降。超重赐[11]其王以下，因镇抚焉。于是诸国皆遣子入侍，西域与汉绝六十五载，至是乃复通焉。

夏，五月，司徒穆有罪，下狱死淮阳王延性骄奢，而遇下严烈[12]。有上书告："延与姬兄谢弇及姊婿韩光招奸猾，作图谶，祠祭祝诅。"事下按验。

1　初夜：进入夜晚不久的时候。
2　手格：徒手格斗。
3　色动：脸色改变。
4　掾虽不行，班超何心独擅之乎：从事您虽然没有参与行动，可班超怎么可能有心一人居功。
5　功效：功劳，成绩。
6　遂：顺利地完成，实现。
7　雄张：势力扩张，旺盛。
8　礼意：恭谨接待，表示敬意。
9　骍马：黑嘴的黄马。
10　鞭笞：用鞭子抽或板子打。
11　重赐：用厚礼赐予。
12　严烈：严厉。

弇、光及司徒邢穆皆坐死[1]，所连及死、徙者甚众。

是月晦，日食。

以王敏为司徒。

秋，七月，徙淮阳王延为阜陵王有司奏请诛淮阳王延。上以延罪薄于楚王英，徙延为阜陵王，食二县。

北匈奴寇云中北匈奴大入[2]云中，云中太守廉范拒之。吏以众少，欲移书旁郡求救，范不许。会日暮，范令军士各交缚[3]两炬，三头爇火，营中星列[4]。虏谓汉兵救至，大惊，待旦[5]将退。范令军中蓐食，晨往赴之，斩首数百级。虏自相辚藉[6]，死者千余人，由此不敢向云中。

甲戌十七年（公元 74 年）

春，正月，谒原陵上当谒原陵，夜梦先帝、太后如平生欢[7]，既寤，悲不能寐。即按历[8]，明旦日吉，遂率百官上陵。其日降甘露于陵树，帝令百官采取以荐。会毕，帝从席前伏御床，视太后镜奁[9]中物，感动悲涕，左右皆泣，莫能仰视。

北海王睦卒睦少好学，光武及上皆爱之。尝遣中大夫诣京师朝贺，召而谓之曰："朝廷设问寡人，大夫将何辞以对？"使者曰："大王忠孝慈仁，敬贤乐士，臣敢不以实对？"睦曰："吁，子危我哉？此乃孤幼时进趣[10]之行也。大夫其对以孤袭爵以来，志意衰堕[11]，声色是娱，犬马是好，乃为相爱耳。"其

1　坐死：坐罪被处死。
2　大入：大举进攻。
3　交缚：捆扎。
4　星列：如天上星罗列，言密布。
5　待旦：等待天明。
6　辚藉：辗轧，践踏。
7　平生欢：素来交好。
8　按历：查看历书。
9　镜奁：镜匣，盛放梳妆用具的匣子。
10　进趣：努力向上，立志有所作为。
11　衰堕：懈怠。

智虑畏慎[1]如此。

司徒敏卒。以鲍昱为司徒。

白狼等国人贡益州刺史朱辅宣示汉德，威怀远夷，自汶山以西，前世所不至，正朔所未加，白狼、盘木等百余国，皆举种[2]称臣奉贡。

窦固司马班超执疏勒王兜题，而更立其故王子忠初，龟兹王建为匈奴所立，倚恃[3]虏威，据有北道，攻杀疏勒王，立其臣兜题为疏勒王。班超从间道至疏勒，逆遣[4]吏田虑先往降之，敕虑曰："兜题本非疏勒种，国人必不用命。若不即降，便可执之。"虑既到，兜题见虑轻弱，无降意。虑因其无备，遂前劫缚[5]兜题，左右出其不意，皆惊惧奔走。虑驰报超。超即赴之，悉召疏勒将吏，说以龟兹无道之状，因立其故王兄子忠为王，国人大悦。超问忠及官属："当杀兜题邪，生遣之邪？"咸曰："当杀之。"超曰："杀之无益于事，当令龟兹知汉威德。"遂解遣之。

夏，五月，百官上寿公卿百官以威德怀远，祥物显应，并集朝堂，奉觞上寿。制曰："天生神物，以应王者。远人慕化，实由有德。朕以虚薄，何以享斯？唯高祖、光武圣德所被，不敢有辞。其敬举觞[6]，太常择吉日策告[7]宗庙。"仍推恩赐民爵及粟有差。

冬，十一月，遣窦固等击车师，降之，复置西域都护、戊己校尉遣奉车都尉窦固、驸马都尉耿秉、骑都尉刘张出敦煌昆仑塞[8]，击西域。秉、张皆去符传[9]以属固，合兵万四千骑，击破白山虏于蒲类海上，遂进击车师。车师前王，即后王之子也，其庭相去五百余里。固以后王道远，山谷深，士卒寒

1　畏慎：戒惕谨慎。
2　举种：整个种族。种，种族。
3　倚恃：倚靠仗恃。
4　逆遣：事先派遣。
5　劫缚：绑架，用武力把人劫走。
6　举觞：举杯饮酒。觞，古代酒器。
7　策告：以简策相告。
8　昆仑塞：古关塞名，一名昆仑障，位于今甘肃省酒泉市瓜州县南，为宜禾都尉治所。
9　符传：兵符。

苦，欲攻前王。秉以为先赴后王，并力根本，则前王自服。固计未决，秉奋身而起曰："请行前。"乃上马引兵北入，众军不得已，并进，斩首数千级。后王安得震怖，走出门迎秉，脱帽抱马足降，秉将以诣固。其前王亦归命，遂定车师而还。于是固奏复置西域都护及戊己校尉，以陈睦为都护。司马耿恭为戊校尉[1]，屯后王部金蒲城[2]；谒者关宠为己校尉[3]，屯前王部柳中城[4]。

乙亥十八年（公元75年）

春，二月，窦固军还。

北匈奴击车师后王安得，杀之，遂攻戊校尉耿恭，恭击却之北单于遣左鹿蠡王率二万骑击车师，耿恭遣司马将兵三百人救之，皆为所没[5]，匈奴遂破杀车师后王安得而攻金蒲城。恭以毒药傅矢，语匈奴曰："汉家箭神，其中疮者必有异。"虏中矢者视创皆沸，大惊。会天暴风雨，随雨击之，杀伤甚众。匈奴震怖，相谓曰："汉兵神，真可畏也。"遂解去。

夏，六月，有星孛于太微。

秋，八月，帝崩帝崩于东官前殿，年四十八。遗诏："无起寝庙，藏主于光烈皇后更衣别室。"帝遵奉建武制度，无所变更，后妃之家不得封侯、与政。馆陶公主为子求郎，不许，而赐钱千万，谓群臣曰："郎官上应列宿[6]，出宰[7]百里，苟非其人，则民受其殃，是以难之。"公车以反支日不受章奏[8]，帝闻而怪曰："民废农桑，远来诣阙，而复拘以禁忌，岂为政之意乎？"于是遂蠲[9]

1　戊校尉：古官名，掌西域屯田事。
2　金蒲城：古地名，位于今新疆昌吉自治州吉木萨尔县北。
3　己校尉：古官名，掌屯兵抚护西域诸国。
4　柳中城：古地名，位于今新疆吐鲁番市鄯善县鲁克沁镇。
5　没：覆灭，败亡。
6　列宿：众星宿。
7　宰：掌管，主宰。
8　公车以反支日不受章奏：掌管皇宫大门的官署公车，每逢反支日都不接受奏章。反支日不论大月小月，初一遇子、丑，初六日是反支；初一遇寅、卯，初五日是反支；初一遇辰、巳，初四反支，以此类推。
9　蠲：除去，免除。

其制。尚书阎章二妹为贵人，章精力[1]晓旧典，久次[2]当迁重职，帝为后宫亲属，竟不用。是以吏得其人，民乐其业，远近畏服，户口滋殖[3]焉。

太子炟即位，尊皇后曰皇太后。葬显节陵[4]。

冬，十月，以赵憙为太傅，牟融为太尉，并录尚书事[5]。

十一月，以第五伦为司空伦为蜀郡太守，在郡公清[6]，所举吏多得其人，故帝自远郡用之。

西域攻没[7]都护陈睦，北匈奴围已校尉关宠。车师叛，与匈奴共围耿恭。诏酒泉太守段彭将兵救之焉耆、龟兹攻没都护陈睦，北匈奴围关宠于柳中城。会中国有大丧，救兵不至，车师复叛，与匈奴共攻耿恭。恭率厉士众御之，数月，食尽穷困，乃煮铠弩[8]，食其筋革。恭与士卒推诚[9]同死生，故皆无二心，而稍稍[10]死亡，余数十人。单于知恭已困，欲必降之，遣使招恭。恭诱其使上城，手击杀之，炙[11]诸城上。单于大怒，更益兵围恭，不能下。关宠上书求救，诏公卿会议[12]。司空伦以为不宜救，司徒鲍昱曰："今使人于危难之地，急而弃之，外则纵蛮夷之暴，内则伤死难之臣，诚令权时[13]，后无边事可也。匈奴如复犯塞、为寇，陛下将何以使将？又二部兵人才各数十，匈奴围之，历旬[14]不下，是其寡弱力尽之效也。可令敦煌、酒泉太守各将精骑二千以赴其急。"帝然之。乃遣征西将军耿秉屯酒泉，行太守事；遣酒泉太守段彭与

1　精力：专心竭力。
2　久次：年资长短。
3　滋殖：增加，增长。
4　显节陵：汉明帝刘庄陵寝，位于今河南省洛阳市辖偃师市寇店镇李家村西南。
5　录尚书事：初为职衔名，始于东汉，当时政令、政务总于尚书台，太傅、太尉、大将军等加此名义始得总知国事，综理政务，成为真宰相。
6　公清：清廉无私。
7　攻没：攻杀。
8　铠弩：铠甲和弓弩。
9　推诚：以诚心相待。
10　稍稍：纷纷，多。
11　炙：烤。
12　会议：集中讨论。
13　权时：暂时，临时。
14　旬：十日为一旬。

谒者王蒙、皇甫援发张掖、酒泉、敦煌三郡及鄯善兵合七千余人以救之。

　　是月晦，日食。

　　以马廖为卫尉，防为中郎将，光为越骑校尉[1] 太后兄弟终明帝世未尝改官。帝以廖为卫尉，防为中郎将，光为越骑校尉。廖等倾身交结[2]，冠盖[3]之士争赴趣[4]之。第五伦上疏曰："臣闻《书》曰：'臣无作威作福，其害于而[5]家，凶于而国。'近世光烈皇后虽友爱天至[6]，而抑损[7]阴氏，不假以权势。其后梁、窦之家，互有非法，明帝即位，竟多诛之。今之议者复以马氏为言。窃闻卫尉廖以布三千匹、城门校尉防以钱三百万私赡三辅衣冠[8]，知[9]与不知，莫不毕给[10]。又闻腊日亦遗其在洛中[11]者钱各五千。越骑校尉光，腊[12]用羊三百头，米四百斛，肉五千斤。臣愚以为不应经义[13]，惶恐，不敢不以闻。臣今言此，诚欲上忠陛下，下全后家[14]也。"

　　大旱。

1　越骑校尉：古官名，位次列卿，领内附越人骑士，戍卫京师，兼任征伐。
2　倾身交结：竭尽全力结交。倾身，竭尽全力。
3　冠盖：泛指官员的冠服和车乘。
4　赴趣：钻营，迎合。
5　而：你，你的。
6　天至：出于天性，天生而成。
7　抑损：限制。
8　私赡三辅衣冠：私下供给长安一带的士人。赡，供给人财物。衣冠，代称缙绅、士大夫。
9　知：要好。
10　毕给：全都给予。
11　洛中：洛阳地区。
12　腊：腊祭，古时岁终祭祀。
13　经义：经书的义理。
14　后家：太后的家族。